城　市　社　会　与　文　化　研　究　丛　书

公益与美好生活

公益慈善行动下的
共同体建构

BETTER PUBLIC BENEFIT ACTIVITIES,
BETTER LIFE

文　军　主编

社会科学文献出版社
SOCIAL SCIENCES ACADEMIC PRESS (CHINA)

本书受华东师范大学教育发展基金会“紫江公益慈善人才培养专项基金”资助。

“城市社会与文化研究”丛书总序

“城市”作为人类文明的载体一直是社会学关注的重要议题。可以说，社会学学科在很大程度上是基于对近代城市社会与文化剧烈变革的极度关注而逐步形成和发展起来的。从某种意义上说，社会学学科的命运与现代化背景下的城市发展的命运一样，二者是在互为哺育中紧密伴随而共同成长的。

然而，犹如现代性本身所蕴含的内在矛盾和张力一样，现代城市社会与文化也一直充斥着各种难以厘清的问题甚至矛盾。尤其是近年来突如其来的新冠肺炎疫情在全球爆发和反复蔓延，标志着不确定性正在作为一种结构性力量登场。不确定性与流动性、个体化、陌生化以及数字化等特征既是现代性的宏大叙事，也真实影响着城市居民的生活体验。可以说，当今各种不确定性因素在城市生活中喷涌而出，各种新事物、新现象、新技术不断出现，并且还呈现向人自身转移的内生化趋势，城市居民价值认知、心理情感、个体行为以及群体关系的不确定性程度空前高涨。当不确定性成为一种普遍存在的新常态，人们在城市生活中真实地体验着“现代性的撕裂”，导致本体性安全的衰弱、存在性焦虑的增长以及指向未来的信任和信心的缺乏。因此，不确定性不仅是外在的客观事实和内在的主观状态，也日益成为城市社会中的文化结构和心态秩序，重塑着城市社会和文化形态。

不过，不确定性中风险与机遇并存，在对传统秩序和整合造成挑战的同时，也为城市社会发展注入了新的活力和巨大的发展动力。近一二十年来，在中国经济快速增长和社会高速转型的大背景下，城市作为现代社会中的经济“增长机器”，正在迅速地催生中国“城市奇迹”的出现，已经有越来越多的中国城市进入了世界500强城市之列。社会经济发展水平的提高尤其是数字化时代的到来也在重塑着都市居民的生产生活方式，虽然数字经济的兴起、数字就业和数字劳动的新形态、数字生活的开启、数字服务的普及、数字治理体系的建立、数字商品和数字消费的流行等当代城市生活日新月异，但新的社会文化危机也在不断上演。这种城市社会经济繁荣与社会文化危机并存的独特现象不仅极大地影响到中国城市的经济社会发展与公共治理，还将对城市基层社会的政治生态和文化体验产生巨大的挑战。毫无疑问，在社会发展不确定性全面增长的背后，“城市奇迹”与城市社会文化危机并存的现象已经成为一个极为重要且亟需探究的理论议题与现实问题，也亟待城市社会学者和文化学者的高度关注和重视。因此，我们不仅必须时刻保持自身对“城市社会与文化”的想象力和洞察力，还应当始终培养一种实践品格，以积极的姿态介入城市居民的日常生活之中，用“社会学的想象力”直面中国城市社会中的诸多不确定性因素，以此探求一种更具包容性和韧性的城市文化和社会心态，在不确定性中寻求甚至创造相对的确定性。

华东师范大学社会学学科具有悠久的历史和深厚的根基。自1913年中国第一个社会学系建立以来，华东师范大学在其前身沪江大学、大夏大学等学术前辈的开拓性贡献下，为城市研究打下了坚实的学科基础，建立了深厚的学术传统。1979年中国大陆恢复重建社会学学科伊始，华东师范大学就率先并明确提出了把“城市社会与文化”作为学科建设和学术研究的主攻方向。经过40余年的学科发展，我们逐步建立了从本科、硕士到博士，再到开设博士后流动站的完整的社会学一级学科培养体系，不仅设立了以共同突出“城市社会与文化研究”为学术特色的社会学、人口学、民俗学、人类学、社会工作与社会政策五个专业博士点，还建立了一批跨学科的城市研究机构，并由此成为教育部人文社会科学重点研究基地华东师范大学中国现代城市研究中心的核心组成单位。

2009年，在原社会学系和人口研究所的基础上，华东师范大学整合了校内社会学学科资源和城市研究队伍，建立了社会发展学院，下设社会学系、社会工作系、人口学研究所、民俗学研究所和人类学研究所五个基本单位，各专业在继承“城市社会与文化”研究传统的基础上得到了均衡发展和有效管理。为了进一步凸显这一学科特色和共同的研究方向，学院以丛书的形式组织和资助了一批学术专著的出版，并明确强调该丛书不仅要突出现代城市社会与文化研究的原创性、实证研究特色，而且要积极鼓励各种跨学科、前沿性、国际化的城市研究，不断拓展城市社会与文化研究的视野。“十三五”期间，学院与中国社会出版社合作，完成了第一轮“城市社会与文化研究”

丛书的十余本学术专著的出版工作，并且产生了良好的学术影响和社会效应。进入“十四五”发展阶段，我们将与社会科学文献出版社展开第二轮新的合作，“以中国为观照，以时代为观照”，继续以丛书的形式组织和资助一批高质量学术专著的出版，推动开展具有中国特色的城市社会与文化研究，为新阶段的中国城市发展贡献智慧。本丛书所有受到资助出版的专著都是经过学院学术委员会的严格评审，代表了近期我院有关城市社会与文化研究的最新成果。

毫无疑问，以“现代性”作为问题意识，在不确定性的情境叙事中展开对“城市社会与文化”的多面向解析，自觉地把“城市研究”的视野与“现代性反思”的论域有机地结合起来，力图在跨学科、跨文化的意义上推动以“社会与文化”为中心的城市研究具有非常重要的现实意义和学术价值。近年来“城市研究”之所以渐成热点，不仅因其顺应了当代社会理论发展的一个新趋向，即企图超越以“现代民族国家”为基本单位的分析范畴，寻找研究历史和现实的更具体、更微观，同时也更生动的分析单位，更重要的是，“城市”始终处于“现代社会与文化”的核心位置，是我们理解社会文化变迁轨迹和把握未来发展趋势的风向标，也是人、社会、环境多向互动的重要场所。反观实践，随着城市社会不确定性因素的增长，重返共同体和找寻新的文化认同也愈发成为一种迫切的现实需求。因此，在“现代性反思”的视野中，我们不仅需要重新考量中国现代城市社会与文化的发展历程、社会动力和文化影响，而且必须把“城市”作为一个整体，置于经济环境、人文地理、自然生态的复杂关系网络以及不确定性发展中予以重新定位，通过现代性的反思和不确定性的思维来促进中国城市社会与文化的实践发展与理论提升，进而培育出一个能够激发更多学科兴趣的城市研究方向和学科特色。或许，这正是我们今后持续努力的一个共同目标。

文军

华东师范大学社会发展学院院长、教授

2022 年 11 月 · 上海 ·

本书主要作者简介

文军，社会学博士。现为华东师范大学社会发展学院院长、社会学系兼社会工作系教授、中国社会学会发展社会学专业委员会理事长，兼任华东师范大学紫江公益慈善事业管理研究院院长。主要研究方向为社会学与社会工作理论、城乡关系研究、发展社会学研究等。

王玉琼，教育学博士。先后在华东师范大学教务处教学建设岗和副处长岗位工作十余年，具有丰富的高等教育研究和实践管理经验。曾主持上海市重点教改项目，发表高教管理类论文多篇，参与项目多次荣获上海市级和国家级教学成果奖。

王和，社会工作专业硕士、助理研究员。现为华东师范大学孟宪承书院党政办公室主任。拥有丰富的公益项目一线实践和管理经验，参与社会服务类实践研究，多次参与或负责市级公益服务项目，主要参与项目分别获上海市实践类和成果类奖项。其被收入本书的文章的第二作者艾美伶为华东师范大学孟宪承书院专职辅导员。

吴越菲，社会学博士。现为华东师范大学社会学系副教授、中国社会学会发展社会学专业委员会秘书长。2017 年入选上海市“晨光学者计划”。近年来，在《中国社会科学》《社会学研究》《学术月刊》等期刊上发表学术论文近 30 篇，参与出版多本专著。主持多项省部级以上课题并获奖。主要研究方向为城乡社会学、社会工作与社会政策、社区发展与社会治理。

吴同，社会学博士。现为华东师范大学社会工作系副系主任、副教授，华东师范大学青少年社会工作中心主任。2010 年以来曾发表法文专著一本，在 *Journal of Contemporary China*、*Asian Survey*、《社会》等发表中英法三种文字论文二十余篇。先后主持国家社科基金青年项目、教育部项目、浦江人才计划等十多项省部级以及政府委托课题。主要研究方向为社会组织、社区治理等。

何威，社会学博士。现为华东师范大学社会工作系讲师。在《社会学研究》《社会科学》等期刊发表十余篇论文，出版专著《城市社区协商治理研究——以上海市普陀区为例》。主持并参与城市社区治理、专业社会工作发展等相关的课题研究并获上海市优秀成果奖。主要研究方向为城市社区治理、社会工作理论与社会政策研究。

张万朋，管理学博士。现为华东师范大学教育学部教授、博士生导师。担任教育部哲学社会科学重大攻关项目首席专家、教育部学位中心专家、全国教育规划办评审课题专家以及多家核心期刊评审专家。同时任中国教育经济学会常务理事、中国教育管理学会理事、上海市领导科学学会副秘书长、上海市教育领导专业委员会常务副主任兼秘书长等职。主要研究方向为教育财政、教育政策、教育治理及学校管理。

张冉，管理学博士。现为华东师范大学社会组织与社会治理创新研究中心副主任、教授。以独立或第一作者身份，在 SSCI 和 CSSCI 期刊上发表文章 30 余篇，主持国家社科基金 2 项、教育部等省部级纵向科研项目 6 项。主要研究方向为组织行为与人力资源管理、社会组织与基层治理等。

罗峰，政治学博士。现为复旦大学中国研究院助理研究员。近年来，主持省部级以上课题 3 项，出版专著《未尽的市民化——转型期中国市民化问题研究》，并在《社会学研究》、《学术月刊》、*International Journal of Environmental Research and Public Health* 等期刊发表学术论文十余篇。主要研究方向为社会工作与社会治理、城市社会学等。

薛红，社会学博士。现为华东师范大学社会学系讲师。先后主持国家社科基金、教育部、浦江人才计划等多项科研项目。主要研究方向为流动人口、全球价值链和劳工、公益慈善和社会心理学等。在华东师范大学开设了十一年的公益慈善课程，相关课程获得上海市高校重点课程（实践类）。

目　录

第一编　社区共同体与公益慈善行动

重构“社区为本”的研究传统与实践路径 …… 文　军　吴越菲 / 3

突发公共卫生事件与社区为本的治理模式 …………………………… 吴越菲　文　军　王晓伟　柳家敏 / 35

悬浮与弱行动：社区型社会组织的抗疫行动研究 ………… 吴　同 / 77

城市社区治理共同体建构中的社会组织参与 ……………… 罗　峰 / 114

社会组织参与社区治理的功能与路径 ……………………… 张　冉 / 138

第二编　社群共同体与公益服务实践

上海武汉两地妈妈写作陪伴：抗疫志愿服务中的社群、性别和共情 …………………………………………………… 薛　红 / 183

新时代大学生志愿服务行动及其引导与支持 … 王　和　艾美伶 / 228

慈善融合下社会工作者的身份实践及其生产机制研究 … 何　威 / 263

公益基金会参与教育乡村振兴项目专业化服务能力提升的路径探索 ………………………………………………… 张万朋 / 291

高校公益慈善人才培养模式探索 …………………………… 王玉琼 / 326

后记 …………………………………………………………… 365

第一编
社区共同体与公益慈善行动

重构“社区为本”的研究传统与实践路径

文　军　吴越菲

改革开放40多年来，“社区”已经成为中国社会变迁图景最生动的一隅，同时也在新的经济社会条件下成为牵引社会转型理论和实践的重要突破口。在社会学的论域中，恐怕少有像“社区”一样能够同时活跃于学术、政策、日常生活等多重领域话语的议题。尽管“社区”充满困惑与争议，甚至在经验对象上都难以获得共识，但却没有因此妨碍它在理论和实践中的生命力。恰恰是在“社区服务”“社区建设”“社区治理”等概念如火如荼地走进学术话语、官方话语甚至是生活话语的路途中，对社区共同体建设之“社区”本身的反思性思考更显得必要。今天，伴随着工业化、城市化、信息化、全球化的进程，中国社会正在由相对封闭转向日益开放，使得当下社区研究所要处理的空间性与社会性关系问题变得越来越复杂了。如今，“社区”与“社会”的区别不再是滕尼斯进化论意义上的一种社会存在，而是逐步演化成了一种具有社会性、空间性、文化性、情感性等多重特性交织在一起的复杂体。毫无疑问，当前不断增加的社会流动和新的利益关联对传统社区研究构成了新的挑战，也给现阶段转型中国的社区研究增加了许多新的变量。

一　总体性的“社区”概念及其内涵

受到19世纪晚期一大批西方社会理论家对经济社会转型论述的影响，“社区”（community）一词于20世纪上半叶在世界范围内发展为一套流行话语。德国社会学家滕尼斯（F. Tonnies）在“共同体”与“社会”（Gemeinschaft-Gesellschaft）的二分理论中将前者建构为一种社会关系的理想类型，指向传统社会中面对面且具有友好特征的集体联结。[①] 经由美国芝加哥学派和英国社会人类学派的改造，“社区”转向在现代社会中识别具有共同体属性的社会关系形式及其结构机理。20 世纪七八十年代以来，“社区”又在文化、心理以及去除地理界限的社会空间中获得了对共同体构成新理解。[②] 可以看到，“社区”在社会转型的背景下重新引导人们寻求对于共同体及其身份归属的理论感知，并在相当长的历史时期中成为考察社会变迁与社会性（sociality）之间关系的重要理论通道。

尽管社区的内涵边界不断扩展，越来越强调能够反映时代特征和复杂社会特征的新定义，然而其所表征的对共同体的想象却始终是理论发展的主线。在当代社会，“社区”已经超越了单一对地域社会实体的现实指涉，而不断发展成为一个具有总体性意涵的概念。具体而言，其内在地分化出了三个相互区别但又彼此关联的内涵方面。

（一）作为一种理想类型的“社区”与共同体的关系想象

作为古典社会学传承下来的一个重要概念，社区的涵义起步于对“何谓共同体”的一种关系想象，并将其建构为理论中的理想类型，用以比照现实。“社区共同体”的传统定义在理论上表征了一种较为简单的地方社会关系，以利益和价值的共享为基础，落脚在初级关系的互动。社区共同体在关系形态上被想象为具有一系列突出特征：以地点为基础的社会互动、直接的社会交往、内在稳定的社会团结、社区边界、集体的价值体系、共享的符号系统等等。因此，基于地方空间邻近性产生的社会团结构成了一种理想型的社会形态。有所变化的是，现代社会的发展经验对社区构成的地理边界以及社区和谐秩序假定不断发起挑战，社区共同体的想象因此不单纯依赖于地点，而更多地聚焦于多重空间中的关系聚丛形态，表达具有高度社会性的关系内涵。

---

① Pnina Werbner, “Essentialising Essentialism, Essentialising Silence: Ambivalence and Multiplicity in the Constructions of Racism and Ethnicity,” in Pnina Werbner and Tariq Modood, T., ed. *Debating Cultural Hybridity: Multi-Cultural Identities and the Politics of Anti-Racism* (London and New Jersey: Zed Books, 1997), p. 246.

② 比如 Anderson 将“国家”定义为一个“想象的政治社区”。之所以是“想象”的，是因为即便在最小的国家中，人们也无法知道其他的多数成员，更无法跟他们产生互动。因此国家只是存在于心理结构中的社区（Benedict Anderson, *Imagined Communities*, London and New York: Verso, 1991）。

（二）作为一种意识形态的“社区”与共同体的道德想象

当代社会中的“社区”不仅内在地包含了关系想象和现实想象，还强烈地附着了有关于“共同体”的道德想象。在这里，社区成为一种流行的意识形态，并且赋予了社会生活共同体以优先的道德意义，或者说社区共同体作为一种道德的“善”而被确立起来。[①] 在传统社区共同体的理论想象中，它被描述为个体所嵌入的同质性、封闭性以及聚丛性的集体形式，由此呈现和谐的社会秩序。更进一步的是，“社区”同时也是一个价值概念，[②] 其潜在地假设人们应该以更亲近的方式相互生活在一起。正因如此，“社区”更多地被主张同质性集体的护卫者所使用。在现实中，“社区”不仅仅是一个分析性的概念，在意识形态上也被视为一种“好的东西”（情感状态、身份状态、秩序状态），在价值判断中被视为社会关系的应然状态。社区本身成为一种重要的理论资源，使个体或集体在变动世界中得以寻找稳定、秩序和安全感，它同时也提供了一种抵抗异化和原子化的重要力量。[③]

（三）作为一种描述和分析工具的“社区”与共同体的现实想象

与理想类型和意识形态不同，“社区”还作为一种描述和分析工具用于展现共同体的现实景象。在这里，“社区”获得了一种情境取向的概念化方式，旨在反映现实之中的共同体真实——可能是友爱也可能是冲突，可能结构紧密也可能是结构松散。作为一种描述和分析工具的“社区”去除了高度社会性的共同体假定，而将地方社会生活视为一个有待遇考察的复杂整体，需要更进一步了解其中的社会结构、地方制度、角色规范、社会分层、生活实践以及文化象征等内容。面向共同体真实的“社区”因此作为探查基层社会转型、各类社会关系变动与宏观社会结构的重要棱镜，也同时成为以“小

---

① 彭兵：《社区：对社会团结与归属的追求》，《浙江学刊》2010 年第 5 期。

② S. Parker, *Urban Theory and the Urban Experience* (London and Now York: Routledge, 2004), pp. 4 –5.

③ R. D. Putnam, *Bowling Alone: The Collapse and Revival of American Community*, (Simon and Schuster, New York, 2000); Z. Bauman, *Community: Seeking Safety in an Insecure World* (Cambridge, UK: Polity Press, 2001).

社区”勾连“大社会”的方法论和认识论单位。①

事实上，对于社区的总体认识不仅来自从现实中能够被窥探到的社区景象，也来自在理论建构中理想类型的持续对话，同时也来自人们迈向规范秩序的态度和行动。作为一种理想类型的“社区”、作为一种意识形态的“社区”以及作为一种描述和分析工具的“社区”，一方面给“社区”本身带来了内在分化的概念化模式；另一方面也使其缠绕了多重的“共同体”想象，以至于“社区”无法通过单一逻辑或构成要素来得到完整表达。这也就是为什么学者们在回答“什么是社区”以及“何以为社区”的基本问题时始终难以获得共识，“社区”在学术上多被诟病概念及其经验指涉的模糊性。然而，“社区共同体”的总体性想象却为社区的发展创造了极为活跃的实践图景。

“社区”一词的界定相当多远，它的外延也在经历着变迁。早在 1950 年代，西方学者希勒已经统计出了 94 种社区定义，而中国学者杨庆堃在 1981 年统计时，定义已达到 140 多种，② 可见其定义的多样性。在中国，社区一度被视为带有宗族特征的村落社区、乡土社会或者是熟人空间。在中西之间，虽然彼此论述“社区”的具体情境不同，但中西的共同点在于将社区视为一种有机联结的共同体。在传统的中国社会，特别是以小农经济主导的传统社会中，社区的地缘和血缘是同一的。正如费孝通所说：血缘是稳定的力量。在稳定的社会中，地缘不过是血缘的投影，不分离的。地域上的靠近可以说是血缘上亲疏的一种反映，区位是社会化了的空间。血缘和地缘的合一是社区的原始状态。”③ 因此，何谓真正的“社区”？毫无疑问，将“团结”的概念与福利社区（Welfare Community）④ 联系是可能的。作为福利的社区强调于一种非市场和非正式关系的建立，甚至蕴含着一种以社会团结来对抗市场风险的路径。在社会学意义上的社区是一种福利社区而不是政治管理下的行政

① 早期的中国社区研究吸收了人类学的功能主义观点和整体主义方法，对一个地域性的社会单位展开“解剖麻雀”式的研究。比如，费孝通就认为：社区分析的初步工作是在一个具体的时空坐标中去描绘地方人民赖以生存的社会结构；第二步是比较研究，即比较不同社区的社会结构。参见费孝通《社会调查自白》，知识出版社，1985，第 94 ~ 95 页。

② 鲍宗豪：《对当前中国社区建设四大问题的思考》，《河北学刊》2010 年第 6 期。

③ 费孝通：《乡土中国生育制度》，北京大学出版社，1998。

④ 尽管“福利”一词在国内外文献中常与资本主义相联系，但 T. H. Marshall 的经典观点能够为我们理解福利国家给予更多的信息：与福利国家相关的是风险和不安全的普遍降低，是不同层面上机会的均等、是健康和疾病的均等，是就业和失业的均等，是老年人和年轻人的均等。参见 T. H. Marshall, *Citizenship and Social Class* (London: Pluto Press, 1950), p. 33.

化社区，它标志着一种非市场和非正式社会关系的建立。尽管社区可以具有行政性的框架，但其本质不是行政性的组织，是公共性的社会组织，是社会成员的自我组织，[①] 这才是社区组织的核心和本原。尽管社区的涵义在中国经历了本土化的嬗变，但中西之间的“社区”，尽管其具体的现实基础不同，但都从对社区本身的探求中体现了对人类原初道德性和群体性的返璞追求。

从“社区”概念的理论源流来看，社区的地域性并非一开始就存在的。经典意义上的“社区”（Gemeinschaft）源于德国社会学家滕尼斯的界定。在其著作《共同体与社会》（德文 *Gemeinschaft and Gesellschaft*；英文 *Community and Society*）一书中，“社区”并非一个有地理边界的实体，而是一种社会关系的理想型。它能够被理解为一种生机勃勃的有机体，而与其相对的“社会”则是一种机械的聚合和人工制品，由“社区”向“社会”的变迁就是一场“悲剧的冲突”[②]，标志着个人主义或契约主义的完胜。不过，“社区”一词经由罗密斯的英文翻译以及麦基文（R. M. Maclver）的《社区：一种社会学的研究》一文扩大了它的外延，[③] 并逐渐在外延的延展甚至略带泛化的路途中被锁定了其地域性的特征。[④] 特别在芝加哥学派的人文区位学（古典人文区位学）中，社区的地域属性被着重突出了出来，并用于城市社区研究。在他们看来，人类行动只有在空间意义上才能体现行动与环境的互动而形成的区位秩序。因此在帕克眼中，构成社区的基本条件之一就是“限定了的地域”[⑤]，这个区域可大可小，村庄、小镇、城市、国家乃至整个地球也可以被看作一个社区。从更广泛的意义上来说，社区定义由“组织论”进入“区域论”的变化昭示着城市空间中地缘关系在社会关系中重要性的上升，也昭示了伴随着工业化和城市化的进程，传统社会现代化蜕变的自我历程。“社区”一词自德文世界到英文世界再到中文世界，内涵的争论从未停歇，

---

① 杨淑琴、王柳丽：《国家权力的介入与社区概念嬗变——对中国城市社区建设实践的理论反思》，载《学术界》2010 年第 6 期。

② 〔德〕滕尼斯：《共同体与社会》，林荣远译，商务印书馆，1999，第 232 页。

③ 罗密斯把滕尼斯的“社区”（Gemeinschaft）译成了英文“Community”，其词义的内涵和外延都发生了变化，不仅包括社会生活共同体，而且包括地域生活共同体；不仅包括传统的乡村社区，而且包括现代都市社区，这就扩展了滕尼斯“社区”一词的原意。参见鲍宗豪《对当前中国社区建设四大问题的思考》，《河北学刊》2010 年第 6 期。

④ 麦基文于 1917 年发表的《社区：一种社会学的研究》中，社区被看作一种基于家庭和亲属，经由邻里发展而成的关系。这种关系存在于共同体中，人们彼此守望相互，密切而简单。

⑤ L. Larry, *The Community in Urban Society* (Waveland Pr Inc, 1999).

而其中最为核心的争论则聚焦于社区的本体边界问题，即社区是否是一个地理性的社会实体，其边界又如何锁定。

Brint 曾对当前流行的“社区”概念进行了梳理并依据社会关系的本体基础、社会互动的原因、社会互动的空间结构以及互动的频率和程度划分出了不同类型的“社区”概念。首先，依据社会关系的本体来自地理性还是社会自主选择，区分出了“地理社区”和“选择社区”。对于“地理社区”而言，依照社会互动的动力以及频率的不同，可以划分出“地点和邻里群体形成的小规模社区”“以活动为基础的地方性友好网络”“公社团体/集体”，以及“以文化为基础的地方性友好网络”四类不同的社区。而对于“选择社区”而言，依照社会互动的动力、成员分布的空间特点以及面对面互动的程度，可以划分出“以活动为基础的分散友好网络”“虚拟社区”“以文化为基础的分散友好网络”，以及“想象的社区”四种社区。可以看到，当前的社区概念一方面处于极其混杂的状态，另一方面这也使社区本身成为一个内涵多重社会关系形式的总体性概念。

二　社区研究传统的基本理论脉络

人与人之间究竟是如何彼此联结（being together）的？社会科学始终致力于在变动世界中去发现和理解社会关系的主要形式及其背后的生成机制。在过去一个世纪里，“社区”已经成为讨论这一问题的重要阵地。19世纪晚期以来，大一批社会理论家在经济社会转型的时代背景下开始借“社区”概念重新引导人们寻求对于共同体及其身份归属的理论感知，[①] 它在理论和实践双重意义上提供了寻找人类主体性、社会性以及能动性的线索。经由美国芝加哥学派和英国社会人类学的改造，“社区”于20世纪上半叶在世界范围内发展为一套流行话语，并在五六十年代迎来传统社区研究的兴盛时期。[②]“社区”一词根源于拉丁文“*communis*”和“*common*”，社会的

① 吴越菲：《“共同体”的想象与当代中国社区的塑造》，《浙江学刊》2018年第6期。

② 我们大致将19世纪晚期（起步期）到20世纪五六十年代（兴盛）前的社区研究称为“传统社区研究”。肖林曾区分了本体论意义上的“社区”研究和方法论意义上的“社区研究”。具体观点参见肖林《“‘社区’研究”与“社区研究”——近年来我国城市社区研究述评》，《社会学研究》2011年第4期。此处所提及的“社区研究”和“社区理论”主要对应的是前者，也即以社区作为一个客观实在和相对客观的研究对象。以社区作为透视其他理论的场域，也即方法论意义上的社区研究并非本书讨论的重点。

共同性（commonality）因此成为学者们定义“社区”最核心的提问和关切。

传统社区研究开辟了一条考察社会变迁与共同性之间关系的重要理论通道。人类社会究竟是如何联结并具有共同性的（what's in common）？传统社区研究给出了一系列重要的理论回答：从本质基础来说，社区被认为是一个以地点为基础、内在具有稳定性和凝聚力的社会实体。传统社区理论将共同性的本质指向地理空间关系（geospatial relationship），并且使地点、社会互动/社会关联、共同性三个理论要素相互捆绑，联合构成了“社区”的本体基础。① 从表现形态上来说，社区常见被描述为一种同质性、封闭性以及聚丛性的集体形式，其所表征的共同性主要体现为面对面、小规模、紧密、利益共享的社会关联和社会交往。在相当长的时间里，社区理论主要来源于以邻里为中心的考察。② 从动力机制上来说，社会共同性的产生主要服从于空间临近性的关系组织原则，或者说主要发育于特定的地理空间关系之中。传统社区研究认为，地方性社会联系的中心化（聚类）是社区形成的基本动力。其背后隐含的假设是，社群中的人具有社会团结的天然意愿和行动取向。

尽管传统社区研究在理解和定义“社区”时形成了诸多相似的理论观点，但如果进一步放在历史脉络中加以更细致的考察，可以发现其内部在揭示社区背后的共同性问题上又存在着不同的设问和理论进路（见表1）。

表1　传统社区研究的主要理论进路

时期	理论流派	本体论	基本问题	理论路径
19世纪末～20世纪初	古典社会学	理想的社会关系类型（规范本质）	社区生活/关系的基本特征是什么？	类型学分析
20世纪20～40年代	芝加哥学派	生态/区位有机体（空间本质）	社区有机体的实质和运行法则是什么？	区位分析
20世纪50～60年代	社会人类学	领域性的社会文化系统（实践本质）	社区系统内交往和互动特征是什么？	结构功能分析

（一）规范取向的社区理论——古典社会学

“社区”进入社会学知识体系最早来自古典社会学家对于“社群关系”

① R. Frankenberg, *Communities in Britain* (Harmondsworth: Penguin Books, 1966).

② B. Wellman, "*The Persistence and Transformation of Community: From Neighbourhood Groups to Social Networks*," Report to the Law Commission of Canada, 2001.

（communal relation）和“联合关系”（associative relation）之间特质的区分论述。社会学对于“社区”的关注最早来自德国社会学家滕尼斯 1887 年所提出的“Gemeinschaft”与“Gesellschaft”的二分理论。他以分类和线性的视角[①]将“社区”建构为一种社会关系的理想类型，并且指向那些规模较小且具有高度社会整合、社会团结、亲近性以及相似性特征的传统农村社区。[②]涂尔干进一步将社群关系的论述与农村情境相分离，他将“社区”视为社会关系中的一系列变化特质，其可能出现在农村也可能出现在城市。相较于滕尼斯在对比关系中确立“社区”的理论意涵，涂尔干则对“社区”作出更高程度的理论抽象，并采用变量的方式对其进行定义和分析。[③] 整体而言，古典社会学的社区研究在根本上来自对现代性的理论回应。“社区”不仅是一种关系性的理论表达，[④] 也同时作为一个价值概念而被建构起来，用于在工业化和城市化的社会转型背景下探寻社会生活或社会关系的基本特征。古典社会学中的“社区”概念建立在较为明显的道德判断基础上，将其想象为具有创造性、积极性、生产性以及令人满意的社会关系，并且认为它天然地赋予人类社会以支持性和道德感，人们也理应以更为亲近的方式相互生活在一起，[⑤] “社区”为人类社会提供了一套规范性的陈述而因此被理论家所追求。

（二）空间取向社区理论——芝加哥学派

20 世纪 20 年代以来的美国社区研究脱离了古典社会学以类型学来理解

---

① 滕尼斯认为从“Gemeinschaft”到“Gesellschaft”是人类社会从幼稚走向成熟的表现。参见 S. Brint，“Gemeinschaft Revisited：A Critique and Reconstruction of the Community Concept，” *Sociological Theory*，XIX（March 2001），pp. 1 - 23。

② 滕尼斯以“Gemeinschaft”的概念试图超越城市生活和农村生活的简单争论，旨在理解农村生活具有的“共同性”特质，包括共同的生活方式、共同信仰、相似性、集中的联系和高频的互动、情感联系以及共同体关系的持久性。

③ 涂尔干的“社区”概念具体包括了四个结构变量和两个文化变量。四个结构变量分别是：社会纽带的密度和强度、对制度的社会依附和参与、仪式情景，以及小的群体规模。两个文化变量分别是：对于共同性的感知和共同信仰。参见 P. Snell，“From Durkheim to the Chicago school：Against the ‘Variables Sociology’ Paradigm，” *Journal of Classical Sociology*，X（Feburary 2010），pp. 51 - 67。

④ A. P. Cohen，*The Symbolic Construction of Community*（London and New York：Tavistock Publications，1985），p. 12.

⑤ S. Parker，*Urban Theory and the Urban Experience*（London and Now York：Routledge，2004），pp. 4 - 5.

“社区”的基本路径，转而以经验为基础来研究人类社会的组织形式及其复杂性。在芝加哥学派的基本理论设定中，“社区”被视为地理性的自然区域，具有非规划的特征。他们认为地点、自然环境与社会关系之间的关系尤其适用生态学/区位学的研究框架，由此在社会学的研究中拉近了社区与社会地理学之间的距离。芝加哥学派试图打破个人与社会之间的简单对立，将“社区”的定义嵌入地方情境之中，并将其本身视为一种重要的社会现象来加以研究。在本体的意义上，芝加哥学派将“社区”视为超越个人的社会有机体（social organism），① 拥有对社区成员施加影响的群体能力。② 但同时，“社区”也根基于具有反思能力、意识能力的个人以及持续不断的互动和行动。社区作为生态/区位有机体的实质和运行法则究竟是什么？在芝加哥学派的早期观点中，“社区”主要用于从地理分布和空间局部的视角来看待社会和社会群体，③ 认为社区生活的基本动力来自生物竞争和生态适应。而在20世纪30年代文化区位理论的挑战下，芝加哥学派削弱了“社区”的生物学类比，进一步发展了理解社会秩序的人文区位理论（human ecology），认为社区有机体形成和运作的基本动力并不完全受制于自然法则的支配，更受到来自文化传统、社会建构以及意义维持的影响。④ 区位理论的发展使“社区”的地域属性开始被强调，相当一部分社会学家开始将“地方”（the local）性视为社区构成的基础属性，⑤ 并成为经验研究的具体对象。与早期定义不同，“社区”在方法上成为一个能够充分展现社会要素、较小又易于研究的分析单位。

（三）实践取向的社区理论——社会人类学

20世纪五六十年代，传统社区研究所迎来的兴盛期很大程度上得益于社会人类学的推动。社会人类学同样将社区与特定地点之间建立强烈的理论关联，将人类社会活动的观察嵌入特定的时空环境之中，捕捉特定的地点经验。尤其是人类学的民族志研究极大地强化了地点和社区之间的关联。社会

① R. E. Park, *An Autobiographical Note in Race and Culture* (New York: Free Press, 1950), viii.

② P. Snell, pp. 51 - 67.

③ R. E. Park and E. W. Burgess, *Introduction to the Science of Sociology* (Chicago: University of Chicago Press, 1921).

④ 比如芝加哥学派的代表人物米德（J. H. Mead）开创了另外一种理解社区的视角——社会心理学，认为社区是互动中意义建构和维持的产物。

⑤ R. M. Maclver and C. H. Page, *Society* (Macmillan, London, 1961), p. 9.

人类学在本体的意义上将“社区”视为领域性的社会文化系统，其具体建立在三个重要的构成要素之上：以特定的地方情境、以地点为基础的社会互动和生活实践，集体的价值体系，以及共享的符号系统。社会人类学致力于在持续的社会互动和地方生活实践中理解社区系统的形成和特征，常见于采用结构—功能分析方法获得有关于集体生活和共同行动机制的内部观点。相比古典社会学和芝加哥学派，社会人类学的社区研究反对永恒、天然、封闭的乌托邦秩序，[①] 以社区生活来展开对社会共同性的理解，尤其关注到互动结构、社会网络、正式/非正式制度、路径行动等。

可以看到，古典社会学、芝加哥学派以及社会人类学形成了对“社区”不同的概念化方式，发展出了对于社会共同性的不同理论阐释。古典社会学富有浪漫主义的理论色彩，以“传统面对面的联合集体，并且具有友好的社会关系类型”[②] 来定义“社区”，强调社区的规范本质；芝加哥学派更加关注到社区形成的生态法则，在不同的空间规模中（邻里、村庄、城镇、城市、地区、国家）获得对于社区秩序的认知，强调社区的空间本质；而社会人类学则将“社区”落脚于特定社会文化系统中的人或群体类属及其社区生活，强调社区的实践本质。传统社区研究中由此形成了三种主要的理论取向——规范取向、空间取向以及实践取向，至今仍然作为主流的理论脉络而被延续。

三　社区研究的实践路径与主要领域

尽管“社区消亡论”[③] 是对现代性颠覆力量的消极反应，但是对“社区的探寻”（The Quest for Community）更是一种积极性的反思性实践。它不仅指导我们在满怀热情地投入社区建设的新一轮“运动”之中，重新反思社区建设赖

① 比如 Gluckman 和曼彻斯特学派的人类学研究认为，即使是部落生活也既不和谐也并非与外界隔绝。参见 M. Gluckman, *Custom and Conflict in Africa* (Oxford: Blackwell, 1955); M. Gluckman, *Analysis of a Social Situation in Modern Zululand* (Manchester: Manchester University Press, 1958)。

② Werbner, P., “Essentialising Essentialism, Essentialising Silence: Ambivalence and Multiplicity in the Constructions of Racism and Ethnicity”, in Pnina Werbner and Tariq Modood, *Debating Cultural Hybridity: MultiCultural Identities and the Politics of AntiRacism*, London and New Jersey: Zed Books, 1997, p. 246.

③ 以滕尼斯、齐美尔、涂尔干和沃思为代表的“社区消失论”认为：“社区”正在被更理性的“社会”所替代。

以形成的社区到底是一种什么样的“真实”——是“同质的一元”还是“异质的多元”？是理想的共同体期待或预设，还是仅仅为居民生活的空间聚合体？同时亦指导我们思考在现代维度上真正意义的地域社区是否可能？又何以可能？换句话说，如何在现代社会条件下客观而又积极地重建社区？

社区是构成社会的基本要素，也是沟通个体与社会的桥梁。在国内经典的社区研究中，学者们常常把“社区”理解为一种地域性社会，希望将“小社区”确立为勾连“大社会”的方法论和认识论单位。显然，这种观点在很大程度上建立在传统社区相对封闭、独立以及多重边界高度重合的现实基础上。今天，伴随着工业化、城市化、信息化、全球化的进程，中国社会正在由相对封闭转向日益开放，使得当下社区研究所要处理的空间性与社会性的关系问题变得越来越复杂。毫无疑问，当前不断增加的社会流动和新的利益关联对传统社区研究构成了新的挑战，这将给当下的中国社区研究增加许多新的变量。

（一）中国社区研究的三重路径

鸟瞰近几年来中国社区研究的整体状况，可以说，“社区”集中在三重意义上延展于学术脉络之中，并由此形塑了“社区”概念的三重面向：第一重是作为社会共同体的“社区”。即将“社区”本身作为研究对象，以“向内”的研究取向关注到社区内部的治理结构、社会关系、社会规范、社会互动、利益关联、情感认同等方面的现状与变化。在第一重意义上，社区研究集中展现了社区的地方性和特殊性。第二重是作为情境设置的“社区”。[①] 即以“向外”的研究取向将“社区”作为探查基层社会转型、各类社会关系变动与宏观社会结构的重要棱镜。在第二重意义上，社区研究将认识抽象的结构性关系锁定于特定的情境之中，从而能够在社会转型的大背景下，通过相对中微观层面的社区研究来投射宏观的社会结构变迁。第三重是作为社会行动的“社区”。即将“社区”视为有助于目标达成的资源以及蕴含公共性和现代性的价值精神。在第三重意义上，社区研究聚焦于不合理的经济社会结构、社区问题以及权力不平等，致力于通过集体行动来促成改变。从这一意义上来说，对“社区的探寻”也是一种积极的反思性行动实

① 比如，费孝通的《江村经济》一书，从某种程度上来讲，之所以能够成为20世纪上半叶中国乡村社会研究的典范，就依赖于社区研究方法在社会学研究中的成功运用。

践。与“社区”的三重定义相对应，社区研究因此也形成了三条并进的研究脉络——共同体取向的社区研究、结构取向的社区研究、行动取向的社区研究。

共同体取向的社区研究继承了社会学对于社区研究的传统，将社区视为特定空间范围内的关系联结体，对社区内部展开“解剖麻雀”式的研究。其研究特点是聚焦于特定社区内部的社会行为和社会联系，描绘内部因素与外部因素对社区秩序的双重建构。其中，通过对社区内部自发秩序的揭示，它将人的行动策略、情感—心理要素重新囊括进时空之中。在快速的工业化、城镇化、市场化的进程中，共同体取向的社区研究致力于在新的社会背景下去回答地域空间内的社会整合、情感连结、共享价值、集体行动是否能够以及如何能够达成？

与共同体取向的社区研究聚焦于特定社区，挖掘社区团结和冲突深层机制的研究取向不同，结构取向的社区研究则在更宏观层面上关注到结构性因素的影响，并在一般意义上对社会关系和社会活动进行结构性的描述。显然，结构取向社区研究的旨趣并不是“向内”地关注于一个或几个特定社区，而是在社会转型背景下以“社区”为棱镜来回应更大的结构性议题。结构取向下的社区治理研究、社区服务研究、社会组织研究实际是将社会治理问题、社会福利体系问题、第三部门的发育问题放置在地方情境中加以考察。从这一意义上来说，“社区”为社会学通往结构性议题增添了可以接近的理论桥梁。在方法论的意义上，“社区”被视为宏观社会结构性变迁的微缩体。

相较于前两种社区研究的取向，行动取向的社区研究实际上是一种以“实践为中心”（practice-centred）的研究。它主要包括两个层面的内涵：第一层内涵是通过反思性思考和行动促进来彰显社区的价值维度。行动取向的社区研究在根本价值上认为社区问题的根源来自更大层面的结构性力量的影响，强调通过集体行动来改善资源与权力的分配，从而实现社会秩序的变更。另外一层内涵是将“社区”本身视为一种解决社会问题、整合社会秩序的手段和方法。行动取向的社区研究相信社区所具有的“社会性”及其对于解决社会问题的积极意义。因此，作为一种“社会行动”的社区研究也是一个通往意识觉醒、需要满足、参与、自决、合作、价值追求以及权力再分配的过程。

（二）国内社区研究的核心论题及其新进展

从现有的文献来看，国内社区研究在三重研究路径上涉及许多具体的研究领域，并在诸多核心论题的争论上呈现丰硕的研究成果。限于篇幅，笔者仅能拾掇部分，难以概全。

1. **共同体取向的社区研究**

按照研究对象的不同性质，可以划分为不同的社区类型。比如根据研究对象的城乡地域不同，可以划分为农村社区（主要以村落为单位）、城市社区（主要以行政社区为单位）以及城镇化进程中的转型社区；根据社区规模大小可以划分为邻里、村落、市镇、都会、国家等；根据产权性质来可以划分为新建商品房社区、售后单位公房社区、保障性住房社区、回迁房社区等。在对特定社区类型的研究中，国内社区研究对新型居住社区予以了特别关注，比如村庄合并、农民上楼、村改居的农村转型社区、失地农民的安置社区、新建商品房小区以及“本地人—外地人”居住分异而形成的“二元社区”等，其所处理的共同核心是居住空间变动中社会性变动的问题，或者说是居住空间与社会空间的生产和关系问题。

在具体的研究议题上，这类社区研究主要涉及社区治理研究、社区认同与归属感研究、社区融入研究、社区转型发展研究以及社区冲突研究等方面：

（1）从社区治理方面来看，其以个案研究为主导，对特定社区的社区治理结构和社区治理过程予以了较多关注，重要的研究背景是改革开放以来社区利益的调整，资源与权利的重新配置以及“新治理主体”的产生。在近几年的研究中涌现了一系列优化治理主体关系、建立现代社区治理体系的地方经验。整体来看，共同体取向的社区研究正在由“社区内部互动论”转向“内外互动论”，突破了审视社区生活的社区空间边界，并关注到多重外部力量涉入下社区秩序与治理结构的再造。①

（2）从社区认同与归属感方面来看，社区研究的情感维度和心理维度开始被展开，亲属关系和地缘关系获得了现代性的适应性转变，并成为建构社区认同的重要路径。② 此外，伴随着移民社区感和虚拟社区感成为新的研究热点，地域归属和群体认同之间的一致性和张力被更多地探讨。

（3）从社区融入研究来看，其关注到不同类型社区的群际整合状况，特别是人口流动背景下地域空间和社会空间上的整合问题。在城镇化进程中，“人的城市化”突出地反映在社区融入方面，拆迁安置的“新市民”、农民

① 焦长权、周飞舟：《“资本下乡”与村庄的再造》，《中国社会科学》2016 年第 1 期。

② 袁磊、孙其昂：《社区认同的群体路径研究》，《社会科学研究》2016 年第 2 期。

工、流动儿童等城市外来人口的社区融入困境成为研究焦点。

（4）从社区转型发展来看，在国家制度变迁和市场机制延伸下，社区共同体的变迁属性由此成为研究重点。一部分学者致力于理解空间变动下的社区共同体，还有一部分学者还致力于在特定的空间范围内，重新阐释空间与共同体的关系。空间隐匿的秩序状态不断被揭示，甚至将社区作为一种道德共同体进行呈现。[①]

（5）从社区冲突研究方面来看，近两年来的社区研究集中关注到特定社区中的两类冲突：一类是在新型商品房小区中围绕物业纠纷而形成的社区冲突；另一类是围绕公共利益和环境风险而形成的“邻避”集体行动。前者展现了社区居民与具有分利性质的房地产商利益集团之间的利益与权力碰撞。继“居住政治”之后，城市社区研究中越来越充满了政治的眼光。其议题大体涉及商品房小区的“社区政体”、业主维权中行动者认知的解放过程、影响集体维权行动的因素以及社区社会资本在促进维权集体行动方面的差异等。与业主维权不同，“邻避”抗争则展现了环境风险分配中的国家与公民的支配权争夺。社区集体行动的增长重新带来了关于公民参与和公民反对的新讨论。邻避抗争背后的冲突过程、性质与利益协商机制在诸多的案例中被不断地展现出来。

2. 结构取向的社区研究

（1）结构取向的社区治理研究，不仅常见于用结构和制度的视角来理解社区治理的静态架构，也越来越多地以互动的视角来理解社区治理的结构化过程。前者涉及行动者组织化或制度化的安排和关系结构，其中尤其关注于治理主体关系。[②] 后者则涉及治理结构的一系列运行、调整以及结果产出，其中尤其关注社区治理过程中不同主体的行动策略及其对治理的影响。[③] 与早期社区治理研究中“国家政权建设论”和“社会共同体论”的二分观点不同，近两年来学者在社区治理研究基础上对“国家—社会”关系进行的理论概括正在超越简单的二分选择。对于社区治理过程的新近研究重点关注“管

---

① 黄晓星、郑姝莉：《作为道德秩序的空间秩序——资本、信仰与村治交融的村落规划故事》，《社会学研究》2015 年第 1 期。

② 黄锐：《城市社区的三重性及其危机：兼论建构何种社区治理秩序》，《人口与社会》2016 年第 1 期。

③ 盛智明：《地方政府部门如何规避风险？——以 A 市社区物业管理新政为例》，《社会学研究》2017 年第 5 期。

理”与“自治”之间的衔接与互动：一方面，国家推进基层社会治理具有“隐含的目标”；另一方面，社区又具有脱离强制性的外部力量而具有自我发展能力。与以往不同的是，空间技术的使用将“国家—社会”关系的思考推进至有关于技术治理的讨论，也使得有关于基层治理的成本、代理中介、边际效用等问题重新回到研究视线。对于农村社区而言，承担农村社区建设重任之一的村委会，其组织性质可能会从“群众性组织”逐步演化为“社区性组织”，社区建设的内容可能从“自我服务”逐步走向“自我服务与公共服务相衔接”，其功能也可能从“村民自治”逐步转化为村民自治基础上的“多元共治”。[①] 基于当前社区建设现状，学者对社区治理角色的错位、治理目标的偏离、治理技术对社区人文精神的破坏、问题导向、行政逻辑等方面的结构性困境进行了诸多探索。与自上而下的资源权力配置过程不同，社区治理中也存在自下而上的“反控制”管理模式[②]。治理结构中的权威转换与社会空间的扩张使政社边界在社区治理的实践中不断得以重塑。

（2）结构取向的社区服务研究，重点考察国家福利体系变动下社区福利的再造以及社区服务与居民需求的对接问题。在提升社区服务能力方面，面临一系列结构性难点，包括如何在复杂政策中回应服务对象需求的多元化和差异性问题；如何实现基本公共服务、志愿服务、专业服务内容的有机结合；如何实现政府、市场、社会在社区服务中的主体协同。孙萍、刘梦基于对城市社区社会保障政策的研究认为，政府在政策选择上已经呈现了对“政府参与直接性程度较低”的选择偏好。[③] 然而，社区服务中社会性“板结化”问题严重。[④] 在具体的社区服务内容上，养老服务、青少年服务、社区矫正服务以及灾后社区服务成为近两年研究的热点。如何回应中国老龄化进程中不断凸显的养老需求，有赖于养老服务体系建设和服务模式的完善。在社区青少年服务、社区矫正服务以及灾后社区服务方面，专业社会工作的积极角色越来越突出。

（3）结构取向的社区组织研究，聚焦于考察基层社会各组织间的关系结

① 文军：《农村社区发展的走向》，《乡镇论坛》2015 年 6 月（中）。

② 梁晨：《“政府造社会”背景下社会空间的拓展与边界重塑——以 H 区农村治理变化为例》，《学术论坛》2017 年第 1 期。

③ 孙萍、刘梦：《我国城市社区社会保障政策的演变与特征分析》，《东岳论丛》2015 年第 3 期。

④ 田毅鹏、董家臣：《找回社区服务的“社会性”》，《探索与争鸣》2015 年第 11 期。

构以及社会组织的运作状况。基层社会秩序的再造突出地表现在社会组织的功能实现以及多元主体间的新治理关系的生成。如何走向分工、协调的“整体性社区治理”，其依托于不同权源组织关系的分工与协调，也依托于新型社会组织的培育。相较于对组织发展的笼统研判，越来越多的研究者开始强调组织理想功能实现的条件以及政府组织与非政府组织之间关系的多元性、复杂性和历史变动性。黄晓春提供了一个整体性的理论框架用以考察社会组织功能实现所需要的一系列复杂条件以及政策执行的复杂性。[①] 张琼文等人特别强调了“项目制”对社区组织发展的影响，认为项目制使政府与社区组织从“依附控制型”转变为“依附合作型”。[②]

3. 行动取向的社区研究

行动取向的社区研究具有潜在的假设，即将“社区”理解成为一种有益的社会资本和具有自主能动性的地方社会网络。相较于共同体取向和结构取向的社区研究，行动取向的社区研究首先建立在对社区发展的一系列反思性思考上，作为一种权力实践过程的社区图景开始被展现，尤其是性别权力、空间权力在社区中的运作。前者集中反思了社区治理和社区发展中的“去性别化”问题，后者集中反思了资本和权力对社区空间生产、配置的影响。

行动取向的社区研究内含了某种价值导向和理想追求，其主要目标就是借助于集体力量来促进积极有效的社区参与、整合社区多元利益和文化、培养社区成员的能力、以多样的行动策略来解决社区问题、促进社区抗逆力的提升和社区的可持续发展。研究者改变了与研究对象之间主位与客位的关系，而是与“社区”一同工作，解决社区问题、推动社区发展。如果将社区建设视为一个行动的过程，那么它至少包括两个方面：国家化的社区行动（国家权力驱动下的社区空间重建）和社会化的社区行动（社会力量驱动下的社区空间重建）。近两年来，行动研究方法被引入社区研究之中，从而使“社区”能够在开放时代成为提供有效的服务、团结社区居民、协调多元利益主体的平台。在这里，行动研究是一种典型的“自下而上”的研究方法，改变了研究者冷静观察的立场，转而以服务对象的需求和优势为本，通过强调研

① 黄晓春：《中国社会组织成长条件的再思考——一个总体性理论视角》，《社会学研究》2017 第 1 期。

② 张琼文、韦克难、陈家建：《项目化运作对社区社会组织发展的影响》，《城市问题》2016 年第 11 期。

究者与参与者的合作来确定社区工作中的问题、寻找解决问题的方案、确立目标并改变现状。

近几年来中国大陆学术界也较多地对话台湾地区社区营造的经验，特别关注到台湾地区如何在威权传统的影响下完成“去代理化”以及如何通过政府部门、专业团体以及社区居民的合作来实现自主性的社区价值。在实践层面也基于“社区营造”的理念推进了一系列本土实践，比如农村社区的文化营造、城市社区新邻里的营造等。

在政治、经济、社会全面转型的背景下，当前社区研究带领我们在新的空间范畴和历史范畴中重新发现“社区”。在这里，“社区”既可以是实体意义上的，也可以是建构意义上的。整体而言，近两年来国内社区研究沿着共同体取向、结构取向以及行动取向三重研究路径将研究推进到更深的层面中，并取得了一系列重要的研究进展。

首先，从研究对象和研究内容上来说，近两年来的国内社区研究在对研究对象的理解以及对研究对象的处理方式上逐步展现出从“有形社区”转向“无形社区”，从“地理社区”转向“文化社区”，从“封闭社区”转向“开放社区”，从“断面社区”转向“历史社区”，从“一体化的社区”转向“多层级的社区”的研究拓展。在“社区消失论”和“社区存续论”之间，社区研究正在发生一种“网络转向”，即在开放的、实践的视角中，考察经由多重行动主体共同建构的现实网络。[①] 作为研究对象的“社区”，其多元类型的研究正在不断扩展，社区研究中的民族因素也多有提及。在研究内容上，社区研究突破了对地方性知识和小社群社区生活的深度描述，转而通过搭建宏观与微观对话的中观理论层级来接近并进入宏观理论议题的研究。同时，国内社区研究也在研究内容上呈现本土社区治理经验与国外社区治理经验之间的并行与对话。

其次，从研究方法来说，以小样本个案、参与观察和深度访谈为主要特点的社区研究方法在社会转型的背景下集中地面临着方法论上的挑战，即社区研究方法是否必然使我们的研究视野具有区域性的限制？如何使社区研究在局部的研究中兼及整体，有学者从“社区作为局部性和整体性的合一”来

① 狄金华、周敏在理论上重新梳理了族裔聚居区形成中的经济与社会之间的关系。参见狄金华、周敏《族裔聚居区的经济与社会——对聚居区族裔经济理论的检视与反思》，《社会学研究》2016 年第 4 期。

对社区研究方法进行重新阐释。[1] 在研究方法方面，近两年来的社区研究也实现了诸多突破，比如“横的”社区研究方法与“纵的”社区研究方法（历史分析）的结合，将社区个案的历史、社会脉络或情景纳入考察范围之中。个案扩展以及区域分类比较方法被用于更全面地展现中国本土性。[2] 如何扩展个案的代表性，近两年的社区研究也开展了一系列比较研究。如何走出个案研究的局限？在经验材料的获得上，从小样本个案走向多样本甚至是大样本个案，学者们都做了很好的探索。此外，社区研究不再局限于定性分析，定量分析手段与个案研究的结合成为近两年的研究亮点。

再次，从研究视角来说，近两年的社区研究逐步迈向了“开放”的社区观和“过程”的社区观。将社区作为一个“开放空间”，内外要素的互动集中被讨论。从小地方的微型社区研究（以参与式观察对具体社区进行考察）转向与更大语境中议题相勾连和回应，也即关注到社区之外的历史和空间，由此形成了“从内看外”和“从外看内”的双重研究视角。开放的社区研究因此使基层社会的描述具有了更丰富的面貌。同时，将社区作为一个“过程”也开始成为一种新的研究视角。当下的社区研究正在从以“地点”为基础（place-based）的分析视角转向以“过程”为导向。“社区”被视为是一个社会团结的社会过程、生产与消费的物质过程以及集体记忆和文化意义的象征过程。社区的“过程观”在研究视角上强调“去价值化”，描述了一个动态的、建构的社区图景，并且使社区研究突破了静态与单一而展现出更多的内在张力和多元性。

最后，从理论基础上来说，近两年的社区研究在理论框架以及在理论建构的取向上都产生了与以往研究较大的差异。“国家—社会”的关系理论得到了进一步的反思和推进。当下的社区研究开始抛弃对“国家—社会”作简单化的理论假设或在“国家—社会”之间构筑实体化的明晰界分，转而考察层级、国家能力、时间节点、事件等因素影响下“国家—社会”关系的多样表现及其动态性。关系主义的论述拒绝将“国家—社会”进行实体化的表述，强调在微观社会实践、动态事件中考察其过程、机制、技术和逻辑。在近两年的社区研究中，宏大的理论框架越来越被谨慎地使用，呈现对社区立

---

① 王铭铭：《局部作为整体——从一个案例看社区研究的视野拓展》，《社会学研究》2016年第4期。

② 徐勇：《“分”与“合”：质性研究视角下农村区域性村庄分类》，《山东社会科学》2016年第7期。

体化、深度化考察的研究旨趣，社区的文化意义也更多地在理论中被回应。甩掉宏大理论的“包袱”，出现了一些新的理论框架而被社区研究所使用，比如“空间—行动者”框架、“结构—过程”框架、“行动者—事件”框架、“互动—象征”框架等。同时，理论的建构与阐释越来越走向精细化，比如注重行动主体与实践情境的差异，融合微观解释与结构性要素解释的双重路径，聚焦于社区机制的研究来反映变量之间的复杂关联……在以“社区”反映中国本土经验的过程中，也出现了诸多理论建构的尝试。

如今，“社区—社会”已经不以进化谱系而存在，而是成为融合社会性、空间性、文化性、情感性等多重特性的复杂体。在现代社会，社区的重要性并未减弱。“社区”作为一种观念、符号和情感重新被找回，在多重话语中被重新确立了现代价值，并重返理论与实践的中心。社区研究的复兴，持续地对“麦当劳化”和技术化的社会学发起抵抗，并且一如既往地维持着中观社会关系、地方性知识以及情境（context）在社会学研究中的重要性。

然而，社区研究仍然是一个充满困惑的研究领域。社会团结的产生是否能够脱离特定的地域空间而产生？地域空间与社会空间的边界是何种对应关系？为什么在有些空间中产生了团结与整合，而在有些空间中却产生了冲突与竞争？这些核心问题仍然没有在目前的社区研究中得到令人满意的解答。在社区研究的多重研究脉络中间，仍然缺乏有效的对话，以至于社区研究在整体上陷入紧张——社区研究究竟应当是描述性的还是规范性的？研究范围是基于地方的还是全球的？行动的价值主张究竟是效率还是公平，是需求为本还是资产为本？而多重研究路径下的社区研究在展现“社区”多面性的同时，也重新为“社区”增添了新的争议——“社区”究竟是地域的还是流动的？是公共的还是私人的？是有意图的还是偶然的？是压制性的还是自由的？是功能性的还是非功能性的？是理性的还是感性的？

可以说，当下的社区研究仍然在方法论、本体论、认识论上缠绕着诸多争议，这也应当成为未来社区研究的重点：一是方法论上的争议。社区是否能够成为一个具有相对独立性的研究单位，还是应当在更大的层面上寻找新的研究单位，比如区域、国家、跨国？在现代社会的背景下，社区在多大程度上以及在何种议题上构成合适的研究单位，这一点是需要进一步得到检视和反思的。二是本体论上的争议。“社区”内部的双重秩序，使得对于社区的本土认识停留在“政权建设论”和“社区共同体论”的二分之间，而未形成研究的整合。未来的研究应当更多地转向关系主义的论述方式。同时，社区研究还有待于在不同地区的社区类型、不同社区治理结构的社区之间展开更为充分和精细的比较研究。三是认识论上的争议。社区研究所主张的“见微知著”如何能够实现，这显然需要认识论层面的创新与突破。微观如何与宏观相结合，这种认识的达成显然需要更多中间变量的发现和加入才能够达成。同时，对于“社区”的认识应当具有两面性，将社区视为一种有益的社会资本，这已经成为重建社区的首要理由。然而在全球化的背景下，社区、社区资本也可能意味着社会排斥，可能具有负面的功能。

值得注意的是，未来国内的社区研究应当着力避免一系列的研究风险，比如把复杂的关系、丰富的材料简单处理成用以证实或反驳某种概括的所谓“个案”；随意地将各种差异作类型化处理，而没有经历理想类型建构过程中的分离、抽象的过程；在定性研究和定量研究的选择之上，忽视社区研究方法作为一种整体性社会科学研究方法在混合研究方法上的贡献；“社区治理”“社区营造”等概念所携带的学者学以致用、重建社会的情怀和志向，使他们很容易忽略本土性的反思以及理论适用的条件性，从而最终可能走向完全彻底的实用主义之路。总的来说，国内社区研究在越来越受到关注的同时，还要更加注意本土情境，强化研究方法的训练和社会理论的提升。

四　社区为本的中国公益实践及经验

当前在中国公益慈善事业领域，最引人注目的可能就是反贫困的公益慈善行动。长期以来，贫困作为重要的社会问题一直困扰着人类。从传统的慈善救济到贫困政策和福利制度的确立，在漫长的历史中，人类不断地与贫困做斗争。在这一过程中，人类日益加深了对贫困的理解。从贫困的内涵来看，其内涵有着历时性的变化，由单一的收入维度，逐步拓展到能力、权利、脆弱性、社会排斥等多个维度；就贫困的本质而言，贫困体现着对社会多个层面的反思，其与不合理的社会制度和结构相关联，亦和权利与能力的剥夺相联系，还反映着与主流文化相悖的“贫困亚文化”；在反贫困实践方面，实践理念愈来愈体现着对“人”的价值和尊严的重视，从最初基于怜悯的公益慈善救济转向专业化的反贫困社会工作服务。人类对贫困的认识和应对方式不断演变，其背后也体现出了“贫困”与“反贫困”都是一个非常复杂的社会问题。[①] 所以在这部分，我们将以“反贫困”社会实践为例，从“社区为本”的视角出发来展现中国公益服务实践在反贫困工作中的贡献。

事实上，社区层面（community-level）的反贫困早有先例。20 世纪 60 年代，美国为了缓解个人救助所带来的救济依赖和代际传递现象，将贫困扶助政策由侧重个人转向支持社区的整体发展。20 世纪 90 年代以来，“社区主导的发展与减贫”更是成为理论界的重要关切，社群团结、社区凝聚力和动员能力的有效开展对反贫困来说都是十分必要的。大量的研究表明，从社区层面来理解和减少贫困具有十分重要的意义：其一，越来越多的社区研究集中发现，个人对生活质量的主观感知和客观认识与他们所处的文化、组织和社区环境在很大程度上息息相关。[②] 其二，贫困群体需要获取他们所处网络中多种来源和类型的支持，即不仅是家庭网络中的交换，更需要社区和国家的工具性支持（instrumental support）与表达性支持（expressive support）。[③] 其三，个人通过成员身份在具有更多信任和互惠为特征的社区里能拥有更多的社会资本，其间可能开展的成千上万的小型活动有助于扭转陷入贫困的恶性循环，同时具有强大社会资本的社区表现出更强的复原力（resilience）。[④] 可以看到，即使在新自由主义的冲击下，大多数关于农村贫困（rural poverty）的研究都集中在社区层面。[⑤] 由此可见，社区对于反贫困的重要性无可非议。

---

① 贫困的这种复杂性体现在：首先，贫困有着不同的根源且随着环境的改变而不断变化，由此必然带来应对方式的多样化；其次，贫困与住房、失业、健康不平等、家庭暴力、缺乏教育机会和获得社区资源有限、污名化等社会问题交织在一起，使得问题的解决更加棘手；再次，贫困是多维的，它涉及物质、社会、心理、情感和身体等方面，且这些维度之间并非彼此孤立的，物质需求的不满足会引起社会幸福感的消极体验；最后，也是最重要的，贫困所牵连的不仅仅与经济问题有关，更是事关社会公平和人的尊严问题。贫困的复杂性使人类应对贫困陷入窘境，而如何破解作为“复杂问题”的贫困成为当前贫困研究的重要争议。

② Holden，M. Revisiting the Local Impact of Community Indicators Projects：Sustainable Seattle as Prophet in Its Own Land，*Applied Research in Quality of Life*，2007，1（3－4）：253－277.

③ 工具性支持，如经济援助（financial aid）；表达性支持，如建议、情感支持（emotional support）。具体参见 Gazso A，Mcdaniel S，Waldron I. Networks of Social Support to Manage Poverty：More Changeable than Durable，*Journal of Poverty*，2016，20（4）：441－463。

④ Bradshaw，Ted，K. Theories of Poverty and Anti-poverty Programs in Community Development，*Community Development*，2007，38（1）：7－25.

⑤ Ryser L，Halseth G. Opportunities and Challenges to Address Poverty in Rural Regions：A Case Study from Northern BC，*Journal of Poverty*，2016，21（2）：120－141.

（一）社区为本的反贫困社会实践的理论建构

社区为本的反贫困社会实践理论在提出之前需首先澄清社区和反贫困二者之间本身的张力。虽然社区概念在贫困争论中处于中心地位，在贫困研究中占有重要的空间，但社区在反贫困策略中的作用尚未被完全概念化（fully conceptualized），其背后的原因大致可以从三方面[①]来理解：一是在现有的制度背景下，贫困研究的目标和利益可能被优先考虑，而社区被视为缺乏政治影响力；二是构成观念（construct）的两个概念——贫困和社区具有多种理解（multiple understandings），难以达成概念共识；三是社区实践中反贫困战略的多元传统也阻碍了对其构想进行分析的任务。不可否认的是，社区为本的反贫困实践在应对复杂的贫困问题时，强调对贫困隐含的权力和资源分配不平等的关注，一定程度上对社区反贫困的质疑进行了部分消解，但对社区和反贫困的内涵和现实需要进一步说明。因此，对“社区为本”和贫困做进一步解释是构建社区为本的反贫困社会实践理论的基础。

一般来说，社区被理解为是以自然意志为基础的社会共同体，社区成员对社区有着强烈的信任、归属感和认同感，与之所对应的社会则由理性意志所推动，社区成员表现出情感无涉、注重理性和利益。传统意义上所理解的社区是一个以地点为基础、内在具有稳定性和凝聚力的社会实体，地方性社会联系的中心化是其所形成的基本动力，因而具有规范、空间和实践的本质，但在当下，社区是拥有情境、行动、“情感—心理”以及流动的多重现实。[②] 中国的社区是建立在集体主义与家族主义之上的地域关系体，尤其在农村，公共关系与亲属网络和其他私人关系密切相关。[③] 因此，基于对“社

① Strier, R. Community Anti-Poverty Strategies: A Conceptual Framework for a Critical Discussion, *British Journal of Social Work*, 2009, 39 (6): 1063 - 1081.

② 社区的多重现实表现在：情境化视角下的社区现实意味着情境化地理解“社区”，通过重新集合时间、空间、人、对象以及感觉和知觉来理解社会性；行动视角下的社区现实将“社区”的重要意涵落在共享的文化、身份和利益及其所促动的行动潜力上；情感—心理视角下的社区现实强调主观身份认同、社区感在理解社区现实中的重要性；流动视角下的社区现实注重社会团结问题的整合性和共同性的流变，即社区是经济、政治、领域、感情所有特殊要素的集合。具体参见吴越菲《从“社区问题”到“问题社区”：当代社区研究的理论困境及其反思》，《社会科学》2019 年第 3 期。

③ Wu, Yuefei, Wen, Jun, Wei, Hua. “‘Community-centered’ as an Integrated Model for Post-disaster Social work-The Case of Earthquake-stricken Ludian, China”, *Asia Pacific Journal of Social Work and Development*, 2019, 29 (2): 163 - 177.

区”内涵和现实的反思，“社区为本”可从其本体论、方法论和价值论意义上进行理解。在本体论意义上，“社区为本”追寻着“共同体”层面上的社区回归，将“社区”看作具有积极面向的、客观存在的实体，关注社区内在的社会关系、社会互动、社会规范、情感以及治理结构；在方法论意义上，“社区为本”是认识社会发展和变迁的一种方法，“社区”作为研究社会的一个切入点或者是一个具体的、独特的“场域”，通过对“社区”的分析能实现见微知著的功能，即透过“社区”这个中观载体可折射出整个宏观社会结构的变迁；在价值论意义上，“社区为本”蕴含着达致平等、正义等公共性的现代价值精神，它关注社区不平等的和社会结构，试图通过反思性的集体行动来促成社区成员意识的觉醒，进而推动社区问题的解决和社区发展。概言之，“社区为本”是追溯“社区共同体”的过程和方法，也是实现现代价值的反思性行动。

在此基础上，“社区为本”的反贫困社会实践延伸出自身的理论基础。在本体论层面，它认为构建贫困群体之间团结、互助的“社区共同体”成为可能；在方法论层面，“社区”成为解决贫困问题的中观载体，同时反映出贫困问题背后所连接的结构性问题；在价值论层面，贫困问题的根源被放置于更大层面的结构性因素，集体行动使权力和资源的重新分配成为可能。可以说，“社区为本”的反贫困社会实践包含着对现代公平价值的追求，它以“共同体”的实现作为行动的目标，以社区本身视为解决贫困问题的行动方法，是一种达致团结、互惠、尊重、平等、意识觉醒、能力提升的集体行动过程。

贫困研究中存在多种理论争辩，其中较为集中的是个人主义（individualism）和结构主义（structuralism）之争。二者争论的根本区别在于因果关系和暗含的规范性，即对贫困生成机制宏观和微观层面的不同描述以及责备归因。由此演绎出对待贫困群体的两种不同逻辑——惩罚取向（punitive orientation）和包容取向（inclusive orientation）。[①] 显然，后者是更契合“社区为本”的反贫困社会实践的价值理念。当前，关于贫困研究可以从过程、互动和行动来分析，过程层面的贫困研究关注贫困发生的原因和机制，以往有个人惰性和道德归因视角及代际传递理论、贫困亚文化理论、结构归因的视角

① Kane, E. W. The Neoliberal Baseline? A Community-Based Exploration of Beliefs about Poverty and Social Policy, *Journal of Poverty*, 2018, 22: 1, 65 - 87.

和权利与能力的剥夺理论等多种解释；互动层面的贫困研究以互动关系（围绕贫困群体的周围社会关系）来看待贫困，涉及关系视角（relational approach）和感知贫困范式（poverty-aware paradigm）；行动层面的贫困研究，主要侧重于反贫困方式，多数与社会资本理论、参与式发展理论、赋权理论以及社区发展理论相联系。贫困多样性和复杂性促使贫困产生了不同的解释，同时不同的贫困理论要求从不同的角度来看待社区的需求。这些多元化的贫困解释构成了“社区为本”的反贫困社会实践对贫困不同层面认识的基础。

为了更好地理解和应对贫困的复杂性，基于“社区”和贫困的理论与现实，本文尝试建构一个由“主观—客观”“个人—结构”两大维度构成的“社区为本”的反贫困社会实践理论框架（见图1）。① 该理论框架的提出主要基于以下两方面，其一，贫困成因的多样性以及贫困内涵从收入到多维度的演变逻辑使得很多公益服务对贫困的关注点发生更新。从贫困的过程和互动来看，贫困成因在主观个人和客观社会环境之间不停摇摆，而且人们开始不仅关注贫困群体的客观呈现，还注意观察贫困群体的主观体验/主观感知；从反贫困的方式来看，以往外在物质补救式的理念逐渐退出舞台中心，集中于主体发展乃至预防式的方法越来越多。因而，“主观—客观”可以作为维度之一。其二，贫困本身所具有的“个人与结构”的争议，与社会服务内在原有的“个人治疗”还是“社会变革”相关联。对贫困“个人与结构”的不同解释所带来的服务方法和服务内容略有不同，而多种行动策略正是社会服务在应对贫困复杂性所需要的，因此，“个人—结构”是其第二个维度。如此，由“主观—客观”“个人—结构”两大维度构成“社区为本”的反贫困社会实践框架的四种取向（见图1）。

面对复杂的贫困问题，“社区为本”的反贫困社会实践采用不同的理论取向来分析和回应社区的贫困问题，满足贫困群体多样化的社区需求。具体地说：

（1）援助取向（helping orientation）建立在人本主义（humanism）的视角之上。援助取向的理论把贫困“去问题化”，重视贫困群体的价值和尊严，强调贫困群体的自助和自我发展的主体性，所重点回应的是贫困群体消极

---

① 需要澄清的是，维度所划分的四个象限并不是割裂的，相反，这四个象限彼此联系共同构成了“社区为本”反贫困社会实践的理论框架。由此所延伸的反贫困实践路径亦是如此。

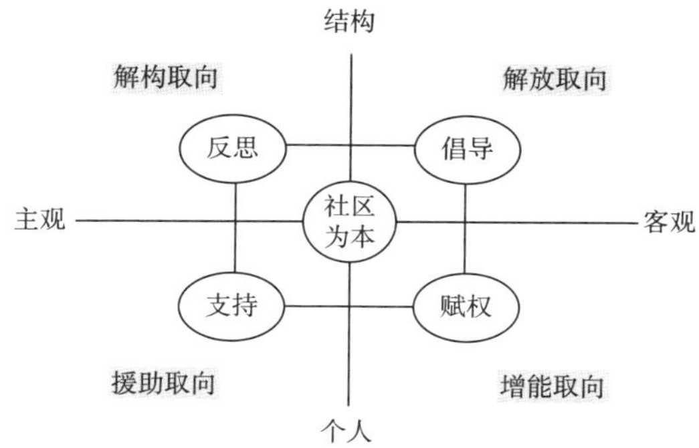

图1　“社区为本”的反贫困社会实践理论框架

（不良）情绪以及福利依赖等问题。援助取向认为社会服务的提供者在互动中为贫困群体所提供的支持对贫困群体具有重要影响，因而十分重视实践中的信任、良好的专业关系。支持是这一取向所主张的路径。

（2）增能取向（empowerment orientation）以赋权理论（empowerment theory）为基础。增能取向的理论认为贫困是个人能力受阻进而导致个人和社区整体能力匮乏的消极后果。在这一视角下，贫困人群是解决贫困问题的主体，通过参与社区发展的过程，可以使他们有能力应对生活中面临的贫困挑战。因此社会服务提供者通过社区组织鼓励贫困群体参与社区活动，激发个人的潜能，从而通过集体行动实现个体和社区增能。对此，赋权是一种有效的实践路径。

（3）解放取向（emancipatory orientation）依托于批判主义（criticism）的视角。解放取向的理论认为贫困是社会结构和制度不平等的结果，是通过性别、阶层的交叉关系而产生的一种权利剥夺。在此，贫困群体被认为是值得通过再分配的方式来摆脱结构性的贫困束缚，因而，社会服务提供者需要反思贫困群体所涉及的关系的性质及关系所存在的背景，将贫困群体从结构束缚中解放出来。倡导政策的完善并促进权力、资源的再分配被认为是一种可行的路径。

（4）解构取向（deconstructive orientation）建立在批判—建构主义（critical-constructivism）的视野之上。解构取向的理论从积极、包容的角度理解贫困群体，该取向认为贫困群体是在经济和社会资本匮乏的情况下抵抗贫困的积极主体，应在与贫困群体的互动中认识和理解他们。为此，社会服务提供者应以“我们”（we）的角度来看待贫困群体，重视群体差异和团结，促进个人和社会的反思，重新建构社会对于贫困群体的认知，打破社会对贫困群体的偏见。反思是该视角提倡的主要路径。

以上四种理论取向构成了“社区为本”反贫困社会实践的理论框架。这四种理论取向并非割裂的，而是彼此关联、相互配合，共同融入“社区为本”的架构之中，以一种整合的理论视角来认识和分析贫困。在实践中，这四种取向共同作为“社区为本”反贫困社会实践的理论基础，通过对社区贫困问题多维角度的思考，来开展多元化的行动策略，以此来响应社区多样化的需求。

（二）社区为本反贫困社会实践的路径探索

互惠、信任和规范是促进人们有效合作，创造“社会资本”的重要来源。以往研究表明，社区如果不具备类似强烈的血缘关系这样有凝聚力的社区结构，往往会因为缺乏社会资本的基本要素而难以获得反贫困援助的机会①。因而，培养社区成员的互惠、信任和规范，增进社区意识和团结，构建强大的社会资本对于反贫困实践来说十分重要。“社区为本”的反贫困社会实践借鉴以往的服务经验，以打造团结、互助的“社区共同体”为实践过程和目标，借用社区成员集体行动的力量来打破贫困结构性障碍的束缚，促进社区资源和资本的重整以及社区秩序的更新。由此，“社区为本”的反贫困社会实践勾勒出其反贫困的实践轮廓。整体来说，“社区为本”的反贫困社会实践以优势视角为基础，以社区为主体，旨在借助社区成员的集体参与，整合社会资源，盘活社区资本，不断地提高社区成员的能力，以多样化的行动策略回应社区的多元需求，促进社区的整体进步和可持续发展。“社区为本”的反贫困社会实践在厘清反贫困实践轮廓的基础上，由其理论框架的四种取向延伸出实践的四重干预路径。

第一，支持性路径（supportive approach）。该路径基于援助取向并依托于人本主义的相关理论视角，尤其是与心理学相关的理论，重点关注与贫困个体/家庭相关的主体性问题，以求解决其面对贫困的消极（不良）情绪和由此引发的福利依赖等贫困问题。在实践目标上具有较强的治疗—支持性质。社会服务希望通过与贫困个体/家庭的互动，给予贫困个体/家庭的支持，旨在通过对贫困个体/家庭的尊重和价值肯定，帮助他们反思自身的潜意识和环境对个体/家庭的心理认知以及行为选择的影响，平衡他们内在的

① Walters P., 2018, “The Limits to Participation: Urban Poverty and Community Driven Development in Rajshahi City, Bangladesh,” *Community Development*, 49 (5): 539–555.

精神世界，同时激励个体/家庭树立面对生活的信心，使个人/家庭相信自身有解决贫困的能力，从而来调动他们应对贫困的积极性和能动性。在具体干预操作上，社会服务提供者要综合选用人本中心模式、行为认知模式和心理动力学模式等理论模式来为贫困个体/家庭提供包括支持陪伴、情绪安抚和个案管理等相对个性化的服务。特别强调的是，除了社会实践本身的支持，社会服务还需利用社区以及周边重要他人的支持，鼓励和激发贫困个人/家庭积极地应对贫困，发挥他们的主体性。

第二，赋权性路径（empowerment approach）。它以赋权理论为基础。该路径主要解决的是个人能力贫困、收入贫困等客观性贫困问题。它聚焦于激发贫困个体/家庭解决问题的潜力，积极地调动个体/家庭的资源，通过社区教育、社区宣传以及技能培训，提高贫困个体/家庭的自我发展能力。参与是赋予穷人权力（empower the poor）从而实现社区制度改革的一种方式。[①]因此，社会服务实践通过培育社区组织，动员贫困群体参与正式的或非正式的组织活动，尤其是一些生产性组织活动，增强彼此的互动和联系，促进社区成员之间的互助，帮助贫困群体提高能力。参与的过程有助于整合社区内部的社会资本，提高贫困群体对社区的责任感、认同感和归属感，促使个人和社区增强抵抗贫困的能力。参与是实现赋权的具体方法，而赋权的目标是让贫困群体有资格参与反贫困的过程，推动整个社区依靠本身的资源和优势应对贫困问题。因而，赋权是一个挖掘贫困个体/家庭潜能的过程，也是承认贫困个体/家庭社区成员资格的过程。在此过程中，社会服务提供者从社区赋权开始，激发个人的潜力和能力提升，使社区成员能够通过参与在“社区共同体”中自助、互助，共享反贫困的经验与成果，社区也成为能够自我管理、自我支持的“共同体”。

第三，倡导性路径（advocacy approach）。该路径以解放取向的理论为基础，如马克思主义批判理论。它所要解决的是社区关系贫困和权利贫困等客观性结构问题，关注造成贫困的关系和结构性力量，从社会资源的再分配以及社区内部资源的整合两方面进行回应。一方面，社会服务提供者在开展反贫困实践时，以倡导的形式呼吁社会和国家对贫困群体的关注，给予贫困群体适当的政策优待，从宏观层面促成外部资源的输入和相关制度的变更，为

① Nemon, H., “Community Action: Lessons from Forty Years of Federal Funding, Anti-Poverty Strategies, and Participation of the Poor,” *Journal of Poverty*, 2007, 11 (1): 1–22.

解决贫困问题消除客观的结构性障碍因素，营造有利于贫困社区发展的外部环境，并促进贫困社区与外部环境的良性互动，推动社会公平；另一方面，社会服务提供者对社区内部的资源进行有效的整合，根植于贫困社区的“历史—文化”积淀，培育和发展当地的社会资本，倡导社区社会资本的合理利用和再分配，促成社区公正、平等的形成。

第四，反思性路径（reflexivity approach）。该路径结合批判主义和建构主义的理论思想，主要回应贫困群体在社会生活中的贫困感知问题，如贫困的污名化、社会排斥等。这一问题虽然关注贫困群体的主观贫困问题，但与“支持性路径”不同的是，它重点关注贫困群体在社会互动中所产生的贫困感知以及整个社会对贫困的刻板印象。针对这一问题，社会实践需要从以下三点来展开反贫困工作。首先，让社区乃至社会其他成员听到贫困群体的集体声音，换句话说，就是让贫困群体有自我表达的机会。一方面，社会服务提供者扮演引导者角色，唤醒贫困群体的自我意识，敏感地察觉他们处于贫困状态的真实感受，并积极地倾听他们的声音；另一方面，社会服务提供者作为中间人，将贫困群体的感受和真实生活呈现给社会大众，让他们对贫困群体有进一步了解，理解贫困群体的生活。再者，社会服务提供者鼓励社区非贫困群体与贫困群体积极互动，如通过参加社区组织的活动，在互动中使社区成员理解贫困群体的真实感受和现状，消除对贫困群体的固有偏见，营造尊重、有爱、团结的社区氛围。最后，社会服务提供者要结合倡导的路径，呼吁整个社会对贫困群体的包容，避免对他们的贫困污名化甚至是社会排斥，促成整个社会形成对贫困问题的批判性思考。

“社区为本”的反贫困社会实践的四重干预路径并不是单一开展的，它们在实践中是相互关联的。正如图 1 所示，这四重路径连接在一起、相互配合才构成“社区为本”的反贫困社会实践的整体系统。尽管在“社区为本”反贫困实践的整体系统中，不同的实践路径有其侧重：支持性路径重视“个体动力”，赋权性路径重点关注“群体动力”，倡导性路径突出强调“资源分配”，而反思性路径重视“问题解构”，但四种路径相互嵌入，构成反贫困实践的系统行动，响应贫困社区多元化的需求，是对贫困复杂性的有效应对。

（三）社区为本的反贫困实践对中国公益发展的启示

“公益”本身就是一门社会实践的学问。公益实践活动是现代社会条件下的产物，是公民参与精神的表征。从解决贫困问题的历史来看，英国的

“济贫法”、德国的汉堡制和爱尔伯福制、英美的慈善组织会社和睦邻组织运动，这些最初的社会福利制度和社区福利组织推动了社区发展的实践，构成了社会发展的制度和组织源泉，也成为社会公益实践活动的一个重要内容。之后，社区发展在实践中逐步演进，社区层面对反贫困的重要性不断被提出，这背后隐藏着这样的一种假设：一个有能力解决问题的、有活力的社区将能够为居住在那里的人提供高水平的福祉。① 社区被看作解决贫困问题的可能出路。然而，当下的贫困呈现多维度的状态，是一个多层次、复杂的社会问题。那么，在历史上曾经对贫困问题做出过回应的社区行动会如何延续行动传统来对付复杂的贫困问题呢？如前所述，“社区为本”的反贫困社会实践将行动传统的延续成为可能，在应对贫困复杂性的问题上具有明显的优势，但同时它在某种程度上面临着不少挑战，这对我们在中国今后持久开展反贫困公益实践活动具有很大的启示。

贫困社区存在着紧密的社会互动和丰富的社会网络，随着社区弱势程度的增加，居民通过满足物质和情感需求的方式互相帮助的可能性也随之增加。②“社区为本”的反贫困正是合理运用了贫困社区“互助”的本质优势，借用社区参与来赋予社区活力，促使贫困社区能够自我支持与自我管理。我们通过厘清“社区为本”的反贫困社会实践的理论框架和行动路径，得以重新阐释社会公益行动何以在社区层面对复杂的贫困问题做出回应。社区为本的反贫困社会实践从社区整体出发，依托社区原本的优势，试图通过社区成员的集体参与来整合社会资源，发挥社会资本的良性作用，并以多样化的行动策略满足社区多元化的需求，以求促进社区的整体进步和可持续发展。这是一个组织社区居民参与集体行动，实现社区意识提升、增进社区凝聚力和促成权力与资源再分配的过程。

可以看到，“社区为本”的反贫困社会实践在理论和实践上突出以下几方面特征：（1）“社区为本”的反贫困社会实践具有明显的价值倾向，其以批判反思的态度对待当今的贫困问题，把贫困与其背后的结构性因素衔接起来，试图以“结构的、改革的”方式追求公平的价值精神，以包容的、多元的视角理解贫困现象。（2）“社区为本”的反贫困社会实践将一

① Pierson, J. *Going Local: Working in Communities and Neighbourhoods*, London: Routledge, 2008: 23.

② Desmond, M. Travis, “A. Political Consequences of Survival Strategies among the Urban Poor,” *American Sociological Review*, 2018, 83 (5): 869 – 896.

种多元的贫困解释和应对路径纳入反贫困系统，关注贫困主观和客观的双重维度，注重微观治疗模式和宏观改革模式的结合，打破单一的实践模式，以多种行动策略应对社区多样化的、复杂的贫困需求。（3）“社区为本”的反贫困社会实践以一种自下而上（bottom-up）的视角认识并解构贫困问题，关注贫困群体的生活体验，尤其是与贫困相关的感知。“社区为本”的反贫困社会实践为认识和理解当前的贫困问题提供了兼具批判性和反思性的视角，但不可忽视的是，这一反贫困理论和实践在现实中有其无法回避的挑战。

第一，社区作为一个社会场域，为个人、群体、组织、机构和制度活动和互动提供了生存和发展空间，这个空间囊括了空间范围的延展以及时间范围的溯逆，有其独特的社会文化和历史积淀。也即，社区具有鲜明的社会历史文化特性。中国存在丰富的区域社会和文化多样性，地方所彰显的社会文化主体性既为反贫困实践的开展提供了丰富的资源，也给反贫困实践带来了地方性文化知识的挑战。另一点需要注意的是，社区工作最初是以城市社区为工作对象来解决工业化和城市化带来的贫困问题，而中国社会具有明显的“乡土”特性。因而，作为社区工作在当代延续的“社区为本”反贫困实践，需要保持对文化多样性的敏感，时刻反省专业知识体系与本土文化的适应性，注意消解专业知识与本土文化之间的鸿沟，在实践中处理好专业方法与本土知识的平衡问题，避免陷入“文化识盲”的困局。① 所以说，地方的主体性、传统知识和文化敏感性是“社区为本”的反贫困社会实践不得不面临的一大挑战。

第二，“社区为本”的反贫困社会实践面临的另一大挑战体现在社区社会资本的双重属性。在全球化的背景下，社区和社区资本所带来的社会后果都可能具有双重属性，既可能产生社会整合，也可能具有负面的功能，比如社会排斥。“社区为本”的反贫困社会实践一方面促进了贫困社区社会资本的整合，提升了社区抵抗贫困的能力，另一方面却也导致了一定程度上的排他性，具体体现在：（1）对非贫困群体的排斥。“社区为本”的反贫困社会实践倡导对贫困群体的政策优待，但非贫困群体（尤其是处于贫困线的临界群体）可能因为无法享受政策优待而引发感知的“不公平”，影响社区原有

---

① 古学斌、张和清、杨锡聪：《专业限制与文化识盲：农村社会工作实践中的文化问题》，《社会学研究》2007 年第 6 期。

的社会规范和社会信任，导致社会秩序的不稳定。（2）"隐蔽贫困群体"的忽略。尽管在实践中，"社区为本"的反贫困社会实践尊重个体的主体性，重视社区成员的参与，但在现实中，那些恰恰需要反贫困服务的贫困个体，却可能因拒绝或不适合而未能参与，造成"选择性服务"的僵局。[①] 对此，如何把握社区社会资本的有效运用成为公益实践中社会服务提供者必须回应的问题。

第三，社会服务提供者在开展"社区为本"的反贫困实践时面临着难以避免的实践困境。（1）社会服务所关注的关系贫困、权利贫困的解决过程是一个漫长的过程，其所牵涉的利益主体较多，所涉及的是政治、经济和法律等多项制度安排，对这一贫困问题的解决存在的悖论在于：在倡导结构性改革的同时是否会产生新的不平等，从而引发贫困的再生产？（2）贫困群体在与社区成员互动的过程中可能引发进一步的感知贫困（如羞耻），服务提供者如何在实践中及时敏感地察觉并采取相应的行动需要不断地摸索、尝试。更要注意的是，感知贫困有的时候源于社区成员之间的比较，在这个意义上，感知贫困也是一种相对贫困，那么相对贫困如何测量仍然是值得讨论的问题。

不得不承认的是，在新管理主义以效益（outcome）为导向的影响下，社会公益实践的伦理层面受到了冲击，我们很难预料这对"社区为本"的反贫困社会实践有着怎样的影响。[②] 同时，社会风险的存在是否会进一步加剧贫困也无法得知。贫困是一个不断动态变化的社会问题，其当前所呈现的复杂性随着时间、空间的变动可能发展成为一种新的形态。"社区为本"的反贫困社会实践的适用性在未来仍需进一步的讨论和研究。

现代的公益实践是人人都可以参与的公益活动，不管是个人还是集体，人们都可以通过各种公益活动、公益基金、公益网站等途径直接参与公益捐赠、公益服务和公益精神的倡导等实践。"社区为本"反贫困社会实践为我们开启中国特色的公益实践活动提供了一个可供选择的发展方向，其关键在于以社区为整体，尊重社区的主体性，强调社区以及社区中人的价值，通过社区成员的集体行动使社区具备抵御贫困风险的能力。最为根本的是，这一

---

① 文军、何威：《社会工作"选择性服务"现象及其反思》，《学习与探索》2016 年第 7 期。

② Michal K N.，"Poverty-Aware Social Work：A Paradigm for Social Work Practice with People in Poverty，" *British Journal of Social Work*，2016，46（6）：1793 - 1808.

理论和实践显示着社会公益服务对贫困剥夺的本质把握以及对公平社会和慈善事业的追寻，其所展现的对贫困的包容性理解、为贫困群体的呼吁以及对贫困“想象”的解构彰显公益本身所具有的独特精神和价值关怀。需要说明的是，“社区为本”反贫困社会实践行动仍是一种知识的建构，这种知识如何在不同情境的公益实践运作中发挥实际效用仍需进一步探索。

突发公共卫生事件与社区为本的治理模式

吴越菲　文　军　王晓伟　柳家敏*

2019 年岁暮发生的新冠肺炎疫情，成为近二十年来影响中国，甚至全球社会经济发展最为深刻的重大突发公共卫生事件。这不仅是人类迈向风险社会时代的一次整体性大挑战，也是对中国国家治理体系与治理能力的一次大考。① 2020 年 3 月 11 日世界卫生组织在新型冠状病毒肺炎疫情媒体通报会上强调，必须采取上下一致的方法来化解这场波及各行各业的公共卫生危机。② 其中，“社区”已经是一个不可或缺的组织层次和分守要津的防控壁垒，在抗击疫情中具有重要作用。

一　突发公共卫生事件应对的“社区”之维

（一）研究背景与问题意识

无论是 2003 年波及我国 266 个县和市（区）的非典型肺炎、2004 年席卷美国和亚洲国家的禽流感、2009 年全球大流行的甲型 H1N1 流感，还是此次新型冠状病毒的全球蔓延，都让越来越多的学者意识到，应对疫情的公共卫生体系需要越来越超越医学本身所能解决的范畴，而需要在疫情治理方面

---

* 本文受到华东师范大学“紫江公益慈善研究专项基金”的资助，对社区为本的疫情治理模式展开研究。课题调研的时间为 2020 年 4 月至 10 月，文中涉及的研究资料适用截止时间为 2020 年 10 月。

① 文军：《疫情防控中的社会工作：可为与不可为》，《社会工作》2020 年第 1 期。

② 世界卫生组织官网：https：//www. who. int/dg/speeches/detail/who-director-general-s-opening-remarks-at-the-media-briefing-on-covid – 19 – 11-march-2020。

实现多学科介入、多部门合作、社会公众参与的体系重构。

社区作为国家基层政权建设的基本单位和人们社会生活共同体，其发展状况和治理程度直接关系到整个社会治理的能力和水平，也是当前新冠肺炎疫情防控第一线和坚强堡垒。社区作为人们社会生活共同体，是连接个人与社会的中间枢纽，也是国家治理和社会管理的基础单元，在疫情防控和应急管理方面扮演着极为重要的角色。2001 年国际减灾日的行动口号是“发展以社区为核心的减灾战略”，“以社区为核心的减灾战略其主导思想是依靠社区组织，在政府和非政府的协助下，动员所有居民参与社区防灾减灾建设”。习近平总书记也在此次疫情中先后强调：“社区是疫情联防联控、群防群控的关键防线，要推动防控资源和力量下沉，把社区这道防线守严守牢”,[①]“全国都要充分发挥社区在疫情防控中的阻击作用，把防控力量向社区下沉，加强社区各项防控措施的落实，使所有社区成为疫情防控的坚强堡垒”。[②] 因此，只有聚焦于社区在疫情防控中的基层主力角色，不断建设防灾减灾型社区，才能够在疫情灾害面前迅速做出反应，采取积极有效的措施来维护基层社会的安全与秩序。

在社会学和社会工作领域，已经有一些学者关注到影响灾害发生、抑制灾害负面影响的社会机制。而在社会治理重心下移、重大公共卫生事件发生的背景下，“社区”本身如何成为疫情治理的重要载体？这一问题还缺少相关研究的回应。因此，积极探索“社区为本”的疫情治理模式已经成为化解公共卫生风险的重要议题。提高社区疫情防控能力、建设强大的社区疫情防控机制，已经刻不容缓。自 20 世纪 80 年代末起，“社区”已经在全球视野中被视为减灾抗灾的基本单元，并在不同的国家语境中形成了不同的组织模式和实践特点。目前，我国已经共有近 65 万个城乡社区处于疫情防控的基础环节和前线“战场”。在疫情面前，如何将“社区”真正确立为疫情治理的价值中心、理论中心和实践中心，这是本项目开展的核心目标。因此，本课题聚焦于从“社区为本”（community-based）的灾害社会学和灾害社会工作视角出发，在中国本土语境中系统研究“社区”在疫情防控与应对中的

① 习近平：《在全国抗击新冠肺炎疫情表彰大会上的讲话》，https：//www. nppa. gov. cn/nppa/contents/718/74868. shtml，最后检索时间：2020 年 9 月 9 日。

② 《习近平总书记在北京调研指导新冠肺炎疫情防控工作时的重要讲话引发热烈反响》，央广网：http：//china. cnr. cn/news/20200213/t20200213_524972199. shtml，最后检索时间：2020 年 2 月 13 日。

角色、功能和运转模式。

开展社区为本的疫情治理模式研究，其目标不仅仅在于回答疫情发生当下，“社区”如何阻抗疫情；更是在“后疫情时代”关切“社区”如何成为可持续的疫情预防力量。因此，本研究具有两个递进性的研究目标：第一，突发事件中的社区疫情治理何以可能？本项目需要集中研究疫情应急期的社区组织和社区减灾响应模式。也即活跃在社区里的各个主体例如居民、企业、民间组织、基层政府等如何互动和协作，在疫情发生的背景下产生基本的自救、互救能力。第二，常态情境中的社区疫情治理何以可能？进一步地，本项目还需要集中研究可持续的社区抗逆力建设。在可持续发展的视野中，以社区为主体进行减灾工作，促使社区在灾害来临前做好预防灾害的措施，以减低社区的易致灾性，避免让灾害变成灾难事件。减灾型社区建设以及社区灾害抗逆力将是体现社区防灾减灾抗灾能力的重要特征之一，也将是未来考量灾害应急管理和公共卫生事件处置工作成效的参考指标。

（二）国内外文献述评

1. 国内研究现状

学者卢阳旭以社会脆弱性概念为基点，梳理出了西方灾害社会学中社区应灾能力分析的基本框架，即“社区社会脆弱性—社区治理机制—社区应灾能力”框架。首先，社区的人口、经济、社会和政治特征决定了社区组织和社会网络的存量和运行状况。其次，社区组织和社会网络的存量和运行状况直接影响社区在克服社会孤立、加强社区联结、增强社区决策能力（包括决策形成能力和决策执行能力）方面的表现。最后，社区联结能力和社区决策能力会影响社区在灾害应对过程中满足居民在信息、社会支持和公共物品方面的需求的能力。需要说明的是，虽然社区组织机制对应的是社区决策能力，社区社会网络机制对应的是社区社会联结能力，但这并不意味着，这种对应关系具有完全的排他性，也就是说，社区决策能力同样会受到社区社会网络的影响，社区社会联结能力也会受到社区组织的影响。①

① 卢阳旭：《国外灾害社会学中的城市社区应灾能力研究：基于社会脆弱性视角》，《城市发展研究》2013 年第 9 期。

学者周利敏将“永续发展”理念与社区灾害管理结合起来，提出“永续社区”的概念。[①]“灾害”与“永续性”结合源于20世纪90年代兴起的国际行动，人们逐渐发现灾害发生频率及损失日益增加是中、小规模灾害倍数累积所致。有效的灾害治理策略就是促使社区民众参与、规划与执行相关减灾措施，以防止中小规模灾害酿成巨灾。国内外大量案例显示，灾害发生初期民众所展现的自救与互救是灾害救援成功的重要因素，公救仅占其中很少一部分。因此，只有建立独立运作的社区减灾体系才能有效应对这一挑战。国际上对待灾害的态度也不再只是救灾，而是以永续发展为思考，以社区为单元，通过居民参与检视社区减灾（hazard mitigation）机能过程，从而达到建构耐灾模式（disaster-resilient communities）和永续社区（sustainable communities）的目的。

就目前减灾社会科学研究而言，主要有几个研究面向：减灾管理学主要关注结构式减灾、非结构式减灾、减灾技术、应急管理、风险管理、战略管理、社区公共服务和减灾规划等。减灾经济学集中于投资支出、经济增长、经济效益、减灾投入、灾害赔偿和公共财政等视角。减灾政治学则关注减灾制度、减灾政策、减灾行政、政府责任、政府角色、减灾机制、可持续发展和减灾对策等议题。减灾社会学主要有社会联动、社会管理、社会责任和减灾社区等视角。减灾社会科学研究涉及诸多要素，理论视角日益多元并呈现学科交叉趋势，但也存在一些问题：首先，就已有文献而言对策和规划研究居多，而理论研究深度和视角创新明显不足。其次，已有研究偏重于管理学和政治学研究，经济学和社会学等学科研究不足。再次，“单一视角”研究较多，“多元综合视角”较少。最后，重自然轻人文、重工科轻社科、工程技术神话、科学技术迷思、学科优越感与自卑感现象较为突出，这些都制约了研究的深度和广度。

在灾害治理过程中“无（未）知”现象层出不穷，“离灾优于防灾、防灾优于救灾”这一反思性理念应运而生。离灾以“与灾害共存”“和自然共生”及“共生共荣”为基本理念，提倡人类在灾害经验反思基础上运用最新的科学技术和非结构措施建构社会系统良性运转策略。离灾政策主要包括离灾城镇建设、离灾建筑品质、离灾用品及机制评分制度、离灾人员认证制

① 周利敏：《离灾、生态保育与永续社区发展》，《大连理工大学学报》（社会科学版）2016年第1期。

度、离灾意识培养和非结构式措施运用等，主张将不合理、不必要的防灾费用用于离灾建设，同时以“山、路、桥、河”为共治对象，并落实灾后重建生态保育复育理念、制定“离灾不离村、离村不离乡”和永续社区发展等策略以最大限度减少灾害带来的冲击。离灾政策尽管存在着短时期内效益难以显现、成本高、实际运行效果不确定和不同政策目标难以取舍等局限，但毋庸置疑，它对于我国灾害治理具有极为重要的启示意义。①

在灾害常态化的时代背景下，“韧性”理念逐渐被引入社区防灾减灾领域。从社区韧性的概念、维度和评价三个方面综述国内外相关研究，可以发现：对社区韧性的概念界定往往从资源、能力和内在条件出发；社会、经济、自然是建构社区韧性最常见的三个维度；国外社区韧性评价相关研究较多，国内基本上处于引介和本土化改造阶段；可从空间维度与时间维度的交叉融合、明确利益相关者的责任、建立关键评价指标体系等方面，拓展社区韧性相关研究的深度、广度和宽度。②

社区灾害弹性是灾害研究的新兴领域，对全球社区灾害弹性学术文献进行研究有助于把握国际研究的热点问题和未来的趋势。未来，展现时空动态性的社区灾害弹性模型与框架开发将是重要方向；多类型灾害和级联灾害的社区弹性理论框架和评估工具开发将成趋势；资源约束条件下的社区灾害弹性构建路径研究或成热点。③

2. 国外研究现状

学者的研究中多将社区灾害管理概括为灾害发生时整个社区作为应对主体的全过程危机管理，以联合国的“灾害管理循环”概念作为应急管理的核心框架，包括减灾、准备、响应和恢复四个循环往复的阶段。在此过程中整合社区中的人力、物力、财力、权力，协同合作共同应对灾害。其中美国、日本、澳大利亚等国家的灾害情境中的社区组织（Community Organizing）较为丰富和完善。基于社区的灾害风险管理，强调社区不再是被动地接受援助，而是通过整合在地的各类资源，组织动员多方主体，形成合作治理的参

① 周利敏：《永续社区减灾：国际减灾最新趋向及实践反思》，《西南民族大学学报》（人文社科版）2015 年第 5 期。

② 崔鹏、李德智、陈红霞、崔庆斌：《社区韧性研究述评与展望：概念、维度和评价》，《现代城市研究》2018 年第 11 期。

③ 张惠、张韦：《灾害背景下社区弹性的研究现状与展望——以 SSCI 数据库为样本》，《风险灾害危机研究》2018 年第 1 期。

与网络，提升社区的灾害应对能力，成为自身防疫减灾建设的主导者和行动者，从而真正降低社区的灾害风险。①

罗巴兹等人（K. J. Robards）强调了在灾害干预和研究中明确和准确衡量组织间协调的重要性。他们将协调定义为“为了共同的目的，社会公认的不同单位之间有意的相互依赖”。② 加兰博斯（C. M. Galambos）指出，对自然灾害的有效反应应该包括纳入临床、研究和社区组织技能的干预措施。③然而，就像许多关于这个主题的作者一样，作者所说的社区组织的真正含义是应对的管理和协调。例如，作者指的并不是像阿林斯基（S. Alinsky）的传统所阐述的那样，寻求利用由被剥夺权利的人组成的基础广泛的群体的社会力量，以转移权力为目标的传统社区组织。④ 虽然这种协调是救灾工作整体效能的一个重要组成部分，但重要的是区分这些概念与可能出现的处理社会发展问题的灾后以公民为基础的社区组织。一些作者定义了灾难后非正式组织和自助网络的重要性。非正式组织通常以当地为基础，由志愿者管理，可能提供自助或互助。正式的组织网络可能会忽视土著志愿者带来的重要资产。因此，基层组织和非正式组织的加入可以增加公民对灾害反应的参与，特别是在孤立或边缘化的社区。⑤ 纳入这些组织可以赋予这些人口以一定权力并改善他们获得服务的机会，但不应将其与影响城市规划进程、改变政策或对抗政府机构的协调努力混淆起来。在灾害和复杂紧急情况中使用了一些评估和研究工具，其中包括对当地社区知识的了解和能力建设。

夸兰泰利（E. L. Quarantelli）⑥ 发现近年来灾害研究逐渐聚焦于社区永续发

---

① 刘佳燕：《新型冠状病毒肺炎疫情背景下社区防疫规划和治理体系研究》，《规划师》2020第6期。

② Robards，K. J.，D. F. Gillespie and S. A. Murty，“Clarifying Coordination for Disaster Planning，” in M. J. Zakour（ed.）*Disaster and Traumatic Stress Research and Intervention*，（New Orleans LA：Tulane Studies in Social Welfare，2000），pp. 41 – 60.

③ Galambos，C. M.，“Natural Disasters：Health and Mental Health Considerations，” *Health and Social Work* 30（2005）：373 – 378.

④ Alinsky，S.，“Rules for Radicals：A Practical Primer for Realistic Radicals，” *New York*：*Vintage*，1971.

⑤ Zakour，M. J.，& Gillespie，D. F.，*Community Disaster Vulnerability*：*Theory*，*Research*，*and Practice*，（New York：Springer-Verlag，2013.）

⑥ Quarantelli，E. L. “Ten Criteria for Evaluating the Management of Community Disasters，” *Disasters* 21（1997）：39 – 56.

展及复原能力提升，它们被视为有效应对灾害的两大举措。托宾（G. A. Tobin）将减灾模型、复原模型及结构认知模型结合，进而提出了永续社区发展理论架构，并以此评估永续社区在减灾政策实践上的可行性。① 沃夫（W. L. Waugh）进一步提出了永续减灾模型，主张通过执行相关减灾方案以减少灾害暴露机会，从而降低灾害风险，减灾方案是否有效需要符合六个先决条件：减灾目标是否具备学理上的支持；减灾方案执行机构是否拥有足够的资源与能力；领导人是否具备足够的管理能力及政治手腕；政策目标是否十分明确；减灾方案是否有选民的坚定支持；减灾方案在政策上是否能够持久进行。② 复原模型强调复原不只是短期内使受灾区域恢复正常运作，同时也涉及社区长期重建过程，关键因素主要有资本的再累积及物质基础建设、政府、民间组织与企业相关政策与方案、资源分配等。复原模型容易陷入政策吊诡即灾后救助措施努力使受灾社区恢复到灾前常态，而不探讨灾害发生原因及其涉及的非正义议题。结构与认知模型则强调永续社区规划涉及社会结构与社会整体层面，同时注重如何应对灾害并采取适当变革。在脆弱性指标中，如年龄、性别、族群、教育、财富和家庭结构等因素都可能导致个人在面对灾害时采取不同的应对措施，从而复原速度呈现明显差异。理论上具有复原力与永续发展的社区必须包括减灾功能，在灾前即致力于降低灾害发生风险，灾害发生后能推动短期与长期重建过程，并且平时考虑社会结构与认知因素对减灾与复原的影响力。具体而言，需要具备以下特质：实施结构性与非结构性减灾措施，让民众面对灾害时风险较低；协助社会经济弱势群体缩小不平等差距，进而降低民众整体脆弱性；永续发展与灾后复原规划需要长期持续的决心和配套投入；政治领导与官方机构高度支持；各级政府机构与私有部门进行“公私协力”合作；强化社会各部门相互依赖与独立的社会网络；适当的规划层级显得非常迫切与重要。③

结合社区动员和组织原则的一种有前途的模式是基于社区的灾害管理。

① Tobin, G. A., Whiteford, L. M., McCarty, Christopher. *Resilience And Sustainability In Relation To Natural Disasters: A Challenge For Future Cities* (Springer, Cham, 2014), pp. 13 – 24.

② Waugh, William L., Jr. "Disaster Vulnerability, Hazards and Resilience Perspectives from Florida Preface," *Disaster Vulnerability, Hazards and Resilience: Perspectives from Florida* (2015).

③ 周利敏：《“离灾优于防灾”：国际灾害治理政策创新及对中国启示》，《北京行政学院学报》2015 年第 1 期。

社区综合减灾项目（Community Based Disaster Management，以下简称 CBDM）是一种灾后恢复技术，在社区康复和参与灾害管理中发挥重要作用。这种方法试图纠正自上而下的方法对当地资源和能力的忽视。以社区为基础的方法的支持者认为，社区能够成为减灾防灾的能动主体，它的建构依赖于以下关键要素：加强社会最脆弱成员的参与进程，提升地方社区的能力，将灾难与发展问题联系起来，外来者扮演着支持、促进和催化的角色。① CBDM 的理念当然与传统草根社区组织的一些理念是一致的：以社区为基础、强调本地化领导、将脆弱人口纳入其中、关注授权。然而，必须明确的是，在灾害管理和组织社区倡导与灾后重建社区需求相关的政策和计划变化之间存在明显的区别。此外，灾害后的组织工作必须超越仅仅包括易受伤害的成员，而必须把活动的重点放在改变使这种不公正永世存在的霸权结构和政策上，这样才能解决发展问题和其他不公平现象。②

除此之外，国外相关研究还集中围绕"社区抗逆力"的概念来展开。作为工业化社会和城市社会，西方国家与具有典型的乡土社会性质的中国不同，国外的社区抗逆力研究侧重于社会工作参与自然环境的治理与生态社会工作（eco-social work）和减灾社会工作（decolonising disaster social work）的发展。社区抗逆力作为评估和建设社区在面对环境变化、逆境和风险时支持福祉的能力的概念框架，在环境和社区发展领域日益流行。

社区抗逆力也为通过社区实践促进社会工作参与自然环境治理和环境正义问题提供了一个实用的概念框架。社区通过应对环境问题的经验，来利用现有的当地优势增加社区抗逆力。相关学者也提出了相应的干预措施，比如凯斯（R. A. Case）为社会工作参与社区环境倡议提出了几个切入点：自力更生、可持续性发展，本地化和直接的公民参与以及社区参与。③ 威利特（J. Willett）和柯维姆（A. Kvam）提供了三个社区相互支持的成功过程：文

① Serrano-García, I., Resilience, "Coloniality, and Sovereign Acts: The Role of Community Activism," *American Journal of Community Psychology* 65 (2020): 3-12.

② Hill, D., "The Lessons of Katrina, Learned and Unlearned," *Journal of Coastal Research* 28 (2012): 324-331.

③ Case, R. A., "Eco-social Work and Community Resilience: Insights from Water Activism in Canada," *Journal of Social Work* 17 (2017): 391-412.

化适宜的慈善、基于社区的小额融资和基于社区的筹资等。①

（三）研究思路与主要方法

本研究将结合定量研究和定性研究的方法，基于对新型冠状病毒肺炎疫情期间社区抗疫经验的材料搜集和分析，进一步探索“社区为本”的疫情治理模式。在理论上，社区为本的疫情防控治理研究，有助于拓展疫情治理的社会学和社会工作视角。从“社区”为切入来进一步检视疫情发生的社会基础以及疫情应对的社会通道（非医学路径）；在现实层面，这一研究将有助于提升社区在公共卫生事件面前的应对能力和抗逆力，保障社区公共安全治理政策制定，提高社区治理水平。这是本研究旨在解决的基本问题。在新冠肺炎疫情发生的背景下，如何建立起社区为本的疫情防控体系，本研究的论述主要包括四部分内容：第一部分从理论的角度阐述突发公共卫生事件防控的社区转向；第二部分在全球比较视野中回顾其他国家社区疫情治理模式，并系统总结现阶段我国新冠肺炎疫情社区防控的主要举措与主要特点；第三部分反思性地评价中国社区疫情治理的突出成效及其未来面临的挑战；第四部分进一步围绕“社区为本”的中国疫情治理提出主要思路与具体措施。

本研究采用实地调研的方法（问卷、访谈、参与式观察）和相关文献查阅，在全球比较视野和跨地区的经验比较视野中把握现阶段我国新冠肺炎疫情发展的总体概况和地区特点。一方面系统归纳梳理其他国家在社区疫情防控方面的经验，另一方面选择中国的典型省份（如北京、上海、山东、河南、湖北），阐述各地区社区防控方面的差异做法和基本经验，进一步归纳和总结目前我国在社区疫情防控方面的主要特点。依据课题组的实地调研，借用深入访谈和问卷等资料收集方法来客观分析 2020 年 10 月之前我国新冠肺炎疫情社区防控方面的成效及其面临的挑战。本研究在北京、上海、山东、河南、湖北等典型地区（见图 1）发放 650 份问卷（有效回收 628 份问卷），同时，还在湖北、河南等地的典型社区展开深度的个案研究。

---

① Willett, J., & Kvam, A., “Building Resilience to Environmental Problems in Kenya: Lessons for Aid Organization's from Three Successful Community-based Processes,” *Journal of Community Practice* 27 (2019): 45 – 59.

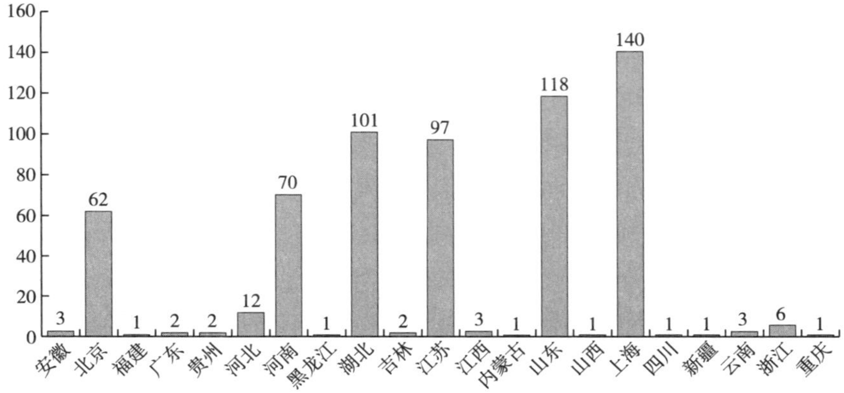

图1　被访者疫情期间所居住的省份分布情况（N = 628）

二　“社区为本”的疫情治理模式及其构成

本研究通过对国内外文献的查阅和分析，在灾害社会学和灾害社会工作的领域中对“社区为本”的疫情防控、灾害应对、风险管理等开展系统的理论梳理，尤其对“社区”“社区为本”“疫情治理”等概念开展基础研究。廓清“社区为本”疫情治理模式的理论基础和价值导向，并对相关概念（包括“安全社区”“社区抗逆力”“社区灾害应对”等）的前沿研究进行梳理和介绍。

（一）突发公共卫生事件响应的社区转向

本文的研究对象是社区为本的疫情治理模式。其中，“社区”是指在一定地域范围内居民形成的社会生活共同体，具有比较完善的基础生活设施和组织管理机构。本项目中采用广义的社区定义，包括城市和城镇的街道以及居民辖区。社区不仅是一个行政区划范围，而且是在特定地理—物理空间范围内，来自国家—市、社会不同部门的不同行动者和利益关联者（包括地方政府、居委会、物业、地方团体、地方卫生部门、社区居民、社区社会组织、驻区单位、外来的专家或志愿人士等）围绕社区公共事务和公共利益所形成的社会互动和社会关系。在疫情治理中尤其突出“社区”，具有双重含义：一方面意味着地方性社会网络在疫情治理中具有重要作用，即突出“社区”的工具价值；另一方面意味着“社区”所传达的共同体的意涵应当成为疫情治理中重要的价值引领，即突出“社区”的理念价值。为什么“社区”在突发公共卫生危机的应对中具有中心地位？从本体论、方法论和认识论三方面来看，主要有以下原因。

第一，在本体论方面，突发公共卫生危机的广泛特征与社区的本质属性有所契合。首先，社区作为一个常态性的场所承载了突发公共卫生事件的临时响应行动。[①] 其次，社区的地方意识可能识别到他们所在的地区有哪些人有特殊需要，比如听力或视力受损、身体残疾或其他可能需要帮助的居民。社区有理由成为疫情第一公里的反映者。再次，社区内部的信任破解了突发公共卫生事件干预难以介入的问题。突然的外部干预或涉及自上而下思想的干预很可能会造成对社区的伤害，或遭到“当地人”的抵制。从内部发起的倡议和行动更能被社区成员所接受，最重要的是，社区内部的社会资本和社会支持能够缓解灾后不成比例的伤害。邻里之间的信任感和社区社会支持与孤独感的显著下降紧密相关，[②] 能够对灾害大规模心理健康恢复行动起到协助和补充作用。

第二，在方法论方面，以社区为基础的备灾方法（Community-based Disaster Preparedness）在发展和减少灾害风险行动中的崛起带动了突发公共卫生事件防控中的社区转向。一方面，风险管理从单一要素的超越，迈向对多重力量的需求。这种兴起与重视当地人民的知识和能力和以包括社会资本在内的当地资源为基础的政策趋势有关。传统政府为主导的备灾方法容易忽视当地经验、资源和能力的潜力，在某些情况下甚至可能增加人们的脆弱性。[③] 以社区为基础的灾害准备工作不仅有助于制定适合当地的响应和恢复战略，而且有助于将其纳入更广泛的发展规划和辩论之中。[④] 另一方面，灾害管理模式由临时介入向长期干预的转向为疫情防控的社区转向提供了契机。由于

① Schoch-Spana Monica, Franco Crystal, Nuzzo Jennifer B., Usenza Christiana, "Community Engagement: Leadership Tool for Catastrophic Health Events," *Biosecurity and Bioterrorism: Biodefense Strategy, Practice, and Science* 5 (2007): 8.

② Jie Yan, Sara M. Moorma, "Beyond the Individual: Evidence Linking Neighborhood Trust and Social Isolation Among Community Dwelling Older Adults," *The International Journal of Aging and Human Development* 0 (2019): 1–18.

③ Kaflfle, S. K., Zubair, M., *Community-Based Disaster Risk Management for Local Authorities; Participants Workbook*, (Bangkok: Asian Disaster Preparedness Centre, 2006).

④ Allen K M., "Community-based Disaster Preparedness and Climate Adaptation: Local Capacity-Building in the Philippines," *Disasters* 30 (2006): 81–101.

流行病的突发性和不确定性特点，传统的应对策略是一种临时性解决方案，其特征是行动永远滞后于疫情的发展。而社区导向的灾害干预倡导长期减灾抗灾，通过培养预防和抵御能力来建立一种长期干预的状态以扭转疫情发生时完全被动的局面。

第三，在认识论方面，早在社区作为防控工具之前，非药物干预措施（Nonpharmaceutical Interventions）已经被用作医学防治的补充性或替代性措施。[①] 其不足之处在于它仅是一种离散的个体行为，且难以形成涌现性，以在结构层面缓解公共卫生冲击带来的阶段性危机。结构性方法比个体行为的方法更全面，它识别不良事件和健康不平等的成因的宏观层面因素，改善灾后不断变化的环境，以支持公平和恢复能力。由此，社区防控在突发公共卫生冲击应对中的讨论方兴未艾。

因此自20世纪90年代以来，许多有关减少风险的发展工作（包括公共卫生危机管理、自然灾害应急管理等）都发生了重大转变，即从“自上而下”的政策转向更加注重“社区”在灾害中的显性地位。以“社区”为中轴，通过多方参与和多部门合作来开展疫情的应对、处置、控制和预防逐渐成为主流。

（二）“社区为本”的疫情治理模式及其理论特征

“社区为本”在疫情治理上导向根本性的理念转变——从当前问题的应急转向长期问题的预防；从管理的单主体转向治理的共同体；从外部资源的依赖转向内生资源的调动（比如社区资产、社区抗逆力、社区社会资本等）；从行政机制的单一运用转向复合治理机制的综合运用（比如重视市场机制、志愿机制等）……整体而言，“社区为本”的疫情治理模式具有以下几个方面的突出特点。

第一，强调社区复原力框架（resilience framework）下的危机干预目标。与以往的认识不同，越来越多的研究看到了危机发生的条件性——其更多地被视为风险进程的结果以及组织不充分响应的结果。[②] 比如一些灾害的致灾性对于不同群体而言具有不均衡性，其涉及风险的联结、脆弱性以及不充分

---

① Qualls N., Levitt A., Kanade N., et al., “Community Mitigation Guidelines to Prevent Pandemic Influenza—United States, 2017,” *Recommendations and reports* 66 (2017): 1-34.

② Isahaque Ali, Zulkarnain A. Hatta and Azlinda Azman, “Transforming the Local Capacity on Natural Disaster Risk Reduction in Bangladeshi Communities: A Social Work Perspective,” *Asian Social Work and Policy Review* 8 (2014): 34-42.

的灾害复原力①。因此，危机治理的目标应当从消极的事件响应转向积极的复原力提升。在关于人类如何迅速而具有弹性地应对急速变化的环境问题面前，复原力理论已经成为最主要的概念工具。② 在复原力框架下，危机治理具有了全新的干预目标——在不同的突发事件情境中通过积极的干预活动来培育复原力，从而促进个体与社会的可持续发展。社区导向的危机治理模式致力于提升社区对于极端事件和创伤事件的处理能力、适应能力和恢复能力。③ 其中，社会资本被视为提升社区灾害抗逆力最关键的要素，④ 它在操作层面涉及对减灾防灾产生积极作用的社会规范、社会支持、资源网络、人际互惠以及信任等。⑤

第二，强调优势与能力（strength/capability approach）的危机治理取向。创伤事件复原力的形成需要一系列前瞻性的机制创建来使个人、家庭、社区、组织乃至更大的社会能够进行有效的风险管理、适应灾害的挑战，并在

① 对于“复原力”存在多种理解，较为常见的定义是将其视为在极端状态的扰乱下所具有的缓冲能力。参见 Holling, C. S., Schindler, D. W., Walker, B. W. and Roughgarden, J., “Biodiversity in the Functioning of Ecosystems: An Ecological Synthesis,” In Perrings, C., Mäler, K. G., Folke, C., Holling, C. S. and Jansson, B. O., *Biodiversity Loss: Economic and Ecological Issues* (Cambridge: Cambridge University Press, 1995), pp. 44 - 83。在灾害研究中，“复原力”主要被理解为个体与社会回应灾害，并且从灾害中恢复的能力。参见 S. L. Cutter, L. Barnes, M. Berry, C. Burton, E. Evans, E. Tate, J. Webb, “A Place-based Model for Understanding Community Resilience to Natural Disasters,” *Global Environmental Change* 18 (2008): 598 - 606。

② Scheffer, M., *Critical Transitions in Nature and Society* (Princeton, NJ: Princeton University Press, 2009).

③ Berkes, F. and Ross, H., “Community Resilience: Toward an Integrated Approach,” *Society & Natural Resources* 26 (2013): 5 - 20.

④ D. P. Aldrich, *Building Resilience: Social Capital in Post-Disaster Recovery*. Chicago, IL: University of Chicago Press, 2012; Kage, R., “Making Reconstruction Work: Civil Society and Information After War's End”, *Comparative Political Studies* 43 (2010): 163 - 187.

⑤ 相关观点可参见 Cutter, S. L., & Emrich, C. T., “Moral Hazard, Social Catastrophe: The Changing Face of Vulnerability along the Hurricane Coasts,” *Annals of the American Academy* 604 (2006): 102 - 112; Johnston, D., Paton, D., Crawford, G. L., Ronan, K., Houghton, B., & Burgelt, P., “Measuring Tsunami Preparedness in Coastal Washington, United States,” *Natural Hazards* 35 (2005): 173 - 184; Peacock, W. G., Brody, S. D., & Highfield, W., “Hurricane Risk Perceptions among Florida's Single Family Homeowners,” *Landscape and Urban Planning* 73, (2005): 120 - 135; Anderson-Berry, L., “Community Vulnerability to Tropical Cyclones: Cairns, 1996 - 2000,” *Natural Hazards* 30 (2003): 209 - 232; Snowden, L. R., “Racial, Cultural and Ethnic Disparities in Health and Mental Health: Toward Theory and Research at Community Levels,” *American Journal of Community Psychology* 30 (2005): 1 - 8. 等。

此过程中获得学习和成长。[①] 社区导向的危机治理模式认为，人们在突发公共事件面前的脆弱程度很大程度上来自与社会资本高度相关的保护性和抑制性因素的多寡。因此，危机治理在干预取向上应当改变病理学的视角和灾害救助专家模式，重新聚焦于识别并培育个体与社会的内生优势。在复原力框架的指导下，社区为本的危机治理应当遵循自下而上的路径，依靠优势识别、资源挖掘、互助合作、居民自决和赋权增能等原则来克服困难并增强其对突发公共事件的应对能力。集中通过增能实践和能力提升的活动，一方面为服务对象增强保护性因素，另一方面提升人的潜力、社会参与以及资源获取能力。

第三，强调面向突发公共事件发展的不同阶段形成危机响应连续统（response continuum）的干预内容。社区复原力的提升是一个长期且涉及突发公共事件发生不同阶段的过程，不仅包括突发公共事件发生时的处理能力、发生后的适应能力，还在更长远的意义上涉及受到事件影响群众长期的脆弱性以及在风险中的暴露程度。因此，复原力框架下的危机治理强调将“灾前预防—灾中应急—灾后恢复”视为一个危机响应连续统。社区为本的危机治理模式批评短期需求导向的服务，强调社区抗逆力与长远发展的关联，致力于在灾害的不同阶段通过社会工作干预整体形成灾害响应的连续统。干预内容上涉及：风险识别、脆弱性评估以及面向适应、复原、可持续发展的增能与能力建设等。具体而言，在风险识别上，首先需要对突发公共事件的发生作出识别，[②] 并且完成干预团队的初步组建和社区动员；在脆弱性评估上，主要对突发公共事件的实际影响以及受灾群众的脆弱性[③]展开评估。既需要检视受到事件影响群众不均等的脆弱性，也需要评估当前的脆弱性程度和未来期望达到的脆弱性程度。根据以上的评估内容，选取相应的适应性策略，并围绕社区的灾害适应、灾后复原以及社区可持续发展实施行动策略。

第四，强调利益相关者共同参与的干预主体。对于地方社区而言，其是否能够有效应对不同类型的突发公共事件，既考验社区对外的资源获取能

---

① D. Paton, D. Johnston, *Disaster Resilience: An Integrated Approach* (IL, Charles C. Thomas Publisher Ltd, Springfield, 2006).

② 是否构成灾害，在主观上与人们以往的知识、经验、地方文化以及“社会—经济—人口”特点相关。

③ 根据 Blaikie 等人的定义，脆弱性（vulnerability）在很大程度上被定义为参与、应对、抵抗灾害并且从灾害中复原的能力。具体参见 Blaikie, P., Cannon, T., Davis, I., Wisner, B., *At Risk: Natural Hazards, People's Vulnerability and Disasters* (London: Routledge, 1994)。

力，也考验社区内部的社会整合程度。然而，政府主导的危机响应对于后者显然是缺乏支持的。社区并非统一的整体，而是由携带者多元利益、资源和影响的次级群体所构成的，自上而下推进的灾害恢复策略难以解决知识多元性和集体行动的问题。社区导向的灾害社会工作吸收了资源依赖理论（resource dependency theory），强调组织间的合作和相互支持，主张建立网络、形成联盟并且将受到事件影响的人们团结起来。一方面，在提升地方层面应对突发公共事件能力方面，“社区导向”的危机治理强调社区自决以及利益相关者（stakeholders）的广泛参与。通过推进相互的合作和伙伴关系的建立，来实现突发公共事件发生后的社区共建。另一方面，推动部门之间、各个主体之间协调机制的建立。它不仅有利于利益相关方围绕社区恢复重建进行沟通和决策，也使得利益相关者的需求和意见都能够被制度化地表达，并作用于政策和发展计划的制定。

（三）“社区为本”：中国实践的价值导向

社区作为国家基层政权建设的基本单位和人们社会生活共同体，其发展状况和治理程度直接关系到整个社会治理的能力和水平，也是当前新冠肺炎疫情防控第一线和坚强堡垒。正如习近平总书记在考察北京社区防控情况时所说，“社区是疫情联防联控的第一线，也是外防输入、内防扩散最有效的防线”。

中国的社区建设起步于20世纪80年代中期，与中国改革开放之后的“社会转型”基本同步。其大体经历了从“社区服务”到“社区管理”再到“社区治理”三个不同阶段。从当前我国社区治理的实践来看，社区治理还面临着各种各样的现实困境和挑战，其中非常重要的一点就是在社区治理过程中，比较注重治理的短期成效，对社会风险没有足够的预判能力，难以对未来做长期科学的规划和风险预警。在出现重大的突发公共事件时，如何建构以统一领导、综合协调为特征的非常态化的应急管理体系，这应当成为一个亟待研究的重要议题。

1. 社区：疫情有效防控排查的底线

基层社区是每一个居民生活工作的起点，也是最容易开展防疫工作的区域。在新冠肺炎疫情发展中，人员频繁流动造成了新冠肺炎感染人数急剧增加。要有效避免新冠病毒人传人，就需要避免人员的频繁性、密集性流动，将人们固定在某一地点保护起来，而社区便是最佳的选择。

因此，社区治理对于新冠肺炎疫情的防控起着至关重要的作用，在疫情风险发生早期的阶段，做好疫情防控工作需要落到基层，落到社区。社区治理水平关乎疫情防控的成功与否。疫情防控工作所遵循的“早发现”“早报告”“早诊断”“早隔离”的“四早”原则，其中，“早发现”“早报告”“早隔离”工作都主要依靠社区来完成。疫情发生以来，各地实行社区严管严控，社区承担了绝大部分的疫情防控工作，主要负责排查工作、重点人群的跟踪和联系工作，消毒杀菌工作等。以社区为单位进行疫情的防控，能够方便感染者的及时发现、及时就医，以及方便对密切接触者的集中观察隔离。

当然，在这次抗击疫情的社区防控中也在某些方面暴露出在应对重大突发事件时社区治理能力的不足。其中有些与社区客观的条件相关，比如在社区疫情排查中，全国各个社区都普遍感觉到排查人手不足，保障资源有限。

2. 社区：人民健康平安生活的基本保障

社区是人们日常生活的家园。在风险社会里，无论社会流动性有多大，个体化趋势有多强，每个人都离不开社区生活，都需要基本的社区服务。因此，社区就成了防控疫情扩散的最好防线和健康平安生活的基本保障。有序的社区治理，不仅可以调动最广大的社区居民来就地参与疫情阻击战，构筑起疫情防控的人民防线，有效切断疫情蔓延的渠道，还可以通过一系列的社区治理与服务创新，保障人民群众在疫情期间的基本生活需要，消除社会焦虑心态。在疫情防控中，各地社区都采取了严格限制小区人员出入的管理方式。人们日常的生活生产活动受到限制，随之而来的是社区承担起疫情防控中居民的日常管理和服务事务，使社区治理的工作量激增。

社区不仅需要重点排查出疫情感染风险人群，还需要为普通居民生活提供基本保障。随着社区闭环管理，居民外出采购生活物资甚至成为问题，其中早期居家隔离者则更需要社区来帮忙配送生活物资。此外，还需要为特殊群体（老人、孕妇及其他病患者）提供就医与生活帮助。但是与此同时，疫情治理中的社区由于以刚性管理为主，在防控工作中也使管理者—被管理者的矛盾突出。2020 年 2 月 18 日，公安部针对当前个别地方在疫情防控工作中存在的问题，明确提出了要求，规定各地公安机关要严格规范公正文明执法，严禁过度执法、简单执法和粗暴执法。因此笔者认为，社区疫情防控尤其需要考虑法律与道德、刚性与弹性、制度与情感之间的协调关系。

3. 居民：社区疫情防控的主体力量

在这场自上而下的全国疫情防控阻击战中，社区作为传统的群众自治性组织发挥着主导性的作用，居民在社区疫情防控中实际上发挥了“扛把子”的主体作用。由于疫情持续发生，仅仅依靠社区工作者来完成社区疫情防控工作是不现实的。而社区居民作为社区的主人翁，其力量是不容小觑的。在对疫情防控的部署安排中，习近平总书记一再强调“坚定信心，同舟共济”，要紧紧依靠人民群众，全面动员，全面部署，全面加强工作。社区居民的参与能够极大鼓舞士气，充盈社区防疫团队，既解决人手不足的难题，又能密切居民之间的关系，人人参与，群防群控才能打赢这场“战疫”。

疫情发生以来，许许多多的社区居民加入社区的防疫工作中来，由被动向主动转变，从“要我防疫”向“我要防疫”转变，充分展现出社区居民的主人翁精神。居民自觉无偿献血、参与社区志愿服务、捐款捐物、监督举报，弥补社区防疫工作的不足。比如以河南省为例，据统计，截至 2020 年 2 月 26 号，河南全省共有 300 多万志愿者参加了社区防疫志愿服务，巾帼志愿者 150 万余人，参与疫情防控职工志愿者 67.8 万余人。[①] 因此，疫情面前人人平等，人人有责。有效的社区治理，不仅可以弥补基层组织在面对突发公共卫生事件时人员不足、资源有限的弊端，而且可以形成一种组织化和社会化的活力来提升社区治理的水平和效能。

三　全球比较视野中的社区疫情治理

如何在突发公共事件和灾害事件的发生过程中提升社区的应对力和抗逆力，使社区成为风险防控、风险降低的重要载体？社区疫情治理需要在全球比较视角中进一步进行考察。

（一）应对流感病毒的社区治理模式

首发于 1918 年 1 月美国东部的 H1N1 大流行（被称为人类历史上最大的瘟疫）在 2009 年后再次暴发，随后进入了周期性和季节性的循环。在应对

---

① 《300 多万！河南有这么多志愿者投身防疫志愿服务》，大河报网：http：//henan. sina. com. cn/news/2020 - 02 - 27/detail - iimxyqvz6270750. shtml，最后检索时间：2020 年 5 月 2 日。

方式上，所涉范围超出了传统的医疗保健系统。① 以美国为代表的重创区域定期根据流感的新变化而更新社区缓解措施的条例，② 可以说已经诞生了一套具有持续性的社区防控模式。这种社区防控模式对于那些涉及呼吸道传播、短序列间隔的季节性疫情的防控具有一定的借鉴意义，③ 其社区防控特征主要有以下几点。

第一，强调协作框架下的短期结果导向。社区对于官方大流行性流感指导意见的接受程度可能因群体的异质性而不同，④ 因而社区与政府之间的有效合作是在承认和尊重社区的文化和其他多样性因素的前提下进行的，尤其需要谨慎处理当地的信仰和价值观与科学观念不一致的问题。⑤ 政府信息传达的明确性和透明度能够提升社区对合作对象的信任感，优化社区对预防行为的接受程度。社区的预防行为是一项集散个人的集体行动，即配合实施官方的社区缓解措施意见，从而帮助减缓病毒在社区内的传播，减少病例和疫情对健康的影响。

第二，以减缓社区蔓延和预防疾病为核心目标。面向社区的防控措施作为一种药物干预的补充措施，意味着社区层面遵循权威卫生机构提出的缓解大流行性流感的指导意见，包括自愿的家庭隔离、环境清洁、保持社会距离、减少接触等。⑥ 这些社区防控措施能够为初步评估大流行病毒在人类血

---

① Morens, D M, Taubenberger, J K, Folkers, G K, Fauci, A S. "An Historical Antecedent of Modern Guidelines for Community Pandemic Influenza Mitigation.," *Public Health Reports* (2009).

② 例如，在大流行的最初阶段，美国疾病预防控制中心将使用大流行严重性评估框架工具来准备大流行严重性的初步评估，为使用非药物干预措施帮助减缓新病毒的传播提供早期指导。在积累足够的流行病学数据和对大流行严重程度的精确评估之后，疾病预防控制中心将发布最新的大流行非药物干预指导，该指导将更准确地针对特定大流行进行调整。

③ Starbuck, E S, von Bernuth, R, Bolles, K, Koepsell, J. "Are We Prepared to Help Low-resource Communities Cope with a Severe Influenza Pandemic?" *Influenza and Other Respiratory Viruses* 6 (2012): 909 - 913.

④ Enanoria WT, Crawley AW, Tseng W, Furnish J, Balido J, Aragón TJ. "The Epidemiology and Surveillance Response to Pandemic Influenza A (H1N1) among Local Health Departments in the San Francisco Bay Area," *BMC Public Health* (2013).

⑤ Charania, N A, Tsuji, L J. "A Community-based Participatory Approach and Engagement Process Creates Culturally Appropriate and Community Informed Pandemic Plans after the 2009 H1N1 Influenza Pandemic: Remote and Isolated First Nations Communities of Sub-arctic Ontario. *Canada*," *BMC Public Health* 1 (2012).

⑥ Davey, V J, Glass, R J, Min, H J, Beyeler, W E Glass, L M. "Effective, Robust Design of Community Mitigation for Pandemic Influenza: A Systematic Examination of Proposed US Guidance," *PLoS ONE* 7 (2008).

液循环早期的传播能力和临床严重程度争取时间，以及使地方卫生保健系统有时间准备额外资源，以应对流感大流行期间对卫生保健服务日益增长的需求。① 达成防控目标的难点在于如何促进社区理解责任和改变卫生行为。

第三，强调多社会部门与社区参与防控的重要性。社区与政府组织（如医院、卫生保健提供者）、非政府组织（如非营利机构、宗教组织）、私营部门（如医疗公司、大众传媒）等任何可能的利益相关者合作。社区防控是一个建立关系和信任，动员社区与正式和非正式的领导一起工作的过程。其前提接受集体自决是社区中所有人的责任和权利，任何外部实体都不应替代。社区和政府等多部门作为合作伙伴为大流行进行规划，被认为能够充分考虑社区内可能受到严重影响的弱势群体的需求。②

第四，严格执行社区减灾措施（Community Mitigation Measures）。具体包括：①发生前期的准备工作，包括卫生演习、征求社区在流感防备规划方面的经验、开展公共教育等。②疫情发生中的社区防控，主要包括社区的非药物干预措施（比如建议感冒时减少外出、掩盖咳嗽和打喷嚏、勤洗手和清洁物品表面）和在大流行严重期间需要增加的干预措施（比如自愿在家隔离、使用口罩、控制社交距离和选择性关闭学校等）。另外社区也实施统一的国家社区缓解政策。③爆发后期总结经验教训和更新大流行性流感的社区缓解指南。由于不可能预知下一场大流行性病毒的类型、时间地点、传播速度和范围，以及最易受害的人群，预先计划必须是尽可能宽泛和灵活的。③

抗击流感病毒的历史经验证明，通过设计和实施有效的社区减灾策略可以在当地发挥保护作用。此外，非药物干预可能是个人和社区在大流行初期帮助减缓流感病毒传播的重要预防工具。2009 年 H1N1 流感大流行之后，在社区层面使用的非药物干预措施的有效性和可行性的证据大幅扩大。官方卫生机构进一步建议无论大流行的严重程度如何，均提倡采取社区层面的减灾

---

① Qualls N, Levitt A, Kanade N, et al. “Community Mitigation Guidelines to Prevent Pandemic Influenza—United States, 2017. MMWR. Recommendations and reports: Morbidity and mortality weekly report,” *Recommendations and reports/Centers for Disease Control* 1 (2017).

② Marshall H, Ryan P, Roberton D, et al. “Pandemic Influenza and Community Preparedness,” *American Journal of Public Health* 99 (2009): S365 – S371.

③ 例如，美国 2007 年的前期规划战略是在假设下一次流感大流行将是严重的情况下制定的，就像 1957 年的大流行一样，其特点是高传播性和中等临床严重程度。美国在 2007 年制定发展战略时，主要关心的是可能演变为一种大流行病毒的高致病性禽流感（H5N1）型病毒。

措施。[①]

（二）应对埃博拉病毒的社区治理模式

埃博拉病毒的特征是传染性强，致死率高，潜伏期长（21 天），且具有反复性。尽管 2019 年官方医疗机构已经推出了两支疫苗，但 2020 年 6 月在非洲境内又出现了新的埃博拉病毒疫情。因而，目前阻止病毒蔓延的唯一方法就是及时监控和全面隔离感染者。为了使防控行动取得成功并达到足够高的覆盖率，社区层面的大量准备工作和社区参与是有助于卫生系统恢复的一个关键因素。[②] 几内亚、利比里亚和塞拉利昂是受 2013—2016 年埃博拉疫情影响最严重的三个国家，他们在疫情期间的社区防控行动和以往的抗疫运动中得到了历练，并不断地改进应对埃博拉病毒的全面社区防控模式，其主要做法有四。

第一，强调赋权框架下的能力导向。政府自上而下地鼓励社区查明问题，并就目标和实现目标的手段做出所有关键决定。[③] 社区作为一个具有组织性的群体用有效的集体方式抗击埃博拉，这种赋权的方法将高度的责任置于社区之上。[④] 社区在利用当地的社会结构和资源开发可持续解决方案的过程中，加强了自身响应/处理卫生危机的创新和自我领导能力。[⑤] 这对于补充紧急状态下的响应系统（快速反应能力）和社区自身长远的发展（社区自治能力）都具有十分深远的意义。

第二，通过赋予社区权力来培养社区风险意识和卫生危机应对能力。这样不仅仅让社区参与进来，也将社区成员视为卫生系统的积极行动者。这种模式使社区的角色从受害者转变为积极的能动者，重新认识了社区层面卫生的力量。为了应对流行病的反复和不确定性，以社区为基础的持续干预才是

---

① Qualls N, Levitt A, Kanade N, et al. "Community Mitigation Guidelines to Prevent Pandemic Influenza—United States, 2017. MMWR. Recommendations and Reports: Morbidity and Mortality Weekly Report," *Recommendations and Reports/Centers for Disease Control* 1 (2017).

② Kruk ME, Ling EJ, Bitton A, et al. "Building Resilient Health Systems: a Proposal for a Resilience Index," *BMJ* (2017).

③ World Health Organization. "Community Participation in Local Healthand Sustainable Development: Approaches and Techniques," *Geneva: World Health Organization* (*WHO*) (2002).

④ Kathryn M Barker, Emilia Ling, et al. "Community Engagement for Health System Resilience: Evidence from Liberia's Ebola Epidemic," *Health Policy and Planning* 35 (2020): 416 - 423.

⑤ Juliet Bedford, Ketan Chitnis, et al. "Community Engagement in Liberia: Routine Immunization Post-Ebola," *Journal of Health Communication* 22 (2017): 2014 - 2015.

具有长远效益的，即在疫情发生初期和之后都继续进行社区防控。社区可以改善短期危机管理，同时建立长期的适应能力，这已经成为全球卫生工作的共识。

第三，强调发挥各个社会部门与社区协同合作功能。社区防控的参与者包括政府决策者、卫生专业人员、社区领导人、媒体工作者、宗教领袖和传统治疗师。通过建立一些以社区为基础的组织以促进从社区层面到地区和国家层面的埃博拉反应行动。① 社区决定自己目标、方向和具体的行动，② 政府为这一切提供了发生的机会。在对抗埃博拉的战斗中，社区确实行动起来了。社会各个部门和社区以相互加强和有益的方式共同运作，促进了防控工作，并最终提升了卫生系统在埃博拉疫情期间的复原能力。③

第四，建立一个疫情“预防—响应（处理）—恢复”的多阶段行动体系。具体来看：①疫情前社区防控的准备工作主要集中在掌握社区情况和培养风险意识上，包括政府机构与社区进行充分的沟通，洞悉社区的实际情况（物质和文化多方面的因素）及其需求，加强以培养风险意识为主的公共教育。②疫情发生时集中促进护理中心和实验室支持服务的可及性，加强以社区卫生工作者和志愿者能力建设和培训为基础的社区教育，以及风险沟通、安全隔离、检疫、接触者追踪和遵守预防措施。④ 在社区层面积累了一些值得借鉴的做法，比如社区教育和培训、社区监控与信息传递、照顾感染者和隔离居民。③疫情后社区行动重点落脚于幸存者的关怀、逝者的纪念以及总结社区防控的经验，并且针对不断演变的埃博拉流行病制定新的防控战略和工具。

总之，埃博拉疫情后的重建转型战略侧重于长期监测和加强卫生系统对疾病暴发的防范，社区的看法和决策者的远见对于地方和国家紧急卫生系统、心理和经济的恢复以及对和谐伙伴关系的承诺以及管理能力的提升尤为

---

① Zhong-Jie Lu, Wen-Xiao Tu, et al. “A Practical Community-based Response Strategy to Interrupt Ebola Transmission in Sierra Leone,” *Infectious Diseases of Poverty* 74 (2016): 1–10.

② Kathryn M Barker, Emilia Ling, et al. “Community Engagement for Health System Resilience: Evidence from Liberia's Ebola Epidemic,” *Health Policy and Planning* 35 (2020): 416–423.

③ Kathryn M Barker, Emilia Ling, et al. “Community Engagement for Health System Resilience: Evidence from Liberia's Ebola Epidemic,” *Health Policy and Planning* 35 (2020): 416–423.

④ Tambo E, Chengho C F, et al. “Rebuilding Transformation Strategies in Post-Ebola Epidemics in Africa,” *Infectious Diseases of Poverty* 71 (2017): 73–79.

重要。[①] 应对埃博拉病毒的社区防控模式说明了如何利用社区的智慧和能力，建立紧急时刻应对突发公共卫生危机的防控系统。更广泛地说，埃博拉应对行动推动了社区参与的势头，为持续改善受埃博拉影响的国家的公共卫生基础设施提供了机会。

（三）应对虫媒病毒的社区治理模式

登革热（Dengue virus）和寨卡病毒（Zika virus）等虫媒病毒传播的反复性极强，预防工作的重点是让当地社区尽量减少接触该媒介和采取预防行为。[②] 传统的垂直结构化干预计划和方法主要依赖于使用杀虫剂打破传播周期，虽然取得了一些暂时的成功，但由于成本过高等难以持续。多方的证据表明任何单一的干预措施都不足以对抗登革热，为了实现对媒介生物的可持续控制，防控重点应从自上而下转变为自下而上，即以社区为基础的综合方法，通过环境管理来控制媒介生物，同时更加强调健康教育和社区能力。如今，基于社区积极参与的虫媒病毒防控模式已经在全球许多国家得到发展，[③] 从中可以归纳出一套常态化的社区防控模式。

第一，强调能力框架下的过程导向原则。以社区为基础的备灾办法旨在加强地方层面的应对和适应能力，[④] 疫情防控每一阶段的行动都旨在提升社区居民的能力，而不仅仅是完成减少伊蚊幼虫的指标和控制疫情蔓延的短期目的。鉴于虫媒病毒的季节性和反复无常特征，形成应对和适应生态环境的社区能力是必不可少的。从这个意义上看，社区防控的本质是一个长期的社会学习过程，所采取的行动着眼于创造地方能力和加强现有的结构和组织，并从防控本身学习防控。[⑤]

第二，将建设和增强社区保护自身、应对疫情和适应新卫生危机的能力

---

① Vygen S，Tiffany A，et al. "Changes in Health-Seeking Behavior Did Not Result in Increased All-Cause Mortality During the Ebola Outbreak in Western Area，" *The American Journal of Tropical Medicine and Hygiene* 95（2016）：897－901.

② Rigau-Perez JG，Clark GG，et al. *Dengue and Dengue Hemorragic Fever*（*Lancet*，1998）.

③ Parks WJ，Lloyd LS，Nathan MB，et al. "International Experiences in Social Mobilization and Communication for Dengue Prevention and Control，" *Dengue Bulletin* 28（2004）：1－7.

④ Allen K M. "Community-based Disaster Preparedness and Climate Adaptation：Local Capacity-building in the Philippines，" *Disasters* 30（2006）：81－101.

⑤ Pérez，D，Lefèvre，P，Sánchez，L，et al. "Community Participation in Aedes Aegypti Control：A Sociological Perspective on Five Years of Research in the Health Area '26 de Julio'，Havana，Cuba，" *tropical medicine & international health* 12（2010）：664－672.

作为核心目标。在登革热暴发的早期，政府开展社区防控的主要目标是在疫情暴发和疫苗供应之间（大约6个月）尽量减少大流行的影响。然而，疫情防控更为持久有效的方法是让当地人民认识和承担起预防传染病的责任，鼓励社区“照看”自己的家园。一次成功的经历会提高社区成员的自我效能感，而对防控能力的良好感知会正向影响社区对新风险的适应性能力和快速投入防控的意向。①

第三，强调社区和多部门合作参与疫情防控。地方卫生服务机构、训练有素的病媒控制人员、政府机构和社区协调参与疫情防控，将信息转化为实践，并鼓励社区更积极地参与到防控中来，重点是促使社区在决策方面产生更大的自主权，协调“自上而下”与“自下而上”的方法。在具体社区层面的防控行动中，由各个社区领导人/管理员进行多部门合作的协调。② 社区的防控能力和与部门间的协调合作相结合，这样即使外部志愿力量撤出后还能保持疫情防控的成果。③

第四，实现社区防控常态化的行动。具体包括：①疫情暴发前的准备工作集中在教育和风险沟通上。比如开展常态化的公共教育和社区教育，教育活动以当地社区为背景，并根据季节调整以适应可能发生变化的生态情况。加强病媒防控的风险沟通，公共卫生官员与社区居民一起查明社区的生活条件、日常生活经验，找到病媒可能栖身的地点，采取更加高效合理的预防措施。②疫情暴发中的行动内容主要包括社区监测、信息交流、清除媒介和预防。每个社区都有义务建立登革热控制小组，对房屋进行定期检查。④ ③疫情之后的重点在于评估疫情控制和社区的参与情况、总结经验和提出进一步

---

① Issa Sombié, Stéphanie Degroote, et al. “Analysis of the Implementation of a Community-based Intervention to Control Dengue Fever in Burkina Faso.,” *Implementation Science* 15 (2020): 8–25.

② Heintze C, Velasco G M, Kroeger A. “What do Community-based Dengue Control Programmes Achieve? A Systematic Review of Published Evaluations,” *Transactions of The Royal Society of Tropical Medicine and Hygiene* 101 (2007): 317–325.

③ L Sanchez, D Perez, et al. “Intersectoral Coordination, Community Empowerment and Dengue Prevention: Six Years of Controlled Interventions in Playa Municipality, Havana, Cuba,” *Tropical Medicine and International Health* 14 (2009): 1356–1364.

④ Hualiang Lin, Tao Liu, et al. “Community Involvement in Dengue Outbreak Control: An Integrated Rigorous Intervention Strategy,” *PLoS Neglected Tropical Diseases* 10 (2016): 1–10.

的防控计划。[1]

总的来看，对虫媒病毒的防控经历了一个转变的过程，一开始社区成员只是简单地参与并做他们被告知的事情，对行为变化的监测不力和缺乏维持社区参与的连贯模式被认为是对行为影响传播项目可持续性的主要威胁。[2]但是通过多年的防控经验的积累，社区防控的自治倾向已经越来越明显。当前，这种疫情防控在社区层面也受到一系列的挑战，尤其是费用维持和行动监测。[3]

（四）中国社区疫情治理的典型做法：跨地区经验

1. 中国传统应急管理模式的中心化特点

社区疫情治理模式在更大层面上与社会应急管理模式紧密相关。新中国成立以来，中国大致建立了两代应急管理系统。第一代应急管理体系始于新中国成立后，延至 2003 年“非典”事件，其特点是高度集中，主要通过政治动员来进行应急管理。第二代应急管理体系始于 2003 年“非典”事件后，特点是以“一案三制”为代表。这一阶段，中国不仅在国家层面，在地方层面也建立完善了各类应急预案。较之第一代应急管理体系，第二代应急管理体系逐步实现管理标准下沉、重心下移和关口前移。

我国传统应急管理模式主要形成了以政府为中心的管理特点。从应急管理理念来看，长期以来应对突发事件被认为是政府和专业人员的职责。应急管理主要通过政府行政体系来动员和行动，重应对处置，轻预防预警；从组织机构上来看，传统应急管理实践中形成了自上而下的、行政命令型的基于政府的应急管理模式，也即政府统一领导、分类别分部门应对突发事件的应急管理体制；在管理机制上，中国初步建立了比较全面的应急管理机制，主要有预测预警机制、信息报告机制、应急响应机制、应急处置机制、调查评

---

① Sanchez L, Perez D, et al. “Intersectoral Coordination, Community Empowerment and Dengue Prevention: Six Years of Controlled Interventions in Playa Municipality, Havana, Cuba,” *Tropical Medicine International Health* 14 (2016): 1356 –1364.

② Elder, J. “Evaluation of Communication for Behaviour Impact (‘COMBI’) Efforts to Control Aedes Aegypti Breeding Sites in Six Countries,” *WHO Mediterranean Centre for Vulnerability Reduction* (*WMC*), Tunis (2005).

③ Marta Castro, Dennis Pérez, et al. “Why Did Zika Not Explode in Cuba? The Role of Active Community Participation to Sustain Control of Vector-Borne Diseases,” *The American Journal of Tropical Medicine and Hygiene* 97 (2017): 311 –312.

估机制、恢复重建机制、社会动员机制、应急资源配置与征用机制、政府与公众联动机制、国际协调机制等。这种应急管理模式具有自上而下、“命令—控制”的特点，能发挥统一行动，集中力量办大事的优势。

2. 新冠肺炎疫情初期的社区响应

我国政府注重建立健全各种突发事件应急管理机制。本次新冠肺炎疫情发生后，依据《中华人民共和国突发事件应对法》和《国家突发公共事件总体应急预案》，全国31个省区市迅速启动突发公共卫生事件一级响应，各地制定了相应的应急机制，共有65万个城乡社区作为疫情防控的最前线，为有效遏制疫情的扩散和蔓延，承担着疫情监控、出入管理、宣传教育、环境整治、困难帮扶等基础且艰巨的工作，充分发挥了社区在疫情防控中的关键作用，大大缩减了感染人数，降低了损害群众身体健康和财产安全的风险。各地社区疫情治理方式不同，但有其共性。总体来看，各地社区承担的具体疫情防控任务也可以概括为以下七方面：组建社区疫情防控工作队伍、调查小区人口的基本生活与出行状况、管控小区人员和车辆出入、开展环境卫生治理和督查、外来人口排摸、特殊重点人员管理、防控知识宣传等。在此基础上，各地社区疫情防控也呈现差异化治理的特点。比如，2020年，湖北省等疫情防控重点在于实行全封闭管理，以此倒逼病源暴露；河南省以邻为壑的“硬核”防疫侧重于面向基层社区的迅速反应与强力落实；上海市侧重于面向市民的健康信息收集与反馈服务；深圳侧重于面向政府的防疫数据分析与策略引导；浙江省响应防疫的速度和效率惊人；四川省等地未雨绸缪的“先手棋”等，都让人看到各地区之间的巨大差异。

（1）湖北省的社区响应

新冠肺炎疫情初期，武汉市全面贯彻落实习近平总书记系列重要指示精神，充分发挥社区在疫情防控中的阻击作用，把防控力量向社区下沉，将社区各项防控措施做严做实，激发群防群控抗击疫情的整体合力，社区成为武汉疫情防控的一道坚强堡垒。在疫情发生初期，武汉成立专门机构负责全市社区防控工作；在疫情防控最吃紧的阶段，发出最严封控令，启动对全市社区的严格封闭管理；在疫情决战决胜的冲锋关口阶段，开展创建无疫情小区（村、社区、街道、城区）工作，推动“小区干净、社会面干净”；在疫情防控形势持续向好阶段，及时调整封控政策，分时段有序开放居民生活物资供应的商业网点；在疫情防控转入常态化阶段，统筹安排充实小区防控值守力量，不断巩固疫情防控取得的宝贵成果。具体而言，湖北省在疫情防控中主要采取了以下五个方面的社区防控策略。

第一，强化社区防控网格化管理。指导做实社区防控网，关口前移，推动居家小区全面封控管理。在社区防控小分队的建议和中央指导组推动下，武汉市于2020年2月11日统一实施小区封闭管理，保持社交距离，阻断传播途径，做实了疫情防控的第一道防线。

第二，以健全组织体系为抓手，织密织牢社区防控网。提出以党建为引领，组织部门靠前指挥，抽调和动员党政机关和企事业党员干部等，下沉到社区一线作为志愿者或社区服务者，落实以区级领导包街道、街道领导包社区、街道干部包网格、党员干部包困难家庭；同时，每个隔离点都有一个区的处级领导蹲点，扭转人力不足局面，保证居家封闭管理和人员排查以及居民生活保障。

第三，优化流程，发挥科技信息技术作用，促进社区各单位的联防联控。社区防控小分队帮助梳理街道居委会、区疾控中心以及社区卫生服务中心等机构之间的衔接机制，优化发热患者、疑似病人及密接风险人群等转运流程，建立社区卫生服务中心和街道居委会等相关部门的信息共享机制，提高工作效率。

第四，以落实防控方案为标准，夯实人员集中场所及相关各社区的疫情防控。社区防控小分队主要以国务院联防联控机制发布的15项防控技术方案为标准，因地制宜，推动养老机构、福利院等相关人员集中场所、社区和单位的疫情防控，对人员隔离、体温筛查、环境消杀及核酸检测、风控管理等具体问题实行指导。

第五，全面提高社区工作人员防控能力。社区防控小分队通过现场与视频培训，及时发现问题并提出改进建议，开展环境消杀以及个人防护、院感等方面培训，提高社区防控工作人员能力，确保各种防控措施在社区能够落实。

（2）河南省的社区响应

河南省人口超9000万，同时又是劳务输出大省。2020年春节期间，大量的外出务工人员将从全国各地归程返乡。返乡的务工人员中，很大一部分就来自武汉。河南省防疫形势严峻，面对疫情风险，河南省政府及卫生系统于2020年1月17日确定并公布130所新冠肺炎医疗救治定点医院，22日在相关服务区、收费站设置检疫站，进行市内交通全面消毒，24日暂停举办大型公众聚集性活动，全省86万医护人员取消春节假期严阵以待，25日启动疫情防控一级应急响应，27 日全面暂停进出河南省的省际客运班线和省际包车，决定各级各类学校和幼儿园推迟开学，2 月 2 日公布全省疫情防控工作监督举报电话等。

在具体防控工作中，河南省坚持联防联控、群防群控，社区在疫情治理中主要实施了严格的人员管控、志愿服务、信息宣传、测温消毒、心理疏导、物资发放等措施。尤其是农村社区封路封村闭户、在交通要道进行卡点守岗，派专人值守，测温消毒，严防死守；党员与村民自愿组成志愿者队伍，协助村（居）委会进行隔离、测温、消毒、物资发放等各项事宜；信息宣传措施做得最为突出，社区将防疫信息编成诸如“带病回乡，不肖子孙”“今天到处串门，明天肺炎上门”“麻将手中抓，肺炎带回家”等接地气的宣传语，通过横幅、喇叭、电视循环播报。“硬核”村长日日大喇叭喊话与宣传使防疫宣传入目、入脑、入心，各类通俗化的社区宣传起到了很好的警示效果。同时城乡社区充分利用熟人网络的影响力，安排工作人员或志愿者上门宣传防疫信息，使难以通过现代信息手段获得疫情信息的中老年居民切实意识到疫情防控形势的严峻性，从而自觉支持疫情防控工作，降低社区应急治理难度；社区干部与志愿者排查登记，巡逻维护周边秩序，为外地返乡人员、隔离人员、低保户和贫困家庭送菜送药，讲解疫情防控知识，进行一对一心理疏导等。

面对严峻的防疫形势，河南省反应快、速度快、手段狠，防疫管控措施从上到下一贯到底，到村到户，层层落实，层层阻击。“硬核”社区疫情防控措施虽然强硬但很有效，为阻断疫情蔓延提供了有力的保障。

（3）北京市的社区响应

北京市作为人口流动大都市，要应对返京人员流动高峰，为切实保障人民群众生命安全和身体健康，其疫情防控工作的重点和关键是对外来人员的妥善管理，北京市在 2020 年初至 2020 年 10 月社区（村）疫情防控主要有以下做法。

第一，居住小区（村）封闭式管理。社区进行严格的封闭管理，在出入口设置检查点，居住人员和车辆凭证出入，进入人员必须佩戴口罩并进行体温检测。无物业、无安保、开放式小区由属地街道（乡镇）负责落实封闭措施。社区（村）传播疫情时，根据实际情况对住宅单元楼门、小区（村）等实行封闭式隔离。

第二，核实登记小区（村）来往人员、车辆。社区管理人员对于因特殊情况需要小区（村）的外来人员和车辆进行登记备案。快递、外卖等人员送至指定区域，由客户自行领取，设置指定区域以避免人群集聚。

第三，抵京人员登记。人员抵京当天应及时向居住地所在社区（村）报告健康情况，并配合完成个人信息登记工作。对于隐瞒、缓报、谎报有关信息或阻碍疫情防控工作人员履行职务的，依法依规追究责任。

第四，重点人群管理。各街道（乡镇）和社区（村）监督抵京前 14 日内，离开疫情高发地区或者有过疫情高发地区人员接触史的人员按规定接受医学观察或者居家观察，每日检查健康状况。对出现发热症状的人员，安排就诊排查。社区提供基本生活保障。对拒绝接受医学观察、居家观察等防控措施，构成违反治安管理行为的，由公安机关依法严肃处理；构成犯罪的，依法追究刑事责任。

第五，集中隔离。各区对本市新增并经卫生健康部门流行病学调查确认后的密切接触者实行集中隔离并进行医学观察，对拒不配合的，由公安机关依法协助采取强制措施。

第六，公共空间管理。社区（村）非生活必需的文体活动室、娱乐室等公共场所一律关闭。街道（乡镇）、社区（村）、物业企业、产权单位进行公共场所清洁消毒、垃圾分类处理、环境整治等工作。机关事业单位办公场所、园区、楼宇、企业等加强体温监测，认真筛查发热人员，坚持“日报告”“零报告”制度。停止小区（村）内的装修装饰等工程，水电气热等工程施工单位、旅馆等要配合社区（村）做好疫情防控工作。

第七，出租房屋管理。房屋租赁中介企业或业主要明确防控责任人和联系人，按照要求向社区（村）提供出租房屋和承租人动态信息。对不报告租住房屋情况、不配合政府和社区（村）工作人员开展工作的，依法依规追究责任。

第八，强化基本生活保障。社区（村）要加强对老幼弱等群体的关注，做好特殊群体的服务保障。市场、菜店、超市、药店等要合理安排营业时间，做好人员导流，强化风险管控。

第九，宣传全民防护意识。社区强化宣传，使居民严格遵守在公共场所佩戴口罩的规定，减少外出活动，不参加聚会和集体活动。对不听劝阻或引发矛盾冲突的，由公安机关依法处理。

第十，示范带动。党员干部、党代表、人大代表、政协委员发挥带头作用，积极主动参与疫情防控工作，带动家人亲属、街坊邻居自觉遵守有关规定。

（4）上海市的社区响应

上海市自2020年1月24日启动突发公共卫生事件一级响应至本文研究的截止日期2020年10月，坚持“三个全覆盖”（即入沪人员信息登记、重点地区人员医学观察、管理服务全覆盖）、“三个一律”（即进沪人员一律测体温、重点地区人员一律医学观察、其他地区人员单位一律申报信息）防控工作要求，全市各方力量都被动员起来，投入疫情防控和城市安全治理。上海市委市政府明确提出防控工作应瞄准医疗救治、社区管控、入沪通道三个重点方向打出“组合拳”，坚决切断传染源，阻断传播途径。上海市社区疫情治理呈现智能化、信息化和精细化等特点，同时针对复产复工的关键期，也探索了“社区＋厂区”联动的治理方式。

第一是智能化，上海市具有智能反馈手段，依托“上海发布”等市民常用公众号连接上海疫情防控公共服务平台，发布针对疫情的政策信息，提供健康信息登记、在线义诊、心理健康咨询、发热门诊查询、预约挂号、居家医学隔离指导等相关服务。线上健康信息登记板块面向的对象十分广泛，涵盖个人、企业、交通口岸和道口工作人员、市级协查和区内摸查等主体，解决了统计口径不同和流程繁琐复杂、信息收集反馈不及时的难题。上报后的健康信息汇总于上海市大数据资源平台，经过数据建模分析测算后形成红、黄、绿三色“随申码”，分别代表“建议隔离”“建议观察”“可以通行”3种风险状态，用于指导居民生活出行和企业复工，切实为上海市民了解疫情信息做好自身防护以及精细化的城市管理提供便利。

第二是信息化，上海市运用信息化科技手段，增强防控工作科技含量。借助各区城市运行管理中心平台，即城市大脑，发挥大数据和人工智能技术作用，实现城市运行“一网统管”，提高社区疫情风险防控工作的智能化和精准化水平。突出基层社区疫情防控相关部门之间信息沟通、资源共享，通过智能化社区的视频监控，网格站点人员流动的巡查，发挥基层干部和网格员“瞭望哨”的作用，发现和报告可疑外来人员信息，进行综合的研判，调度联动联勤队伍进行现场响应，发挥“一网统管”的“耳聪目明”、精确研判、“四肢协同”、精准发力等功能，提高基层社区应对疫情的快速反应能力。

第三是精细化，上海市城市小区面积大，人口密度高，人员流动性强，各种类型小区混杂融合，本身常态治理难度就大，加上疫情防控任务紧、响应快、专业性强等非常态管理的要求，对基层社区管理者来说是一场大考和危机。精细化的防控举措有利于应对基层管理的困难。在精细化治理理念指导下，上海基层社区应对疫情有了很多经验，尤其主要体现在以下五个方面：①疫情防控工作坚持人性化理念，体现必要的温暖和人文关怀；②精准识别和感知疫情的风险，增强社区疫情防控工作的精确度；③基层疫情防控中坚持党委领导，政府负责，自上而下动员多种主体参与，加强群防群控、联防联控的疫情防控网建设；④注重疫情防控工作流程制度化和标准化建设，增强疫情防控工作的科学性和规范性；⑤重视防控工作绩效考核精准化和评估常态化，压实各防控主体的责任和任务。

（5）山东省的社区响应

在2020年10月之前，山东省社区疫情治理主要将社区分为三种层面：社区未发现病例、社区出现病例或发生疫情和社区传播疫情。对于社区未发生病例的情况，主要任务是外防输入，社区主要开展六个方面的工作。一是组织动员，建立疫情防控工作体系，实施网格化、地毯式管理；二是健康教育，有针对性地开展防控知识宣传；三是信息告知，向公众发布科学就诊和疫情信息；四是外返人员管理，进行人员排查追踪、登记、健康筛查、随访至14天等；五是环境卫生治理，进行病媒生物综合防制、卫生清理；六是物资准备，社区和家庭备置必需的防控物品和物资。对于社区出现病例或发生疫情的情况，社区工作重点是内防扩散，外防输出。对此情况，不仅要实施未发生病例时的6项措施，还要对密切接触者进行管理。

此外，山东省重视网格化防控，注重健全防控工作体系。山东省落实属地责任和部门责任，健全社会共同防控体系，形成横到边、纵到底，覆盖省、市、县、乡、村五级和城市社区街道的疫情防控网络。特别加强了乡镇（街道）、村（社区）两级工作网络，对无物业管理的村居以网格为单位实行封闭式防控管理，实行网格化防控。“六治一网”是2019年威海市探索建立的以“政治（党建）引领、自治基础、法治保障、德治教化、智治支撑、信治导向”为主要内容的“六治融合、一网联动”社会治理模式，这一模式以社区作为社会治理的基本单元，以“全覆盖、无缝隙”和“属地管理”为原则，将全市的社区、村落划分为网格，将人、地、物、事、组织全部纳入网格，实现全科式整合、精细化管理、无缝隙服务，做到“大事全网联动，小事一格解决”。在疫情防控中，威海市充分发挥“六治一网”社会治理模式的基础优势，依托全市1992个城区网格、3137个农村网格、670个企业学校等单独网格，将防控力量向社区下沉，使社区网格成为疫情防控的堡垒，有效组织和动员各方开展联防联控、群防群治，在疫情初期曾实现21天内新增清零，50天内现有确诊清零的阶段性成果。

四　中国社区疫情治理的主要特点及其挑战

新冠肺炎疫情发生的初期，各社区疫情防控措施因地制宜，呈现差异化治理的特点。比如，湖北省等疫情防控重点在于实行全封闭管理，以此倒逼病源暴露；河南省“以邻为壑”的“硬核”防疫侧重于面向基层社区的迅速反应与强力落实；上海市侧重于面向市民的健康信息收集与反馈服务；深圳市侧重于面向政府的防疫数据分析与策略引导；浙江省响应防疫的速度和效率惊人；四川省等地未雨绸缪的“先手棋”等，都显现各地区之间的巨大差异。

（一）中国社区疫情治理的突出特点及其成效

本研究对湖北省、河南省、北京市、上海市、山东省、江苏省六个省份的居（村）民进行了“社区疫情防控”调查。628名被访者中，有38.4%在城市社区，有23.2%在城乡接合部社区，还有38.4%在农村社区。各地社区疫情治理方式不同，但有其共性。总体来看，各地社区通过进行思想的“两步走”建设、队伍的“四方联动”建设、防疫的“网格化”建设、居民的“人性化”服务等方式开展疫情防控工作。各地社区承担的具体疫情防控任务也可以概括为以下七方面：组建社区疫情防控工作队伍、调查小区人口的基本生活与出行状况、管控小区人员和车辆出入（出入许可、测体温等）、开展环境卫生治理（定时消毒等）和督查、外来人口排摸、特殊重点人员管理（如疑似病例等）、防控知识宣传等。问卷调查结果显示，各地社区开展的防疫工作（见表1）主要有：人员管控、志愿服务、信息宣传、测温消毒、心理疏导、物资发放、批评教育、民意收集等，其中人员管控、志愿服务、信息宣传、测温消毒等措施有明显成效（见表2）。

表 1　所在社区重点开展的防疫工作

工作类型	频率（人）	百分比（%）
人员管控	301	47.9
志愿服务	185	29.5
信息宣传	249	39.6
测温消毒	265	42.2
心理疏导	96	15.3
物资发放	149	23.7
批评教育	99	15.8
民意收集	74	11.8

表 2　社区采取的对疫情防控有明显成效的措施

措施类型	频率（人）	百分比（%）
人员管控	298	47.5
志愿服务	148	23.6
信息宣传	193	30.7
测温消毒	262	41.7
心理疏导	78	12.4
物资发放	88	14.0
批评教育	92	14.6
民意收集	65	10.4

我国社区疫情治理在抗击疫情过程中发挥了重要作用，取得了重大成效，也在治理理念、治理模式、治理方式、治理技术和治理内容等方面呈现了各自的特点。

（1）共识与自觉兼顾的社区治理理念。新冠肺炎疫情发生后，全国人民形成了三个共识：第一，社区防控是第一道防线。第二，居民对“早发现、早报告、早隔离、早诊断、早治疗”这一突发公共卫生事件应对原则达成共识。第三，全国人民坚定信心，同舟共济，及时了解疫情发展，共同坚持最基本的原则与底线，尊重与理解社区防控工作人员。此次疫情中，社区疫情防控人员舍小家顾大家。大多数居民能服从社区疫情防控规章制度，做到出入小区扫描二维码，自觉佩戴口罩，主动配合体温检测等。新冠肺炎疫情中社区治理各主体都汇聚共识并内化于心，从而做到行动自觉，这是社区治理的一个重要理念。

（2）多元治理主体合作的社区治理模式。新冠肺炎疫情发生以来，我国疫情防控力量向社区持续集结，形成了上下互动、左右联动的社区治理共同体，构建了一张由党委领导、社区负责、物业前锋、志愿加入、联防联控、目标一致的抗“疫”社区治理网。在这个社区治理共同体中主要包括社区党委、临时党支部、街道办事处、社区居委会、物业公司、区域片警、社区医院、驻区社会组织、社区工作者、网格员、党员志愿者、居民志愿者等。新冠肺炎疫情防控过程中所形成的抗“疫”社区治理网经过层层分工，有序推进工作，促使社区防疫治理成效显著。

（3）共治与自治相结合的社区治理方式。新冠肺炎疫情防控采取的是共治与自治相结合的社区治理方式，共治是党建领航建设的治理成果，基层党建共治是对“团结协作、共同抗疫”的最佳诠释。面对突如其来的疫情，基层党建工作小组、工作服务队，号召物业公司、业主委员会、驻区社会组织等共同商议疫情防控要求，企事业单位行政机关等党组织力量向社区下沉，协同参与疫情防控工作。自治是社区居民自我治理力量和基层干部贯彻落实各项社区治理政策力度的体现。社区居委会、村委会积极协助政府部门实施宣传教育、健康提醒、重点人群生活保障等治理工作。居民也以志愿者身份参与疫情防控。共治与自治兼顾的社区治理方式更好地发挥了社区多元主体作用，有效调动了各方防疫力量。

（4）传统与现代融合的社区治理技术。智慧治理技术在新冠肺炎疫情防控中作用重大。社区不仅通过传统的宣传横幅、疫情防控宣传纸、入户排查、进出打卡等手段开展疫情防控工作。同时，社区充分利用现代智慧治理技术，通过建立区域微信群、公众号等方式开展宣传教育、发布通知等工作。借助现代智慧化社区治理技术，传统社区治理技术与现代社区治理技术在疫情治理中相互配合，用以提升治理效能。

（5）常规与个性结合的社区服务内容。新冠肺炎疫情防控过程中，社区建立疫情防控干预体系，组建多元主体构成的社区治理团队，为社区居民提供多元化服务，既包括社会保障、文化、治安、便民等常规服务，也包括了为特殊人群提供的个性化心理疏导等服务。从疫情防控过程来看，社区治理所提供的服务是集排查、防治、预防、宣传为一体的；从性质上看，社区治理所提供的服务是多元与个性化的结合，从而使社区在疫情防控工作功能更加完善。

（二）社区疫情治理的未来挑战

新冠肺炎疫情防控过程中社区治理成效明显，但在治理主体、治理内容、治理手段以及治理效果四个方面还存在一些问题。

（1）从治理主体来看，人员结构的多元性和专业化程度有待提升

2020 年 2 月 17 日民政部最新统计显示，400 万名社区工作者参与到新冠肺炎疫情社区治理工作中，每个社区平均有 6 名社区工作者，每个社区工作者平均面对 350 名居民群众。① 社区防控人员与卫生人员为全面了解辖区内居民的出行和健康情况，需要地毯式逐一排查与 24 小时无间断值班，每名社区工作者工作量巨大，社区治理人员与服务对象比例严重失调，“小马拉大车”现象在社区普遍存在。新冠肺炎疫情防控过程中，尽管有少数居民积极参与社区治理工作，但因社区治理激励机制不完善，不能充分调动社区居民、社会组织等社会力量的治理积极性，多元共治力度不够，面临社区治理人员严重不足，第三部门参与社区治理程度低等困境，主要体现为：一是社区居民参与治理的广泛性和代表性不够，疫情防控任务主要依靠社区居委会、物业工作人员等，属于政治动员性质行为，自发性和积极性都不高。二是居民参与社区疫情防控治理工作的广度和深度不够，社区居民更多是本着“不出门就是贡献”的原则居家隔离，大多居民认为街道、居委会等机构的行政工作就包括社区治理事务，参与社区疫情防控治理工作的广度和深度远远不够。同时，社区疫情治理主体上缺乏专业应急管理队伍，信息更新传递效率有待提升。

（2）从治理内容来看，疫情治理内容的系统化和规范化有待增强

社区治理体系不健全首先体现在治理机制不健全上，具体包括社区多主体治理协同机制不健全、资源整合机制缺失、问责机制不健全、容错纠错机制和奖惩机制不健全等。在新冠肺炎疫情发生的背景下，社区疫情防控治理任务非常繁重，疫情防控工作调动了大量物业力量，在一定程度上导致了不同社区治理水平和群众满意度的差异。同时，社区疫情治理标准在社区层面出现了一定程度的模糊和弹性，社区治理的规范化水平有待提高。很多社区

① 《民政部：400 万名城乡社区工作者奋战在疫情防控一线》，中国青年网：https：//baijiahao. baidu. com/s? id = 1658137597975995161&wfr = spider&for = pc，最后检索时间：2020 年 5 月 2 日。

采用了智慧社区治理平台、社区疫情防控二维码、红外测温设备等多种智慧治理手段，大大提高了疫情防控效率，提升了社区治理水平。但是由于治理标准缺失，一些社区存在“头痛医头、脚痛医脚”的问题，社区服务的系统性不足，具体表现为：一是社区治理人员队伍发展的专业化标准缺失，年龄大、本地化、学历低、效率差一度成为社区治理人员标签，社区治理工作的创新型思维不足；二是科学的社区治理指导缺乏，社区治理人员由于没有接受标准化治理知识培训，不能充分理解现代社区治理理念，易出现盲目性和非理性的社区治理问题；三是社区治理缺少相关标准规范，社区治理能力难以有效评价，社区治理水平存在较大区域差异。

（3）从治理手段上来看，疫情治理在技术治理和情感治理方面的平衡性上有所欠缺，过分倚重传统管理方式容易带来低效率、高成本等问题

在此次疫情防控中，很多城市社区应用了智慧治理技术，在线义诊、刷脸进社区、自动测温系统装备等，这些在新冠肺炎疫情防控中发挥了重大作用。但在很多农村社区，技术条件有限加重了边缘人群的技术壁垒。一些村委会在进行宣传工作时能应用到的智能技术仅限于发布通知的微信群，宣传手段主要靠传统的大喇叭喊话、张贴横幅、墙面喷绘、村支书进村宣传和上门劝诫等。这些宣传方式虽然发挥了效果，起到了警示作用，但宣传效率较低，时效较慢，而且范围有限。疫情防控初期，尽管社区治理手段多元，很多地区积极将“智慧治理”理念运用到社区疫情防控治理中，智慧治理手段虽能大大提高治理效率，实现信息的跨区域对接，但在社区弱势群体服务、人性化管理等方面对社区治理手段提出挑战，需根据弱势群体实际情况和个性化需求，不断完善社区治理手段。

（4）从治理效果上来看，对居民需求的不充分响应成为最大问题，社区间的疫情治理效果呈现较大的差异性

整体来看，我国社区疫情治理模式表现出极强的政府主导特点，由此保证了对突发公共卫生事件的快速、集中响应。然而在高效率的同时，由于社区疫情治理偏重传统管理或管制，治理工作缺乏对居民需求的主动响应。疫情治理主要依赖体制内资源，对于多元主体参与的调动方面较为有限。社区居民更多是本着“不出门就是贡献”的原则居家隔离，参与社区疫情防控治理工作的广度和深度远远不够。

五 社区为本的中国疫情治理思路及其实践

风险社会学的诞生，改变了人们对现代社会的整体把握和认知逻辑，“风险”成为反映这个时代最为显著的认知指标之一。贝克等人提出来的风险社会学实际上是想打破以往传统的风险研究思路，希望站在一种世界主义、全球化的反思性角度来建构一种风险社会学理论研究的新范式，这种新范式的一个核心特征就是要抛弃以往那种仅仅停留在对现代性制度困境的反思与批判之上的情况，希望通过一系列的制度创新和想象力再造来切实提升现代社会预防和治理风险的能力。如何提升中国疫情治理能力？“社区为本”将是一个可能的路径。

（一）构建疫情风险社区防控的社会治理共同体

习近平总书记在中共十九届四中全会报告中阐述有关“共同体”的观点时，提出了“人类命运共同体”“中华民族共同体”“社会治理共同体”三个共同体的概念。这三个“共同体”可以看作从相对微观的个体与社会，到更为宏观的国家与世界的联结形式，也体现其为人民群众、民族国家和全人类谋求福利的宏大愿景和历史使命。社会治理共同体不仅仅是一个联结形式上的工具性的共同体，更是一个具有实质内涵的价值性的共同体。中共十九届四中全会提出要建设的“人人有责、人人尽责、人人享有的社会治理共同体”，不仅是一个包含着各种主体、客体等“一核多方”联结形式在内的工具性的共同体，更是一个具有情感、文化和心理认同在内的价值性的共同体。

从社会治理的主体来说，社会治理共同体包括了参与社会治理的各个机构、组织、群体甚至公民个体在内，强调在社会治理过程中，人人有责，人人尽责，实现了从原来单纯的政府负责，向“人人有责、人人尽责”的转变，从有限的“一核多方”的共治主体，向更具凝聚力和包容性的“社会治理共同体”的提升。① 从社会治理的客体来说，社会治理共同体也同时包含

① 强调在疫情防控中“人人有责、人人尽责”并不是为了推卸政府应该负有的管理责任。风险社会学指出，当风险发生的时候，常常会出现没有人负责的现象，其实际是一种政府集体的失败。贝克把这种没有人负责的现象称为“有组织化的不负责任”（organised irresponsibility）。因此，在面对重大突发公共事件时，所有民众包括政府、社会和市场组织都应该以一种高度负责任的精神投入灾害救助和风险应对之中。因为风险一旦大面积发生，人人都无法自保。

着治理的对象和客体，是治理主体与客体共享的一个过程。社会治理共同体所涵盖的“人人享有”的倡导不仅较好地表达了共同体的参与感、认同感与归属感，也充分表达了共同体成员的获得感和幸福感，而这正是社会治理的价值旨归。因此，从社会治理共同体建设的内涵来看，“人人有责”要求在抗击疫情过程中培育民众更强的社会责任意识，“人人尽责”要求增强民众积极参与疫情的联防联控，履行社会责任的能力，而“人人享有”则是人人有责和人人尽责的自然结果和价值追求。所以，无论是治理的主体还是客体，疫情风险的社会治理共同体最终体现为一种人人享有的价值回归，一种价值共同体。笔者认为，疫情风险的社会治理共同体建设可以从人们的日常生活和工作出发来建构地域性的社会生活共同体和职业性的劳动与工作共同体，其指向可以从两个方面理解。

一是作为一种社会组织形态的社会治理共同体。在现代社会，共同体的构建不仅仅是不同的个体依据共同生活的地域而聚居在一起的，也更多地依托于不同的社会组织形态联结在一起的。就疫情风险的防控而言更是如此，因为任何个体及其单一的组织形态都是很难预防和治理风险的，必须依托不同组织之间的紧密联结与整合，形成有效的社会治理共同体才能充分发挥防控风险的作用。在抗击新冠肺炎疫情的过程中，最重要的就是要抓好人们的生活共同体和职业共同体两个关键内容，以共同体的形式去做好联防联控、群防群治。①

二是作为一种价值与精神形态的共同体。社会治理共同体不仅仅是一种有形的实体性形态，也是一种具有价值性和精神文化性的形态。不仅如此，价值与精神文化，以及人的情感与心理归属等恰恰是构成有效的组织形态的共同体的核心所在，是人们交互联结的精神纽带和情感认同。它具体体现为人与人的和睦相处、守望互助、参与分享的共同意志和行动准则，包括人们所共有的关于共同体的观念形态、价值诉求、思维方式与行为习惯等，它向人们展现共同体的本质意义，是社会治理共同体的灵魂所在。因此，在抗击新冠肺炎疫情的过程中，强化人们的风险意识，增加民众之间的情感支持和人际互信，也是增强防控疫情风险的社会治理共同体建设必不可少的环节。

---

① 文军：《直面新冠肺炎：风险社会的社区治理及其疫情防控》，《杭州师范大学学报》（哲学社会科学版）2020 年第 2 期。

（二）迈向积极自主型的社区治理模式

建构一种积极自主型的社区防控模式，其核心特征就是强调社区作为积极自主的行动者在短期疫情防控各个阶段的实践与社区作为常态下预防共同体的风险应对能力。从突发公共卫生事件的社区防控模式的演变来看，其大体经历了“保护功能—适应能力—以边缘为中心”的三次浪潮，即从强调在现状中的保护功能，迈向社区对逆境的适应能力，再到更加关注情境和结构性的不平等。① 显然，被动工具型的社区防控模式还处在“第一波浪潮”的保护功能阶段，其防控行动导向聚焦于保护社区免受眼下的各类风险，而“社区为本”新理论范式的出现倡导要将社区从一个抽象的集体社会主体转变为另一个关注个体的社会主体，② 给社区注入了自主行动的能量。

在社区防控实务的价值导向方面，灾害风险管理中每个国家的政府都越来越倾向把减灾概念化为一项多方利益相关者的活动。③ 然而来自多方的证据表明，国家在降低风险方面发挥了关键作用，占据了防控网络的中心位置，但社区层面参与减少灾害风险的活动往往有限。④ 地方政府机构在减少灾害风险方面常常被描述为代表性不足，社区在国家和国际政策进程中很少有发言权。⑤ 突发公共卫生事件防控对多种力量的需求与社区力量缺位或能力不足之间的张力促使人们不得不重新思考社区在公共卫生事件防控行动中的角色，由此构建出了一种积极自主型的社区防控新模式。这种新模式的理论基础已经从以“社区为本”转变为“社区发展”的视角，提倡赋予社区权

---

① Atallah D. G. , Bacigalupe G. , Repetto P. , “Centering at the Margins: Critical Community Resilience Praxis,” *Journal of Humanistic Psychology* 61 (2021): 875 – 905.

② Guta, A. , Flicker, S. , Roche, B. , “Governing through Community Allegiance: A Qualitative Examination of Peer Research in Community-based Participatory Research,” *Critical Public Health* 23 (2013): 432 – 451.

③ Josephine Adekola, Denis Fischabcher-Smith, Moira Fischabcher-Smith, “Inherent Complexities of a Multi-stakeholder Approach to Building Community Resilience,” *International Journal of Disaster Risk Science* 11 (2020): 32 – 45.

④ AaronClark-Ginsberg, “Disaster Risk Reduction is Not ‘Everyone's Business: Evidence from Three Countries,” *International Journal of Disaster Risk Reduction* 43 (2020): 1 – 12.

⑤ A. T. de la Poterie, M. A. Baudoin, “From Yokohama to Sendai: Approaches to Participation in International Disaster Risk Reduction Frameworks,” *International Journal of Disaster Risk Reduction* 6 (2015): 128 – 139.

力并在其发展中发挥积极作用。[1] 它旨在把社区的实体拉回来，从短暂性的社区响应向常态性的社区习惯转变，以及从单一目标的预防措施和集中应对措施转变为同时减少现有风险和建立对当前和未来风险的抵御能力。具体来看，积极自主型的社区防控模式具有以下要义。

第一，从防控目标来说，从“被动工具”转向“积极自主”意味着社区不再作为由应急管理者使用的被动工具仅仅指向减缓病毒传染的唯一目标。相反，社区本身成为公共卫生危机防控的积极行动者主体，甚至是管理者，问题、目标和行动由社区定义。[2] 更为长远的目标是通过注重能力建设和赋予权力来支持社区使之具备持久的风险适应和治理能力，换言之，社区本身成为目的。

第二，从防控的原则来说，强调赋权社区和社区自主。赋权意味着把权力和责任转交给当地人民，所采取的行动着眼于建立地方能力，加强现有的结构和组织，[3] 这种方法将重新赋予所有社区成员抵抗风险的能力，为缓解灾后的结构性不平等提供了最大机会。[4] 社区自主是指由社区内部利益相关者确定问题、形成社区的集体行动倡议、采取行动和分配资源。社区的赋权和自主行动是一个动态的参与性过程，社区通过学习和实践获得预防和应对流行病的能力，并基于社区的特殊性采取行动。[5]

第三，从防控主体来说，强调社区与多组织合作伙伴关系的重要性。社

① Phibbs Suzanne, Kenney Christine, Severinsen Christina, Mitchell Jon, Hughes Roger, “Synergising Public Health Concepts with the Sendai Framework for Disaster Risk Reduction: A Conceptual Glossary,” *International journal of environmental research and public health* 13 (2016): 1 -21.

② Phibbs Suzanne, Kenney Christine, Severinsen Christina, Mitchell Jon, Hughes Roger, “Synergising Public Health Concepts with the Sendai Framework for Disaster Risk Reduction: A Conceptual Glossary,” *International Journal of Environmental Research and Public Health* 13 (2016): 1 -21.

③ Pérez, D., Lefèvre, P., Sánchez, L., et al., “Community Participation in Aedes Aegypti Control: A Sociological Perspective on Five Years of Research in the Health Area ‘26 de Julio’, Havana, Cuba”, *Tropical Medicine & International Health* 12 (2010): 664 -672.

④ 在灾害后的脆弱性和资源分配模式方面存在着很大的社会不平等，高收入群体比低收入群体往往得到更多的关注，他们知道如何更好地利用服务，并能够更好地获得资源和设备。

⑤ Benjamin J. Ryan, P., Damon Coppola, Deon V. Canyon, P., et al., “COVID -19 Community Stabilization and Sustainability Framework: An Integration of the Maslow Hierarchy of Needs and Social Determinants of Health,” *Disaster Medicine and Public Health Preparedness* 14 (2020): 623 -629.

区是一个聚合结构的共同体。社区为本的疫情治理在主体结构上强调政府部门、私营部门和其他非政府组织在尊重、信任和互惠原则下建立起多组织合作伙伴关系，[①] 多主体的协同关系被认为是处理疫情的最有效手段。[②] 社区通过为合作伙伴提供有意义的激励和营造一个鼓励合作伙伴提供反馈的环境来建立和维持多组织的伙伴关系。[③] 将不同主体有效地纳入公共卫生防控的政策制定和执行之中，就有可能对社区防控的认识和实施做出重大贡献。[④]

第四，从防控行动内容上来说，从被动工具型转向积极自主型内容。构建一个短期响应和长期预防状态相结合的风险应对共同体，要求不仅要注重短期成效的社区行动，更要对未来做长期的规划和风险预警。[⑤] 社区在短期防控中的行动内容包括三个连续的行动和反应阶段：预防、响应、处理和恢复。通过在常态下的风险教育培训和应急状态下的防控实践，又可以培育社区长期的风险适应和应对能力。

（三）提升突发公共卫生事件社区治理水平的对策建议

习近平总书记多次强调要“加强农村、社区等基层防控能力建设，织密织牢第一道防线”。笔者认为，在现阶段在应对新冠肺炎疫情的防控中，我们总体上可以按照十九届四中全会提出的“党委领导、政府负责、民主协商、社会协同、公众参与、法治保障、科技支撑的社会治理体系”架构来具体部署和落实，并最终形成一个全国范围内的防控疫情风险的基层社区治理

---

① 例如，在新冠肺炎防控期间，呼和浩特市某社区党委积极构建与驻区企业单位的“党建联盟”共抗疫情，合作的企业单位在社区防控物资紧缺的情况下为该社区送来了 84 消毒液、消毒洗手液、手套、食品等疫情防控物资，助力打赢疫情防控阻击战。参见《新华社区：社区与驻区企业携手共同战“疫”》，《呼和浩特日报》，最后检索时间：2020 年 3 月 17 日。

② Daniel H. de Vries, John Kinsman, Judit Takacs, Svetla Tsolova, Massimo Ciot, “Methodology for Assessment of Public Health Emergency Preparedness and Response Synergies between Institutional Authorities and Communities,” *BMC Health Services Research* 20 (2020): 411.

③ Robyn K. Sobelson, Corinne J. Wigington, Victoria Harp, Bernice B. Bronson, “A Whole Community Approach to Emergency Management: Strategies and Best Practices of Seven Community Programs,” *Journal of Emergency Management* 13 (2015): 349 – 357.

④ French P. E., “Enhancing the Legitimacy of Local Government Pandemic Influenza Planning through Transparency and Public Engagement,” *Public Administration Review* 71 (2011): 253 – 264.

⑤ 文军：《直面新冠肺炎：风险社会的社区治理及其疫情防控》，《杭州师范大学学报》（社会科学版）2020 年第 2 期。

共同体。

（1）加强各级党委的统一领导。在中国，面对如此重大的风险防控，没有各级党委的统一领导和组织，整个防控工作就会变成一盘散沙，就会因为过于碎片化而收效甚微。当前，从党中央到各级党委，都应迅速成立由各级党委或政府主要领导担任的“疫情防控工作领导小组”，并实施统一领导。这是形成“一核多方”疫情防控社会治理共同体的基础。社区疫情防控工作必须要服从党委的统一领导，听指挥办实事。

（2）形成政府负责的责任主体。在各级党委和疫情防控工作领导小组的统一领导和部署下，各级政府要具体负责本地区的疫情防治工作，明确工作职责和要求，主动作为，组织政府相关部门和工作人员逐一检查和具体落实疫情防控工作，要充分发扬斗争精神，建立起“纵向到底、横向到边、不留死角”的全覆盖工作体系。同时对于政府管控责任落实不力的行为，存在的官僚主义、形式主义的问题要严肃处理，通报追责，强化监督执纪问责。

（3）强化疫情防控的社会协同。除了党委和政府部门以外，必须充分调动和发挥社会力量的协同作用，尤其要把相关企业和社会组织都动员起来，推动和保障相关物资供应企业和专业化社会组织都能够有序地参与到疫情防控工作中来，形成社会协同治理的工作局面。比如，新冠肺炎疫情发生以后，很多企业主动加班加点生产疫情防控的必需品，还有很多社会工作、心理咨询、法律援助等专业化社会服务组织，招募志愿者为疫区群众提供各种形式的专业化服务。

（4）鼓励社会大众的防控参与。疫情防控是一场人民战争，不仅要树立“以人民为中心”的防控理念，更要把人民群众的力量都调动起来，尤其要重点加强社区管控和居民参与的社会动员，突出属地化管理原则，群防群治，众志成城。“大众参与”就是不仅要求在应对疫情的认识和观念上凝聚公众的最大共识，而且还要在防治疫情的具体行动中形成最大合力。

（5）依法保障防控的有序进行。疫情防控工作也必须依法依规进行，避免疫情防控工作中矫枉过正，甚至简单粗暴的现象。

（6）充分发挥科技支撑的力量。充分发挥科技力量在疫情防控工作中的作用，加快新冠肺炎防治的技术攻关和治疗药物的研发，同时运用大数据、人工智能、互联网、多媒体等技术手段，做好流行病学调查和正确的舆论引导，及时公开与疫情相关的信息，提高疫情防控工作的透明性、科学性和有效性，用不断创新的科技成果来遏制和应对新型疾病的发生。同样在基层防疫中，利用微信、微博、QQ 群等互联网工具进行社区内部以及社区之间的联络，才能够得到群防群治、联防联控的目的。

当然，这种社区防控共同体作用的最终发挥，与我们中国特色社会主义制度的优势有着密切的关系。加强应对风险的制度化建设，是风险社会应对各类风险的基本保障。中国国家制度和国家治理体系的显著优势之一就是在中国共产党的统一领导下，能够“坚持全国一盘棋，调动各方面积极性，集中力量办大事”。在这次抗击新冠肺炎疫情的过程中，就充分展示了中国集中力量办大事的制度优势。自上而下，全国人民一条心，充分发挥各方的积极性和主动性，统一指挥，综合协调，这不仅彰显了我们的制度优势，而且也凸显了整个社会治理共同体架构的体系优势。

悬浮与弱行动：社区型社会组织的抗疫行动研究

吴　同

十八届三中全会作为中国社会治理改革的起点，其中一个非常重要的亮点就是激发社会组织活力，特别是在全会《决定》中明确提出和促进实施行业协会商会类、科技类、公益慈善类和城乡社区服务类四类社会组织，可以依法直接向民政部门申请登记，不再经由业务主管单位审查和管理。社区型社会组织正是在这样的背景下得到鼓励而获得了较大的发展空间，特别是在基层邻里组织（或称为自治组织）还不够健全和发达的情况下，社区型社会组织被寄予厚望。社会组织的利他属性和使命愿景，在社区社会资本培育和社区建设中具有不可替代的作用，期待其能够起到组织动员、资源链接、扶危济困、协商共议的作用。通过在突发公共卫生事件中对社区型社会组织的行动模式的研究，有利于考察和分析当前制度环境下社会组织在社区社会资本建构过程中的功能和作用，并为下个阶段社会组织孵化和培育提供启示，进而更好地实现社区建设和社区治理的目标。

一　社区型社会组织行动研究的背景与意义

（一）研究背景

2020 年初，突如其来的新型冠状病毒肺炎疫情发生后，中国政府迅速做出了相应布局。

回顾 2019 年 12 月疫情刚被发现一直到 2020 年新冠肺炎病毒传播初步得到控制，社区是本次新冠肺炎病毒疫情群防群控的一线阵地，与医院一样发挥着不可替代的作用。习近平总书记 2020 年 2 月 10 日在北京市调研指导新冠肺炎疫情防控工作时强调，社区是“外防输入、内防扩散最有效的防线”，精准开展社区的防控工作“加强社区各项防控措施的落实，使所有社区成为疫情防控的坚强堡垒”；2 月 23 日在统筹推进新冠肺炎疫情防控和经济社会发展工作部署会议上又强调，“社区是疫情联防联控、群防群控的关键防线，要推动防控资源和力量下沉，把社区这道防线守严守牢”。习近平总书记的重要讲话和会议精神进一步确立了社区在疫情防控中的重要和基础地位。社区在疫情防控中主要扮演了三种角色，其一是守门员的角色，即社区实施封闭式管理，严格外防输入，尤其是来自或途经中高风险地区人员的排查、登记和隔离工作，全方位全覆盖及时掌握准确信息，严格控制疫情传播的源头；其二是阻击者的角色，即社区明确组织领导，强化网格管理，全力内防扩散，除了日常的消毒工作，还要倡导居民尽量不出门，做好自身防护，阻断传播途径；其三是联动者的角色，社区要联动居民自治组织、社区骨干、共建单位、社会组织等主体共同参与，解决社区居民基本生活需要和精神卫生需要，真正落实社区联防联控。

从现实经验来看，社区内外不同组织在城市社区疫情防控工作中的功能由于受到不同压力传导机制和自身能动性的影响表现各有不同，如居委会在行政性压力下成为首要的抗疫“冲锋队”以及抗疫成效的“第一责任人”，而且其活动是要跨越不同小区；物业公司在契约合同约束下成为社区的“守卫者”，不过其职责仅限于本小区，相应来说品质越高的小区防护效果就会越好；社区中居民的自组织和志愿力量则起到重要的拾遗补缺作用，他们自发自主、就近就便进行组建，以网络微信群为主要交流阵地，补足社区抗疫人力物力资源不足，构建起社区支持网络；社会组织，特别是社区型社会组织，在基层社会治理中最大的优势在于，它扎根于社区，差别性地回应社区居民由于政府公共服务的公共性无法覆盖的多元化需求，具有回应的灵敏性、针对性。另外，社区型社区组织区别于流动性较强的其他社会组织，优势在于它深耕于具体的社区，基于长期的实践，了解社区的资源和居民的需求，能够围绕社区的资源和居民的需求之间建立有效匹配关系。

自十八届三中全会党中央提出“创新社会治理体制”要求以来，深化基层治理，加强居民自治得到高度重视，“组织化”是治理的关键性举措。各地大力推进各类社区组织的建设，发展和培育社区型社会组织，提供社区服务、挖掘社区骨干、组织志愿者活动，为社区建设带来活力，在一定程度上盘活了社区关系，并化解了社区矛盾。

基于此，本研究将具体落脚点放在社区型社会组织上，因为社区型社会组织是与最为贴近基层社区、了解社区、服务社区的社会组织，是除居委会以外原子化的居民参与社区最重要的载体。社区型社会组织的发展不仅能够实现社区居民参与的组织化，而且是推动基层组织发展、完善社区治理机制转型的关键。[①] 也就是说，从制度设计与价值功能来看，社区型社会组织既应该引导社区居民从个体向组织化发展，也能够通过建立起的社区关系和支持网络组织社区居民抗击疫情。近几年，长三角、珠三角经济发达地区以及众多二三线城市纷纷响应国家的号召鼓励社区型社会组织的成立，当地的社会力量也在这个过程中积极参与进来。有的社区型社会组织是本地社区自组织从本地需要出发转型升级发展，有的则是本地社区以外具有一定专业能力的社会组织落地而成。因此，理论上这类社会组织在地性更强，不管是与基层政府还是基层社区之间的关系也更为紧密，应该能够成为除行政体系抗疫行动外最稳定的社会力量。然而，现实的情况又是如何？本研究通过对基层社区抗疫行动的调研，针对社区社会组织的能力提出以下问题：社区型社会组织在社区层面抗疫行动中扮演了怎样的角色，起到了怎样的作用？更进一步来说，本研究提出帕特南式问题——“在什么样的条件下，社区型社会组织能够良好协作、反应迅速应对突发事件，而又在什么样的条件下，社区组织运转不畅、反应迟钝?”本研究通过反思城市社区治理体系的不足，特别是在疫情中反映出来的问题与失败，着眼于社区治理体系的进化，灵活、快速的反应，注重居民的权益并且具有弹性。

2020 年 5 月至 12 月，我们还对社区干部、街道相关部门负责人进行了深入访谈，检验多年来社区治理发展要求下社区型社会组织的成长是否真正促进了基层社区社会资本的增长，扩展了社区支持网络以及社区自治的发展。

（二）何为社区型社会组织?

1. 社区型社会组织与社区服务类社会组织的区别

2013 年 3 月 10 日，在十二届全国人大一次会议第三次全体会议上，时任国务委员兼国务院秘书长的马凯在《关于国务院机构改革和职能转变方案

① 徐林、许鹿、薛圣凡：《殊途同归：异质资源禀赋下的社区型社会组织发展路径》，《公共管理学报》2015 年第 4 期。

的说明》报告中正式确认了四类社会组织直接登记的政策："重点培育、优先发展行业协会商会类、科技类、公益慈善类、城乡社区服务类社会组织。成立这些社会组织，直接向民政部门依法申请登记，不再需要业务主管单位审查同意。"

2014 年 4 月 1 日，上海正式开始执行直接登记政策。上海市人民政府办公厅关于转发市民政局制订的《上海市社会组织直接登记管理若干规定》的通知于该日施行。

按照上海的规定，"行业协会商会类社会组织，是指由企业及其他经济组织自愿组成，实行行业服务和自律管理的社会团体。科技类社会组织，是指自然科学、技术科学领域的学术性、科普性、综合性社会组织。公益慈善类社会组织，是指从事社会福利、救灾救助、社会保障及社会事务的社会服务类社会组织和教育、卫生、文化、体育、生态环境等社会事业类社会组织。城乡社区服务类社会组织，是指围绕城乡社区居民的多样化需求提供服务的社会组织。"全国各省、直辖市民政部门都颁布了相关规定支持这四类社会组织直接注册。其中，城乡社区服务类社会组织，可以被看作一种社区型社会组织。也正是由于国家在政策上的鼓励，各地社会组织登记管理出现了新的面貌，社会组织的数量快速增长。

这一规定的出台有着非常重要的社会背景，十八届二中全会上通过了国务院机构改革和职能转变方案，以及十八届三中全会《决定》提出"创新社会治理"的要求。很明显，中央希望通过激发社会组织活力，加快社会组织有序健康发展，创造有利政府职能转变以及社会共治共建的良好环境。基层社区治理是社会治理的核心，基层政府在回应社区需求和问题时显得力不从心，需要有社会组织这样第三方力量参与到专业服务和需求供给上来。

因此，社区型社会组织首先是服务于社区的社会组织，尽管简化了注册要求，实行直接登记而不需要双重管理，不过仍然需要符合三类法定社会组织的注册要求，同时社区社会组织是政府职能转变背景下，加大基层社区服务购买力度下应运而生的组织，为社区提供各类服务，缓解矛盾，助力社区治理。

2. 社区型社会组织与社区社会组织的区别

随着《关于改革社会组织管理制度促进社会组织健康有序发展的意见》《中共中央国务院关于加强和完善城乡社区治理的意见》《民政部关于大力培育发展社区社会组织的意见》等政策文件的出台，社区型社会组织的培育工作将逐步走上有序的发展轨道，其在发现并解决社区问题、改善基层民生、增进社区凝聚力等方面的功效也受到更广泛的关注。

不过社区型社会组织与社区社会组织有什么区别，我们可以从民政部门对于社区社会组织的界定做一个初步的了解。

2018 年 1 月《民政部关于大力培育发展社区社会组织的意见》将社区社会组织的界定为“由社区居民发起成立，在城乡社区开展为民服务、公益慈善、邻里互助、文体娱乐和农村生产技术服务等活动的社会组织”；2020 年 1 月民政部社会组织管理局对《培育发展社区社会组织专项行动方案（2021～2023年）》解读中将社区型社会组织进一步界定为“由本社区为主的社区居民、驻区单位发起成立，在城乡社区开展为民服务、公益慈善、邻里互助、平安建设、文体娱乐和农村生产技术服务等活动的社会组织”。通过前后比较，可以发现2020 年版本增加了驻区单位作为社区社会组织发起方，在服务内容方面增加了平安建设。

表 1　2018、2020 年民政部对社区社会组织界定比较

	2018 年民政部	2020 年民政部
发起方	社区居民	社区居民、驻区单位
服务内容	为民服务、公益慈善、邻里互助、文体娱乐和农村生产技术服务	为民服务、公益慈善、邻里互助、平安建设、文体娱乐和农村生产技术服务

如何界定社区社会组织？对此，学界也有比较多的阐发。陈洪涛、王名认为，社区社会组织是社区组织或个人在社区范围内单独或联合举办的，在社区范围内开展活动，满足社区居民不同需求的社会自发组织。① 夏建中从国际经验出发认为，社区社会组织主要是指以社区为活动范围，以社区居民为成员或服务对象，以满足社区居民的不同需求为目的而成立的各种社团类组织和民办非企业。② 徐家良认为，社区社会组织是在社区产生并发展的，以社区居民为服务对象，旨在满足社区公共服务需求、促进和谐社区建设的社会组织。既包括依法登记或备案的社区社会团体、社区民办非企业单位、社区基金会，也包括尚未进行登记或备案、但已在社区实际进行公益性或互

① 陈洪涛、王名：《社会组织在建设城市社区服务体系中的作用——基于居民参与型社区型社会组织的视角》，《行政论坛》2009 年第 1 期。

② 夏建中、〔美〕特里 · N. 克拉克等：《社区社会组织发展模式研究：中国与全球经验分析》，中国社会出版社，2011，第 8 页。

益性活动的自组织。①

可见，社区社会组织在现实使用中，采用扩大原则使用这个命名，对“社会组织”这个概念并不局限于法定的三种社会组织（基金会、社团、民非），而是增加了行政认可性（登记备案社区自组织）。可以说，社区社会组织更强调社区的组织化，定义更宽泛，既包括非正式的居民组织，也包括通过法定方式成立的社会组织。社区型社会组织则主要是指符合法律规定成立的为社区服务的社会组织，更加强调其正式社会组织身份，包含在社区社会组织范畴之内。

3. 社区型社会组织的概念界定

在本文对社区社会组织给出界定之前，有必要回顾社区型社会组织之所以得到重视的深层次原因。社区型社会组织是在中央提出社会治理创新，要求加强基层居民自治背景下逐步得到重视，实际上是对现有基层治理体制的补充与回应，通过加强核心人才队伍建设、盘活社区资源，加强基层建设的现代版群众路线，最终还是为了实现基层政权的建设和稳固。

政府对于社区型社会组织更加注重其功能性，而忽略其组织属性，也就是只要能够为社区提供需要的服务、化解社区问题，实现治理目标，并不强调社区型社会组织到底是正式组织还是非正式组织，这也造成了基层社区型社会组织发展的无序和混乱，即使是民政部门的官员也说不清哪些属于社区型社会组织，而是让基层部门自行认定。② 相对来说，相关研究者的界定更加偏重社区型社会组织的来源，要求组织要有社区居民举办或者有社区成员构成或者在社区内产生，也就是说学者更加注重其社区的属性以及在地性，因为他们对于社区型社会组织的理解和想象是基于对社会组织的认知，而后者很大程度上是借鉴西方的发展经验生成的，比如在社会组织非常发达的美国，社区建设与社区型社会组织的发展相辅相成，美国人对社区的理解等同于“社区发展公司”等服务于社区的社会组织。③

---

① 徐家良、武静：《我国城市社区社会组织的现实困境及其破解思路》，《上海城市管理》2015 年第 3 期。

② 笔者曾经就社区型社会组织的定义向上海市民政局相关负责部门的工作人员进行了解，让人意外的是对方认为没有严格的法律界定，因此社区型社会组织在民政系统实际上还是一个比较含混的组织类型，至于统计数据并不严谨，各个地方口径不一。而这一点在笔者基层调研时也得到印证，有的街镇要求社区所有的居民自组织都要进行备案申报算作社区型社会组织，有的街镇则将本地登记注册的社会组织算作社区型社会组织，当然如果社区型社会组织被当作考核指标，后者也会想尽办法提高本地的数据。

③ G. P. Green，A. Haines，*Asset Building & Community Development*（Sage Publications，2016）.

因此本文对于社区型社会组织的界定借鉴学者们的研究及我国社区型社会组织的实际，认为社区型社会组织是为社区需要而发展起来的（社区性），[①] 以社区居民为服务对象（在地性），旨在满足社区公共服务需要（功能为服务）、促进社区问题解决（功能为治理）和社区关系凝结（功能为增强社会资本）的社会团体、民办非企业单位、基金会（排他性）。[②]

（三）研究意义

1. 理论意义

第一，社区是社会的重要组成部分，此次疫情防控工作中社区作为第一道防线更是发挥了重要的作用，当政府、基层社区组织（居委会、村委会）自上而下的组织动员、严防死守保一方平安时，不禁让人想起 2003 年 SARS 病毒席卷中华大地，敏锐的学者们发现政府的行政命令仅仅是遏止 SARS 疫情的有效手段，但不是唯一的手段，全面控制 SARS 疫情需要社会系统中更多其他独立主体的协同行动。在 SARS 危机中政府承担了很大的压力，需要有其他社会团体为其分担。[③] 近 20 年来，中国基层社区应该说发生了很多变化，特别是在十八届三中全会提出“创新社会治理”之后，全国范围内几乎都在积极加强社区各类组织的建设，“组织化”可以说是这个阶段社区改革的主基调。本研究探索灾害和危机事件中社区的组织化（Community Organizing），危机下社区的组织化何以可能，何以可为，将为社区相关理论研究的进一步探索提供启发。

第二，在社会学和社会工作领域，已经有一些学者关注到影响灾害发生、抑制灾害负面影响、灾后重建的社会机制。而在社会治理中心下移、重大公共卫生事件发生的背景下，社区型社会组织本身如何成为疫情治理的重

---

① 这个概念比较明确提出社区型社会组织与本地社区的关系，而社区型社会组织的主体到底是本地还是外来，居民组建还是单位机构组建并不重要。这与现实层面社区型社会组织的发展情况也比较适切，社区中有空闲时间能为社区提供服务的主要群体还是老年人，而他们中很少有人能够满足基层政府在专业服务、社区治理方面的要求，因此真正有能力为基层政府、居民“排忧解难”的组织大多是那些具有专职人员、具备一定专业能力、明确分工的注册登记组织。

② 在最新发布的民政部关于《培育发展社区型社会组织专项行动方案（2021～2023 年）》通知中可以看出，其中提出要提升社区型社会组织的专业能力，如参加公益创投大赛，进行需求调研、项目设计、项目运作，这已经超出了社区自组织的能力范围，特别是以老年居民为主体的社区自组织。

③ 李淮安：《从 SARS 看社会资本缺失与社会组织治理》，《南开管理评论》2003 年第 3 期。

要载体这方面的研究还较少，本研究将深入探索突发公共卫生事件中的社区治理理论。

第三，社区型社会组织成为一种新型的组织化载体被提到基层治理的核心议程中来，为国家与个人之间建立一种中间性机制，以“国家—单位（或街/居、社区）—个人”的方式弥补国家与个人之间二元对立的不足。而在以往的研究中，学者多从静态的角度常态的意义上来看待社区以及社区型社会组织运行。本研究尝试以突发公共卫生事件中的社区型社会组织的行动，探究社区如何在社区抗疫中被组织和运作起来，从多角度去研究社区的抗疫行动。

2. 现实意义

第一，本研究将深入社区，了解社区的抗疫模式以及抗疫过程中面临的结构性问题，并积极探索社区的网格化治理模式，了解网格中各成员的意见和建议，为社区后疫情时期的防疫工作提供建议，为社区提升应对重大风险能力提供实践经验。

第二，本研究立足于突发性公共事件，运用“过程—事件”的方法，以社区型社会组织为切入点，试图探索突发公共卫生事件中的社区是否被组织起来，如何被组织起来的问题。从社区型社会组织建设的初衷来看，作为基层政府与基层社会的中间层，其真正的作用在于“社区治理”“社会资本”两个方面，前者是对上的交代，后者是对下的建设。因此，考察社区型社会组织如何在疫情期间发挥作用、如何配合社区开展防疫工作、工作开展面临哪些难点？面对突然如其来的疫情，习惯于按部就班做服务项目的社会组织，在社区乃至社会中到底有哪些能动性和弹性？这些考察都会对我们上一个阶段社区型社会组织的建设进行小结，结合2021年1月民政部关于《培育发展社区型社会组织专项行动方案（2021～2023年）》对下个阶段社区型社会组织的发展进行思考。

二　嵌入性与公共性：社区型社会组织的类型化分析

（一）既有研究回顾

社会组织参与社区治理总体上已经具备良好的制度基础。然而，如果对社会组织参与社区治理的实际情况进行近距离观察，就会发现不少让人困惑的现象。一方面，政府体系自上而下的政策宣传颇有声势，基层社会治理层面的创新实践层出不穷，降低了社会组织登记注册的门槛，增加了购买社会组织服务的力度，建立了大量的枢纽型社会组织。结果是，社会组织的数量迅速增加，特别是各类社会服务机构规模逐渐扩大，它们承接众多政府发包的项目，通过多种形式为社区提供服务。同时，社区型社会组织也在党组织服务群众经费和社区公服资金等的支持下更为活跃起来。另一方面，不少基层政府、社区党组织和群众自治组织的负责人和研究人员都注意到，社会组织对社区治理的实际作用依然非常有限，体现为社会组织缺乏自主性、倾向于提供服务而非参与治理、难以深入社区，以及解决问题的范围狭小、能力不足、持续性弱等。当然不同社会组织在不同社区参与社区治理的效果也存在较大差异。

社区型社会组织迅猛发展（如社会组织数量、规模、发展速度等）和参与社区治理的有限效果之间形成的反差原因是什么？为什么普遍存在？产生这种反差现象的机制是什么？相关的研究工作主要包括以下三个方面。

第一，宏观层面：国家/政府与社会组织的关系研究。相关研究聚焦于政府对社会组织的管理制度与策略，提出了一系列有关政府与社会组织关系模式的描述性概念，如俞可平提出国家对社会组织是“宏观鼓励、微观约束”①、康晓光和韩恒则发现国家对社会组织是“分类控制”策略②，而陶传进则提出国家不仅在“控制”同时也有“支持”③，江华等则看到地方政府在社会组织实际运作中是一种“利益契合”关系④，田凯从发展视角出发看到的则是国家对社会组织“分类发展”⑤ 等。总体来说这些研究认为政府对社会组织存在控制与发展这两种基本态度和管理策略。不过，这类研究关注宏观层面政府和社会组织的关系问题，看到了中国政府对社会组织既支持又限制的态度，为我们提供了中国社会组织发展整体图景，但却无法解释为何在微观层面会发生与宏观制度设计不一致的情况，特别是微观机制的异化问题。

---

① 俞可平：《中国公民社会：概念，分类与制度环境》，《中国社会科学》2006 年第 1 期。

② 康晓光、韩恒：《分类控制：当前中国大陆国家与社会关系研究》，《社会学研究》2005 年第 6 期。

③ 陶传进：《控制与支持：国家与社会间的两种独立关系研究——中国农村社会里的情形》，《管理世界》2008 年第 2 期。

④ 江华、张建民、周莹：《利益契合：转型期中国国家与社会关系的一个分析框架——以行业组织政策参与为案例》，《社会学研究》2011 年第 3 期。

⑤ 田凯：《发展与控制之间：中国政府部门管理社会组织的策略变革》，《河北学刊》2016 年第 2 期。

第二，中观层面：社会组织的实践制度环境及其影响研究。近年来的中观研究，试图突破上述宏观和微观分析，从“制度环境—社会组织—治理后果”的逻辑链条出发，分析社会组织面临的实践制度环境特征及其引发的治理后果①。这类研究指出，项目制对社区治理结构产生影响，其内涵的技术理性导致社会组织出现了依附项目而与社区疏离、可持续发展不足、发展不平衡等问题②，但研究主要还是关注政府治理机制转型对社会组织的影响③，未能明确地将社会组织置于政府与社区之间进行理论考察，也很少揭示社会组织场域内部的结构特征。

第三，微观层面：社会组织参与社区治理的经验模式研究。相关研究以国家和地方政府的政策文本为基础，聚焦于社会组织在社区治理中的应然角色，论述应该如何推动社会组织参与社区治理，以及存在哪些地方经验模式④，面对何种现实问题，并试图总结推动社会组织参与社区治理的有效路径和具体方法。这类研究的不足之处在于，规范性研究和概述性研究较多，实证性研究和解释性研究缺乏，较少从基础理论层面建构分析框架或解释逻辑，难以深入和系统地回答为何在政府大力推动的背景下社会组织参与社区治理依然效果欠佳，细致的实证研究工作尤其少见。

总之，已有研究更多集中在“国家—社会”或者“政府—社会组织”的关系维度讨论社会组织的环境特征，而较少集中在“政府—社会组织—社区（服务对象）”的关系维度讨论三者之间的互动及其运作机制，缺乏源自社区的自下而上的视角以及中观层次的组织场域视角，难以为理解社会组织与社区治理的关系提供基础性、系统性和机制性的分析思路。因此，本文尝试从组织社会学的视角出发，聚焦社会组织与社区治理的匹配问题、影响因素及其引发的应对方式，提供可能的分析思路。

---

① 黄晓春：《中国社会组织成长条件的再思考——一个总体性理论视角》，《社会学研究》2017 年第 1 期；黄晓春、嵇欣：《非协同治理与策略性应对——社会组织自主性研究的一个理论框架》，《社会学研究》2014 年第 6 期。

② 张琼文、韦克难、陈家建：《项目化运作对社区社会组织发展的影响》，《城市问题》2015 年第 11 期。

③ 黄晓春、周黎安：《政府治理机制转型与社会组织发展》，《中国社会科学》2017 年第 11 期。

④ 高红：《社区社会组织参与社会建设的模式创新与制度保障》，《社会科学》2011 年第 6 期；关信平：《社会组织在社会管理中的建设路径》，《人民论坛》2011 年第 11 期。

（二）研究框架

随着对社会治理内涵研究的深入，学者结合中国现实提出治理的内在要求，治理不仅仅是形式上实现政府—市场—社会的合作，治理的核心内容是调整社会性与公共性的张力，中心任务则是努力实现社会连结与社会团结的互动共生和良性循环，以期构建一个兼有秩序与活力的有机社会。① 相应地，作为参与社会治理的社会组织的核心任务应该是调整社会性与公共性的张力，努力实现社会连结与社会团结的互动共生和良性循环。

在社会二重性的框架下，我们认为社会组织的“社会性”表现为“连接”的能力，是能够连接到他人，与他人发生接触和交往这样一种能力，也就是关系建立的能力，包括社会组织与居民、居民与居民之间以及居民与其他组织之间关系建立能力。而社会组织的“公共性”则表现为促进人们通过相互合作增进共同利益，因而人们在生产和生活中必然产生这样或那样的相互依赖。

基于上述双重维度，本文提出“组织嵌入性”与“组织公共性”两个分析概念，进而根据其变量类型深入展现社区型社会组织与社区治理匹配的异质性。

1. 社区嵌入性

“嵌入”（embededness）是一个在政治学、经济学和社会学中皆有广泛应用的概念。嵌入的概念最早被波兰尼提及，在《大转型：我们时代的政治与经济起源》中，他基于“保卫社会”的理念，指出过分市场化、过分关注经济而忽略社会有巨大的风险。波兰尼反对经济（市场）自主性的看法，认为不可能存在自发调节的市场体系，因此必须关注与经济密切相连甚至不可分割的政治和社会方面的问题。② 利用“嵌入性”概念进行系统解释的是格兰诺维特。他与新古典经济学对话，并以社会网为分析工具，说明经济行为是嵌入于社会网之中的，进而说明经济行动与社会结构的密切关系。③ 格兰诺维特特别强调经济活动会被人际网络、信任和情境所架构，强调具体的关

① 冯仕政：《社会治理与公共生活：从连结到团结》，《社会学研究》2021 年第 1 期。

② K. Polanyi, *The Great Transformation: The Political and Economic Origins of Our Time* (Boston: Beacon Press, 1957).

③ M. Granovetter, "Economic Action and Social Structure," *American Journal of Sociology* 91 (2010), pp. 481 – 510.

系以及关系结构能产生信任、防止欺诈，表现出两种形式的嵌入。关系性嵌入，指行动者嵌入于其所在的关系网络之中，并深受网络其他成员的影响，这是微观的嵌入；结构性嵌入，将嵌入置于更大层面，即认为行动者所在的网络又是嵌入于社会文化传统、价值规范等结构之中。本研究主要是在微中观层面对社会组织的观察，因此嵌入性的概念主要是指前者，即关系性嵌入。这一界定与社区社会资本异曲同工，但忽视和低估了社会组织对社区嵌入的复杂性，嵌入社区往往面临提升社会资本和完成公共服务投放的双重目标，两者存在张力。

因此，本文社区嵌入性反映社区型社会组织与社区本身的关联/融合程度，主要包括社会组织在多大程度上能够把握社区需求，多大程度上了解社区的文化观念和价值规范，多大程度上拥有社区居民的信任和关系网络资源，以及多大程度上能够持续扎根于社区等指标。嵌入性之所以是社区治理对于社会组织的需求，是因为它直接影响到社会组织的实际运行能否与社区发展的方向一致。

2. 组织公共性

对于社会组织而言，公共性意味着什么？公共性是与私人性、个人性、私密性等概念相对而言的，它强调的是某种事物与公众、共同体（集体）相关联的一些性质。因而，社会组织的公共性，其实涉及的是社会组织所开展的活动与公众、共同体（集体）之间的关联程度，也可以说涉及的就是社会组织在公共空间中角色与功能的塑造和发挥问题。对于社会组织而言，其在公共空间中的角色与功能，主要体现在两个方面：一是公共利益表达；二是公共服务提供。这两个方面所关涉的人群范围越广，产生的社会效应越大，社会组织的公共性就越强。①

一直以来对于社会组织的研究，自主性问题是研究的核心议题，② 自主性强调的是“按照自己的目标来行事”，所以逻辑上的推论就是自主性与组织或者个体的意志相关，它是能动性的、内部的，涉及组织可否对内部实

① 唐文玉：《国家介入与社会组织公共性生长——基于 J 街道的经验分析》，《学习与实践》2011 年第 4 期。

② 独立性是组织赖以存在的前提条件。对组织来说，这些条件涉及组织与外部的法律、政治层面的关系，重点关注那些事关组织可否存在的条件问题，包括制度基础和物质基础。

行自我管理、自我治理，其中最关键的是组织的使命、组织管理主导权问题。①

从现实层面来看，单位制解体后，国家的逻辑在基层社区中居于主导的地位。社区型社会组织不可避免与基层权力互动，并获得基层代理人的认可或准许，因此社会组织公共性的获得首先要得到国家权力的认可。

另外，国家的退出并不意味着社会组织就会具有公共性。由于社区中生活着巨大的潜在消费群体，市场的逻辑显然也会发挥着积极作用，但是由于社区的进入存在壁垒，部分市场组织会“转形”成社会组织，实现企业“打通社区最后一公里”的目的，其“外形化”特征十分明显。② 这些组织可以通过政府购买服务方式进入社区，打通市场与社区消费者的关系。

同时，公共服务领域政府购买项目的扩张，特别是在社区层面，一些社会个体或企业自发建立社会组织迎合政府购买服务的需要，由此催生了一种特殊形态的社会组织，即因项目制政府购买而建立的社会组织，这类组织的公共性如何也有待进一步考察。

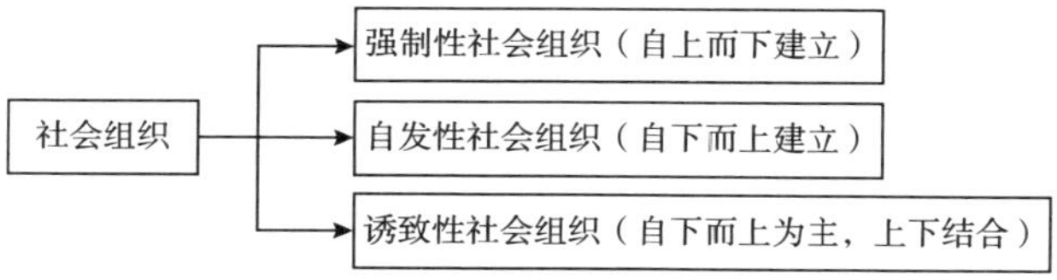

图1　社会组织的生长模式③

因此，组织公共性的强弱受到了组织特性（政府主导、市场主导、社会自发）、外部环境（政府购买）及组织领导者（理念）等多种因素的影响。

3. 社区型社会组织四种类型

本文依据组织自主性和社区嵌入性这两个可观察的维度，将社区型社会组织划分为四种类型，即“官办服务组织”“市场性服务组织”“公益性服务组织”“互益性服务组织”。

---

① 王诗宗、宋程成：《独立抑或自主：中国社会组织特征问题重思》，《中国社会科学》2013年第5期。

② 田凯：《组织外形化：非协调约束下的组织运作——一个研究中国慈善组织与政府关系的理论框架》，《社会学研究》2004年第4期。

③ 陈尧、马梦妤：《项目制政府购买的逻辑：诱致性社会组织的“内卷化”》，《上海交通大学学报》（哲学社会科学版）2019年第4期。

表 2　社区型社会组织的四种类型

		社区嵌入性	
		强	弱
组织公共性	强	公益性服务组织	官办服务组织
	弱	互益性服务组织	市场性服务组织

“官办服务组织”是指由政府部门发起并主导的社区型社会组织，大多是依政策而进行设立的，往往是为满足社区居民托底保障或者提供资源链接以及指导。该类型组织的负责人一般由政府部门内工作人员兼任，并由政府部门提供所需的资金、场地，组织的运行更多地沿袭了行政部门的方式。

“市场性服务组织”表面上是由社会力量注册成立，服务基层社区，带有自治属性，实际上是受到政府创造的项目制购买的诱导或者带着盈利性目的而成立的社会组织。政府部门仅仅将它们作为实现基层治理的工具，它们对政府购买的项目存在严重的依赖性，因此不同程度地带有官方色彩，也有研究称之为诱致性社会组织。①

“公益性服务组织”和“互益性服务组织”有一个共同特点是都属于受社会因素驱动而自发成立的社会组织，前者更关注社区的需要、居民自组织建设和社区共同体的发育，后者更关注社区中特定的人群，增进群体内的支持和福祉。它们和市场性服务组织最大的区别在于，获取政府项目购买是不是组织成立与持续开展服务的主要动力，即前两者是“为社区”或“为弱势群体”，后者是“为项目”。②

三　案例分析：社区型社会组织在公共危机中的行动

本文以新冠肺炎疫情作为关键性事件对社区型社会组织的行动进行考察，从现有文献来看，2020 年至 2021 年针对疫情期间社会组织的参与已经有相当一部分的研究，主要聚焦于社会组织的工作模式、经验总结，但对于

① 陈尧、马梦好：《项目制政府购买的逻辑：诱致性社会组织的“内卷化”》，《上海交通大学学报》（哲学社会科学版）2019 年第 4 期。

② 在项目治国的体系下，公益性服务组织和互益性服务组织并非不需要政府项目购买，而是它们不会只盲目获取政府项目购买，会看项目和组织的使命、理念、能力以及服务的目标是否匹配，归根结底它们是为了“人”和“社群”，项目是它们的手段，而非目的。

不同类型组织如何行动，开展哪些行动，行动对社区带来什么样的作用，这方面的讨论寥寥无几。在此基础上，这个部分将从调查的组织中选取典型案例进行比较分析，具体研究什么类型的社区型社会组织在抗疫中更为积极，以及背后的原因。

基于此，本文在案例分析部分选取了四家具有代表性的社区社会组织作为分析对象，分别是上海 YF 社工事务所、上海 QL 社工服务社、上海 TZ 家庭亲子乐园、上海 TX 社区健康服务社。这四家组织由于都在上海，处于同一制度环境下便于进行比较研究。而上海作为全国最早开始政府购买服务试点的地区，近年来涌现出一批优秀的社区型社会组织，这些社会组织的实践具有非常好的示范性。

（一）官办服务组织：上海 YF 社工事务所

1. YF 社工事务所的简介

YF 社工事务所（简称 YF 事务所）是 2009 年成立的，机构的发起人为当地开发区的领导，在 2008 年参与汶川地震灾后重建结识了 Y 高校的社会工作专业的负责人，回沪后提议当地区民政局、Y 高校社工专业还有开发区三家一起组建了一家社工事务所。目前，事务所拥有具备社工资质及实务工作经验的专职社工 30 多名，先后荣获了“首批全国社会工作服务示范单位”“全国社区志愿服务示范单位”“上海市社会工作示范单位”“上海市先进社会组织”“4A 级社会组织”等荣誉称号。

YF 事务所作为当地专业社会工作服务的一个试点，从一开始成立之初地方政府希望他们不依附于当地政府的资源供给，走专业化发展道路。通过 10 年的发展，基本形成了自己的运作模式，机构的专业化、独立性初具雏形。

> （机构资金来源于三个方面）第一个是市级公益福彩金，每年都会发布市级公益项目招投标，市级项目我们基本上是做老年人精神文化类的。第二个区级层面呢，也是福彩金，市区级都是福彩金。区里边的这些项目呢，我们大部分是服务这些弱势群体，比如说智障儿童的，比如说我们大重病项目的，还有一个是青少年性健康的。第三个街镇级的项目呢，大部分是以我们社区层面的社会工作为主。（C16 – YF – 20200819）

机构的项目主要还是来源于街区层面，特别是当地各街道镇对他们的资金托底。一方面政府更信赖 YF 事务所，另一方面 YF 事务所是当地最早成立的服务组织，因此成为地方创新试点的承接者。目前形成了以 J 街道为中心向外扩散的服务方式。

2. YF 事务所的社区抗疫行动

（1）政府主导下的参与

疫情发生后，YF 事务所的项目全部暂停，机构的工作变成了两块，其中一块是偏向于行政化。当时最主要缺的就是封闭社区、封闭道口站岗执勤的志愿者，因此在政府下沉抗疫人手不足的情况下，事务所的社工就成为当地基层政府的重要的人力来源。

> 因为我们是属于属地化的一个社工机构，那时候所有的公益项目全部停掉，从过年那段时间起也陆陆续续做了一些，根据我们的项目要求必须要开展的。过了年以后到 5 月大概这段时间，那个时候我们街道发动下面的各个部门人员参加防疫突击队队员，基本上全部都出去了，全部被派到社区里面。我们这边跟江苏连接在一起，被安排在道口站岗，做防疫的工作，完全就是政府里的“机动部队”一样，被分配出去的。（C16 – YF2 – 20200819）

面对来自社区居民的需要，YF 事务所弥补了居委会无法回应的空缺。

> 在参加防疫方面，感觉我们就是下面的一个部门，除了去站岗以外，疫情期间街道要求我们给高龄的独居老人每星期打两次电话。有些（老人）是需要配药的，有些（老人）是家里要修修补补的，我们社工就把这些问题给他们尽力解决。居委会的人全部都扑在疫情防控这上面，没有这个能力再去做这些事情。所以这段时间还是蛮紧张的，这些人都是三班倒的，怎么可能再去每家每户做，盯着这些疫情防控的重点人群就不错了。（C16 – YF2 – 20200819）

（2）行政性框架下的服务供给与社会动员

虽然 YF 事务所是政府举办，但并不意味着其仅仅被动接受政府指令，相反机构设立之初就希望突破原有官办机构行政主导的弊端，聘用了在社工机构运营方面非常有理念和专业性的总干事，并且机构实行理事会负责制，由高校社工教授担任理事长，社会贤达担任理事。尽管 YF 事务所所在的开发区要购买一部分服务作为托底，但是 YF 事务所也在探索自身的自主性成长。

在疫情期间YF事务所对服务对象提供关爱，机构的政府背景以及由此形成的影响力让他们在募集资源方面有了一定的便利。

> 疫情发生后，我们也在关注我们的服务对象，民政局没有要求我们要做什么，但是当时这个环境真的很难筹集口罩和防疫物资，我们就想着自发性应该要做点什么。当时我们对辖区内社会组织进行号召，就有社会组织捐赠口罩和防疫物资……另外，我们利用我们的影响力向周边企业发出呼吁进行捐款，由于没有募款资格，我们就将这些的捐赠介绍给社区基金会去接收，去购买物资，总体达到50多万元，在我们这里发挥了巨大的作用。（C16－YF2－20200819）

另一个显著的便利则是YF事务所与基层政府亲密关系让当地的社区在事实上将其看作政府的工作部门。疫情期间尽管社区进行严格管理，但是机构的工作人员可以获得行政的许可进出。

> 我们有了防疫物资后，就对接这边小区里面的一些大众病患者老年人还有失独家庭，挨家挨户送过去。因为我们本身就是直接对接我们的服务对象的，我们不需要通过政府。很多服务我们是直接通知这些服务对象而不是通过居委会，所以对他们来讲，觉得我们做的事情可能比居委会做得更细致，他们有什么事情会直接找到YF社工，而不是通过第三方再来找。（C16－YF2－20200819）

YF事务所参与防疫行动得到了各个社区的默认，机构在政府的要求和支持下比一般社会组织可以提供更多的有针对性服务。由于YF事务所的基本生存问题得到保障，专业人士的操盘让机构更加具有理念，社会精英的外部监督让其在健康的方向上不断发展，YF事务所并没有完全依附于政府资源，其公共利益表达功能随着政府的放权与专业性的发展也在生长。

（二）市场性服务组织：上海QL社会工作发展中心

1. QL社会工作发展中心的简介

QL社会工作发展中心（简称QL中心）成立于2012年8月17日，是经上海市民政局批准成立的从事非营利性社会服务活动的社会组织。中心主要承接政府及企事业单位委托的社会服务项目，为社区发展、家庭和谐、社会救助等领域提供深度专业服务；为社会工作机构提供专业咨询、专业培训、督导评估等活动项目。

> 我们机构目前是一家4A（级）机构。理事长在成立前在民政工作，从事社工培训相关工作。来退休后就成立了这家社工机构。其实我们机构和其他机构最大的不同是，别的机构可能是从做一线服务开始的，而我们是从培训类开始的，后来又加了评估，再加了实务服务，一步步发展起来的。（C7－QL－20200929）

借助机构理事长的关系网络，QL 中心从一开始就占据了政府购买领域的“高地”——培训和评估，因此机构在发展过程中比较顺利，并不像其他服务组织要为生存而奔忙。

> 现在政府服务购买也是分三六九等的，最好的是培训和评估业务，因为这两项投入时间精力少，购买资金多。比如说培训，几乎每家机构都可以做，因为要求并不高，接到项目后到外面去请老师，现场做点签到管理就可以。这种项目对机构的关系网要求是很高的，没有过硬的关系，一般是拿不到的。机构在这类项目中结余也是最多的。（C4－XH－20200812）

这一点从机构的合同金额也可以看出，中心共有正式工作人员 15 人，2019 年合同总额有 1300 多万元，实际收入总共有 1000 多万元，[①] 基本上都是来自政府购买。

> 其实培训项目属于比较短频快的项目，后来我们的副理事长，某大学的一位老师，她说如果一个机构只是浮在培训、评估这种很漂的板块上面的话，是站不住很久的，所以我们决定涉入实务。“桥计划”和“家庭救助顾问”这两个大项目目前把我们的机构算是撑起来了。而且这两个项目都不是短期项目，起码三年。比如“桥计划”，它不仅是区级重点项目，而且是列入考核的。（C7－QL－20200929）

---

① 如果按照对社会服务组织购买服务与人员比来看，一般的组织一名员工对应的项目购买资金在 20 万～30 万之间，这样机构支付员工工资以外，还可以支撑机构的其他费用。但是 QL 中心能达到一名员工会对应有 70 万以上的购买资金，这明显高于一般服务组织。

总体来说，QL 中心从成立一开始就精准踏入社会工作培训市场，并且在短期内获得利益和发展。不过随着培训市场的竞争激烈，为了维持后续的发展，中心借助理事长的影响力又拓展到人群服务领域。

2. QL 中心的抗疫行动

（1）基于交换的行动

在疫情发生后，作为一线服务组织的 QL 中心的抗疫行动主要表现为三个方面：第一，项目服务；第二，志愿活动；第三，自发行动。

> 我们只能在项目执行过程中来体现。我们不可能在项目之外给（社区）居民做些什么，你没有这个立场。（你说的立场是指什么？）打个比方，比如你去打个电话慰问一下，你告诉他你是 QL 的，居民未必会理解你对他的关心。（C7 – QL – 20200929）

疫情期间线上服务成为普遍的方式，QL 中心主动调整服务模式为困境儿童提供线上课程。

> 我们的在线服务，一方面是因为我们原来跟政府签的一个项目在疫情期间无法开展，需要有其他服务去抵，相当于是把原来线下的活动指标改一下。通过这种方式让政府看到我们反应迅速、能力强，提升我们在政府那的认可度。这样的话，疫情以后我们生存问题也可以得到保障。另外我觉得疫情也带来机遇，因为通过疫情把什么直播、网课、录播课给带火了，这一方面也是对服务对象的一个培育，使用这些工具，然后还让他去接受我通过网上授课的这种方式。我就会考虑到我是否可以做一些课程收费。课程收费如果受众群体增大，可以低一点，总归会有增收，比如说我上一次课 5 块钱，群体大了，这收入也不小。（C7 – QL – 20200929）

（2）浅层次与无动员的抗疫行动

从具体的行动过程来看，QL 中心参与疫情治理的积极性受到其项目驱动的影响，较少真正深入地参与到社区以及服务群体内部去解决问题。

> 我们在疫情过程中没有做什么特别的工作，主要还是因为没有人联系或者要求，毕竟我们是做这个社区的人群服务，和居委会打交道少……因为每个项目点的需求，是市区的服务要求，所以直接和街道或者居委打交道少……当然，疫情期间像特殊群体、低保困难户，我们也是关心他们

的，一个一个打电话确认生活情况，虽然名单是区民政局给的，但事情是我们做的。那些可能本来应该由街道居委去做的事，我们帮他们分担了，虽然没有站在抗疫的一线，但做的事儿也是必不可少的。（C7 – QL – 20200929）

QL 中心总体来说是项目驱动型的参与，局限于项目规定的某个领域，更多会考虑到机构当下任务指标的完成。同时机构注重对于机会的把握，如何开拓未来的发展可能，如何从危机中把握机会，如何更好地建立购买方对其信任是其非常显著的特点。相应的，QL 中心虽然服务社区以及社区的弱势群体，但是他们并不真正关注社区的需要以及社区支持网络的建立，因此尽管其也在开展一些抗疫活动，但是主要都是在社区外部而缺乏对于社区内在组织和动员。

（三）互益性服务组织：上海 TZ 家庭社区服务中心

1. TZ 家庭社区服务中心的简介

TZ 家庭社区服务中心（简称 TZ 中心）是由 Z 社区一位全职妈妈 2017 年创办，2012 年其与社区的几位妈妈原本只是想给自家和邻居的孩子找玩伴，定期组织各种社区公益亲子活动，5 年时间共举办亲子活动 200 多场，覆盖范围由小区延展到整个街道，打造了有温度的熟人社区。社区中青年居民以亲子活动为媒介激发起社区的参与，自发自治的社区活动也引发了当地街道妇联的关注，支持建立了一家社区型社会组织，这样不仅可以减轻政府和居委会的负担，又可以满足社区居民的生活需求，特别是像 Z 这样以中产青年为主的社区，更需要有一个能够聚集青年人的领地。于是，2017 年 3 月，TZ 中心正式成立，在街道的指引下活动内容开始超越原初自娱自乐的互益性层面，产生了广泛的公益精神，比如，为维护社区公共秩序出谋划策，为改善社区环境卫生群策群力，为社区矛盾化解贡献力量，为社区老弱病残送去关怀等。

TZ 中心的前身是居民自发地解决自身需要的共同性而生成，根源于社区居民“私”的领域，他们希望通过组织的形式来满足其精神交流、自娱自乐、互帮互助以及自我实现等个人生活的需求。

随着参加的居民越来越多，慢慢地有点超出我们原本小打小闹的目的了，从原来七八个孩子变成每次活动十几二十人，后来到三四十人，甚至上百人。因为我们都是义务做这件事情，如果占用我们自己太多时间肯定是得不偿失，而且这种模式也走不下去。我们提出“公益不是免费”，每次我们设计好活动放在群里，要求报名的家庭要认领一个活动中志愿者的岗位，比如采购、出纳、维持秩序、签到，另外每次费用大家均摊，提前收取活动费用，多退少补。这样我们也是培养邻居们的公共精神，不能只想着搭便车，也要承担一定责任。（C6 - MF - 20200905）

在社区几位妈妈的带动下，TZ 中心的公共性得到了一定的提升，在 TZ 中心的影响下，居民们为社区一些公共问题出谋划策，解决了社区中许多难题。TZ 中心公共性的生长，一方面在于国家介入赋予其发挥公共性作用的合法身份，另一方面在于居民“私”的动机得到国家充分的尊重，并在此基础之上积极地引导和拓展其公共性。这体现了近些年国家权力对社区草根性、群众性和自治性的尊重，这也是社区自发性力量公共性拓展的重要基础。

TZ 中心作为一种草根性的社会组织，其公共服务功能在街道和社区居委会的支持和引导下日益增强，逐渐超越了原初小范围的互益性层面，服务范围扩散到了周边社区乃至街道。

2. 弱公共性的抗疫行动

随着 TZ 中心获得合法性身份，当地政府的业务也开始“纷至沓来”，中心承接了儿童服务中心的托管业务，每年还承接各类儿童、女性活动以及社区购买项目。

TZ 中心作为我们街道孵化出来的社会组织，在我们当地比较有影响力，我们也尽可能为它创造条件让它发展壮大，每年都会给一些项目，至少让负责人可以养活自己。（B7 - PH - 20200715）

为了能够维持机构的运作，仅仅是社区活动的购买难以维持组织开销，还承接了社区微更新、服务场所托管、楼道治理等项目。随着 TZ 中心的政府购买业务不断增多，其获得服务项目购买要免费向服务对象供给与原本“责任均摊”的活动模式发生了冲突，因此中心原本营造的共同体意识氛围开始消散，组织本身的公共性也在下降。

我们原来的社区活动都是众筹模式，每个参与的家庭要出一份力并且出一份钱，但是现在政府购买后，我们在社区的活动就没有办法收费了，这样原本大家共同维护的关系就开始破裂了。从原来共同维护的活动变成了抢课模式了，而且有的居民抢了课不来，资源也会被浪费。由于是政府购买，我们也没有办法要求对方付押金。我几年做下来，反而觉得没有当初那样有干劲了。（C6 - MF - 20200905）

TZ 中心的公共性随着其正式组织化，反而在不断下降。由于 TZ 中心的服务针对的是中产家庭育儿的焦虑，其公共性来源于自发的公益性互助活动，而组织为了发展壮大却不得不牺牲其公共性。

在新冠肺炎疫情期间，TZ 中心在一定程度上借助其在社区范围内的影响力，协助居委会在疫情期间动员居民志愿者，组织了社区中年轻居民参与小区的门岗值守；另外配合街道妇联的工作，组织孩子在家中为武汉抗疫医生画插画、创作诗歌。不过这些工作并不是社区在抗疫中最有需要，TZ 中心在社区中有着非常丰富的人际网络，但是却不能延伸到更深层次的联系与服务居民的工作。

疫情中我们动员了居民为居委会和物业募集了一些防护用品，另外就是我们将一些线下的课程放到了线上……不过确实也没有关注到困境儿童家庭或者去照顾困难家庭，主要还是觉得这些应该是街道和居委要去关注的吧。我们机构更多的是家长带着孩子一起来参与，共同成长这样的形式，我们撮合家长一起拼拼课。困境儿童可能需要专门的机构去做吧！（C6 - MF - 20200705）

社会组织公共性除了表现在公共服务的提供方面，公共利益表达或者政治参与亦是其重要内容。[①] 到了 2020 年 5 月下旬，TZ 中心负责人熊女士所居住的紫荆花园[②]发生了“西门禁行”事件。紫荆花园是 TZ 中心的发源地，熊女士居住地，也是参与 TZ 中心活动居民最多的小区。[③] 由于疫情，小区从 2020 年 1 月开始封闭了离地铁站最近的西侧边门。由于从正门走到地铁站需要将近 20 分钟，而西门仅需要 7 分钟，居民就向居委会提出 5 月初复课后坐地铁的孩子出行极不方便，希望能够开放边门。熊女士与街道领导打过交

① 唐文玉：《国家介入与社会组织公共性生长——基于 J 街道的经验分析》，《学习与实践》2011 年第 4 期。

② 小区名经过化名处理，非真实名称。

③ 小区有 1500 户左右居民，TZ 中心在该小区活动群人数有 300 多人，小区中大部分 3 ~ 12 岁孩子的家长都在该群。

道，主动出面代表居民们联系了街道分管主任，对方表示“疫情期间，开边门有风险”，熊女士担心会得罪街道领导也不愿再向上反映了。之后居民们只能自发行动，集中向12345市民服务热线电话投诉。在街道让步的情况下，居民们选出代表与居委、物业协商，每天开放上午7～9点，下午4～6点两个时间段，由居民自发组织志愿者站岗查出入证和随申码，这场风波才得以平息。然而熊女士以及TZ中心在这个过程几乎没有发挥任何作用。

> （提问：为什么你没有进一步代表居民们向街道提出建议呢?）
>
> 嗯……实际上这个事情我们也是比较为难的，因为街道方面既是我们的甲方，又是我们中心的领导部门（指业务主管部门），我最多也只能是提一些建议，如果他们不接受，我也没有什么办法。居民可以打12345投诉，但是我不能这么做，如果我搞僵了关系，以后在这里也干不下去了。（C6－MF－20200705）

可见，TZ中心在发展过程中，公共利益表达上表现得也比较微弱，基本上扮演的只是一种辅助性和依附性的角色，不能够对公共利益进行倡导并且对基层政府工作进行有效约束和促进。中心虽然是自发形成的社会组织，但是当其得到国家资源的扶持，其本身内在的脆弱性和不稳定性被国家力量吞噬，自主性、公共性受到抑制，国家对TZ中心的扶持只希望借用其人际网络提供“创新”的服务，而不是培养具有政治参与能力和公共责任的代表性组织。

（四）公益性服务组织：上海浦东TX社区健康服务社

1. TX社区健康服务社简介

TX社区健康服务社（简称TX服务社）成立于2006年，注册于上海市浦东新区民政局，脱胎于一个致力于防盲治盲的国际项目。项目结束以后，TX服务社负责人肖女士为了能够继续推广社区健康理念而应运而生。机构的使命和宗旨是通过对社区服务机构开展能力建设，促进社区成员的健康与发展，尤其是弱势人群的健康与发展。机构的愿景是在宜居、和谐、繁荣的社区中，人人都享有健康而富有意义的生活。

TX服务社建立初期将自己定位于草根公益组织的能力建设组织，通过培训草根组织的方式来推广社区健康概念和提供相应的社会服务，这带有创始人早期国际健康项目的深深烙印。经过多年的发展，TX服务社对于草根组织的能力建设转向了发动社区居民和志愿者团队，通过帮助社区建设健康生活场馆以及服务团队的同时，实现了社区健康治理的功能。

从成立到2020年，服务社陆续发展了6个针对不同社区人群的健康促进品牌（见表3），发起成立了6个公益组织，在5个城市、100多个社区开展公益项目，培育了上万名健康大使，直接服务的家庭超过20万个。从资金来源构成来看，政府占比50%左右，其次是基金会，还有个人和企业捐赠等部分。经过十几年的发展，TX机构已经从一个深耕社区的草根机构，发展为在健康促进领域具有代表性的社会组织。

> 疫情发生以前，我们的服务模式比较固定，在每一个社区都有实体的健康生活馆，硬件设施来自政府，软件、运营都是TX人员负责，把它打造成提供问诊、社区服务的基地。健康管理员分三个级别，第一级是志愿者，他们有爱心有时间，中间一层是经过了专业培训的医护工作者或者久病成医的患者，最高级的是一些医院的专家、专业人士，我们聘请他们作为最高级的健康大使，对另外两级的健康大使技术支持。有了大使团队，就可以发展会员管理社区。从生活馆到健康大使，再到会员，最后组建各种健康俱乐部。社区卫生管理本来是服务慢性病患者、精神疾病患者，但我国社区管理人员一个人要管上千人，根本管不过来，数据都收不上来，而我们可以通过会员化的管理、俱乐部管理，和他们形成配合。（C9 - TX1 - 20200828）

表3　TX服务社以社区为基础的机构服务清单

品牌/内容	定位
常青藤	基于社区、面向家庭的慢性病预防综合解决方案。在社区建立预防性服务设施，以此为基地展开健康生活方式倡导、患者同伴教育、疾病早期发现和转介
咏年楼	以“增能”为理念，建立以预防失能为核心的社区长期照料系统，借助搭建覆盖社区的同伴支持网络，为失能老人家庭提供服务
斯迪克	发展以社区为平台，以家庭为核心的残疾人自助与互助服务模式，整合社会资源开展社区的残疾预防、康复和支持服务。帮助残疾人重建生活，发展潜能，恢复功能
新市民	通过建立社区拥有，受益人群高度自治、以自助、互助方式进行社区健康促进的服务实体场馆，促进流动人口的健康与社会融合
清心驿站	通过在社区生活馆内建立高质量的精神健康服务项目，为社区内不同群体的精神健康问题提供社区综合解决方案
益动生活	通过可持续的倡导和筹款活动，提高大众对慢性疾病的预防意识和健康自我管理能力，为疾病患者尤其是弱势人群提供更多支持

目前机构专注于社区健康促进项目和社区能力建设，鼓励“用社区自己的人解决社区自己的问题”。机构在上海与社区和政府部门广泛合作，逐渐形成了以建立社区生活馆为手段，以倡导家庭为中心的健康自我管理和专业服务为使命，以社区发展和社会融合为目标的新型社区健康促进模式。就服务人群而言，涵盖了健康服务需求最为强烈的老人、身心残障人员、流动妇女及儿童等。因此客观地来说，TX 服务社可以看作一个较为纯粹的服务于社区的社会公益机构。

2. TX 服务社的社区抗疫行动

（1）服务方式的转换与倡导

新冠肺炎疫情刚开始，TX 服务社就立即召开核心理事和机构负责人的会议，定位自身在疫情扮演什么角色，应该作出什么贡献。

随着疫情的发展，全国多地都开始进行社区封闭。在线下服务无法开展的情况下，TX 服务社通过内部多次研讨，提出尽快建立起线上服务通道，并且积极与各个所在社区的基层相关部门负责人进行沟通。老年人、精神疾病患者以及新上海人是 TX 服务社服务的三大人群，考虑到疫情传播正值春节假期很多新市民回到老家过年，因此独居老人以及精神疾患家庭成为 TX 疫情期间主要服务对象。

> 我在疫情期间和政府领导沟通，看有什么需求，我们有社工、有一定的公共卫生的支持、有健康管理员。疫情之前合作很好的政府部门，在疫情期间也是很谨慎的态度。一开始我们在上海的工作人员只能在社区配合社区居委会的工作。而我这边一直保持和政府部门的领导沟通，他们逐渐看到在社区需要专业服务，逐步给我们打开这个渠道。之后残联、医院已经非常明确地认识到了社会组织介入的价值。（C10 – TX2 – 20200816）

国务院应对新型冠状病毒肺炎疫情联防联控机制综合组于 2020 年 2 月 17 日发布《关于加强新冠肺炎疫情期间严重精神障碍患者治疗管理工作的通知》，明确提出要做好居家严重精神障碍患者的管理治疗和社区照护。对在封闭管理区居住的患者，要主动了解患者服药需求，协助采取精神卫生医疗机构邮寄药品，或将药品送至基层医疗卫生机构、综合管理小组代取药、送药上门等方式，帮助患者持续药物治疗。TX 服务社主动联系残联和相关政府部门，申请政府部门批准允许以后，开展疫情相关的专业服务。

（2）社区社会资本与疫情下的深度服务

社区中精神疾病患者是疫情中特殊的居民，他们却有着外出的需要，有的是购药，有的人有着固定行为习惯，疫情让他们产生了很大的焦虑，进而影响病情。在平时他们的照顾和监护是由家人与社区工作人员完成的，然而社区的居委会由于疫情高强度的防护任务很难兼顾到这个人群。在被调查的社区中，绝大部分社区都是要求家属做好看护，居委会对于他们的其他需求给予一定关照。

> （对于精神疾病患者）我们居委会人员也非常焦虑，因为他们是社区管理重点人群……我们在疫情期间主要还是给有精神疾患的家庭打电话，了解他们的情况，如果有什么特别的需求，再想办法。（B6 - XQ - 20200720）

> 精神疾病患者各个年龄段都有，他们生活场所发生了巨大变化，过去可以在社区运动、去医院就诊，有的人坐公交车每天在上海逛一圈又一圈，有的人每天一定要去全家（便利店）。即使是疫情，他们非常希望到外面去，为了避免极端事件发生，我们要求家人要看护好。（B6 - LZJ - 20200825）

针对疫情下的精神疾病患者和家庭，TX 服务社紧急启动了一项针对性服务，形成了“在线健康支援—在线社会支援—在线生活支援”相结合的服务模式。基于以往在社区动员的自助互助网络，进一步搭建了线上线下结合的家属互助平台，作为链接服务患者的渠道。

平台以 53 名平时在各自社区活跃的精神疾病患者家属为核心志愿者，① 通过他们联系所在社区 245 名精神疾病患者家属和 1123 名患者构建支持网络，再以微信、电话、直播间等线上沟通方式为媒介，为精神疾病患者家庭提供服药指导、心理支持、危机介入、日常护理（睡眠、饮食、运动）等方面的服务。

> 精神健康人群是我们平时联系非常紧密的人群，在疫情中，他们在封闭环境中非常焦虑，非常希望到外面去。当时国家卫健委发布了一个文（件），要求加强对精神健康人群管理。我们梳理下来要对他们做三

① 核心家属的线上培训活动主要涉及疾病知识讲解、疫情防护指南、心理健康疏导等几个方面。

块服务：第一块是传统健康服务通过线上开展，比如健康自测小工具，测试他们自己心情状态，测体温，这些都是通过所在社区的健康大使收集并发送给我们；第二块买药送药服务，我们联系了专科医院医生，定期在线上给他们问诊，包括危机干预；第三块线上交流、互动，排解他们的烦恼，我们发起每日的线上话题，做菜、唱歌，并进行打卡、评比，起到链接的作用。(C10 - TX2 - 20200816)

这一行动还复制到TX服务社所服务的各个社区的“阳光家园”，成立线上守望互助平台，平台一共配备有16名社工督导，78名社区助残社工，对36个康复基地的602名注册学员和521名非注册学员开展线上服务。通过每天健康打卡、每天防疫知识传递、每天智慧热线、每月社工工作坊等多种形式，线上服务使学员完成话题收集、任务认领、打卡分享、积分评选等任务，为服务对象提供线上互动与学习等机会。这些做法缓解了疫情期间精神疾病患者及其家属的紧张焦虑情绪，帮助解决药物不足配药难的问题。

浦东新区精障人士家属互助计划启动线上活动之前，我们对核心家属采用的是线上培育的模式。主要是去了解家属的身心情况，精神障碍患者的服药、睡眠、饮食和运动的情况，并给出适当的建议，督促家属要坚持让患者服药，健康饮食，保证睡眠，积极运动，不能因长久在家而养成惰性。另外我们是希望可以让核心家属在特殊时期关注到社区内其他精神障碍患者的实时情况，因为他们家属与家属更好沟通，相互帮助也更加方便。比如教会一些人怎么去网上预约购买药物。另外一个方面，很多核心家属在照顾精神障碍人士的时候，他也久病成医了，那么在疫情当口，他可以去了解其他精障人士的症状变化和一些复发的征兆，那么一旦出现严重情况，他可以及时地跟社区干部去反馈，跟精防医生去沟通和对接。最后是通过这些核心家属提高其他家属和精障人士的心理免疫力，不要过度紧张和焦虑，他们可以拨打心理援助电话舒缓情绪，缓解紧张和不安。(C10 - XT2 - 20200820)

针对社区独居老人服务，TX服务社在社区培育的志愿者队伍也发挥了非常重要的作用。为老服务志愿者团队主要是为社区居家老年群体提供多项服务的，尤其是社区中的失能失智和独居老人。该志愿团队关注老年人群的居家养老基本生活需求，如日常生活的照料、生活物资的补给等；关心老年人群的身体健康，通过链接各项医务资源，定期为居家老人提供专项体检；重视老年人群的心理健康，通过安排志愿者定期上门与老人们聊天等方式，了解其需求和心理状况，排解负面情绪，给予心理慰藉，让其拥有一种受尊重、有质量的老年生活。

像TX服务社这样具有专业理念的服务组织，扎根于社区，回应社区居民由于政府公共服务的公共性无法覆盖的多元化需求，体现了它应对社会需求的灵敏性、针对性。另外，相对于其他社会组织的优势则在于它深耕于具体的社区，基于长期的实践，了解社区的资源和居民的需求，能够围绕社区的资源和居民的需求之间建立有效匹配关系，而区别于官办服务组织以及以项目为目的且流动性较强的社会组织。

四　悬浮与弱行动：社区型社会组织的行动特征与运作逻辑

（一）悬浮与弱行动：社会组织参与社区治理的总体性关系

从理想层面来说，社会组织作为中介性力量参与社区治理，可以有效地培育社会、发现社会、动员社会进而团结社会。在国家快速实现各项现代化的同时，同时也注意到个人的现代化所带来的个体化问题，以及与此相关的基层政权与民众割裂的问题，因此调整个体之间、个体与基层组织之间的关系不仅需要国家治理理念转变，还需要关注社区的社会组织力量兴起来推动个体的整合以及与基层国家的连接。本文主要目的是通过疫情观察社区层面社会组织的行动意愿与行动能力，从而对基层社会组织发展现状进行检视。

通过对社区型社会组织的结构化分类，我们将社区型社会组织分为四种理想类型（见表4、表5）。

表4　社区型社会组织的四种类型及其行动模式

		组织嵌入性	
		强	弱
组织公共性	强	公益性服务组织（合作）	官办服务组织（应付）
	弱	互益性服务组织（配合）	市场性服务组织（交换）

第一类为公益性服务组织，表现为组织有着较强的公共性（价值）以及积极主动发展社区社会资本，这类组织具有较好的自主性，保持着与政府平

等的合作关系，并希望通过服务反向影响政府，营造更好的基层社区发展环境。

第二类组织为互益性服务组织，这一类组织是近几年在项目制影响下社区层面出现的基于社区居民特定需要而形成的服务组织。这类组织得到政府的重视和培育，原因在于其既能够借助自身社区关系网络配合政府部门为辖区内提供特定公共服务、解决社区问题和需要，又不会挑战基层政府。

第三类为市场性服务组织，这类组织是伴随着政府购买服务不断发展兴起的社会组织，基于购买提供等价服务，与其说是社会组织，它们更偏向于市场性组织，只不过在公共服务购买政策约束下而不得不以社会组织的组织形式承接。这类组织以政府购买项目为目的，而较少关注公共利益，并在购买合同下提供个人化服务。

第四类为官办服务组织，这类组织能够得到政府的庇护而在资源上无虞，相应的组织要服从于政府的行政指令，也更加能够承接政府要求的临时性、紧急性的公共服务，而不计算代价和回报。同时，其公共利益表达更加注重的是“符号性”输出而对于社会性公共利益供给不足。

表 5　不同类型社区型社会组织的特征

组织类型	价值优先	政社关系	社区层面运行模式	社会嵌入
公益性服务组织	公共利益	平等关系	强公共利益表达；横向关系链接	关系嵌入
互益性服务组织	群体利益	依附关系	弱公共利益表达；特定服务与群体	关系嵌入
市场性服务组织	经济利益	交换关系	无公共利益表达；个别化服务	悬浮
官办服务组织	政府利益	依附关系	弱公共利益表达；基于行政关系资源整合	行政嵌入

在此基础上，我们将社区型社会组织的社区抗疫行动的情况进一步分为四类，分别是①积极行动，是指行动是基于公共利益需要而非政府购买，同时社会组织能够下沉到社区内部进行有效动员、联系、组织居民开展有针对性的自助、助人服务（如互助网络建立、弱势群体服务）；②边缘行动，是指社会组织行动的象征性意义大于服务本身，无法有效动员居民而只能提供辅助性社区支持（如门岗值守）；③外部行动，是指社会组织没有能够基于所服务的社区开展相应的服务（如响应条线部门号召进行服务）；④无行动，即社会组织没有开展任何与社区有关的抗疫行动。

我们进一步对23家的社区型社会组织的抗疫行动进行统计（见表6），可以发现4家公益性服务组织中有75%积极地参与到社区的抗疫中、有25%为外部行动；6家互益性服务组织中33.3%的为积极行动，33.3%的为边缘行动、33.3%的为无行动；7家市场性服务组织中28.6%的为边缘行动、57.1%的为外部行动、14.3%的为无行动；6家官办服务组织中16.7%的为积极行动、66.6%的为边缘行动、16.7%的为无行动。

表6　不同类型社区社会组织参与社区抗疫行动情况

类型	数量	参与社区抗疫行动情况			
		积极行动	边缘行动	外部行动	无行动
公益性服务组织	4	3（75.0%）	—	1（25.0%）	—
互益性服务组织	6	2（33.3%）	2（33.3%）	—	2（33.3%）
市场性服务组织	7	—	2（28.6%）	4（57.1%）	1（14.3%）
官办服务组织	6	1（16.7%）	4（66.6%）	—	1（16.7%）
合计	23	6（26.1%）	8（34.8%）	5（21.7%）	4（17.4%）

从行动的效果来看，公益性服务组织更加偏向于积极行动，这与其在所服务社区嵌入性、公共性双重属性相契合，更加关注社区社会资本的建立与运作，通过在社区下沉实现了有效服务与服务对象的成长；市场性服务组织偏向于外部行动，这受到其基于交换关系的经济理性动机影响，它们对于社区的服务并没有嵌入关系网络之中，而表现为一种去公共性的悬浮状态；官办服务组织偏向于边缘行动，这是由于其依附于政府，当政府需要它的时候，它不得不行动，但如果不能逐步脱离政府发展出自主性，那么其尽管有嵌入社区的便利但也不能够真正下沉到社区；而互益性服务组织表现为平衡型，根据其与所在社区的具体情况有所不同，互益性组织有天然的社区嵌入性，但是其公共性普遍较弱，这与组织天生的局限性有关，只是关注到有限的人群而不是社区整体。

尽管以上统计在科学性和代表性上有待商榷，但是仍然在很大程度上能够反映出2021年以前社区层面各类社会组织的发展现状。总体来说，绝大多数（本研究数据为73.9%）的社区型社会组织在抗疫中为“边缘行动”“外部行动”“无行动”，呈现悬浮于社区之外的“弱行动”特征。

（二）弱行动的根源：项目制压力下社会组织公共性流失

20世纪90年代以来，我国各级政府加快转变政府职能、建设服务型政府，对政府购买公共服务、促进公共服务供给方式的改革进行了有益探索。在这个过程中，中国的政府购买服务模式受到央地关系模式[①]和政社关系模式[②]的影响，普遍采用项目制购买模式，也就是合同外包模式，既可以加强对社会组织的控制，又可以引导社会组织实现政府的治理目标，但也有学者通过深入研究发现目前社会组织的项目购买制度表面上促进了社会组织的快速增长，但是一定程度上造成了社会组织对政府的依赖。[③] 不过已有研究大多展现了项目制对基层治理以及社会组织发展所带来的正面与负面影响，并没有进一步解释项目制为何会引发社会组织的悬浮、公共性缺乏、社会服务的形式化等现象。[④] 基于此，本部分试图结合疫情中社区型社会组织弱行动现象提出问题，为什么社会组织的公共性在这样重大危机时刻没有得到彰显？

1. 项目制服务购买模式中的单向度权力关系

在当前社会组织总体外部资源不足的情况下，政府开启的项目制购买成为中国社会组织，特别是提供公共服务为主的社会组织主要的资源供给方式，促进了社会组织的发展，而对于政府来说也有利于筛选出符合其意愿的社会组织，[⑤] 客观上重塑了社会组织与地方政府的关系，购买主体——各政府部门可以在缺乏公众参与的背景下根据自身治理目标来发展社会组织，形成一种封闭的不对等关系的组织环境，对承接公共服务的社会组织形成了合法性压力。

通过比较中西方政府购买公共服务的背景，可以发现中西方有着较大差异。西方政府购买公共服务的前提是政府和社会服务组织的相对独立及后者的壮大，而中国政府购买公共服务是基于政府和社会服务组织的模糊关系及后者的弱势。[⑥] 这就造成公共资源集中在政府部门，根据其偏好进行选择和安排。同时，服务购买模式下政府与社会组织的关系边界也是模糊的，并非合同契约关系或者平等合作关系，而是契约以外的附带行政性关系。

---

① 渠敬东：《项目制：一种新的国家治理体制》，《中国社会科学》2012 年第 5 期。

② 王向民：《中国社会组织的项目制治理》，《经济社会体制比较》2014 年第 5 期。

③ 陈尧、马梦好：《项目制政府购买的逻辑：诱致性社会组织的“内卷化”》，《上海交通大学学报》（哲学社会科学版）2019 年第 4 期。

④ 尹广文：《项目制运作：社会组织参与城市基层社区治理的路径选择》，《云南行政学院学报》2017 年第 3 期。

⑤ 王向民：《中国社会组织的项目制治理》，《经济社会体制比较》2014 年第 5 期。

⑥ 黄晓星、杨杰：《社会服务组织的边界生产——基于 Z 市家庭综合服务中心的研究》，《社会学研究》2015 年第 6 期。

2. 项目制服务购买模式内化了公共服务供给“市场化”价值认知

第二个值得关注的问题是项目制服务购买模式在正式运作过程中对公共服务购买方、供给方、接受方形成了“效率”“竞争”“结果导向”的价值倾向和行为偏好，进而影响人们对于公共性价值的认知和接受程度。

首先，项目制服务购买承认了公共服务可“市场化”。购买服务从20世纪80年代在西方社会兴起，主要是源于政府对于公共产品供给能力不足，而将政府的一部分公共职能让渡给社会。为了保证服务质量，公共服务被假定为可以像市场上的商品一样被消费者检验。在“小政府、大社会”的发展模式下，政府可以不必再直接提供公共服务，而仅需要承担“精明的购买者”角色，关注服务效率和结果。不过购买公共服务忽视了政府与公民之间关系的不可交换性，这决定了公共领域本应是一个非交换的领域。然而，在购买公共服务过程中，政府通过与社会主体签订契约的方式而将职责推向社会，打破了社会表达权利、国家履行义务的政治关系，建立起了国家与社会之间类似于企业和顾客之间的经济利益交换关系，从而扭曲了公共领域的本质，将本应以公共性为导向的公共服务引入了歧途。这导致了新公共管理主义在20世纪70年代以后在全世界范围内大行其道，其主张用企业家精神改造政府，致使在公共服务外包中政府以经济思维推动公共服务的公私合作，削弱了公共意识，弱化了社会责任。

其次，中国的项目制购买服务并不是严密制度设计的结果，而是政府运行的耦合。① 各级政府通过项目制向社会组织购买社会服务，主要目标是解决自身在服务生产能力上的不足。其重心在于运用资金或资源换取市场组织、社会组织的专业化服务②，因此从制度设计来说，突出的是如何加强对购买服务的管理，并没有对如何体现公益性价值理念进行安排和周密思考。

最后，国家制度规范自上而下形塑了公共服务购买方、供给方和接受方的市场价值理念。国家制度层面对于项目制规范化要求推动地方政府购买操作细化，并向基层部门传导项目制运行的绩效和问责压力。③ 新管理主义下

① 王向民：《中国社会组织的项目制治理》，《经济社会体制比较》2014年第5期。

② 张雅勤：《公共性的扩散、阻滞与疏浚——从“购买服务”到“多元合作”的演变逻辑》，《江海学刊》2017年第1期。

③ 在中央政府的示范下，地方政府在购买操作上也采用发布“项目指南”、组织申报、考核监控等运行机制。“项目指南”通常将购买任务分解为数个方面、数十个类别以及数百个具体项目。

注重效率、效果监控、价格竞争的氛围在不断提升，政府官员更加注重“怎么购买”和“购买了什么”而不是“服务带来了什么”。对于参与购买行为的社会组织则感受到市场竞争的压力，社会组织为了提高自身的效率和竞争力，模仿市场性组织加强内部的管理，用经济指标代替社会效益，如越来越多的社会组织内部会划分为不同部门，分为投标部、项目部、政府关系部，各司其职，这与市场组织没有区别。同时项目制中的“绩效合同”容易让社会组织忽视承担公共服务供给过程中的社会责任，社会组织和政府只关注合同项目中列出的公共服务中可被测量的部分。对于公共服务的接受者来说，“顾客导向”无形中剥夺了他们在公共服务体系中的需求表达权和监督权，尤其对于社会弱势群体而言，更是无法找到有效的需求表达渠道。

3. 项目制服务购买模式给社会组织的生存空间带来了挑战

2013 年国务院办公厅印发的《关于政府向社会力量购买服务的指导意见》指出，承接政府购买服务的主体包括依法在民政部门登记成立或经国务院批准免予登记的社会组织，以及依法在工商管理或行业主管部门登记成立的企业、机构等社会力量。这就意味着不仅是社会组织而且市场性组织也可以成为公共服务供给的主体。

尽管地方性法规确认了社会组织是政府购买服务的重要承接主体，① 项目购买优先向社会组织倾斜，但是在现实层面，社会组织在公共服务购买的竞争中与市场组织相比往往落于下风。

首先，公共服务购买吸引了一部分“外形化”② 的市场组织的加入。市场组织通过“外形”变化保留自己市场性的同时获得合法的社会组织外壳。相比较社会价值导向的社会组织，经过市场历练的社会组织更懂得如何赢得政府“偏爱”，对于市场反应更加灵敏，行动更加高效，也更能适应项目制这种点单式服务。同时，市场组织去价值化、低公共性特点降低了对地方政府的潜在挑战，从而更容易获得政府的青睐。

---

① 2020 年 3 月实行的《上海政府购买服务管理办法》规定“购买主体在购买民生保障、社会治理和行业管理等公共服务项目时，在同等条件下优先向社会组织购买。按照做强做大做优社会组织的要求，鼓励和引导社会组织跨区域承接政府购买服务项目，切实解决部分社会组织行政化色彩较浓、市场竞争不足等方面的问题，不断激发和增强社会组织活力，加快培育和形成一批具有良好的社会和商业信誉、拥有自主品牌优势和核心竞争力的新型社会组织”。

② 田凯：《非协调约束与组织运作——一个研究中国慈善组织与政府关系的理论框架》，《中国行政管理》2004 年第 5 期。

其次，当市场性社会组织参与到政府公共服务购买，公共服务的公益性目标面临被追求利润社会组织异化的风险。如陈尧[①]的研究发现项目制购买后，会产生“诱致”效应，依托企业生长的社会组织在进入公共服务领域后会借助参与公共服务的跳板，为企业创造获取高额利润的机会。彼得·德鲁克在《非营利组织的管理》一书中提出，社会组织和企业最大的不同就在于其不追求利润，而使命是一个社会组织的内在核心。[②] 市场性组织追求利润的动机会在公共服务供给中更加注重结果（完成的频次数量）和效率（更低成本完成），而忽视服务对象的真正的需要以及服务的过程，包括挖掘服务对象的资源潜力，通过助人引导其自助等。

最后，市场性社会组织催化了社会组织“谋利性”效仿。事实上，市场性社会组织的谋利行为不仅引发公共服务的公平性、公益性和均衡性的流失，同为服务外包主体的社会组织容易受到谋利行为消极的影响，主动或被动地踏入“同流”。[③] 价值导向社会组织在观察、模仿市场性社会组织的服务盈利模式的同时，也会将盈利宗旨的自利性及其行为照搬，产生“自利性效仿”。最终，社会组织在也会在承担公共服务的过程中倾向挑选利润高、易执行的项目，对获利少的项目进行取巧规避或消极应对。

五　积极社区与社区型社会组织的发展路径

本研究从组织嵌入性和组织公共性两个方面来研究社区型社会组织，发现其“弱行动”的特征，并从项目制中市场购买特性出发进行解释，提出这种模式一定程度上造成了社会组织的公共性流失，大规模的社会投资并没有带来社区实质性的发展。在第五部分，本文将回到嵌入性和公共性这两个方面，对政府购买服务机制进行改良，实现社区型社会组织的嵌入性增强和社区型社会组织的公共性提升。当然，现实中这两方面都不是能够一蹴而就的，需要持续地关注和投入。

---

① 陈尧、马梦妤：《项目制政府购买的逻辑：诱致性社会组织的“内卷化”》，《上海交通大学学报》（哲学社会科学版）2019 年第 4 期。

② 彼得·德鲁克：《非营利组织的管理》，吴振阳等译，北京：机械工业出版社，2019：1－3。

③ 张雅勤、高倩：《论私营企业承接公共服务的“撇脂”行为及其治理》，《理论与改革》2018 年第 1 期。

（一）增强社区型社会组织的嵌入性

增强社区型社会组织的社区嵌入性核心是使社区型社会组织能够更好地融入社区，主要涉及三个重要的机制，即评价机制、进入机制和长效机制。

（1）注重评价机制提升社会组织嵌入社区的意愿。因为社区型社会组织的注意力分配主要受到政府的影响，所以政府购买社会组织服务时可以注重有关服务质量的评价机制建设。在评估中，引入考察社区型社会组织之社区嵌入性的相关指标，具有导向作用。例如社会组织对社区需求是否进行了深入调查，对社区的熟悉程度，社区志愿者数量以及结构，社区自组织培育情况，社区组织动员能力，社区居民对社会组织服务的满意度等。

（2）加强支持机制促进社会组织嵌入社区的程度。社区型社会组织对于社区的嵌入程度，与基层群众自治组织即居委会或村委会的支持力度密切相关。换言之，离开了居委会或村委会的积极支持，社区型社会组织是很难真正进入城乡社区的。地方政府注重营造良好的居/村—社关系。一是寻求社区居委会或村委会对于社区型社会组织的支持配合，二是要求社区型社会组织与社区居委会或村委会保持良好的合作关系。

（3）建立长效机制吸引社会组织扎根在社区。为了鼓励社会组织能够长期植根于社区开展活动、提供服务和参与治理，一些地方政府开始注重建立长期的购买服务项目，改变过去偏好短平快的做法，使得社区型社会组织与社区的关系能够相对稳定，取得的成效能够在社区持续积累。此外，长期项目也使得社区型社会组织能够陪伴社区社会组织成长，将一些专业知识、技术和能力传授给社区社会组织。

虽然地方政府进行了上述探索，但是总体上还处于初期阶段，尚未形成较为成熟和具有普遍推广意义的做法。例如，评价机制方面，地方政府在购买服务时普遍采用的方法是邀请第三方机构的专家团队对社会组织进行项目评估，但是这种评估往往局限于合同规定的程序和内容，具有明显的技术治理的特征，而常常忽略最为重要的社区和居民的需求本身。另外，上述三种机制的推进，会触及更深层次的政府条块以及相关制度间的关系问题，需要相应的配套改革。

（二）提升社区型社会组织的公共性

之前的研究发现，尽管项目制本身并不必然带来社会组织公共性的消解，但是项目制的市场性却会对公共性带来潜移默化的影响。因此，形成维护公共利益的价值观，探索多样化的公共服务购买方式，根据不同的公共服务确定不同的市场化与社会化方式，是提升社会组织公共性的有效途径。

（1）形成多元合作“公益导向”理念，强化公共性扩散的动力。表面上看，基层社会组织的公共性流失问题，是公共服务受到逐利性价值冲击的结果，从更深层次来分析，这一问题则是公、私领域之间契约关系的异化所导致的。因此，政府与社会的合作必须明确地基于“维护和实现公共利益”这一“核心价值”，进而凝聚共识，消除价值张力。尤其在社会转型时期，弱势群体的增多和利益受损已成为公共服务改革过程中需要尤其关注的焦点问题，因此，在通过引入竞争激励机制和提高资源使用效率的同时，公共服务供给中更应体现合作治理各主体的“公共利益导向”。市场组织和社会组织需要接受、认同并内化公共性价值，自觉自愿地在公共性与营利性之间寻求最佳平衡点，处理好公益与私益之间的冲突，以增进社会福祉为己任。对于政府而言，作为政策主导者、资源分配引导者与质量重要监控者，成为正义的“保障者”和“守门人”，在价值取向上更加重视并优先考虑服务的公共属性，不断完善监督和评估机制，探索服务公共性评价方式，努力实现合作过程中的利益均衡并促进社会公平正义的实现。

（2）改革政府购买服务的模式，限制市场性组织进入软性、不易量化的服务领域。企业和社会组织各自适宜承担不同类型的服务。企业的主要目标是追求利润、效率优先，因而适宜承担那些以效率为主要目的服务事项（大部分为硬服务，如街道保洁、公路维护等）；社会组织适宜承担那些兼顾效率与公平的服务事项（大部分为软服务，如社会救助、社会工作等）。① 根据公共服务是属于硬服务还是软服务，采取竞争性招标的方式或协商委托的方式。硬服务主要指有具体的服务质量标准、双方可以事先约定权利义务与合同价格、监管成本较低的服务事项，如垃圾清运、道路维护、绿化服务等。软服务是指难以进行明确的成本收益衡量、服务质量标准不易量化、监管成本较高的服务事项，如社区矫正、养老服务等。硬服务更加注重效率，软服务要兼顾公平与效率。一般来说，硬服务的购买可以采用竞争性购买的方式，而软服务适合采用协商委托或者合作生产的方式。

---

① 李军鹏：《政府购买公共服务的学理因由、典型模式与推进策略》，《改革》2013 年第 12 期。

（3）社会组织公共性塑造的政府责任。党的十八大以来，社会治理不再是政府专属的职能领域，呈现以政府、企业、社会组织和公民为主体的多元共治的全新图景。公共服务供给主体的多元化绝不意味着政府权限和责任的减少，而是对政府的治理责任提出了更高的要求，尤其是基于公共责任对社会组织、私人组织和公民在理念和行为上加以引导和促进。不少实证研究也已表明，在公共服务网络中，政府、社会组织、企业、公民等利益主体之间的力量对比并不均衡，而这种力量失衡无疑会削弱政府购买公共服务对社会治理的长远价值。因此，对于社会层面公共责任倡导的关键在于政府公共属性的显性化，即运用自身的独特资源和权威来引导构建起基于权利实现的合作体系。这一体系将是公平而有效的，并且着重在四个方面作出努力：激活参与，即确认相关的利益主体及其资源和技能；合作动员，即促使利益主体之间确立共同的目标和愿景，帮助各个利益主体认清自己在参与中的角色；构建规范，即建立起合作主体相互作用的运行框架和行为规则；形成合力，即增进利益主体之间的有效互动，使之合作获益。总之，相对于购买服务下理性管理模式，政府应该更多地运用政治、法律和文化的手段，对社会组织的公共责任进行引导。

（4）社会组织公共性实现的公众参与。社会组织公共性的实现还离不开公众的参与与监督，公共服务的政治属性易被购买服务的市场化属性所异化，因此仅仅依靠理念转换、制度改良、组织自律还远远不够，还需要服务接受者以及社会公众共同对公共财政和资源的使用进行监督、评判，公众则由“顾客”和“旁观者”变为治理主体，通过对自身合理利益的探寻、定义、对话，来打破公共服务的传统决策模式，从而构建起一种“人民本位”的公共服务决策模式。政府、企业、社会组织和公众在不断交流、对话与互助中实现平等、开放和有序的合作关系，达成权力与责任、效率与公平的平衡，通过公共利益的实质实现为公共性的扩散构建起坚实的基础与平台。对于需求者而言，此过程有助于他们成长为主动的、负责的“积极公民”。“积极公民”不仅仅将享用公共服务视为自己的权利，也将保障和实现公共服务的公平与正义作为自身的义务与责任。这种义务与责任的落实体现在主动而广泛地参与到公共服务的规划、分配、监督、评估和修正等各个环节中，其动机不仅仅是维护自身利益、获得满意服务，更是基于强烈的政治责任感和公民精神。

城市社区治理共同体建构中的社会组织参与

罗　峰

新冠肺炎疫情的防控离不开基层社区层面各方力量的积极参与。其中，社会组织尽管不是直接面对病毒的医疗力量，但是也凭借自身扎根社区的优势，作出了巨大贡献。当前，疫情防控工作依旧不能松懈，新冠病毒也在不断地变异威胁着居民健康。社区抗疫工作已经从猝不及防的"遭遇战"，逐步转向了长期对峙的"消耗战"，其重心也由重大突发公共事件的应急处理逐步转向了常态化背景下的日常社会治理。

社区作为社会治理体系中最贴近民众的单位，也是社会组织发挥作用的主战场。社会组织在本次突发公共卫生危机中的作用发挥，是其近年来飞速发展的一个必然结果。自党的十八届三中全会强调要激发社会组织活力以来，我国的社会组织迎来了新的发展机遇。《关于改革社会组织管理制度促进社会组织健康有序发展的意见》更是明确要求，要"大力培育发展社区社会组织"，鼓励各级政府采用"降低准入门槛""积极扶持发展"等举措快速培育各类社区社会组织发展。在多方努力下，我国社会组织历经了无组织、无规模到专业化、团队化等方面的诸多转变。截至2020年第三季度，我国共有社会组织88.8517万个，其中社会团体37.2868万个，民办非企业单位50.3391万个，基金会8258个。既有研究指出，社会组织在社区日常治理中发挥了重要的作用，超过80%的社会组织都开展了社区服务，并且基本覆盖了多数社区的需求领域。尤其是在社会管理和秩序维护等传统行政化运行水平较高的领域也发挥了重要作用。例如，近七成社区社会组织承担过社区管理功能，内容涉及组织居民自我管理、参与处理邻里矛盾、协助政府部门维持社区秩序、帮助政府部门处理信访纠纷、参与解决物业纠纷等领域。[①]因此，党的十九届四中全会进一步明确提出，要坚持和完善共建共治共享的社会治理制度，要发挥群团组织、社会组织作用，发挥行业协会商会自律功能，实现政府治理和社会调节、居民自治良性互动，夯实基层社会治理基础。可以预见的是，社会组织不仅过去和现在，将来也将在城市社区治理中扮演越发重要的角色。

基于此，本文[②]旨在以社区治理共同体建构为逻辑主线，通过总结上海市应对公共卫生突发事件中，社会组织参与社区治理的经验，提炼出“社区治理共同体建构”的社会治理新模式及其实践路径，以期为更好地发挥社会组织在城市社区治理中的价值提供借鉴。

一　文献回顾及问题聚焦

在具体研究展开之前，首先需要对本文所涉及的诸多概念进行厘清、对借鉴的理论框架进行梳理，并且对研究问题进行聚焦。

（一）突发公共卫生危机中的社区治理

新冠肺炎疫情发生以来，在很短的时间内发酵成为影响全球的公共卫生、安全、经济、社会的全面性危机。在这一场波及各行各业的公共危机之中，社区不仅面临着沉重的基层防控任务，也遭遇了深刻的治理困境。

1. 突发公共卫生危机给社区治理带来的影响

首先，突发公共卫生危机对于社区治理中党政部门的主体能力发挥提出了更高要求。[③] 当前，我国城市社区的日常管理基本沿袭传统的行政化管理模式，政府对社区治理的基层放权程度仍显不足。尤其是部分社区干部仍然习惯于传统的管理方式，这种思想观念影响和制约着社区治理的发展。而在疫情这一突发公共卫生危机进入常态化之后，基层政府的工作重心应该更多地转向促使社区自治能力的有效发挥。例如，充分调动企业、社会组织和专业力量的参与，以及进一步加强资源的协调能力、主体的动

---

① 王杰秀、黄晓春：《多重转型交汇中的社区社会组织》，《社会政策研究》2021 年第 3 期。

② 如无专门说明，本文涉及新冠肺炎疫情的相关数据和研究截至 2021 年 12 月 31 日。

③ 易外庚、方芳、程秀敏：《重大疫情防控中社区治理有效性观察与思考》，《江西社会科学》2020 年第 3 期。

员能力等。

其次，突发公共卫生危机增加了社区治理工作的内容与难度。城市社区在落实新冠肺炎疫情防控的过程中，不得不面对工作量的激增。例如，仅基本的日常防控工作就包括：组建社区疫情防控工作队伍、社区居民的基本生活与出行状况调查、小区人员和车辆出入管控、环境卫生治理和督查、外来人口排摸、特殊重点人员管理、防控知识宣传等。而这些工作背后还可以进一步细化出无数具体工作。[①] 在社区人员队伍与工作人手有限，医疗、生活物资紧张的背景下，社区可能会面临且长期面临高强度高压力的工作氛围，从而很难兼顾日常生活治理工作的开展。

最后，突发公共卫生危机提高了社区治理中社会力量的参与难度。突发公共卫生危机期间，街道、居委会依旧是社区治理的主要参与者，社会组织力量整体上比较薄弱。如何发挥专业、成熟、规范的社会组织作用，凸显社会组织人员的专业水平、文化知识、团队能力、年龄等方面的突出优势，让社会组织成为助推社区治理能力和水平的重要力量，这恰好是实现社区治理现代化水平提升的重要内容。[②] 此外，当前能够有效参与到社区治理的居民一般是离退休老人、党员干部、社区工作者。他们在代表性上不够充分，力量上有稍显不足。尤其是突发公共卫生危机背景下，社区居民有效参与还面临一个前所未有的安全性问题，如何在全面动员与安全保障之间寻找一个最大限度的平衡，也是疫情给社区治理带来的重大挑战之一。

2. 突发公共卫生危机的社区治理应对及社会组织参与

面对突发公共卫生危机带来的治理挑战，学术界展开了颇具针对性和现实性的总结，不仅将突发公共卫生危机的社会治理实践纳入国家治理现代化能力建设的宏观背景下进行思考，[③] 也以之为基础，更加深入地探讨了“国家—社会”如何共同参与社会治理的问题；[④] 不仅探讨了突发公共卫生危机等重大公共事件可能对社会治理体系带来的组织模式转型问题，诸如多元协

① 唐燕：《新冠肺炎疫情防控中的社区治理挑战应对：基于城乡规划与公共卫生视角》，《南京社会科学》2020 年第 3 期。

② 易外庚、方芳、程秀敏：《重大疫情防控中社区治理有效性观察与思考》，《江西社会科学》2020 年第 3 期。

③ 何志鹏、贾玉娇、于君博：《国家治理现代化与应对新冠肺炎疫情（笔谈）》，《吉林大学社会科学学报》2020 年第 3 期。

④ 刘佳：《“国家—社会”共同在场：突发公共卫生事件中的全民动员和治理成长》，《武汉大学学报》（哲学社会科学版）2020 年第 3 期。

同体系建设、[①] 从科层化到网络化的社会治理模式[②]等，也关注到了新兴技术在社会治理中将发挥的巨大潜力，[③] 及其可能带来的现实问题。[④] 有学者指出，在“社区”成为治理突发公共卫生危机的防控工具之时，需要实现社区治理从“被动工具型”向“积极自主型”防控模式的转变，以使社区成为一种常态性和应急性并存的风险应对共同体。[⑤] 而常态下的社会治理共同体在突发公共卫生危机应对中向“事缘共同体”[⑥] 的转变，及其衍生出的对于社会治理问题的诸多挑战，不仅证实了近年来我国社会治理领域的努力，更为后续社会治理研究指明了新的方向。

不同类型的社会组织在突发公共卫生危机期间，也发挥了自己的作用。第一，慈善组织多渠道筹集抗疫物资，有效缓解了突发公共卫生危机期间医疗物资的短缺；第二，行业组织以多种形式服务企业，有效引导市场秩序推动复工复产；第三，城乡社区社工组织参与社区防控，筑牢疫情防控基层防线；第四，专业社会组织注重多元参与，发挥社会工作特长。[⑦] 其中，以“志愿者 + 社区社会组织”的服务模式，在防控疫情扩散、平缓居民心态、链接生活物资等方面发挥了重要作用。[⑧] 更为关键的是，社会组织参与疫情防控的过程，也是社会组织自我完善、自我发展的过程。经过疫情，社会组织的志愿者队伍的逐步壮大；依托互联网的公益力量增强；专业化、组织化力量提升；组织认同感、凝聚力得到增强。[⑨] 有学者进一步指出，为了更好发挥社会组织在重大突发公共卫生危机一类的公共安全事件中的价值，则需

---

① 魏江：《后疫情时期的社会治理多元主体协同体系建设》，《科学学研究》2020 年第 3 期。

② 朱海龙、唐辰明：《从科层化到网络化：重大疫情背景下社会治理模式创新》，《贵州社会科学》2020 年第 2 期。

③ 葛天任、溥雨欣：《新兴技术能否破解“共同体困境”——数字政府、智慧社区与敏捷治理》，《社会治理》2020 年第 2 期。

④ 孔泽鸣：《疫情事件引发的媒介恐慌与现代化治理》，《云南社会科学》2020 年第 3 期。

⑤ 文军、刘雨婷：《从被动工具型到积极自主型：突发公共卫生事件社区防控模式的转变及其反思》，《学术月刊》2020 年第 11 期。

⑥ 吴江宇：《农村社区疫情防控中社会治理共同体的形成机制》，《福州党校学报》2020 年第 2 期。

⑦ 魏民：《北京·凝聚社会组织力量　压实疫情防控责任》，《中国民政》2020 年第 7 期；唐兴军、王明辉：《社会组织参与重大疫情治理的价值、机制与路径》，《学会》2020 年第 8 期。

⑧ 张军、刘雨：《新冠肺炎疫情防控中的“志愿者 + 社区社会组织”模式服务效力及其反思》，《天津行政学院学报》2020 年第 3 期。

⑨ 刘聪：《社会组织参与新型冠状病毒疫情防控的方法研究》，硕士学位论文，浙江工商大学，2021，第 2 页。

要以政治引领、智能支持和制度保障①等治理现代化的具体途径来加以推动。

（二）问题聚焦：社区治理共同体建构中的社会组织参与

在我国，社会组织的概念是在国外的非营利组织、非政府组织、第三部门等综合概念的基础之上形成的，指的是服务于社会和公民之间的第三方公益性组织。不同于国际上广义的社会组织概念——“政府和企业以外两个以上的人或组织为实现特定目标而建立共同活动的群体，都视为社会组织”，我国的社会组织是指在各级民政部门登记注册的社会团体、基金会和社会服务机构三类组织。②

在疫情防控常态化背景下，社区治理共同体的建构，对于社区治理而言大有裨益。因为，社会组织其自身优势，正好能够在社区治理共同体的建构过程中大行其道。例如，从应对新冠肺炎疫情的既有经验出发，社会组织能够通过借助“各司其职，完善社会组织的参与方式；规范治理，提升社会组织的参与能；综合监管，保障社会组织的功能发挥”③ 等耦合路径参与到具体社区事务之中。而以北京市社会组织为重点观察对象的研究也发现，在疫情防控中，社会组织能够有效协助政府提供社会公共服务，及时补位，作用显著。当然，社会组织在突发公共卫生危机中也暴露出了在国家应急体系中定位模糊、枢纽型平台缺位、应急能力有限④等问题。由此可见，在疫情防控常态化背景下，社会组织能够继续参与社区治理，并在其中发挥重要的作用，但是如何更好地发挥其优势，还有待进一步研究。

二　突发公共卫生危机应对实践：社区治理与社会组织参与

笔者及研究团队于2020年4～6月和2021年5～12月，分两个阶段走访了上海市的各区县下辖的多个街道社区，针对各类社会组织参与社区的突发

---

① 唐兴军、王明辉：《社会组织参与重大疫情治理的价值、机制与路径》，《学会》2020年第8期。

② 鲍绍坤：《社会组织及其法制化研究》，《中国法学》2017年第1期。

③ 徐景妍：《新冠肺炎疫情防控中社会组织参与的耦合研究》，《安徽行政学院学报》2020年第2期。

④ 徐家良：《疫情防控中社会组织的优势与作用——以北京市社会组织为例》，《人民论坛》2020年第23期。

公共卫生危机防控工作和疫情防控常态化后的社会治理工作等，向社区工作人员以及社会组织工作人员等进行专门调研，并从中提炼出新冠肺炎疫情以来，社会组织参与上海社区治理的若干实践经验。此外，需要特别指出的是，在疫情肆虐期间，各类社会组织往往是作为政府部门以及专业医疗机构的协助者而存在的。而在疫情稳定并且常态化之后，社会组织则有效地吸纳了疫情期间社区治理的相关经验与理念，并将之运用于自我组织的运转之中，进而推动了社会组织参与社区治理工作的效能提升。

（一）机制创新：立足实际需求，挖掘机制潜力

疫情期间，“闭环管理”是不可或缺的防疫工作要求，也是社区治理行为的重要落脚点。

首先，由街道（居委会）、派出所、社区卫生服务中心组成的“三位一体”联防联控机制形成工作闭环，实现无缝对接。以万里街道某小区为例，在前期排摸中，社区工作者提前通过微信和需要居家隔离的来沪人员保持联系，并沟通所需的生活物资。居民回沪当天，社区工作者与其保持通信畅通，并提前告知社区卫生服务中心准备建立一户一表。在居民由机场抵达小区后，疫情防控小组做好人员接收，社区卫生服务中心医护人员上门完成医学观察评估，要求其做好居家隔离。随后，居民区及时做出后续工作部署，立即通知物业进行楼道消毒；安排居家隔离人员的快递送达及生活垃圾处理事宜；告知楼组长和志愿者启动关心服务，以此保证防控措施有效执行。

其次，在实际防疫工作中，基层党组织、居委会、业委会、物业组成“四位一体”组织机制充分利用了自身长期积累的优势（包括社区党组织、居委会和业委会班子成员“双向进入、交叉任职”等），由党总支引领、居民自治、民主协商共同应对突发公共卫生危机。在疫情防控第一时间，党总支召集居委会、业委会、物业公司召开居民区疫情防控工作会议，按照街道要求紧急部署，发挥党建网格的作用，采取及时有效的防控措施。居委会分片包干，广泛发动党员、居民志愿者齐参与，确保提示、告知书全覆盖；物业公司取消休假，全面推进小区抗疫工作；业委会在口罩、酒精、消毒液、防护服、帐篷等防疫物资提供后勤保障。

而“三人小组”行动方案则是上海在社区层面针对突发公共卫生危机专门进行的微创新之举。具体而言，“三人小组”的工作职责具体分工为：公安机关提供安全及执法保障；社区卫生服务中心提供专业指导；居委会负责

每日健康状况询问并上报数据，协助异常人员转运，为社区居民提供后勤保障，如送菜上门、生活垃圾处理等。在隔离观察期间，如居家隔离人员出现发热、呼吸道症状等异常状况，居委会第一时间为发热人员提供口罩，并安排专人专车将其转运至就近发热门诊就诊。同时，观察人员日常餐饮可由居委会协助其购买，生活垃圾统一由居委会协助处理。如居委会人员发现观察人员外出，有义务进行劝阻，并第一时间通知公安干警。“三人小组”严格的管控和无漏洞的工作流程，是上海社区疫情防控取得阶段性胜利的重要保证。

当然，社区治理层面的各种机制创新不仅是为了应对突发公共卫生危机的“权宜之计”，更为社会组织的创新提供了相应的灵感和动力。因此，除了积极参与到社区层面的机制创新之中，发挥自己的作用之外，各类社会组织更从自己着手，开展了不同程度的社会组织机制创新，以便更好地适应疫情防控常态化的需求。

首先，针对突发公共卫生危机防控常态化的剧烈变化，很多社会组织已经把机制创新作为组织前进的重要动力，并且通过从计划到总结的闭环式创新来达到不断深化。例如，2021 年起，面对疫情的现实，善行驿站把机制创新的重点定在了内部管理上，即量化宽松内部管理，采用更加灵活的办公方式：为了增加组织的灵活度与自由度，在保证内部管理制度的核心内容不发生改变的前提下，允许组织成员更加自由地上下班，留出更多的时间给组织成员，用以业务拓展、项目跟进、能力提升、兴趣挖掘等，以具包容性的举措管理社会组织。并且对具体举措进行了细化，例如：既设定组织准时打卡的全勤奖，也允许组织成员灵活上下班，根据成员意愿进行自我调节等。

其次，除了在整体架构上的创新之外，很多机制创新也是在挖掘原本资源的基础上，进行资源整合已达到的微创新。例如，上海澜途社会工作事务所承办的“慧治楼组 plus 计划项目”（2020 年 12 月 28 日正式启动）就是其中的典型代表。该项目是在原本为社区和楼组长们提供实用便捷的楼组建设工具包等项目基础上，进行了升级。具体而言，“慧治楼组 plus 计划项目”通过慧治课堂、聆听楼组、焦点沙龙三个“plus 服务”，创建 6 个慧治楼组，打造具有南京西路街道特色的楼组品牌。通过微创新，该项目更好地吸纳了原本南京路街道各支持单位的资源，进一步扩大了服务半径、丰富了服务内容，更多的专业服务方法得到了实践，从而为楼组微自治模式的探索和社区自治阵地的营造提供了更好的基础。

最后，从日常工作中发现机制创新的机会也是诸多社会组织进行机制创新的灵感来源。例如，上海公益社工师事务所所践行的新启程发展型救助综合服务项目——“政策找人”，就来源于日常生活的现实案例。该项目的目标是从公益社工师事务所的角度来对特困供养救助对象进行救助活动，最早的一位特困供养对象是在所属社区救助顾问在梳理救助对象信息的过程中被其主动发现的。以此为契机，上海公益社工师事务所发展出“政策找人”工作机制，一方面通过居民前来求助时主动为其建档、匹配救助政策，另一方面通过街镇每周的救助顾问例会共学政策反馈讨论案例等的形式实现“政策找人”。通过现实工作准确寻找到工作对象以后，该机构逐步形成了一整套在服务过程中通过直接提供服务、政策链接、资源链接的方式实现“政策找人”，帮助服务对象减轻、摆脱困境的工作流程。

（二）目标聚焦：确保主要目标，兼顾社区日常

截至 2021 年 12 月，新冠肺炎疫情不断反复，根据疫情的发展，上海市社区层面的社会治理工作也可以分为严防死守、复产复工两个阶段，每个阶段的治理目标和具体工作也存在一定的差异，因此，依据具体情况灵活制定和调整目标也是疫情防控的重要保障。

在疫情的第一阶段，为了落实疫情防控的最重要目标——严防死守，社区层面对居民的日常生活进行了诸多限制。但是与此同时，也通过各种方式对居民的基本生活提供保障，特别是保障日常基本的物资供应。以七宝镇为例，在疫情期间通过持续加大对全镇 8 个菜场、3 个大型超市的监管力度，确保市价稳定、供货充足。针对社区居民最关心的口罩问题，采取了预约登记购买的方式，宣传告知先行，并倡议机关干部、党员带头不参与第一轮口罩预约。预约登记当天，采取“领取流水号 + 预约登记”相结合的方式，各小区通过微信、公众号等现场直播预约情况，居民错峰登记，避免大人流集聚，登记工作开展顺利。而在疫情进入复产复工的新阶段之时，社区疫情的防控重点则落在了强化审核监督，为复工复市复学复产保驾护航之上。其中，万里街道总结提炼出“三全”工作法，切实保障复工复市复产。一是构建全方位疫情防控管理格局，二是完善全覆盖分类施策管理体系，三是建立全过程复工复产管理链条。并同时落实三项监管，街道由城管中队和市容服务队等人员组成滚动巡查督导力量，监管各企业、店铺体温测量落实情况、口罩佩戴情况以及店铺内定期消毒情况。从而将疫情复发的风险降到最低。

调研发现，在上述的活动中，很多社会组织都积极参与其中，并为突发公共卫生危机防控这一核心的目标做出了巨大贡献。哪怕不能以组织的名义参与活动，也都充分发动起社会组织的工作人员，接受社区的调配，落实相关工作。此外，凭借在日常生活接触中积累起来的相互关系，很多扎根社区的社会组织充当起企业与政府之间的交流媒介以及发挥润滑剂的作用，从而把相关工作的阻力降到了最低。而在疫情防控常态化背景下，社区治理的目标更加偏向于日常化，社会组织也随之回到了原本的轨道，并且从组织自身的专业特色入手，为社区和谐的整体目标和疫情防控的阶段性目标的平衡而做出努力。

首先，将社区治理的目标落实到日常治理工作的开展之中，做好社会组织的基本工作是实现目标聚焦的第一步。例如，2019 年 7 月 1 日，上海市政府出台了强制垃圾分类的政策以来，垃圾分类一直是上海社区治理工作的重点，即便是疫情期间，该工作也坚持了下来。笔者在调研中发现的一家扎根社区、以社区居民为主体成员的社会组织——上海市徐汇区凌云街道梅陇三村的绿主妇团体（以下简称绿主妇），已经在这一工作上深耕了 9 年之久。9 年来，绿主妇不断进行总结、优化、提升、深化和创新，逐渐形成了现在的垃圾分类新模式，实现了绿循环、多亮点的“厨余变宝、循环利用、便民利民”的真正适合社区的生态循环链。通过该目标的不断实现和进一步强化，绿主妇不仅很好地完成了作为自身作为社会组织的既定目标，也在目标的实现过程中为社区共同体在不同实践目标上的聚焦提供了良好的民意基础。

其次，除了日常一般性的社区目标以外，最有效的凝聚目标共识的方式莫过于挖掘社区居民最关心的问题并加以解决，从中凝聚居民共识。当前中国城市居民最关注的无疑是孩子，因此，上海公益社工师事务所把对儿童的关注作为活动开展的重要抓手。例如，上海公益社工师事务所从组织的专业基础出发，活动组织儿童开展了模拟法庭展演、模拟法庭庭审展演、儿童服务培训、法治教育实践基地等具体活动。通过活动引导在场青少年树立法制观念和法律意识，养成法治思维习惯和行为方式，契合“童参与 · 法同行”儿童议事会主题的同时，为未来继续开展相关活动奠定基础。更为关键的是，上述活动在完成建设街道儿童友好社区工作的基础上，实现了以儿童需求而服务目标，不断提升社区儿童的服务水平等基础目标，更为社区家庭的各方面共识的建立打下了坚实的基础。

（三）党建引领：以党员为主体，提高动员效率

上海市委在1996年下发的系列文件中明确提出“街道党的工作委员会作为区委派出机关，在地区工作中起领导核心作用”。许多街道据此依托党建网络搭建了“党建联席会议”或“社区党建议事会”等横向议事机制来推动“条块”合作。多年以来，基层党组织和社区党员，不仅在常态下的社会治理中发挥了重要作用，更是突发公共卫生危机这样的重大社会风险时期最可倚重的力量。因此，党建为引领，有效提升社区内多元主体的防疫积极性，才能真正取得防疫抗疫的胜利。

笔者在调研中发现，疫情初期防控期间（2020年1～3月），上海市的相关街道纷纷吹响“红色动员令”，组建由机关公务员、事业编制干部、社区工作者、社会组织工作者等组成的党员突击队，并成立临时党支部。党工委以党员突击队为抓手，落实科室“一对一”联络机制，进一步细化明确重点区域防控责任分工，明确“社区支援100%、使命担当100%、作用发挥100%”。机关党员干部带头值守夜班，不论刮风下雨每日排班值守提供增援，全面落实疫情防控工作。而居民区则以楼道为单位，将楼洞内不同组织隶属的党员纳入，成立疫情防控党小组，充分发挥楼组人员熟悉情况的优势，引导党员站好岗、担好责、带好头，通过分片包干、分楼包干，团结带领居民群众开展全覆盖排查。在党员的示范带动下，辖区内的相关社会组织，以及各个共建单位、爱心企业、沿街商铺（比如房屋中介等）纷纷用不同的方式支持社区，或直接参与防控，或提供后勤保障。可以说，社会组织作为社会治理的重要参与主体，在党的领导下，为抗疫活动做出了重要的贡献。

突发公共卫生危机把社区的全部成员都整合到了一个共同目标之下，此时，动员的关键则在于如何更好地协调各方力量的有序参与，以避免人力、物力和财力的浪费，以及对疫情防控的反作用。而疫情防控常态化背景下，社会组织作为被动员的社区治理参与主体之一，则应该在党的领导下，更加切实地做好发动社区力量参与治理的工作。

首先，作为两新组织的重要组成部分，社会组织工作人员一直也是党重点发展与培育的目标之一。因此，为了进一步强化组织成员与党的向心力，社会组织从入党仪式就开始着手，致力于提升党员的主体责任感与荣誉感。例如，2020年7月1日，在建党99周年之际，上海澜途社会工作事务所党

支部组织全体党员共同开展“庆七一”主题活动，全体党员共同参与，讲述自己的入党故事，分享自己的理想志向，并通过观看“传承红色基因，弘扬党建精神”红色直播主题活动坚定理想信念，明确努力方向。可以说，诸多体现党员主体性活动的开展，从起点上就把党建引领社会治理中的社会组织参与问题进行了强调。

其次，充分调动其社区内党建资源也是社会治理成功推进的关键。因此，很多社会组织都以党建为形式，加强了与辖区内相关专业组织之间的合作。例如，为了更好地探索律所与社会组织组织联建、党员互动、活动互联、资源共享的有效途径，努力形成“促党建、共发展”的整体合力，中共上海睿家社工服务社支部委员会与中共北京德和衡（上海）律师事务所支部委员会启动了结对共建活动。双方本着“资源共享、优势互补、共建共赢、协同发展”的原则，共同推动党建活动常态化和党建工作规范化，充分发挥各自的优势，相互间提供协作、支持和帮助，并根据双方优势及工作内容，最终达成以“联合开展党员教育”“联合过党组织生活”“联合规范党建基础”“加强业务沟通和互动”“党建引领公益”等形式开展“结对”共建工作。

最后，通过对社区精英进行充分的挖掘，树立榜样的示范力量，这也是提升社区治理参与动员效率不可或缺的手段。社区居民自治的重要体现就是从“要我来”到“我要来”的转变，而居民骨干的“领头羊”能力与作用的发挥是其中的关键。2021 年，在上海澜途社会工作事务所的帮助下，豫园街道开设“豫治民星”社区自治领袖班，稳步推进居民骨干队伍建设，充分发挥居民骨干的示范引领作用，激发居民参与社区事务的主动性，实现居民从“小家”融入“大家”，最终实现居民自治。“豫治民星”课堂为社区居民搭建了互相交流、经验沟通的平台，建立了社区间的联系，也为社区居民提供了一系列规范化、专业化的自治课程培训，提升自治团队服务社区的积极性与主动性。

（四）能力提升：借助科技化与专业化，解决治理难题

2019 年以来，上海紧扣政务服务“一网通办”、城市运行“一网统管”的目标方向，在数据汇集、系统集成、联勤联动、共享开放上下功夫，加快建设城市运行管理平台系统。这些努力，在新冠肺炎疫情防控中，发挥出了重要的作用。例如，2020 年 2 月 7 日，作为市“一网统管”试点街道的江苏

路街道城运中心率先上线“一网统管”防疫专页，辖区内13个居委、24处办公楼宇（园区）、10个建设工地、977处沿街商户的疫情防控信息，全部纳入街道城市运行管理平台。在一张页面上，展示了街道确诊、疑似、密切接触、居家观察和解除观察人员的数据更新，居民楼、楼宇、园区的“地毯式人员排摸”情况，物业、垃圾箱房、电子防盗门、消毒站的“地毯式消毒”情况，以及口罩购买发放、重点人员健康状况、小区封闭式管理、小型工地、沿街商铺、养老机构等所有与街道近期疫情防控有关的重点工作。

此外，值得一提的还有各个街镇层面探索建立社区信息化管理平台。比如，马桥镇于2017年开始推进智能化信息系统建设，该系统平台为此次疫情防控工作夯实了人员信息基础。以人房信息管理系统为例，该模块包含全镇所有居村、两城办的房屋信息、人口信息、租赁情况等数据汇总，由网格中心（人口办）人员负责对居村日常信息维护的督查，确保全镇房屋和人口信息准确率。通过网格中心日常督查和区人口办督查，目前人口信息准确率都保持在98%左右。在此次疫情防控工作中，马桥镇节省出大量的时间成本和人工成本，确保了抗疫工作的时效性。

可以说，正是高科技专业技术的应用，为上海市各个社区的抗疫活动的顺利开展提供了有效的支撑。而这之中所透露出的专业化、科技化理念也为疫情防控常态化背景下，社区社会治理以及社会组织的参与提供了目标和方向。

突发公共卫生危机既是对前期社区治理能力现代化水平和专业化能力的一次大考，也是科技化、专业化手段得到运用和推广的一次契机。而治理能力的提升并不仅仅局限于高科技手段的运用，更重要的是理念、价值、体制、机制的变革，是社会治理在制度、体制、机制和技术等方面的持续创新与深度融合。① 因此，在社区之中，各种类型的社会组织也从中实现了自身专业化素养的提升。在疫情防控常态化以后，社会组织那些被检验过的科技手段、专业能力以及先进理念，有望能够获得更大的发挥空间。

首先，突发公共卫生危机的历练，进一步提升了社会组织对于自身专业性的追求。例如，善行驿站为了更好地检验项目实施成效，专门于2020年4月成立了善行专家智库，召集了社区治理、社工培训、社区研究、社会工作出版与宣传、公共管理与慈善公益、社区共治等诸多领域的学术专家，为其

① 向德平：《提升应对重大突发疫情的治理能力——以武汉市为例》，《社会学评论》2020年第2期。

项目的开展和未来发展提供更多的建设性意见。与此同时，通过该组织为新区、各街镇开展基层能力培训所积累的一批优质的师资力量（涉及基层党建、社区治理、马克思主义哲学与中国特色社会主义思想研究、媒体沟通、法律宣传、政策解读等方面），还建立了社会治理培训师资库。这些外部的专业力量为社会组织的能力提升提供了必要保障。

此外，社会组织充分意识到了社区项目规范化运作和社区人员能力提升的重要性，并在上述两个层面加大了工作力度。例如，上海闵行区颛桥晋源社区服务中心推荐员工参与闵行区最美社工评选，参加上海市社工工作高级人才培训班、上海市妇联儿童友好人才训练营等，促进人员视野开阔和专业技能提升。以社区自治金项目为例，上海闵行区颛桥晋源社区服务中心多次开展了以“社区自治项目实施的步骤与要领”为主题的能力建设培训。培训会邀请来自上海知名高校的社会工作专业研究学者，对社会组织的负责人和社工展开培训，结合自身实务经验与实际案例，从社区治理的内涵、社区项目是什么、为什么做社区项目、社区项目从哪里来、社区项目怎么做、社区项目如何做出效果六个方面，由表及里，从排摸居民实际需求到项目资金的使用，覆盖了自治金项目的所有部分，让培训对象在了解何为自治金项目的基础上，摸索做好项目的方式。可以说，这些能力培训为社会组织工作者与居民负责人提供了指导，不仅加强了他们对自治金项目的了解程度，也为项目后续的实施与开展打下了良好的基础。

（五）氛围营造：利用舆论引导，提升治理效能

疫情初期，政府和居民的关注点都在疫情防控之上，所以对于社会的舆论氛围不够重视，而随着疫情最困难的时期逐渐过去，社区也开始注意到了社会舆论的影响，并且试图通过建立良好的社会氛围，为疫情防控奠定思想和舆论的基础。

调研发现，上海市各社区针对疫情的舆情引导工作主要从三个层面展开，一是防疫信息的公布。其中，很多街镇、社区层面自己搭建的新媒体平台（比如，闵行区的“云邻里”、普陀区的“智联普陀”、各街道居委的微信公众号或“掌上居委会”等平台以及各居民区、楼宇、门洞的微信群等）对于疫情期间的信息发布、宣传及辟谣等工作给予了极大的帮助。以马桥镇某村居为例，疫情以来，居委会制作了一个“每日动态”，以 1～2 天一次的频率，记录小区每天发生的事情并进行公布。此外，不少居委干部担心公众

号的消息被淹没，为了方便居民及时了解情况，将工作微信全部公开，通过朋友圈的形式及时向居民传播信息，沟通更便捷。二是防疫成果的推送。例如，七宝镇的微信平台“人文七宝”不间断推送，平均每天4篇，单篇最高点击量3.6万次，共刊登报道225篇，同时与东方网合作，刊登《上海战役·七宝篇》主题系列报道6篇。这些方式及时有效地将疫情期间政府在防疫工作中取得的成果告知于广大群众。三是负面舆情的防控。例如，七宝镇疫情期间在发现网络舆情的12小时内，处置应对如“小区防疫管控措施不到位”“劳资纠纷”等网络舆情24次，做到了将舆情控制在萌芽阶段，阻止了相关舆情的进一步发酵。这些舆论引导的工作，畅通了社情民意，拉近了彼此的距离，同时也有助于居民了解线上“反映—化解—反馈”机制，优化突发公共卫生危机防控期间的管理与服务。在这个过程中，社会组织不仅积极转发评论相应部门的稿件，形成了积极的社区氛围，也从专业角度发布了很多与突发公共卫生危机相关的稿件，从而为社区层面舆论氛围的正本清源做出了贡献。

社区氛围的营造是一个长期而艰辛的工作，在疫情防控期间，社会组织在各级政府与社区居委会的领导与合作下，积极投身于社区线上线下全方位的和谐氛围的营造，尤其是社区认同感的形成与维护之中。更为关键的是，在疫情防控常态化背景下，社区整体氛围的营造更加离不开社会组织的专业引导，这也是社会组织天然贴近社区、服务居民的一个长处所在。

首先，社会组织以自己的项目为实施手段，为社区良好氛围的营造提供公共空间。例如，绿主妇在定期开展社区垃圾减量回收活动的同时，还让“绿色”理念在社区延伸。考虑到扎根的社区居民社会背景复杂，有老城厢动迁居民、下岗待业职工等，为此绿主妇志愿者主动上门做工作，一年之内将百余人送上各种工作岗位；考虑到部分社区居民由于工作和生活上的一些矛盾，对街道工作有抵触情绪，绿主妇团队尝试将这批居民吸引到社区的公益服务活动中，通过活动中你言我语的近距离交流，逐步缓解这批居民的情绪。为了更好地参与社区事务管理工作，以绿主妇为平台，成立“绿主妇议事会”，社区居民遇到家庭纠纷、邻里纠纷，可以把诉求送到议事会，通过议事会的评议，协调解决。在议事会的推动下，很多社区公共议题都得到了讨论和解决。

此外，通过社区共同感的营造来潜移默化的凝聚社区共识也是社会组织日常融入社区治理的重要举措。例如，上海澜途社会工作事务所举办的“南西·游记”系列活动之“益起来做社区微景设计师”的活动，就是立足于社区居民，通过发动社区居民集思广益，来寻找社区特色和周边资源，为规划社区自治微景出谋划策。同时，在活动举办方的引导下，社区居民们围绕“心中的理想社区”这一主题，对社区现有设施、项目、服务、活动等进行讨论，并对社区规划分享了自己的看法，在彼此充分交流中，社区共识与认同感无形中得到了强化。

同时，以家庭为单位来营造更为和谐的社区氛围也是社会组织广泛采取的手段。例如，上海睿家社工服务社主办的2022～2024年度浦东新区社会组织品牌项目——“小志有约”家庭式志愿服务项目。该项目是由浦东新区文明办主办，浦东新区志愿者协会和上海睿家社工服务社共同探索的年轻家庭志愿服务新思路、新风尚。项目以“亲子志愿”形式，联合浦东新区多家志愿服务基地、社区志愿服务中心、志愿服务站点，通过“事实（fact）—感受（feel）—发现（find）—未来（future）”的4F经验学习模式，激发青少年在志愿服务中自我发展、自我成长的能力。该项目不仅有效地激发青少年在志愿服务中了解志愿精神，更带动年轻家庭参与到志愿服务中，从而为社区治理效能的整体提升提供了保障。

三 “社区治理共同体建构”：社会组织参与社区治理的新模式

回顾既有研究，其实已经有很多学者敏锐地发现了在社区治理中共同体建构的重要价值，并且通过社区防疫以及日常治理中的实际经验，提出了社区由此能够成为一种常态性和应急性并存的“风险应对共同体”[①] 或者抗击突发公共卫生危机的“事缘共同体”[②] 等诸多新观念。而在“共同体”概念提出之初，其意义主要指向社会生活，但是随着社会的变迁，“共同体”的形式与内涵都已经发生了很多变化，不仅出现了“地域共同体”“职业共同体”“利益共同体”“关系共同体”等带有外在取向的实体性的共同体概念，还出现了“情感共同体”“文化共同体”“想象的共同体”等带有内在取向

① 文军、刘雨婷：《从被动工具型到积极自主型：突发公共卫生事件社区防控模式的转变及其反思》，《学术月刊》2020年第11期。

② 吴江宇：《农村社区疫情防控中社会治理共同体的形成机制》，《福州党校学报》2020年第2期。

的隐含的共同体概念。[①] 由此可见，共同体的概念是随着社会发展而不断丰富的。

而将其意义落实到社区层面之时，共同体可以具体表现为组织共同体、利益共同体、行动共同体、超域共同体和情感共同体等五个不同的层面，而前文所述的，上海市的基层社区以及扎根社区的各类社会组织围绕疫情防疫工作，形成的“机制创新—目标聚焦—党建引领—能力提升—氛围营造”的社会治理共同体建设的实践路径，不仅实现了相应层面的共同体建构，也在取得抗疫成效的同时，为疫情防控常态化之后的社会治理提供了坚实基础。而上述具体实践路径的形成，则共同构成了“社区治理共同体建构”这一全新的社会治理实践模式。该模式的形成，也在提供了社会治理创新新思路的基础上，为社会组织更好地参与到社区治理之中提供了思路借鉴。

（一）以机制创新建构社区组织共同体

上海市各社区在突发公共卫生危机应对中，机制创新方面的工作充分体现了“注重常态积累，勇于应急创新”的基本原则，其中，基于“闭环管理”宗旨的“三位一体”联防联控机制和“四位一体”群防群控机制等属于常态管理中的经验累积。尤其在对待境外回沪人员方面，基于上述管理经验，对居民信息进行详细扎实的排摸，实时跟踪，准确掌握了小区居民动向。而“三人小组”工作模式则是应急状态下的创新举措。

可以说，突发公共卫生危机也给机构提出了一个警示，即要在机构发展的过程中注重加强抗风险能力。对于社会组织来说，在应对突发公共卫生危机这一突变的社会环境中，也不得不在原本的机制体制的积累上加以改进和创新。例如，疫情现实下，社会组织纷纷选择快速调整机构及个人的工作节奏：包括在家办公期间，设置明确的日工作计划清单，互相监督，开发出线上抗疫项目，组织大学生志愿者开展各类线上学习辅导和兴趣拓展类活动等。而从社会组织的项目实施进程来看，新冠疫情的到来，一方面可能导致具体的项目实施随时因为突发公共卫生危机而推迟、暂缓甚至取消。另一方面则由于社会组织内部的人员和资源也可能随时需要作为志愿者参与到社区的日常防疫工作中去，社会组织具体的项目实施不得不加快推进速度，严格按照计划推进，以避免因为突发公共卫生危机的反复而中断甚至中止。同

① 文军：《迈向市域社会治理共同体的新时代》，《上海城市管理》2020 年第 1 期。

时，在项目的设计过程中，很多社会组织也不再像以往那样片面地追求大规模、长周期的项目，而是更加注重在实现项目效果的基础之上，因此往往更加偏向于采取居家服务和小组活动。

因此，上海本次的抗疫经验不仅践行了社区治理共同体在组织层面的建构，也为后续相关社会治理创新的工作提供了相应的实践经验和理念借鉴。一方面，上海抗疫的成效离不开长期以来在社区治理方面的努力。尤其是2014年，上海市委一号课题成果《关于进一步创新社会治理加强基层建设的意见》及其配套文件公布以来，治理机制体系与客观现实的契合程度日益深入。另一方面，在重大疫情等公共突发事件的应对中，许多取得实效的工作方法与机制，几乎均为应急状态下的“一次性”文件，其中有许多合理的规定是可以纳入现行制度安排的，以实现各类政策制度安排的有机配合。此外，对于那些可能会突破现行制度的界限的、临时出台的新的机制与工作方法，则应该进一步在学理、法理上梳理清楚，在职责边界清晰的前提下，保持协调性，从而更好地总结和吸纳相应的创新举措，这些对于社会组织的机制创新无疑也是大有裨益的。

（二）以目标聚焦建构社区利益共同体

随着疫情的变化，疫情防控工作先后经历了多个阶段。尽管不同阶段的社区治理目标有所侧重，但是疫情防控一直都是作为行动的主线而存在的。因此，社区内部多方主体的目标获得了前所未有的一致——以疫情防控作为全部工作的重心，社区治理也在“聚焦首要目标，兼顾日常生活”的基本原则之下，展开具体工作。在严守疫情防控关的同时，社区治理工作也着力于居民日常生活秩序的维护。例如，确保日常基本物资的供应、防疫物资的分发、复产复工复学工作等。并且根据疫情的发展，逐步放开相关限制，从而最大限度地减轻疫情对于居民日常生活的影响。也正是由于居民的日常生活被影响较小，他们能自觉减流动、减活动、减聚集，坚守疫情的相关隔离政策成为可能，进而通过目标的聚焦，在一个个社区建构起疫情期间的“临时”利益共同体。

而扎根于基层社区的社会组织正是构成利益共同体的一个重要组成部分。很多社会组织的负责人表示，正是突发公共卫生危机的出现，他们才进一步意识到明确且统一的目标导向对于社区治理工作开展的必要性和重要性。因此，社会组织们积极推动将社区治理的各项目标落实到其日常活动的开展之中，一方面完成既定目标，另一方面通过活动的过程来进一步统一和协调整个社区的民意基础。此外，社会组织还着重于解决社区居民最为关心的急事和大事，进而通过整个社区共同体的认同感的营造，来进一步潜移默化地凝聚社区共识。

需要指出的是，作为共同体的一种，城市社区内各方主体在常态下的目标往往是以满足内部需求为基本导向的，具体表现为对于社区公共利益的关注而维系的共同行动目标。而在城市居民内部的个体化趋势不断彰显的当下，随着突发公共卫生危机的影响逐渐淡去，共同目标的确立和聚焦往往会成为新的难题，因为这将会在很大程度上制约社区利益共同体的形成。因此，在后续的社区治理工作，社会组织有必要在延续当前“聚焦首要目标”的基础上，进一步强化对于日常生活的兼顾程度。而这就意味着，社会组织有必要进一步参与到社区的目标明确的制度化流程之中来。例如，在承接并实现上级下达的各种宏大目标的同时，重新梳理社区协商议事规则，对社区治理体制的相关弊端实现补充，发挥桥梁作用和专业价值，来提高社区公共决策的民主性、科学性、合法性，并在具体的社区治理工作中加以实现，从而将整个社区建构成能够吸纳最广大社会群体公约数的利益共同体。

（三）以党建引领建构社区行动共同体

防疫工作是一场新时代的人民战争，既离不开一线的医护工作者，也需要后方的普通居民贡献出自己的力量。因此，一个统一行动的社区共同体的建构，也必不可少。从社区层面来看，尽管对于“主导式”党建引领社区治理的问题学界也有相关研究①，但是实际上，无论从社会主义的国家性质出发，还是出于现实社会治理成效的考量，党的领导永远都是社区治理工作中必须坚守的红线。而上海疫情防控工作的成效，正是在“坚持党的领导”的基础上，“发动多元主体”共同参与下获得的，不仅在疫情最严重且人手最缺乏的时期，通过“党员突击队”发动各机关党员干部参与基层社区疫情防控工作；更是以各种形式，动员起了社区内隶属不同的党员，充分发挥其社区的本土优势，参与到值班轮守、信息排摸、防疫宣传、物资发放等工作中。而党员的示范带动作用，更是激励了社区内的共建单位、爱心企业，乃

① 陈毅、阚淑锦：《党建引领社区治理：三种类型的分析及其优化——基于上海市的调查》，《探索》2019 年第 6 期。

至普通居民都参与到社区防控工作中来，从而为抗疫的胜利提供了必不可少的人力、物力保障。

笔者在调查中发现，近年来，政府对于社会组织的党建工作的重视程度日益加深，很多社会组织都成立了自己专门的党支部，并且统一挂靠在各级民政局单位的社会组织党支部之下。同时，两新组织有相应的政策倾斜，所以社会组织机构人员的入党需求相对而言更容易得到满足。而党建工作也已经纳入社会组织的招投标、年检、等级评估等标准里面去了。对于党的领导和党建工作的重视，也给社会组织带来了实际工作成效的提升，特别是党建的培训活动，在增强社区治理党建引领实效的同时，也搭建了一个相互沟通学习的平台。在社会组织的实际工作中，通过党建引领，社会组织以依托党组织去吸引和主动了解辖区的党建资源，积极进行对接，从而获得了超越组织本身的资源、场地、服务等公益支持。

综上所述，特殊时期社区的行动共同体建构，离不开以党的领导为核心的多元主体参与。事实上，基层群众的动员工作一直作为我党进行社会治理的手段之一而存在，且蕴含了充沛的生命力。① 有学者曾指出，与政府体系内的各类协调机制相比，依托党建网络搭建的共治平台有覆盖面更广的重大优势，其不仅覆盖了行政体系，还覆盖了事业单位和体制外的各类企业与社会组织。② 而在我国疫情防控常态化之时，党领导下的多元主体动员工作也面临着新的挑战。如何进一步在社会组织之中乃至整个社区中，增强党员模范带头作用、强化社区党组织建设、创新党与社会的沟通互联机制等，将成为今后需要长期关注的课题。

（四）以能力提升建构社区超域共同体

中共中央办公厅、国务院办公厅转发的《民政部关于在全国推进城市社区建设的意见》曾明确指出“社区是聚居在一定地域范围内的人们所组成的社会生活共同体”。因此，社区一直是基于特定的地域而存在的。但是，无论是单位制时期社区居民的不在场，③ 还是城市化时期社区居民的高流动性，抑或是互联网时代居民对于传统社区的去依赖等，都显示着当代城市社区与

① 汪卫华：《群众动员与动员式治理——理解中国国家治理风格的新视角》，《上海交通大学学报》（哲学社会科学版）2014 年第 5 期。

② 黄晓春：《党建引领下的当代中国社会治理创新》，《中国社会科学》2021 年第 6 期。

③ 刘少杰：《新形势下中国城市社区建设的边缘化问题》，《甘肃社会科学》2009 年第 1 期。

物理地域的特征脱钩，成为一个“脱域的共同体”。[①] 现代信息技术的飞速发展使得吉登斯笔下的两种脱域机制，即符号系统和专家系统[②]的弊端得到了意想不到的消解，数字化信息化技术的飞速发展，原本单薄的符号系统变得前所未有的具备时效性和覆盖度，这也就顺带避免了专家系统的内部隔绝，从而使原本脱域共同体中人们面临的资源和知识获取的困境得以避免，并进而推动了一种新的共同体形态——“超域共同体”的实现。

为了更好地应对社区层面“超域共同体”带来的治理挑战，社会组织也必须要在专业化水平上进一步提升。笔者在访谈中发现，很多社会组织为了进一步提升自身的运作效率，不再仅仅依靠自己内部的团队，而是在运营管理上向企业学习，进一步明确职责分工，大力推行标准化、绩效化等效率提升的举措。同时，在具体的专业事务上，积极寻找外部专家支持团队，将非一线工作（例如活动海报设计、公众号的运营、组织出游等），都交给外部的更加专业化、市场化的组织和人士。一线社工现在则专注于负责项目统筹和一线活动的开展。对于他们的能力提升和绩效考核也都只抓这几个最重要的方面，让他们专注于自己最擅长的事情，而不是过多培训社工其他技能，力图使之成为样样通、样样松的“多面手”。此外，在社会组织的实际运作过程中，还形成了诸如善行驿站等很多专门为其他社会组织提供支撑的社会组织，不仅增进彼此之间相互合作，也昭示了社会组织专业化发展和细分的方向。

回到上海市的社区抗疫实践中可以发现，正是相关科技手段的多层次，普遍性运用，诸如云端社区信息化管理平台的建立及其实时更新，基于多部门大数据的“随申码”，以及由商业运营商提供信息并整合打造的“新冠肺炎疫情服务平台”等，不仅极大地提升了日常社会治理的效能，也使突发公共卫生危机背景下这样一个临时性的超域共同体的维系问题得以解决。而在具体能力提升的过程中，社会组织也并不是拘泥于科技手段的运用，而是从管理、实践等多维度来全面实现自身组织能力的提升。因此，在治理能力提升的过程中，坚持“提升专业水平”，是“回应转型困境”——转型期社区的脱域问题，实现超域共同体建构的重要举措。

---

① 黄锐、文军：《走出社区的迷思：当前中国社区建设的两难抉择》，《社会科学》2013 年第 2 期。

② 吉登斯：《现代性的后果》，田禾译，译林出版社，2000。

（五）以氛围营造建构社区情感共同体

情感，尤其是集体情感，对于社会团结及良好的社会机制具有维系力、推动力，而在促成社区共同体的建构方面发挥着重要作用[①]，因而也就成为社区共同体的一个重要层面。尤其是在疫情这样一类公共危机给许多社区居民造成恐慌和焦虑情绪的时候，“让群众更多知道党和政府正在做什么、还要做什么，对坚定全社会信心、战胜疫情至为关键”。[②] 因此，通过“立足信息沟通，把握舆论导向”，从而实现整个社区的有序氛围营造，也是突发公共卫生危机期间社会治理工作的一个重要内容。在调研中可以发现，上海市各社区不仅借助自己搭建的新媒体平台，积极宣传防疫信息和防疫成果，并且以之为工具，实现了与居民之间的实时沟通。更重要的是，还进行了负面舆情的防控工作，从而有效地将可能造成社区恐慌的负面舆情、虚假信息等控制在萌芽阶段，阻止了其进一步发酵。正是这些工作使相关社区一直处于和谐稳定的情感氛围之下，从而为抗疫工作的有序开展提供了保障。

社会组织在这场无形的“宣传战场”上也同样表现出色，并且将这种传统延续到了疫情防控常态化背景下的日常社会治理之中。例如，上海闵行区颛桥晋源社区服务中心一方面利用订阅号、微信群等传播社会组织形象及服务内容，拉进服务对象和社会组织之间的距离；另一方面，积极参与社区自治项目，通过打造自治微空间，让居民受益和认可社会组织。

莫里斯·哈布瓦赫认为，人们通过集体记忆建构想象空间，从而产生与之对应的地方意义和情感。[③] 因此，集体记忆对于建构社区情感共同体的有着重要的意义。2020 年以来的社区集体抗疫，无疑是社区居民社区集体记忆中最浓墨重彩的一笔，而如何通过持续的氛围营造，进一步挖掘社区居民抗疫集体记忆中的积极正向部分，从而实现持久稳定和谐的社区情感共同体建构，将是未来值得关注的一个话题。

---

① 崔露什：《斯宾诺莎情感理论中“观念”的作用及其动态结构》，《求索》2015 年第 12 期。

② 习近平：《在中央政治局常委会会议研究应对新型冠状病毒肺炎疫情工作时的讲话》，《求是》2020 年第 4 期。

③ 莫里斯·哈布瓦赫：《论集体记忆》，毕然、郭金华译，上海人民出版社，2002，第 81 ~ 95 页。

四　突发公共卫生危机中的社会组织：角色转型与研究展望

至此，本文已经以社区治理共同体建构为逻辑主线，总结了上海市发生新冠肺炎疫情至2021年12月这一时期的社会组织参与社区治理的经验，提炼出“社区治理共同体建构”的社会治理新模式及其实践路径。最后，笔者将对研究议题进行简短的总结和展望。

（一）突发公共卫生危机中社会组织的角色转型

突发公共卫生危机的爆发与防控常态化给社区治理工作和社会组织带来了什么，是本文试图探究的一个重要问题。通过调研和相关文献的梳理发现，本次疫情不仅深刻改变了社会环境和社区治理，更使得社会组织面临着角色转型的重大机遇和挑战。也正是这些机遇和挑战，促使社会组织实现了自我成长，从而更好地投入社区治理共同体的建构之中，为社区治理贡献自己的力量。

首先，社会组织的整体发展趋势将从粗放式向精细化转变。突发公共卫生危机在带来重大经济损失的同时，也使得各级政府财政面临收缩，这无疑会对当前以政府为主要扶持来源的社会组织的外来资源带来不利影响。无论是项目数量，还是资金支持都相对于疫情以前有较大规模的削减。因此，社会组织彼此之间的相互竞争关系会变得更加激烈。不同于几年前社会组织数量突飞猛进的粗放式增长，现存的社会组织要更多地思考的问题是如何长久地生存下去。从不利影响来说，一方面，社会组织不得不内部优化，削减不必要的项目，对有限的资源加以更高效的利用；另一方面，社会组织不得不对人员进行必要的精简。但同时，疫情带来的资源紧张也会淘汰掉一些相对专业度不够强、项目运作能力不足的社会组织，让那些聚焦于专业细分市场的、有能力的社会组织获得更好的发展机会。尤其是那些针对社区养老、垃圾分类及特殊群体关怀的社会组织，因为其工作内容与一些行政部门有较为密切的关系，更有机会获得相关部门的专门预算支持。

其次，社会组织与政府之间的伙伴关系将得到进一步强化。第一，一直以来，社区社会组织最重要的资源获取方式都是政府购买服务制度。正是因为突发公共卫生危机压缩了社会组织外部资源的供给，社会组织与政府部门的合作关系得到进一步密切化。这无疑加强了对社会组织工作开展监督与工作成效评估等方面的规范化要求，特别是在一些年检、审核备案工作，重大事项的汇报（项目金额、涉外情况）等。第二，由于政府供给的减少，一些优秀的社会组织为了生存，也开始往外地走、进行商业化尝试，并在服务形式及内容上进行相应的变化与创新。因为政府采购减少，弱势的社会组织被淘汰，专业的社会组织反而能得到越来越多的机会。此时，它们就有了和政府对话的空间，社会服务有望从卖方市场转向买方市场。第三，社会组织在抗疫的社区治理工作中体现出自己的独特优势，并且被政府部门所进一步认可。一是在志愿者和居民动员上，社会组织表现出了较强的社会资源链接能力；二是社会组织的专业性能够对接特定人群，这也促成了它们都在相应的服务群体招募上有相对优势，这将有望提升社会组织的地位。

最后，社会组织的自我认同与社会认同得到了进一步加强。一方面，突发公共卫生危机带来的最大影响除了卫生安全风险之外，还在于对于日常生活的突然打断。因此，很多原本计划好的项目活动很难如期推进。于是，社会组织纷纷对现有的项目运作方式进行改革，尝试让活动由线下转为线上，并考虑到线上沟通的特殊性，相应地调整活动内容。也是通过特殊时期的表现，很多坚持下来的社会组织不仅磨炼了专业技能，更增强了对于自身能力的自信心和所从事事业的自豪感。这也推动了社会组织在疫情之后对于工作成效的进一步强调，以及向专业化、职业化转型意识的进一步增强。另一方面，社区工作人员对于社会组织工作理解的加深，也使得对社会组织的需求进一步旺盛，所以两者直接交流开展工作将会更顺畅。正如上海闵行区颛桥晋源社区服务中心的一位干事所言，之前社会组织的角色定位在于服务对象身边的专业同行者；疫情之后，社会组织不仅是同行者，更是社会环境改善的推动者，对于服务范围之外的公共议题也更具有责任感和使命感。

（二）推进社会组织参与社区治理的研究展望

本研究从社区治理共同体建构模式出发，总结了上海社区在疫情以来的社会治理以及其中的社会组织参与经验，提出了社区治理共同体建构模式的理论基础与现实路径：以机制创新建构社区组织共同体；以目标聚焦建构社区利益共同体；以党建引领建构社区行动共同体；以能力提升建构社区超域共同体；以氛围营造建构社区情感共同体。并在此基础上，进一步提出了疫情防控常态化背景下社会组织面临的角色转型问题以及治理共同体建构从社区向市域，乃至国家扩展的理论可能性。当然，囿于各种限制，还有诸多问题未能深入探讨，笔者期望在后续的研究中予以完善。

首先，本次新冠肺炎疫情的发生将对人类命运共同体、国家与社会，乃至社区都产生不可避免且持续深入的剧烈影响，也促使人们对上述人类生存的要素有了更深刻的新认识，并成为人们生活的一场共同记忆。因此，笔者在后续的研究中，还将进一步深化对“疫情防控常态化”这一历史性概念的研究，并以此为基点，扩展社会治理的研究。尤其是探讨突发公共卫生危机持续作用下，社会组织面临的工作方式的短期应对和长期转向等问题。

其次，在社区内群体高度分化的当下，不同群体之间面临的突发公共卫生危机风险、社会治理目标和路径等都存在巨大差异。这一点其实在前文对于社区利益共同体的讨论中已经略有涉及，但是本研究专注于社区共同体的整体建构，而对于该问题没有详细展开。后续笔者将基于实证调研，进一步细分不同城市之间、城市内部的社区之间以及社区内部不同群体之间等社区治理对象的差异性，并进行相关研究。

最后，社会治理的差异性不仅存在于治理对象之间，也存在于治理主体之间。与很多既有研究一样，本研究最初也仅仅关注到社会组织区别于国家与市场的整体独立性，而相对忽视了其作为社会治理主体的内部差异性。笔者在实际调研中发现，不同社会组织在面对突发公共卫生危机时治理能力的高低、动员能力的大小、治理参与度的深浅等诸多差异，都是决定社会组织能否更好地实现社会治理参与成效的前提。因此，笔者后续还将从现有的架构中，选取合适的标准对社会组织进行分类比较研究，从而更好地刻画出符合社会治理诉求的社会组织特质，并以此作为后续社会组织发展的指导方向。

社会组织参与社区治理的功能与路径

张　冉

社会组织参与社区治理是当前我国完善社区治理体系、推动社会治理创新的重要路径。本文基于实际调查和案例研究法①，针对性探讨了后疫情时代社会组织参与社区治理的功能和实践路径。鉴于基层社会组织包括支持型和实务型两类且两类参与社区治理的方式与特点存有差异，本文二、三两小节将分别针对这两类组织进行社区治理参与的相关研究。

一　社会组织参与社区治理的理论内涵与文献回溯

城乡社区治理是国家治理的基础工程。作为一类重要的社会力量，社会组织在城乡社区治理中发挥着积极的作用。本部分重点对基层治理、社会组织等相关基础知识作系统介绍，以为后文针对性研究提供相关知识基础。

（一）社会组织参与社会治理的理论内涵

1. 研究议题缘起

基层社区是我国社会治理的基础和重心。自 2012 年党的十八大将“社区治理”首次写入报告以来，我国城乡社区治理实践取得了较大进展。此后，2017 年党的十九大报告提出，推动社会治理重心向基层下移。这意味着，基层治理已成为我国各级党委和政府的重要工作内容。在社区层面，社会组织是重要的一类社会力量，其在基层社会建设和社区服务提供上发挥着重要的作用。党的十九届四中全会公报明确提及了包括社会组织在内的公益

① 本文实地调研主要于 2020～2021 年开展。

力量在推进国家治理体系和治理能力现代化中的作用，并在“构建基层治理新格局”中明确提出要发挥社会组织作用。可以看出，党和政府高度重视社会组织在我国现代社会治理体系中的作用。在社会治理重心不断下移的背景下，社会组织在社区治理实践中承担着越来越重要的角色。

然而，自2020年初新冠疫情在全球发生后，作为流动人口频繁活动区域的基层社区毫无疑问是疫情防控的重点区域，而这同时也给城乡基层治理工作提出了更大的挑战和新的要求。社会组织是重要社区治理主体之一，在疫情防控的款物募集、专业服务、志愿者组织、交流合作和助力复工复产等方面具有独特的优势与作用。进入后疫情时代，社会组织将在我国基层治理中扮演着更多角色和发挥更大作用。并且在实践中，中央及各级各地政府部门也逐步加大向包括社会组织在内的社会力量进行公共服务购买的范围和深度，积极推进基层治理的放权赋能、还原社区应有的社会组织功能。

在后疫情时代，基层治理视域下的社会组织需具备哪些功能？其在参与社区治理过程中功能实现还面临哪些问题？将通过什么方式或路径来参与社区治理？这些问题对于我国学者和实践人士来说是一个尚需探索的重要议题。基于此，我们拟对后疫情时代下社会组织参与社区治理进行深入的研究，以期给我国基层治理及社会组织的理论研究和实践操作提供相关借鉴。

2. 基础概念阐释

（1）社区治理的发展

党和政府官方文件中有关社区治理新思想新理念的论述最早出现于2012年党的十八大报告之中，将城乡社区治理阐释为人民依法直接行使民主权利的重要方式之一。2013年党的十八届三中全会提出了“社会治理”新概念，这也标志着我国由社区建设向社区治理的转向与升级。2017年党中央、国务院颁布了《关于加强和完善城乡社区治理的意见》，明确指出“城乡社区是社会治理的基本单元”，确定到2020年基本形成“基层党组织领导、基层政府主导的多方参与、共同治理的城乡社区治理体系”的建设目标。同年，党的十九大提出“推动社会治理重心向基层下移”“打造共建共治共享的社会治理格局”等新思想，为我国社区治理新格局明确了方向，表明我国城乡社区层面将要充分统筹和引导社会各方力量参与社区治理。2019年党的十九届四中全会聚焦于国家治理体系和治理能力建设，提出了“构建基层社会治理新格局”的工作方向，要“健全党组织领导的自治、法治、德治相结合的城乡基层治理体系”。这既强调了党组织在我国城乡社区治理新格局中的领导地位，也强调了我国城乡基层治理体系需要实现自治、法治、德治“三治”的有机融合。在此背景下，中央和地方政府相继颁布相关文件，积极推进和加强基层治理工作。

（2）社会组织的含义

社会组织是以社会与公共利益促进为导向的非营利性机构。按照是否在民政部门登记分为登记和未登记两类。前指是指在我国民政部门合法登记和注册的非营利性机构，包括社会团体、民办非企业单位和基金会；后者主要包括免登记（主要指人民团体）和转登记两类。本文所提及的社会组织主要指在民政部门登记的社会组织。在我国基层治理实践中，参与社区治理的社会组织主要为社区社会组织，即以社区地域为活动范围，以满足社区建设和治理需求为目的的非营利性机构。其中，根据服务对象和运作方式，社会组织可以分为实务型和支持型两类。[①] 实务型又称为运作型，是一类直接为社会组织之外的主体（如政府、企业、人民群众）提供社会公益服务的社会组织；支持型则是那些专门为实务型社会组织提供服务和支持的一类社会组织，主要致力于实务型社会组织的培育与建立并推动其专业化和规范化发展。

支持型社会组织概念最早于2002年由美国波士顿大学教授布朗和坦顿发展性地提出，主要面向其他社会组织提供支持性功能[②]，其特殊性主要体现在服务的间接性，不直接为社会公众提供公益或互益服务。在基层治理参与视域下，我国支持型社会组织可分为以下两类：一是业务线条导向。即在不同业务领域（如青年、妇女等）给实务型社会组织发展提供支持和服务的社会组织。通常，此类组织多由人民团体培育或发起，其业务主管单位常为工、青、妇等人民团体。二是活动地域导向。此类组织多超脱于组织具体业务、共同致力于本地区第三部门发展，为支持本地区其他社会组织而成立的支持型社会组织。在我国一些地区，社区社会组织联合会、社区社会组织服务中心和社区公益基金会便是主要在街镇辖区范围内开展运作并重在支持辖区内的实务型社会组织。总体上，支持型社会组织最为明显的组织特征在于其服务对象的定位，即服务于实务型社会组织，在实务型社会组织的培育、

---

① 张冉：《党建引领社会力量参与社区治理——基于上海浦东新区的实践》，上海交通大学出版社，2021，第38页。

② Brown L. D., Archana K., “Support Organizations and the Evolution of the NGO Sector,” *Nonprofit and Voluntary Sector Quarterly* 21 (2002): 231.

能力建设、业界自治等方面也的确具有突出的价值。

3. 社会组织参与社区治理的实践态势

第一，参与空间范围更为广阔。在当前及未来一段时期内，推进国家治理体系和治理能力现代化的基础性工作重在基层，这意味着将有更多的资源向社区下沉，为社会力量释放更多的社区治理参与空间。换而言之，政府部门会进一步释权放能，为以社会组织为代表的社会力量在社区治理中提供更大参与空间，以形成政府、市场与社会的良性互动局面和基层治理新格局。当然，这种社区治理空间的释放，也将对我国社会组织的数量和质量提出新的要求。为此，近些年我国政府部门积极加大对各类社会组织的孵化和培育，以壮大和丰富社区治理中的社会力量。

第二，参与协作化趋势更为明显。在社区层面，资源整合和服务统筹能力仍显得不足；其中，整体行动能力较弱是疫情中暴露的又一大问题，“九龙治水”的社区抗疫局面凸显。相比以往，后疫情时代下社区治理的主体将更为多元，更强调平等与合作。可以说，形成相互合作协同的社区治理共同体是后疫情时代基层治理的重要特征。在此背景下，在参与社区治理过程中，社会组织需要能够与相关力量充分开展合作并取长补短，以更好地提升社区治理协同效能与水平，最终实现社区治理的“共治”。

第三，参与专业化水平更为关键。在全国抗击新冠肺炎疫情的斗争中，社会组织在款物募集、专业服务提供、组织志愿者、促进交流合作和助力复工复产等方面发挥出独特的优势与作用。然而与此同时，社会组织专业化和自身建设问题也有所凸显。例如，疫情初期，部分公益慈善组织信息公开不及时、不全面、不透明，并出现了捐赠资金下拨慢、捐赠物资拨付不精准等问题，甚至造成了一些负面舆情。此外，尽管不少社会组织积极参与社区治理，但受观念以及人力专业化等方面影响，一些组织在抗疫过程中存在着精准性不足、务实性缺乏等现象。在后疫情时代下，基于社会治理现代化的要求，社会组织应加强组织自身建设，需要紧扣专业，以提高专业化的管理与服务水平。

第四，参与合法性要求更为凸显。近些年，各类社会组织得以生成和发展，社区公益生态体系不断得以优化。然而，在我国新冠疫情发生后的一段时期内，社会组织也暴露了合法性不足的问题。以现行《突发事件应对法》为例，法律条文中缺乏社会组织相关表述，使得社会组织参与应急管理的法律地位不明确，参与渠道和权利义务等方面缺乏可操作性规定，难以对社会组织参与社区应急事务治理给予合理的引导和规范；同时，部分无公开募捐资格的社会组织积极募集医用物资和资金，在抗疫中做出了重要贡献，但根据《慈善法》，上述行为也涉嫌违法。因此，在后疫情时代，我国需要进一步完善社会组织和应急管理相关法律，为推进社会组织合法、有效地参与社区治理营造更好的政策环境。

第五，参与生态体系构建变得更为紧迫。社区疫情防控涉及卫生健康、心理援助、志愿服务、复工生产、群众帮扶等多个方面，需要来自不同类型、不同业务范围的社会组织参与。然而，在此次疫情防控中，我国社会组织的社区公益生态体系显现出不完善这一短板。以社区层面的四类社会组织为例，生活服务类、文体类的数量比重偏高，调处类比重较低，相关专业支持性组织也较为缺乏；活跃在一些街镇的社区社会组织常是一些自娱自乐的社团，在疫情防控中至关重要的健康、护理、教育、法律等方面的专业性社会组织却常处于“不在场”状态。因此，在后疫情时代，我国应加大社会组织培育，健全社区公益生态体系和完善社区公益生态链。

（二）社会组织参与社区治理的文献回溯

本部分拟利用 Citespace 软件进行文献计量分析，从论文发表趋势、核心学者和关键节点文献、研究热点演进等方面呈现了我国社会组织参与基层治理研究文献的基本概况。

1. 研究设计

我国社会组织参与社区治理实践不长，研究成果主要集中于 2021 年底之前的 15 年间（最早一篇核心文献出现于 2007 年）。为此，本文计量分析样本为 2007 年及以后的文献。同时，检索字段包括“社会组织”（或非营利组织、民间组织、NGO）和“社区治理”（或基层治理）。基于上述原则，本文得到文献 968 篇（检索截至 2021 年 12 月 31 日），并进行筛选：一是剔除与研究主题无关的文献；二是逐条审查并剔除新闻报道、信息通告、著作简介等非学术类文章。最终，本文得到 246 篇文献作为分析数据，并基于需要进行研究机构、作者、关键词聚类、时间线图等可视化分析和输出。

2. 文献发表情况统计

一方面，文献发表数量的趋势分析。文章发表数量变化是反映研究进展和趋势的重要指标。从发文时间和数量来看，社会组织参与社区治理研究分三大阶段。一是初始萌芽期（2007～2011 年）。2007 年《理论导刊》发表了该领域首篇文章,[①] 使用“非政府组织”概念来讨论其在社区治理中的角色。此后四五年间研究成果数量仍偏少，年均不足 10 篇。可见，在此阶段学界对此方面研究关注度明显不足，研究处于理论萌芽期。二是缓慢增长期（2012～2016 年）。自 2012 党的十八大提出构建“现代社会组织体制”后，社会组织参与基层治理研究文献开始增长，学科知识逐渐积累，但体量仍然较小，成果数量徘徊于 10 余篇。三是快速积累期（2017 年至今）。2017 年党的十九大提出打造共建共治共享的社会治理新格局。在政策导向下，社会组织参与社区治理研究迎来了高潮，数量快速增长，2017 年达到峰值 65 篇。此后，研究成果数量有所下降，但总体基数仍较大（见图 1），这表明此研究议题已成为基层治理研究领域的热点与重点。

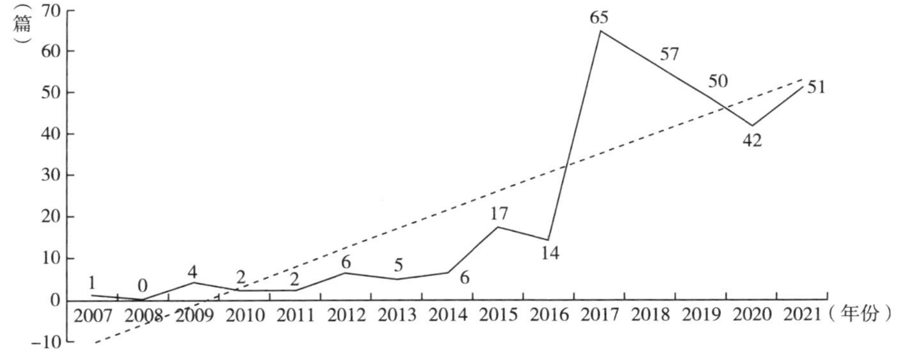

图 1　研究议题的核心期刊发文数量

另一方面，文献发表的研究机构与作者分析。首先，研究机构的共现分析可帮助识别某研究议题的重点研究机构。如图 2 显示，华中师范大学、华东理工大学、南开大学、中山大学等高校是本文研究议题的主要研究机构；研究成果主要集中于政治学、公共管理学、社会学等学科相关的二级学院，这与研究主体力量和文献学科特征有强匹配。其次，基于核心作者的共现分析有助于挖掘和梳理相应主题的研究热点与权威知识体系。如图 2 显示，陈伟东、吴晓林、朱健刚为关键核心作者（发文量为 5 篇），曹海军、高红、吴岚波三位学者次之（发文量为 4 篇），韩冬雪、尹广文发文量也较多，是该领域影响力较大的作者。此外，共现图谱也显示，一些研究机构和作者呈

① 国内最早涉及社区社会组织的核心期刊文献为杨团的《中国的社区化社会保障与非营利组织》，载于《管理世界》2000 年第 1 期，第 111～120 页。

现出了一定的合作关系并构成了该研究领域活跃的学术前沿阵地，但连线较少且未形成多点合作的“网络”，这表明该领域下国内跨机构合作程度不足。

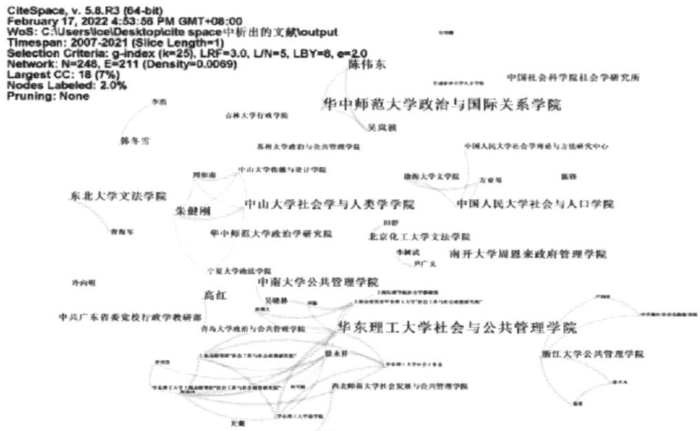

图 2　研究议题的合作作者与合作机构共现网络

3. 研究热点演进分析

为更好地展现研究主题在时间序列的分布及相互关系，本研究使用关键词聚类分析。基于时区分析和关键词聚类图谱（见图 3），我国社会组织参与社区治理研究分为三个阶段且每阶段的研究主题特点显著。

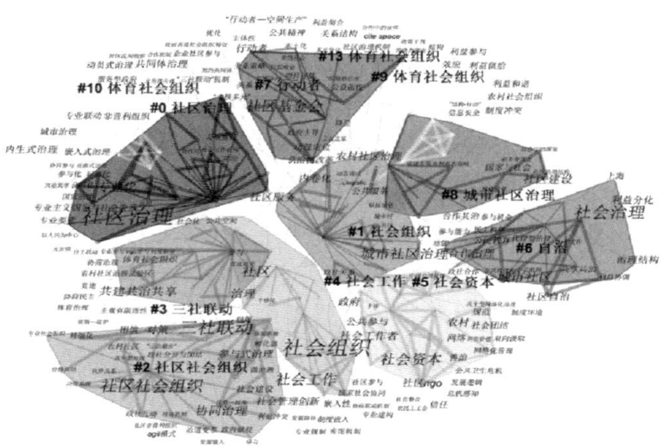

图 3　研究议题的关键词聚类

（1）早期萌芽阶段（2007 ~ 2011 年）。此阶段的突现词为民间组织、治理、公共服务、非营利组织、非政府组织，结合时区分析中所出现的社区社会组织、社区建设、社区服务、功能、成长问题等高频关键词，我们可判断该阶段研究热点主题集中在一些基础问题的辨析如角色与功能，并针对合法性、发展取向及制度环境等议题，初步探讨社会组织参与社区建设的方式与模式。在此阶段，随着我国经济体制改革和社会结构转型的不断深入，城乡社区治理日益复杂化，而社会组织以其灵活性和公益性在提供社区建设中脱颖而出，开始成为重要的社区建设主体，这也引起了学界的关注。当然，在该阶段，非营利组织、非政府组织、民间组织等概念使用较多，直至2007年党的十七大正式提及“社会组织”概念后，“社会组织”一词方在我国政策及理论研究层面得到广泛应用。总的来说，此阶段研究成果相对薄弱且零散，但学者们就基层社会中社会组织角色与作用做了一定探讨，为后期研究奠定了知识基础。

（2）快速增长阶段（2012～2016年）。在此阶段，突现词新增了社区服务，“非政府组织”一词保持了既有的爆发性。结合社区基金会、城市社区、枢纽型、上海市等高频关键词，我们可判断该阶段研究主要集中于社会组织发展及典型经验总结。从历史沿革角度看，2013年是我国社会组织参与基层治理实践的拐点；当年11月召开的党的十八届三中全会提出了创新社会治理新思想，明确指出要推动社会组织参与社区治理。这大大激发了学界研究热情并由此带来了研究成果的逐渐积累。不少研究成果以个案分析为研究范式，讨论社区治理参与的成效与困境，并试图利用治理理论、国家—社会关系理论等西方经典理论来解读社区治理参与背后的中国逻辑及对应的政社关系。此后，随着基层治理实践的深化，社区社会组织这一特定基层组织类型的发展得到了国家层面的重视并同步引起了学界关注，一些学者结合基层治理实践进行了组织培育、枢纽型组织等议题的专门探索。总体上，此阶段研究成果迅速增多，社区社会组织、合作治理等概念得到了广泛接受，但立足于中国情境的理论研究仍未有实质性突破，量化分析也较缺乏。

（3）全面深化阶段（2017年至今）。此阶段出现了“城乡社区”这一反映国家治理战略重点的突现词，高频关键词包括了协同治理、政府购买服务、城市社区治理、农村社区、三社联动、社区营造、社会自治、共建共治共享等带有中国基层治理时代特征的概念。总体上，此阶段的研究视角更为微观与精细，不仅涉及基层治理视阈下社会组织运作模式及与社会关系的刻画，还关注到城市与农村间社区治理场域的异质性。同时，自觉的十九大提出“共建共治共享”创新社会治理新思想以来，部分学者进一步扎根本土研究，如徐珣[①]的“协商联动治理”，及王名和张雪[②]的“双向嵌入”等，一定程度上丰富了社会组织参与基层治理的中国话语体系。从国家政策层面看，社会组织已俨然成为基层治理场域中的一个重要参与主体，但实践上仍存在着应然自治与实然管治的背离。于是，学者们在解读体制、结构等中国国家情境化约束因素的同时，就基层社会组织自主性与参与机制进行了分析。

4. **社会组织参与社区治理的一些研究**

社会组织参与社区治理研究涉及理论内涵、角色功能、方式模式、对策建议等多个方面。限于篇幅，本文选择了参与模式、主要问题和优化路径这三个方面进行简要说明。

第一，参与模式。李广文和李树武将社区社会组织参与治理方式划分为社团共享式、志愿参与式、项目运作式、机构介入式等四类。[③] 在“社会治理”概念代替“社会管理”背景下，合作是社区治理的主基调。因此，社会互构论、[④] 治理共同体[⑤]及双向嵌入[⑥]等论述均强调社会组织与政府等多方合作解决社区问题，联动治理、[⑦] 网络型治理[⑧]等本土治理概念也意蕴着这种合作倾向。进一步，新公共管理运动兴起使得市场化模式如公共服务购买、项目制也成为社区治理参与模式的重要研究点。同时，社区、社会组织、社工“三社联动”为当前我国社会组织参与社区治理的一种典型模式，一些学者

---

① 徐珣：《社会组织嵌入社区治理的协商联动机制研究——以杭州市上城区社区“金点子”行动为契机的观察》，《公共管理学报》2018 年第 1 期。

② 王名、张雪：《双向嵌入：社会组织参与社区治理自主性的一个分析框架》，《南通大学学报》（社会科学版）2019 年第 2 期。

③ 李广文、李树武：《合作中的伙伴关系：社会组织参与城市基层社区治理的关系策略研究》，《中共福建省委党校学报》2015 年第 10 期。

④ 郑杭生、杨敏：《社会互构论：世界眼光下的中国特色社会学理论的新探索》，中国人民大学出版社，2010。

⑤ 郁建兴、任杰：《社会治理共同体及其实现机制》，《政治学研究》2020 年第 1 期。

⑥ 王名、张雪：《双向嵌入：社会组织参与社区治理自主性的一个分析框架》，《南通大学学报》（社会科学版）2019 年第 2 期。

⑦ 李俊清、王浩骅：《农村社会治理联动范式：理论阐释及实践路径》，《中州学刊》2019 年第 8 期。

⑧ 童星：《从科层制管理走向网络型治理——社会治理创新的关键路径》，《学术月刊》2015 年第 10 期。

就其内涵、运行和策略等做了较深入探讨。[①][②] 此外，基于平台型组织（即支持型社会组织）的社区治理模式也获得了一些学者的关注，强调以整合社区治理利益主体为方式，以推进基层共治共建为目的。[③][④]

第二，主要问题。总体上，我国社会组织参与社区治理的困境可表现为制度环境、社会机制和组织建设。一是制度环境。这主要指由国家制度供给不足带来的困境，如顶层设计与地方法治不完善导致社会组织法律地位不明确、政社关系难以理顺等问题。[⑤][⑥] 其中，失衡错位的政社关系是社会组织基层治理困境的根源。[⑦] 此外，街居制的社区管理体制也使得社会组织基层治理空间受限。[⑧] 二是社会机制。即社会组织参与社区治理所面临的社会氛围或支持的不足，如居民的公民意识和公共精神较淡薄、[⑨] 认知合法性缺乏下的不理解不认同。[⑩] 三是组织建设。这主要指社会组织自身存在的问题，如组织定位不清晰、治理结构不合理[⑪]及商业化取向[⑫]等，以及资源缺乏问题如

① 胡小军、朱健刚：《“三社联动”机制下社区基金会的功能与运行逻辑》，《华东理工大学学报》（社会科学版）2018 年第 1 期。

② 徐永祥、曹国慧：《“三社联动”的历史实践与概念辨析》，《云南师范大学学报》（哲学社会科学版）2016 年第 2 期。

③ 李培志：《规范增能与协同治理：推动建设“伙伴式”街道社区社会组织联合会》，《学习与探索》2017 年第 12 期。

④ 郑永君：《社会组织建设与社区治理创新——厦门市“共同缔造”试点社区案例分析》，《中国行政管理》2018 年第 2 期。

⑤ 孟晓玲、冯燕梅：《我国社会组织参与社区治理的模式、困境与路径》，《西安财经大学学报》2021 年第 3 期。

⑥ 谢志强、周平：《社区建设中的社会组织作用研究——以上海为例》，《北京师范大学学报》（社会科学版）2017 年第 3 期。

⑦ 陈科霖、张演锋：《政社关系的理顺与法治化塑造——社会组织参与社区治理的空间与进路》，《北京行政学院学报》2020 年第 1 期。

⑧ 高红、宫雪：《AGIL 框架下社区社会组织的功能系统与提升路径》，《南京师范大学学报》（社会科学版）2018 年第 3 期。

⑨ 谢志强、周平：《社区建设中的社会组织作用研究——以上海为例》，《北京师范大学学报》（社会科学版）2017 年第 3 期。

⑩ 于海利、樊红敏：《社区社会组织融入基层社会治理体系研究——以 C 社区业主委员会为例》，《郑州大学学报》（哲学社会科学版）2021 年第 1 期。

⑪ 向静林：《结构分化：当代中国社区治理中的社会组织》，《浙江社会科学》2018 年第 7 期。

⑫ 田毅鹏、康雯：《街道改革背景下社会组织与街居嵌合治理研究——以“商业从属型”社会组织 Z 中心为例》，《学术研究》2021 年第 4 期。

人才缺乏、[①] 资源不足。[②③]

第三，优化路径。一方面，国家推进路径。理顺政社关系并实现社会治理法治化是我国社会组织参与基层治理的空间与进路。[④] 国家应推进政府转变职能、推进组织去行政化、强化法律保障和组织监管；[⑤] 给予政策倾斜、资金保障。[⑥] 二是社会推进路径。有学者指出，非正式制度是影响社会组织参与基层治理的重要社会环境，[⑦] 基层社区要提升居民参与意识、培育公共精神[⑧]。此外，基层社会内部应打造一个由基金会、枢纽型组织、专业服务机构及自组织共同组成的社区公益价值链，[⑨] 以实现公益生态的整体性治理。三是组织推进路径。这强调社会组织的自主性建设，主要包括强化能力建设、完善内部治理机制、凸显服务功能并强化专业优势等，[⑩] 并且这也是基层社会组织摆脱所组织自治困境的重要手段；[⑪] 同时，社会组织应加强以“对话性”为主导的社区互动，以推进社区嵌入。[⑫]

---

① 谢志强、周平：《社区建设中的社会组织作用研究——以上海为例》，《北京师范大学学报》（社会科学版）2017 年第 3 期。

② 高红、宫雪：《AGIL 框架下社区社会组织的功能系统与提升路径》，《南京师范大学学报》（社会科学版）2018 年第 3 期。

③ 马立、曹锦清：《社会组织参与社会治理：自治困境与优化路径——来自上海的城市社区治理经验》，《哈尔滨工业大学学报》（社会科学版）2017 年第 2 期。

④ 陈科霖、张演锋：《政社关系的理顺与法治化塑造——社会组织参与社区治理的空间与进路》，《北京行政学院学报》2020 年第 1 期。

⑤ 何欣峰：《社区社会组织有效参与基层社会治理的途径分析》，《中国行政管理》2014 年第 12 期。

⑥ 孟晓玲、冯燕梅：《我国社会组织参与社区治理的模式、困境与路径》，《西安财经大学学报》2021 年第 3 期。

⑦ 曾丽敏、刘春湘：《非正式制度对社会组织参与城市社区治理的影响》，《北京社会科学》2021 年第 11 期。

⑧ 何欣峰：《社区社会组织有效参与基层社会治理的途径分析》，《中国行政管理》2014 年第 12 期。

⑨ 朱健刚：《社会实验视域下的社会组织介入社区营造——以一个老城厢社区的活化实践为例》，《河北学刊》2021 年第 2 期。

⑩ 李培志：《规范增能与协同治理：推动建设“伙伴式”街道社区社会组织联合会》，《学习与探索》2017 年第 12 期。

⑪ 马立、曹锦清：《社会组织参与社会治理：自治困境与优化路径——来自上海的城市社区治理经验》，《哈尔滨工业大学学报》（社会科学版）2017 年第 2 期。

⑫ 王名、张雪：《双向嵌入：社会组织参与社区治理自主性的一个分析框架》，《南通大学学报》（社会科学版）2019 年第 2 期。

二　支持型社会组织参与社区治理的功能和路径

支持型社会组织是以实务型社会组织为管理或服务对象的社会组织。近年来，在政治与社会体制改革、社会组织培育和管理方式创新等因素驱动下，支持型社会组织作为一种新兴组织形态逐渐兴起。① 本文从新冠肺炎疫情防控角度出发，研究支持型社会组织参与社区治理的理想功能并对其未来发展进路提出建议。

（一）支持型社会组织参与社区治理的功能分析

1. 支持型社会组织参与社区治理的主要功能

（1）枢纽传递功能

这主要指聚合社会组织、构建协作网络并联结政府部门与其他社会主体的功能，其主要表现为沟通协调和信息传递两方面。一是沟通协调。社会组织规模偏小、社会影响力有限，社会话语权较小。通常，支持型社会组织多由公益行业资深人员创立或地方政府主导成立，具备较强影响力和号召力，拥有较广泛的关系网络和社会资源。于是，支持型社会组织能促进社区内共同声音的形成并可有力地组织基层社会组织开展治理行动。借助自身的合法性优势，支持型社会组织向政府反映相关诉求并参与相关政策制定。② 二是信息传递。支持型社会组织扎根社区，能够发挥信息上传下达的枢纽功能，扮演好党政部门与社区社会组织之间信息沟通的桥梁角色。并且，支持型社会组织具有信息优势，掌握着较详细的基层信息如服务类型、组织规模、受益群体等。在政府购买服务中，支持型社会组织可以实现政府部门服务需求与社区社会组织服务供给、社区实际需求与社区社会组织服务供给的双重对接。③

（2）业界管理功能

这是指支持型社会组织以第三方角色，对实务型社会组织进行“管理”

---

① 祝建兵：《支持型社会组织的生发机制探析》，《理论月刊》2015 年第 4 期。

② 沈荣华、鹿斌：《制度建构：枢纽型社会组织的行动逻辑》，《中国行政管理》2014 年第 10 期。

③ 徐双敏、张景平：《枢纽型社会组织参与政府购买服务的逻辑与路径——以共青团组织为例》，《中国行政管理》2014 年第 9 期。

的功能,[①] 换言之，是一种“NGO 管理 NGO”的功能呈现。一是事务性管理。由政府委托或授权，对社区社会组织的登记、机构设置、制度建设、项目运行等进行指导、监督与管理。在社区层面，社会组织联合会、社会组织服务中心等常会被街镇政府部门授予孵化、培育和管理辖区社区社会组织的相关权责。例如，浦东民政局发布的《关于加大培育发展社区社会组织的实施意见》（浦民〔2018〕179 号）指出，社区社会组织服务中心的组织定位之一就是承接政府转移事项，以承接预警网络建设、社会组织年检、群团备案、信息公开等事项为重点，接受委托购买的过程管理。二是行业性管理。又被称为业界自治功能。在公共危机事件发生时，政府部门常会动用行政力量来应对危机，但不可避免会存在协调失衡、反应滞后等情况，这会给一些组织开展非法活动留下空间。会员广泛性、结社自愿性等特质使支持型社会组织能够有效协助政府部门进行广泛的行业动员与监管，减少政府部门管理投入，并可动员和引导更多公益力量参与社区应急治理。

（3）资本支持功能

在基层社会，支持型社会组织扮演着资源平台的角色，为其他社会组织参与社区治理提供支持。一是人力支持。志愿者是社区治理中的核心资源，而支持型社会组织较强的资源链接功能可发挥人力引流作用。例如，在疫情防控中，境外输入压力越来越大、一些国际化社区对小语种志愿者需求较高，而上海陆家嘴社区公益基金会依托其志愿者资源组建了多个志愿者团队，形成了与政府协同治理的有机嵌入与良性互动局面。二是财力支撑。依据资源依赖理论，社区社会组织依靠支持型社会组织提供的资金支持，有利于建立多元资源渠道。例如，广东省千禾社区基金会发起“社区互助防疫——千里马行动基金”项目，为积极参与抗灾互助的个人或公益组织、志愿团体提供小额资金。可以说，支持型社会组织通过运用财力资源撬动社区互助，提升了社区韧性。三是物力支援。在此次疫情防控中，我国不少支持型社会组织及时收集各类抗疫需求信息，确定社区抗疫情况与需求，搭建平台来对接抗疫资源。总体上，相比科层制管理模式的政府单位，支持型社会组织更为灵活，能构建起更广泛的社会网络并推动社会资本培育，促进社区自主运转与资源整合。

① 钱坤：《从“管理”走向“服务”：枢纽型社会组织的实践困境、功能转型与路径选择》，《兰州学刊》2019 年第 11 期。

（4）专业服务功能

这主要是指面向社会组织提供战略与管理咨询、法律咨询、财务托管、信息技术等专业性服务。优势视角理论认为，支持型平台应充分挖掘自身和社区的优势与潜能，将优势正常化和资本化。[①] 在此次疫情中，不少社区社会组织呈现能力不足的问题，如可持续发展与应急能力欠缺。然而，通过专题培训、咨询指导等方式，支持型社会组织能够助力实务型社会组织能力建设、内部治理优化、组织制度完善和项目运作优化等，进而推动社区治理效能。例如，于2012年在浦东民政局注册成立的上海复恩社会组织法律研究与服务中心是一家典型的专业服务类支持型社会组织，其不仅专注于社会组织法律研究，还为社会组织提供专业法律支持及法律教育等服务。

（5）培育孵化功能

初创型公益性组织常亟须建设完整的标准工作流程及相关资源输入体系以搭建组织活动载体，从而将组织理念转变为具体实际行动。支持型社会组织恰好是这一孵化性需求的回应者，这主要表现为：一是协助获取合法身份。不少支持型社会组织由地方政府部门推动成立，天然具有行政背书，一定程度上能代表政府向准社会组织行权。二是助力组织能力建设。在实践中，支持型社会组织如社服中心提供的培训内容较为广泛，涉及公益法规、内部治理、资源获取、项目运营与创新发展等多方面，有助于基层社会组织成长。三是推进组织项目开展。实践中，支持型社会组织常为草根社会组织提供项目开展的相关专业服务。例如，作为社会组织孵化器，上海恩派会为经过初筛的社会组织提供必要的功能服务，如场地设备租用、能力建设、咨询服务、资金帮助、信息分享和宣传。

总体上，上述是支持型社会组织的主要功能，具体内容如表1所示。

表1　后疫情时代支持型社会组织参与社区治理的功能样本

功能导向	组织类型	具体功能		典型案例	后疫情时代特征
枢纽传递	社服中心	协调传递	沟通协调 信息传递	塘桥社会组织服务中心	党建功能增强 动员功能增强 地区联合增强

① 王嘉渊：《支持性社会组织的平台化趋向：发展局限与路径选择》，《学习与探索》2020年第6期。

续表

功能导向	组织类型	具体功能		典型案例	后疫情时代特征
业界管理	社联会	规制发展	事务性管理 行业性管理	静安区社会组织联合会	合法性资源供给 业界自治性强化
资本运作	社区基金会	资源整合	人力支持 财力支撑 物力支援	陆家嘴社区公益基金会	筹款方式社会化 平台效应凸显
专业服务	专业型社会组织	能力建设	战略咨询 个性服务	上海映绿公益 事业发展中心	更重视专业能力 更重视预警网络
孵化培育	综合型社会组织	综合服务	身份获取 能力建设 项目开展	上海恩派	常态协作网络构建 数字化能力加强

2. 后疫情时代支持型社会组织参与社区治理功能的组织比较

作为共同助推社区建设的支持型社会组织，社区社会组织服务中心、社区社会组织联合会和社区基金会在社区治理中的定位存有明显不同，分别强调党建引领、能力建设和资源整合，并在其定位下开展面向社会组织的各类管理与服务活动。

（1）公益生态链中的位势分析：资源整合方式如何

社区基金会具有天然的筹资机制，能引导辖区内外资源向社区输送。作为处于公益生态链中上游的支持型社会组织，社区基金会应向偏资助型的基金会方向开展组织建设，成为社区建设和公益项目的资源流，应主要通过集结社区内外资源来向需要帮助的社区人群提供援助。当然，链接社会资源并非意味着只是资金筹集。在实践中，一些社区基金会常主办一些项目以助力社区建设，但这种项目运作本质是链接辖区内外各类资源，引导社会力量参与社区共治。

作为一类社会团体，社联会是一类会员制组织，其资源行动导向主要是面向其会员（主要为社区社会组织）的资源整合。当然，社联会的资源整合权能不仅源于会员大会的权力委托，整合的资源也并非限于会员资源，更重要的是，其将成为我国城乡社区社会组织的党建枢纽，通过发挥党建统筹来引导各类社会组织参与社区治理，推进党建引领的社区共治体系建设。与前两类支持型组织不同，社区社服中心主要受街镇政府部门委托开展社会组织的管理与服务工作，较少对外开展资源整合。即使涉及资源对接，其多以协助政府的形式，通过对社会力量的主体培育或引导专业机构来服务社区。

综上，社区基金会主要是一个基于社会资源“输送”的上游支持型组织，社区社联会是一个基于党建资源“联结”的中游枢纽型组织，而社区社服中心主要是一个基于行政资源“管理”的中游枢纽型组织（如图4）。

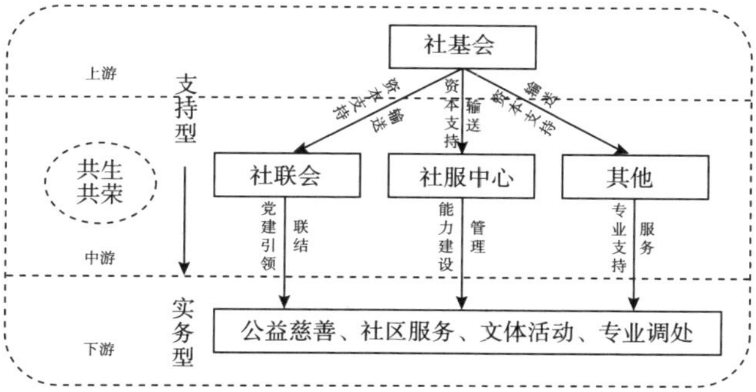

图4　社区社会组织公益生态呈现

（2）政社互动中的位势分析：行政化倾向如何

中国社会转型的实际决定了政社关系是理解支持型社会组织在社区治理中位势权能的重要关节点。受到中国社会管理体制影响，相比于社基会和社联会，社服中心更需实现体制内的“吸纳”并嵌入政治生态中，以获取组织运作所需的合法性资源。实践中，我国各地街镇社服中心的形成和运作多是源于政府职能转移工作的推进，因而，其对社区社会组织的行权实施也多是一种自上而下、政府部门让渡的具有一定合法性的管理权限。我国多数社区社联会和社基会虽由政府部门推动成立，但其在后期运作中更强调社会化和市场化特征。例如，社联会承担着对会员社会组织运作的约制与管理，需要“规范社区社会组织行为，实施行业自律自治”，而社服中心主要工作则在于“协助政府开展社会组织规范管理”。相较而言，社基会更强调社会化运作，主张通过广泛的社会网络嵌入来获取社会资源。除部分由企业（如深圳桃源居集团李爱君女士发起成立的深圳桃源居公益事业发展基金会）推动成立外，我国社基会多由政府部门推动成立，在成立初期具有较强的体制内资源依赖特点。然而，这并不表明其对政府资源的绝对强依赖性及行政化特征。例如，浦东新区洋泾社基会的启动资金400万元源于政府的财政资金，然而，自2013年成立之后，该基金会每年有上百万元的资金通过居民动员、企业捐赠和互联网众筹等体制外渠道获得。

总体上，社服中心偏向行政化导向，而社联会和社基会则更强调社会化运作，并分别表现出行业导向和市场化运作导向，其社会性与行政性趋势如图5所示。

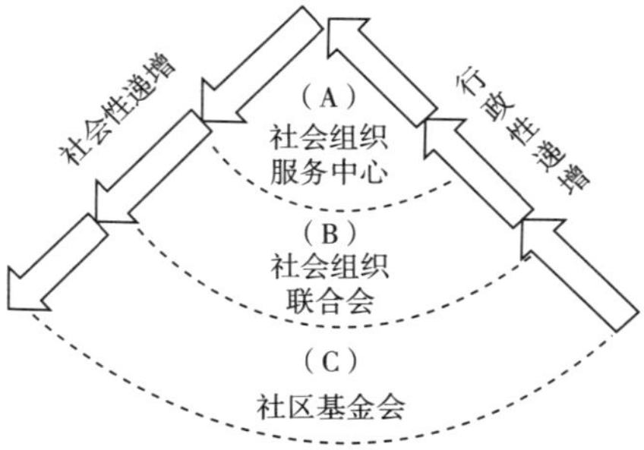

图5　政社互动中社区三类支持型社会组织位势

（3）社区服务中的位势分析：工作指向是谁

在社区层面，社服中心、社联会和社基会构成了基层社会组织运作的“三社”支持体系，但其服务或管理对象却有一定差别。其中，社联会与社服中心服务（或管理）对象较窄，主要以社区社会组织为主。从组织生成溯源角度看，社服中心存在的主要目的是社会组织培育孵化与能力建设，主要管理或服务的对象为注册类社会组织，如负责街镇社会组织招投标平台购买服务规范工作、指导社会组织年检及公益活动开展等事宜。当然，街镇社服中心还承担街镇政府部门所委托或转移来的其他事项，如备案类社区社会组织（即群众活动团队）的指导与管理工作。作为一个组织联合体，社联会的工作指向主要是在民政部门登记注册的社会组织，除机构会员外，有时也会吸纳一定量的个人会员如备案类社区社会组织的带头人。与之不同，社区基金会的存在价值在于推进社区公益事业发展，其工作指向对象较为泛化，包括社区社会组织、捐赠人及辖区工作和生活群体（特别是贫困家庭和受灾居民）等。社区基金会的存在价值不仅在于重塑基层治理的资金使用机制、创新社区资源分配形式，也在于对居民群众参与基层治理与社区发展的有效、合理引导。[①] 因此，面向辖区工作与生活群体的社区倡导也常是社基会的重要工作内容，尽管社会倡导并未直接涉及资源筹集，但间接上通过社区精神重塑为社会资源动员提供基础。

① 徐家良：《社区基金会与城市社区治理创新》，《社会政策研究》2019年第4期。

总体上，支持型社会组织工作指向对象较为多元，包括政府部门、专业机构、社会组织及其他单位（如高校），与利益相关者形成了一个较为多元主体的社区治理生态（如图6）。

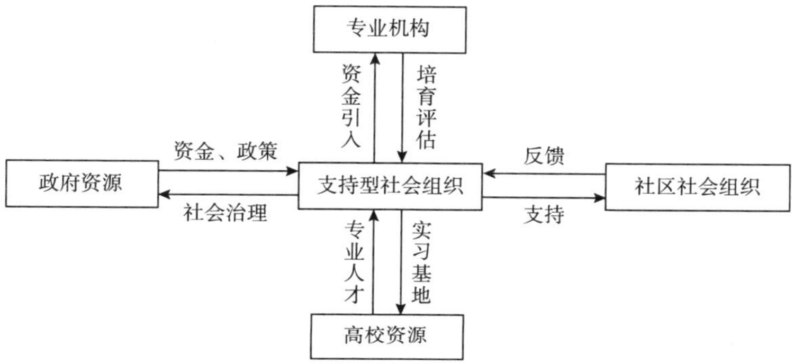

图6　利益相关者视角下支持型社会组织参与社区治理生态

（4）总结与讨论

尽管三类支持型社会组织的服务目标都是提升社区治理效能，但其在社区公益生态体系中所处位势存有差异，承担的主体责任也不太相同。社基会处于社区公益生态链上游，多采取市场化运作，通过整合和链接社会资源来服务社区；社联会强调党建枢纽功能，呈现公益行业（会员）导向化特征，通过整合业内资源和促进供需对接来服务社区；社服中心则在街镇政府部门委托下开展社会组织的服务与管理来促进社区治理力量的壮大。功能定位与价值取向上的差异，使得支持型组织能避免基层治理生态位重叠问题，在社区治理生态系统中实现共荣共生。①

值得注意的是，在公共危机治理不同阶段，支持型社会组织所扮演的角色有所区别，政府部门等利益相关者对其角色期待也存有差异。② 例如，在疫情初期，防疫不确定性强，基于理性和科层决策的政府占主导作用，支持型社会组织主要角色是沟通协调与信息传递，号召鼓励社会组织参与行动并向政府传递社会组织参与救援信息等；在疫情发展期，在获得危机信息及政府认同后，其重点发挥资源整合与联动协作作用；在疫情防控常态化期间，

① 刘耀东：《中国枢纽型社会组织发展的理性逻辑、风险题域与应对策略——基于共生理论的视角》，《行政论坛》2020 年第 1 期。

② 徐顽强、张婷：《公共危机治理中社会组织的角色审视与嵌入路径》，《郑州大学学报》（哲学社会科学版）2021 年第 6 期。

其需重视疫情带来的次生灾害和服务需求，通过项目化方式引导其他社会组织发挥作用并加强业界自律。总体上，支持型社会组织功能发挥需把握时机，根据社区治理需求的变化而动态地调整自身的核心功能（如图7）。

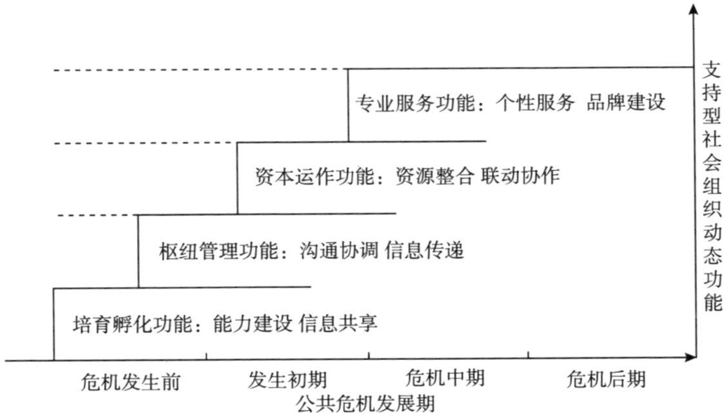

图7　支持型社会组织动态功能与公共危机发展适配

（二）支持型社会组织参与社区治理的实现路径

1. 打造支持型社会组织良好的外部条件

（1）争取政府支持、创建良好制度环境

政府支持对于支持型社会组织的发展至关重要。社会组织与政府间不是行政隶属甚至二元对立关系，而是合作伙伴关系。在政府职能不断转变和深化的今天，支持型社会组织需通过了解政府工作方向及基层热点议题来生产并提供适宜性服务、打造满足民生需求的项目，以获得政府更多信任和支持。同时，从人力资源角度来看，政府部门需对其工作人员赋能，培养一批关心公益事业、了解公益机构运作且富有敏锐问题意识和长远目标观念的工作队伍，以给社会力量提供更为切实的支持与帮助。此外，相较实务型社会组织，支持型社会组织登记注册更为困难。为此，政府部门应给予相关政策便利或鼓励，提升其组织合法性。例如，我国可从政策层面上进一步明晰社会组织类型划分，建立与支持型社会组织相关的支持政策体系如登记注册和税收优惠政策；出台相应法规政策，确立支持型社会组织与政府、市场的关系，以保证支持型社会组织在其运行过程中的合法性和自主性，为其可持续性发展创造良好的制度环境。

（2）加强惩戒力度，营造多元监督环境

随着政府职能转变，我国政府逐渐由公共服务直接提供者变为宏观政策制定者、公共服务购买者及绩效评估监督者。因此，在扶持和培育支持型社会组织发展的同时，国家不能忽视对其的监管与规范管理。在社区层面，部分支持型社会组织承接了政府职能并因此拥有了超越一般社会组织的特殊权力，易在社区建设中出现权力寻租、腐败的现象。未来，我国可通过以下两方面来强化监管。一方面，加强惩戒力度。作为一类平台型组织，支持型社会组织的违规违法对社会负向影响程度更大。实践中，政府部门可通过增加违法成本的方式来反向增进组织合规行动的氛围。另一方面，健全监管体系。政府部门可对支持型社会组织有针对性地完善相关监督机制并建立规范化建设及绩效评估体系；尝试引入第三方评估，避免年度报告形式化；采取多元化监督，完善综合监管体系（如公民、舆论监督等）等。

（3）促进“公益创投”常态化，打造完整投资环境

对于支持型社会组织而言，无论要发挥社区治理参与功能，还是明确社区公益生态系统中的位置，资金经费来源都起到决定性作用。2016 年民政部出台的《关于通过政府购买服务支持社会组织培育发展的指导意见》提出要“采取孵化培育、人员培训、项目指导、公益创投”等多种途径和方式，促进社会组织的发展。目前，公益创投是一种创新的社会组织支持模式，为社会组织生态系统注入了令人振奋的活力，为公益生态圈的持续健康发展提供了驱动力。① 当然，在社会治理主体多元化背景下，传统的政府单一供给模式已无法适应多元化的公共服务需求。除政府支持外，支持型社会组织需积极开展社会化和市场化运作，利用自身社会影响力和公信力来募集公益资源，并且也可利于调动社会各界支持公益事业的热情。当然，社会化并非意味着政府做“甩手掌柜”，政府也可通过加大政策优惠及宣传力度来鼓励和引导社会力量支持社区治理、营造良好的社区公益投资环境。

（4）构建与实务型社会组织间合作机制，建构协同关系环境

作为基层社会中的重要的社会力量，支持型社会组织可借鉴公共价值的管理范式，进行供给侧的结构性改革，与实务型社会组织间建立起良好的合作机制。其中，选择有潜力、有意义的实务型社会组织展开合作是有效支持

① 徐双敏、张景平：《枢纽型社会组织参与政府购买服务的逻辑与路径——以共青团组织为例》，《中国行政管理》2014 第 9 期。

的第一步。[①] 在此基础上，支持型社会组织可实现以下三方面的合作推进行动：一是构建组织间的信任与默契。实践中，支持型社会组织需重视与实务型社会组织间平等友好关系的构建，多开展一些共同参与的社区建设活动以构建起良好的协作基础。二是构建常态化沟通机制。支持型社会组织可针对社区治理议题建立专题性的沟通机制或渠道，分门别类地对社区公共应急管理内容设定专题并以制度化的形式固定下来；建立起特殊时期专门沟通方式如微信沟通群、实时腾讯会议等，以避免信息不对称现象。三是建立成果共享机制。在社区治理实践中，两类组织间应构建成果共享的激励机制，通过成效的可视与共享来增强各自组织的成就感与合作的动力，从而实现共赢的目标。

2. 优化支持型社会组织的内部发展体系

（1）完善支持型社会组织的内部治理结构

支持型社会组织能力建设的关键是培养组织自主能力、突破行政化困境。这就需要完善组织内部管理、构建科学合理的内部治理机制。具体而言，可以从以下几方面着手：一是建立制度化、程序化、规范化的管理制度，通过内部机构改革来建构和完善组织自我管理、自我约束的机制，如考虑建立专委会以规范和推进会员单位的专业化、联合化的社区治理行动。二是树立明确的支持目标和战略方向，根据内外环境变化不断地进行调适，如社区基金会可根据组织成长阶段调整相应的发展目标与组织功能。三是进行组织内部各部门权责的定位与调整，建立清晰的权力清单并避免权力责任重合现象的出现。四是明确在社区治理生态中的位置，避免生态位重叠。

（2）加强支持型社会组织的人才队伍建设

人才是支持型组织持久发展和提供高质量服务的基础，也是其组织功能实现的载体，为此，组织需要建立起一支综合素质高、专业知识精、职业水平高的人才队伍。具体而言，支持型社会组织可通过以下措施开展建设：一是优化货币化激励体系如组织内部员工的收入和福利待遇。尽管属于不以利润最大化为目标的非营利性机构，社会组织也需要考虑货币化激励，以召集一批具有良好的专业技能、知识素质和职业精神，以及高学历、专业化的创新型人才。二是优化非货币化激励体系。如基于更多授权的管理参与、弹性的工作方式等，

---

① 张荆红、丁宇：《互依联盟何以可能？——中国枢纽型社会组织与国家之关系及其改革走向》，《北京师范大学学报》（社会科学版）2018 年第 6 期。

给予人员适当的试错机制及更大的权力与空间。三是营造人才的良性社会环境。即增进全社会的公益意识，提高社会对公益事业的包容与理解，为社区公益事业从业人员创造良好的工作氛围并以此提升其职业认同感。

（3）提升支持型社会组织的社会筹资能力

资金是组织运作的前提，为此，支持型社会组织需要吸引社会多元的投资主体、建构多样化资金输入渠道。为维持事业开展所需资源供给的持续性，支持型社会组织应与资助方建立长期稳定的合作伙伴关系。社会组织需要引入多元多轨的资金，减少对政府的依赖，实现组织自主性和独立性。[①]同时，政府部门可利用制度措施激励社会各界为支持型社会组织募捐，拓展支持型社会组织的资金来源，在此基础上，支持型社会组织则应有效地利用募集来的资金向社会提供资助人和受益人都满意的产品和服务，从而通过提升服务复购率来形成良性循环的资金支持体系。

（4）拓展支持型社会组织的机构类型谱系

富有生命力的公益生态系统需要有多样的支持型社会组织。结合中国基层社会实际，未来可着重从以下两方面拓展支持型社会组织类型：一方面，推广具有区域特色的组织孵化器模式。公益孵化器是我国培育中小型社会组织的有效模式。迄今为止，国内不少城市打造了各类的公益孵化器，培育了一大批社会组织，促进了社区社会力量的壮大。当然，像上海恩派这样的典型孵化器不应简单地被复制，需在对社区需求进行充分研究基础上推广适合当地基层社区的社会组织孵化器。另一方面，建立更多的伞状联盟型社会组织。通过政府部门的职能转移推进，将更多的社会性、专业化、公益性的事务委托给这类组织，是破除社会组织行政化困境的利器。从现状来看，支持型社会组织在基层社区治理中显现了积极的价值，但其组织数量还远远不够，未来需要进一步加大针对此类组织的孵化和培育力度。

（三）支持型社会组织参与社区治理的单案例行动分析

1. 案例研究对象介绍及代表性说明

（1）研究对象介绍

L社区公益基金会成立于2015年，是一家由街道办事处发起，爱心企业、

---

① 王诗宗、宋程成：《独立抑或自主：中国社会组织特征问题重思》，《中国社会科学》2013年第5期。

媒体和公益人士共同组建的社区非公募基金会。在成立时，L 社区基金会注册资金为 100 万元，全部源于街道办事处。L 社区基金会的服务宗旨是整合资源、培育公益、造福社区百姓和助推社区发展。总体上，该基金会收入分为筹款、服务收入、保值增值和政府补助四个方面（成立以来资金收入来源情况见表2）。其中，定向筹款收入为主要收入来源；服务收入主要来自政府购买服务、为企业提供服务及一部分参访收入；保值增值是基金会利用资金投资理财的收益；政府补助主要来自财政部门的专项补助。

表 2　L 社区基金会资金收入来源基本情况

收入＼年份	2016	2017	2018	2019	2020
捐赠收入（元）	277168	999806	1010213	2152102	2588409
提供服务收入（元）	171262	445146	224796	422686	约 700000
政府补助收入（元）	193200	/	/	60510	约 130000
投资收益（元）	/	/	/	22524	约 57000
其他收入（元）	4020	7021	8484	9021	/
总收入（元）	645650	1451973	1243493	2666843	3499864
捐赠收入占总收入（%）	43	69	81	81	74

在制度建设方面，L 基金会参考了商业领域内的优秀企业与公益领域业内成熟基金会的经验做法，结合自身实际制定了包括《信息披露制度》《档案管理制度》《项目管理办法》等在内的一系列管理制度，保证了基金会运行的规范性。① L 社区基金会成立几年以来，其市场化运作程度、社会化资源获取能力、基层化动员能力等方面还需进一步提升，然而其在以社区需求为导向的基础上，较好地扮演了社区公益支持枢纽的重要角色，逐渐形成了一个汇聚各方力量参与社区公益服务的平台，成为所在街道的一张慈善“金名片”。

（2）案例代表性说明

之所以选择 L 社区基金会为本文案例分析对象，主要原因是：第一，L 社区基金会自成立起，在短短几年内经历了资源收入由单一变多元，社区服务的角色和功能更加显著的成长演化过程。第二，L 社区基金会是当前中国

① 丁倩：《社区基金会参与社区治理的本土化实践——基于上海陆家嘴社区基金会的样本分析》，《党政论坛》2020 年第 3 期。

社区基金会发展模式的一种典型代表。我国社区基金会有政府主导型、企业主导型和居民自主型三类，其中，在我国像企业主导型如桃源居公益事业发展基金会和居民自主型如蛇口社区基金会并不多见，行政力量推动下成立的社区基金会是主要的基金会类型。L 社区基金会为上海浦东新区第一家非公募社区基金会，经 6 年多发展已形成了较为成熟的运作模式，因此，对其发展演变的研究有助于为其他广大行政主导型社区基金会提供发展模板。

2. L 社区基金会参与社区治理的现实路径与行动逻辑

（1）遵循能力建设逻辑、奠定政社协作治理基础

在基层需求日趋多元化的背景下，由于其贴近社区居民的地理优势，社区基金会能更好地理解民众的诉求，协调各方利益和化解社会矛盾，然而这些目的的实现需要依托坚实的组织能力。第一，多元化的治理结构。社区基金会要广泛汲取社会资源，这要求其构建有效的社区社会网络。在成立伊始，L 社区基金会形成了相对独立和完整的内部治理体系，治理架构由理事会、监事会、专业委员会和秘书处构成。其中，理事会为决策机构，由 11 名热衷社区公益事业且在社区具有较大影响力的企业、社会组织、政府部门代表及居民代表组成组织。来自各行业、各领域的代表为社区基金会汇聚资源、动员社会参与提供了重要的保障。第二，职业化的团队建设。社区治理涉及多方面的理论知识和实践经验，而目前基层社会组织工作人员普遍存在文化素质不高、工作方法陈旧的问题。在实践中，多数社区基金会大多无专职人员，多由社服中心或社联会的工作人员兼任。然而，L 社区基金会秘书处成员全部为专职人员（由街道通过购买服务方式支付基本工资）且拥有硕士研究生及以上学历，这为基金会运行的独立性和专业性提供人力基础。实践中，L 社区基金会定期组织专职人员参与沙龙、论坛、培训等各种活动，实现人才的“一岗多能、一人多用”，努力打造“小而全”“小而能”的职业化团队。第三，规范化的制度建设。规范化的制度和流程是社会组织长远发展和服务有效供给的基础。L 社区基金会以内部善治为基础，制定了涉及项目运作、慈善捐赠、信息公开、人事管理、文书管理等多项制度，推动社区基金会科学规范、合理合法地开展各项社区治理活动，增强了组织的公信力，为深耕社区建设和发展奠定基础。

（2）遵循社会参与逻辑，激活社区治理就地资源

居民的广泛参与是社区治理的生命力，是实现社区建设目标的根本动力。然而，我国基层治理实践普遍存在着居民总体参与率低及参与程度浅的

问题，其原因在于居民较少参与社区事务的决策和管理，难以形成较高的社区认同感。为此，社区基金会需积极发挥其天然“亲民”优势，通过多元化的组织和动员来提升居民的社区认同，激发居民参与社区建设的活力与热情。一方面，创造条件引导居民多渠道、多形式地参与社区事务。社区基金会应把居民需求融入项目中，让民众从社区治理客体升级为社区治理主体。L 社区基金会通过家门口的“社区微更新”“任意门”等活动，吸纳社区居民建言献策、参与建设，不断增强居民社区主人翁意识。另一方面，助力“三会制度”建设，保证居民的决策权和参与权。“三会制度”是上海市基层民主实践的一种创造，由事前听证、事中协调、事后评议构成，是居民意见表达、社区矛盾调处和公共事务监督的主要渠道。为此，L 社区基金会积极推进“三会制度”建设，将社区公共议题与基层三会制度有机结合。同时，为提升“三会”的实操性，2019 年《陆家嘴街道三会操作指导及案例集》正式发布；2020 年陆家嘴街道启动了三会标准化实训工作，并通过 L 社区基金会社区治理创新研究院为三会建设提供智力支持。总体上，L 社区基金会通过助力三会建设，为居民自治注入持续的动力，提升基层协商治理水平。

（3）遵循本土需求逻辑，引入外部资源服务社区治理

公益创新是新议题解决和服务效能提升的重要手段。社区基金会本身就是社会创新的结果，通过一种新的组织形态来解决社区发展中出现的新问题。一方面，关注社区新问题，以深度调研助推社区创新，切实做到“新而实”。社区是一个多元复杂系统，为此社区基金会这类自发性和民间性的组织需以一种内化的方式渗入社区治理版图中。对于社区基金会而言，只有坚持“社区中心”导向、挖掘社区主体的需求点，才能更好地创新社区服务。实践中，L 社区基金会通过定期走访、问卷调查、沙龙讨论等形式，及时了解辖区居民、企业等主体的新需求，以项目形式开展社区营造和公益活动，受到社区街道、企业和居民的高度认可。另一方面，广泛学习和交流，不断吸收项目新想法、工作新方式。L 社区基金会定期参与各类公益交流活动、沙龙论坛等，与政府、企业、社会各单位展开学习探讨，不断完善组织管理、项目运营思路等。

（4）遵循平台化逻辑，助力基层治理新格局构建

作为社区治理主体之一，社区基金会可充分发挥其平台型组织的特殊优势，协调各方力量并提升多元共治的效能。第一，发挥枢纽作用和亲民优势，搭建共建共治共享平台。一方面，社区基金会可由上至下将政府政策路

线传达给相关受众，在矛盾发生前进行疏解；另一方面，社区基金会可以由下至上从民众中收集诉求、吸纳建议，搭建社区共治平台。例如，L社区基金会定期举办“江畔沙龙”活动，选取社区治理难题为议题，邀请社区各方代表聚焦议题、探讨解决方案并形成议题共识。总体上，基于共治的协商议事平台使得社区自组织力量与政府及其他多元主体共同构建了一个有序的治理网络。第二，以项目为依托，建立多元合作的伙伴关系。社区是一个共同体，辖区内各主体息息相关，而项目化则是基金会整合社区资源、推动居民自治、促进社区融合等的重要工具。因此，社区基金会应创新项目组织形式，既要引导居民以提案的方式参与社区治理的创新实践，也要关注辖区单位参与社区治理的责任感和认同感，以激发社区各主体参与社区治理的活力。例如：L社区基金会以老旧小区公共空间改造为切入口，通过“社区营造”项目建立多元合作关系；联合居民、企业设立社区营造专项基金，引导社区居民参与志愿活动。第三，成立社区创新研究院，吸纳社会智慧。社区基金会既要深耕社区，也要面向社会，吸纳新思想，挖掘新路径。2019年，L社区基金会成立了社区治理创新研究院，设立特聘研究员、驻会研究员等职位开展社区治理创新相关研究，为社区治理创新提供智力支持。在实践中，通过设立专业型智库，社区基金会这类支持型社会组织能有效落实其培育公益、助推社区发展的理念和宗旨，搭建社区实务工作与研究工作的交流平台，助推社区治理实践创新。

三 实务型社会组织参与社区治理的功能与路径

实务型社会组织又称为运作型社会组织，是直接面向社区提供社会公益服务的非营利性机构。如无特殊说明，本节中的社会组织主要指实务型社会组织。

（一）实务型社会组织参与社区治理的功能分析

1. 实务型社会组织参与社区治理的主要功能

社区治理是一个多主体参与、多向度的上下互动过程。整体而言，社会组织在社区治理中发挥着创新社区公共服务、协调基层社会矛盾、生产社区社会资本以及推动社区经济发展四大功能（如图8）。

（1）创新社区公共服务

在社会治理进程中，由于具备开放性、志愿性和灵活性，社会组织能灵敏

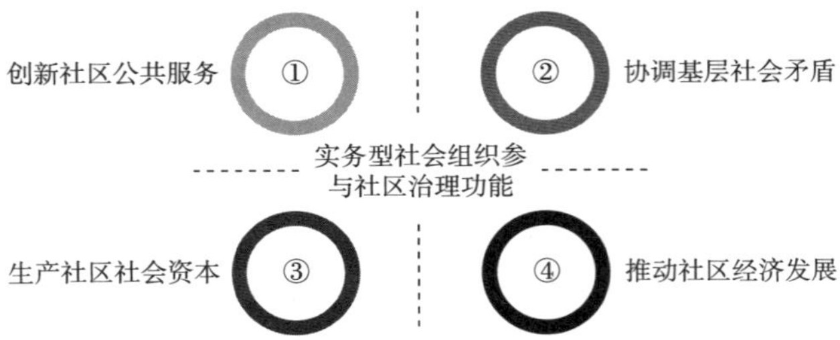

图 8　实务型社会组织参与社区治理的四大功能

而精准地捕捉到基层多样化需求并提供专业化服务，能承担政府部门不该做或做不好、企业愿意做却未必有效的社会事务，以弥补政府失灵和市场失灵。[①]基层社会组织能够根据居民具体需求和现实情境调整服务供给方式，使之更符合基层现实并为居民所接受，从而实现社区公共服务的供给创新。[②] 例如，作为上海第一家专注认知症这一领域的社会组织，上海尽美长者服务中心以建立健全社区认知障碍全流程服务模式为抓手，逐渐探索出了一套基于社区的一体化的认知症整体解决方案，通过资源整合创建出认知症友好社区的服务品牌，获得上海多个社区居民的支持。再如，塘桥社区物业服务社依托党建联建工作机制，协调并整合社区的条块资源，创新了潮汐式停车建议方案即整合居民小区白天的空闲车位和商务楼晚上空闲的车位，集中居民和驻区单位的力量共同解决停车难的问题，促成各种社会力量共建共治，实现社区服务的创新。

（2）协调基层社会矛盾

随着社会治理重心向基层下移，基层社区逐渐成为现代文明生活和互动的主场域，但不可避免地会导致各利益群体之间的矛盾激化和爆发，因而社区调解工作的重要性迅速提升。然而，调解工作与不同群体的利益直接相关，其调整的中立性、客观性和权威性极易受到质疑。作为与政府、市场并行不悖的第三方力量，社会组织具备更强的中立性和专业性，能够在基层矛盾化解、维护基层社会稳定、促进基层治理良性发展等方面发挥重要作用。[③]其中，调解工作室是一类典型的社区社会组织，其职能定位为调解居民矛盾

① 陈潭：《第三方治理：理论范式与实践逻》，《政治学研究》2017 年第 1 期。

② 徐增阳、张磊：《公共服务精准化：城市社区治理机制创新》，《华中师范大学学报》（人文社会科学版）2019 年第 4 期。

③ 黄婷：《共建共治共享语境下社会组织协同参与基层社会矛盾治理研究》，《农村经济与科技》2020 年第 5 期。

纠纷、营造和谐安全社区环境。鉴于调解工作的专业化要求，调解室工作成员多为具备法律背景的专业人士，在社区内有较高威望和说服力。从基层实践看，社区社会组织可成为社区不同群体间矛盾化解者与协调者，以其专业知识和调解服务来促进社区不同群体间的沟通与和谐相处。并且，社会组织可及时、准确地把民众要求和建议等集中起来转达给相关部门，或把政府政策意图传达给居民，从而形成一种组织化和制度化的表达方式并发挥出第三方的“中介效应”，促进社区和谐发展。

（3）生产社区社会资本

社会组织是单位制解体的条件下党和政府联系社会的重要途径，在社区层面搭建社会网络、形成社会资本。一方面，整合社区内外资源。社会组织不仅能使社区内闲置的资源得以有效利用，还可整合街镇辖区内外各类社会资源，进而丰富社区资源种类和渠道，推动资源为本的社区发展。例如，浦东塘桥社区物业服务社通过加强党组织建设，将党建资源链接至社区；与物业企业成立联合党支部并签订“推进物业服务企业与居民沟通联系”的共建协议书，构建各主体之间的平等对话协商机制，促进社区共建共治。另一方面，促进居民参与社区治理。社会组织专业社区服务的有效提供需要充分的社区动员即社区志愿者的大力协助，而这必然会促进居民的参与、增进居民间的信任并促进社区社会资本的形成，[①] 而这一过程也可以实现向居民赋权，增强社区凝聚力。通过开展各种贴近居民需求的社区活动并发动居民参与，基层社会组织可将社区中分散的力量凝聚起来并促进社区社会资本的积累。

（4）推动社区经济发展

社会发展视角的提出者曾指出，社会和经济的发展构成了一个硬币的两面。在社区层面，社会组织在促进社会资本形成的同时，也利于经济增长和社会氛围营造。从经济发展角度来看，社会组织可吸纳就业困难人员或下岗职工；通过提供职业技能培训，切实提升就业困难人群的就业能力。例如，上海乐爱社工师事务所成立于2012年，除就业技能、康复训练等培训外，还针对残疾人的求职需求开展了心理咨询与疏导、工作推荐会等，以改善社区残障人士生活方式，提高他们的生活质量。在基层社会建设中，街镇商会具备统战性、经济性和民间性，能够成为社区经济发展的新引擎，既实现了辖

① 毛佩瑾、徐正、邓国胜：《不同类型社区社会组织对社会资本形成的影响》，《城市问题》2017年第4期。

区企业的信息交流、能力建设、关系协调和权益维护，又促进了企业与社区的合作共治。

总体而言，实务型社会组织类型多样、功能多元，能够在社区治理各领域中发挥相应优势。当然，上述四项功能只是基层实务型社会组织的通用性功能，社区治理具有复杂性的特点，更多的治理领域及更多社会组织功能仍待挖掘。

2. 后疫情时代实务型社会组织参与社区治理功能的价值取向

进入后疫情时代，社会组织功能的价值取向也会产生变化，这主要表现在党建引领、社会协同和科技支撑三个方面（如图 9）。

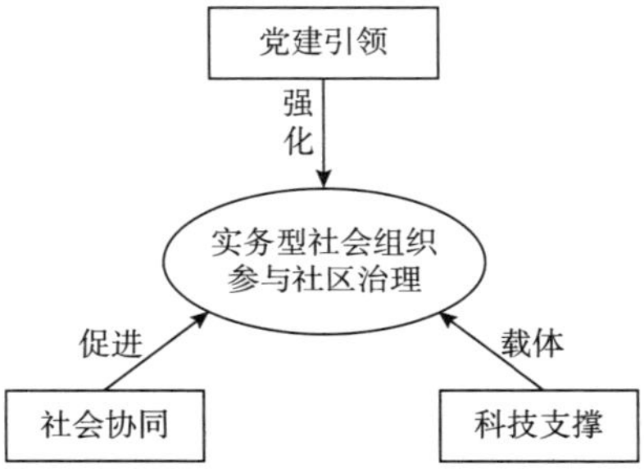

图 9　后疫情时代实务型社会组织功能的价值取向

（1）党建引领作用进一步强化

第一，党建引领推动社会组织创新服务供给。其一，可有效整合各种社会资源，这将能够为社会组织发展汲取能量与资源，促进社会组织自身的能力建设。其二，可有效吸引治理精英，进一步提高社会组织的专业性。党建引领可把社会组织领导人或精英人士纳入制度化渠道、结构化平台或国家组织体系之中，实现党的意识和目标在社会组织的直接嵌入，并通过吸引一些优秀共产党员加入组织来为组织发展提供人才支撑。其三，可实现党组织活动与社会组织发展紧密结合，在创新党的政治教育方式的同时，社会组织通过贴近居民需求开展党建活动，并提高居民对社会组织的认可。

第二，党建引领促进社会组织调节基层矛盾。一方面，可以促使社会组织贴近群众需求开展党组织活动，形成群众合力。通过党建引领，社会组织可深入了解、密切关注职工群众思想状况和实际需求，创新思想政治教育方式；通过党建带群建、群建促党建，发挥工会、共青团、妇联等群团组织作用，从而促进群众和谐相处。例如，2020 年新冠肺炎疫情初期的居家隔离期间，亚英调解室由党员带头为居民提供心理疏导服务，在促进居民心理健康方面发挥了积极作用。另一方面，可以帮助社会组织吸纳社区人才，增强基层矛盾化解的专业力量。党建引领可以帮助社会组织构建社区联系网络，发现和培养一批“社区领袖”“社区能人”“新乡贤”等，提高居民联动社会组织和参与社区治理的主动性和积极性，通过结合本土力量和专业力量，提高社会组织化解基层矛盾的效率。

第三，党建资源强化社会组织生产社会资本。一方面，可以帮助社会组织实现资源获取和转化。社会组织通过党建获得某种政治赋能，从而获取较多的政治和社会资源，提高自身资源禀赋并将这种资源转化成社区所需资源。实践中，社会组织通过区域化党建、社联共建等方式，整合社区内各职能部门和驻区单位的资源，这不仅为社会组织自身提供发展资源，而且可以有序地打造社区共治网络，加速社区社会资本的形成。另一方面，可以构建“社区—社会组织—社会”等多元主体的工作交流机制。实践中，社会组织可定期邀请党建专家、社区党建实务人士、社会组织党建工作者及其他热心社区建设的社会人士参与社区发展议题讨论，既促进社区居民自治，又可黏合不同社区群体间关系，促进社会资本的形成。

第四，党建引领催化社会组织推动经济发展。一方面，可以实现以党建为指导，推进经济主体发展。通过区域或行业党组织以及经济类社团如行业协会、街镇商会的双重组织作用，形成区域内企业抱团取暖的双重保护，尤其在因疫情经济受创的背景下，这对于区域经济发展具有积极的促进作用。另一方面，可以实现以党建促会建，创新会员服务和基层合作。通过党建引领的作用，基层商会可以联合街道、基层党组织及企业构成治安维护、劳动保障、税款缴纳、项目建设、民生需求、融资服务等集成性服务，同时促进基层社区治理和企业经济发展，在因疫情经济受创的艰难的背景下仍然能够集成多方力量推动社区经济。

（2）社会协同促进多主体协同共治

首先，社会协同有助于创新社区公共服务。虽然社会组织可凭借自身的专业性与对社会需求的灵敏性精准捕捉居民需求，提供有效的社区公共服务，然而单个组织的力量是有限的，组织间协同具备多主体来源的广泛性、生活面向的多维性，能够及时回应居民需求。例如，在新冠肺炎疫情期间健康码提高了防疫便利性，但其广泛应用对于无法及时适应智能生活的老年人却是一种困扰。上海市健康服务社主动面向社区老年人开设了智能手机使用、健康码申请等培训活动，并吸引社区内居家上课的学生及成功学会的老年人积极参与教学培训当中。

其次，社会协同有助于协调复杂的利益关系。一方面，社会协同可以畅通基层社会的利益表达渠道，最大限度地联系各方力量，加速政府主张与居民利益诉求之间的传递和表达；通过交往、沟通、协商，社会协同能够最大限度地联系各方主体，以对社区治理达成更多共识，使“交往”理性价值最大化，化解基层矛盾。① 另一方面，社会协同以合作、协调等手段与方式对各种利益群体进行调节，通过各类组织之间协同效应的践行，可以促进基层社会结构的调整、实现基层社会秩序的有序化、最大限度地减少社区建设的阻力、增加社区建设的和谐因素，② 最终使社区治理的水平快速达到并超过新冠肺炎疫情前的水平。

再次，社会协同能够快速构建社会网络并积累社会资本。社会协同通过平等讨论、批判的过程实现社区公共利益，这将深深影响基层社会伦理规范的重塑、社区公共精神的倡导。例如，上海市健康服务社与其他社会组织和志愿者团队开展合作，通过专业技能或自有资源的互换，实现资源共通共享并弥补自身能力不足。另外，社会组织与高校或科研机构合作也可促进其生产社区社会资本功能的发挥。例如，上海市乐爱社工服务社、手牵手生命关爱发展中心等组织的理事成员大多为高校或科研机构的专家学者。社校合作既可为社区治理引入专业力量，也可为科研人员提供研究素材，而这一过程也将有效促进科研机构、社会组织及社区间沟通网络的建立。

最后，社会协同促进社会组织推动经济发展。在新冠肺炎疫情出现以来，以协会商会为主的经济性社会团体（如街镇商会）通过协助企业复工复产、协调与落实惠企政策、针对企业发展困难开展政策倡导等措施，帮助企业走出疫情阴影、实现稳步发展。商会的这些行动既履行了作为互益性组织的基本职能，也激发了会员企业的社会责任感。因此，在后疫情阶段，商会应进一步发挥社会协同机制，引导更多辖区会员企业参与社区治理，形成共建力量，以共同推动社区经济复苏和发展。

---

① 黄徐强、张勇杰：《技术治理驱动的社区协商：效果及其限度——以第一批“全国社区治理和服务创新实验区”为例》，《中国行政管理》2020 年第 8 期。

② 李培志：《城市基层社会协同：社会治理创新的视角》，《东岳论丛》2015 年第 9 期。

（3）科技支撑为社会组织功能发挥提供载体

其一，科技支撑促进社会组织创新社区公共服务。科技支撑在新冠肺炎疫情期间推动社区公共服务创新主要体现在：社会组织充分利用新媒体如微信、微博等了解居民需求，并依此有针对性地制定服务方案，而居民也可通过数据化的平台进行反馈。例如，塘桥街道搭建线上平台，让社会组织服务“围绕居民转”。借助此平台，社会组织可以分析居民提出的服务需求，依照需求梳理和设计相关项目，同时，居民也可以参与社会组织服务绩效评价过程中，使得社会组织的服务更加精准有效。

其二，科技支撑帮助社会组织创新矛盾化解手段。传统的社会组织参与化解基层矛盾的方式多以事后化解为主。在新冠肺炎疫情期间，线下活动受限，线上培训、分享和宣传成为基层矛盾预防的重要手段，于是，基层矛盾的化解从事后调解转为事前预防与事后调解相结合。例如，亚英调解室在新冠肺炎疫情期间建立了微信群，调解员会在群内分享法律知识并在线上直播针对居民的法律知识教学，帮助居民提高法律素养，避免因法律知识缺乏而可能爆发的基层矛盾。可以看出，科技支撑有利于实现社区公共服务内容与形式的创新，并可提升基层矛盾化解的效率。

其三，科技支撑促进社会组织生产社会资本。由于信息技术扩大了社会交往的边界，社会组织服务不再局限于一定地理范围的社区内部。基于科技手段，社会组织可加强网络联通和资源共享，从而汲取更多外部资源并将之输入社区治理当中并转化为社会资本。例如，“浦东 i 党建”App 将整个浦东新区的党建资源、治理信息等内容进行了整合，为社会组织参与社区治理的信息公开、统筹调度资源、党员教育培训、公众监督评估等提供了有效抓手。

整体而言，科技支撑下的信息技术将助于社会组织了解社区居民需求、提供创新性社区公共服务、整合社区资源、生产社会资本，并为社区居民监督社会组织发展、了解社会组织服务提供新的路径。进入后疫情时代，社会组织发挥自身功能的方式将产生变化，由原来的行政支持和传统线下服务向党建引领和信息技术服务转变，这种转变是外部情境推动与社会组织自身转型的结果。

（二）实务型社会组织参与社区治理功能实现中的困境分析

1. 政府层面：政策法规不完善，管理制度有待健全

在社区参与实践中，社会组织与其他治理主体关系密切，并在很大程度

上受到外部资源的影响。[1] 目前，尽管社会组织参与社区治理作用逐渐被重视，但其发展仍缺乏完善的制度保障。

首先，政策法规不够完善。政策法规是社会组织存在与发展的前提和保障。虽然政府部门出台了诸多政策来推动社会组织发展，但不少政策效能仍不足。以政府购买服务为例，上海市浦东新区起步较早，2007 年便颁布《关于政府购买公共服务的实施意见（试行）》及《关于促进民间组织发展的若干意见》，以此来促进社区社会组织发展。然而，一些政策法规在实践中仍缺乏相关配套措施如规范化的监督管理和激励保障机制等，这使得社会组织的实践参与未达预期。此外，在疫情防控方面，社会组织参与社区公共卫生应急管理的制度边界较模糊，相应法律法规不健全。例如，《突发事件应对法》为突发事件的治理提供了科学的制度架构，但未将社会组织纳入“其他单位”行列，对于政府与社会组织合作的相关问题也未进行明确规范；于是，尽管社会组织能够在疫情防控中发挥积极作用，但这一过程却缺乏法律依据。

其次，外部管理制度不够健全。政府管理制度是规范组织运作、推动组织发展的保障。在社区疫情防控实践中，现存制度模糊了社区社会组织参与社区治理的权限范围，与其发展相适应的制度安排明显不足。虽然各地政府部门都在鼓励和引导各类社区社会组织依法、有序地参与社区治理，但过于关注参与过程的规范性和秩序性，忽视了对参与社区治理的考核与奖励。

最后，社会组织监督管理体系不健全。不同类型社会组织的“项目运行监管”与“组织发展监管”标准不一，有的社会组织与政府关系密切、获得政府资源较多，但也存在政府监管过多、行政干预过度的现象，而这也将弱化社会组织的自主性与独立性；还有的社会组织是草根型社会组织，与政府关系较为疏远，所受到的政府监管较少，但这也易引发“志愿失灵”问题。

整体而言，社会组织参与社区治理的政策法规和管理制度不够完善，这将导致社会组织的发展走向两种极端。其一，主动依附于政府以寻求发展资源，导致政府过度的行政干预。这类组织在组织结构、财政运作、管理方式等方面依附于政府，并逐渐成为政府职能的延伸，造成“组织行政化”或

---

① 杰弗里·菲佛、杰勒尔德·R. 萨兰基克：《组织的外部控制：对组织资源依赖的分析》，闫蕊译，东方出版社，2006，第 2 页。

“组织外形化”。[①] 例如，部分社会组织通过承接政府购买服务项目而获得政府资助，与政府间表面看似是平等的合作关系，实际上则具有浓厚的行政化色彩。一些基层政府部门利用政策法规及行政管控来指导并管理社会组织，自上而下的管理模式抑制了社会组织的参与度和参与效果。其二，与政府关系较为疏离，导致组织难以发展。对部分自主成立起来的社会组织，政府的重视不够、支持力度不足，进而引发对社会组织扶持的政策环境缺失、资源供给不足等问题。特别是对于一些草根型社会组织，其组织身份的合法性难以得到官方认可，缺乏政策法规与管理制度的保障，无法获得有效的行政支撑，一定程度上挫伤了基层力量参与社区治理的积极性。

2. 社区层面：组织公信力不足，社区支持力度偏低

在社区层面，一些社会组织获得的社区支持不足，这主要体现在以下两大层面。

第一，社区公共精神的缺乏。社区公共精神是居民关注社区公共事务并参与社区治理的理念，其内涵主要包括信任、合作、互惠、团结、诚实、宽容等。[②] 拥有公共精神是构筑社区共同体的根基。然而，伴随着市场经济与信息时代而来的是原子化的社区相处模式。换言之，社区出现人际淡薄、责任意识与奉献精神缺乏的不良倾向，团结共建、合作互惠机制尚未形成，社区缺乏公共精神。在治理实践中，部分社会组织行政化运作倾向较为明显，缺乏与社区居民群体需求和情感的链接，导致组织在参与社区治理中的“悬浮化”现象。社区公众则视部分草根组织为“非正式组织”，质疑其资源获取与参与治理的能力，缺乏对此类组织的认同感。

第二，社区治理文化未能建立。社会组织需要充分发挥自身的动员作用，鼓励社区居民参与自治，使居民真正成为社区的治理者和决策者。然而，在多数社区，居民自主意识淡薄、社会组织工作配合度低，这导致社区自治文化难以建立，社会组织功能发挥难度加大。一方面，除少数社区精英、社区能人外，多数社区居民抱有被服务者的意识，缺乏参与社区治理工作的认知和能力。另一方面，多数居民对于“共同体”概念缺乏认识，参与社区建设的权利义务意识淡薄。于是，不少居民不愿参与社区治理，对社会

---

① 田凯：《组织外形化：非协调约束下的组织运作——一个研究中国慈善组织与政府关系的理论框架》，《社会学研究》2004 年第 4 期。

② 汪杰贵：《论我国农民自组织公共参与意识的培育》，《天津行政学院学报》2017 年第 6 期。

组织的配合度和支持度较低，导致社会组织的社区行动力和治理力不足。

3. 组织层面：治理结构不成熟，能力建设尚需加强

第一，内部治理结构不完善。虽然我国一直倡导发挥社会组织在社区治理中的积极作用，但是将社区治理置于新冠肺炎疫情情境下，大部分社会组织参与公共卫生应急管理的实践经验较少，导致其在抗疫期间参与度不足，治理成效有限，其重要原因在于社会组织自身建设及内部治理问题。实务型社会组织兴起时间短，相对较“年轻”。虽然社区社会组织在注册登记后都具备独立法人身份，但多数小型机构在治理实践中并未建立法人治理结构。其中，部分行政依附性较强的社会组织为了维持组织合法性而依相关要求建立了完备的内部治理架构，但理事会等在实际运营中无法履行好各自职能，成为名副其实的“橡皮图章”。另外，受到较少行政干预的社会组织，在精英带领下自下而上地生成，既缺乏良好的行政指导，又带有浓厚的精英治理色彩，使得组织决策权和监督权受限，负有不同权能的组织架构在治理精英的威信下无所适从。故而，社会组织要么听从行政指令、贯彻落实；要么负责人集权，呈现单一命令性决策模式，这都制约组织参与社区治理的成效。

第二，社会组织专业化队伍建设不足。作为政府失灵和市场失灵的弥补机制，社会组织具备政府和社会难以比拟的一些优势，但这也意味着社会组织必须提供精准而专业的服务。就实务型社会组织而言，不同类型组织各有擅长领域与所需专业技能，然而，公共卫生应急管理是一个涉及全方位、多层次、众领域的治理活动，理应集合不同组织的专业成员，形成覆盖一致并全面的专业治理团队。在实践中，就组织属性而言，我国多数社区都未成立专门从事公共卫生应急管理领域的社会组织；就组织人才结构而言，多数组织的成员呈现高龄化、非专业化、低学历化的特点，这与社区公共卫生应急管理所要求的即时化、专业化、创新化不一致。整体上，大多数社会组织的成员入职后缺乏系统化的学习及新知识的培训，原有的专业知识难免跟不上治理时代变化的步伐，从而抑制了社会组织参与治理的成效。

第三，社会组织管理理念不够科学。管理理念是组织未来发展的导向，影响着组织的管理行为及实践参与举措。近些年，随着政社关系的重构，我国社会组织自治化和社会化程度不断提升。然而，在实践中，有一些社会组织（特别是那些自上而下生成的社会组织）在运作中仍表现出较强的行政化和官僚化倾向，在组织行动和社区治理实践中也易表现出“家长主义”色彩，管理理念缺乏与社区的对接。相比较，自下而上生成的草根社会组织要嵌入当地的社会网络以获取资源并寻求发展，其组织管理者也因此需持更为开放与创新的思维。当然，在组织内部治理机制不健全情况下，领导者个人能力突出也易衍生“人治”管理倾向，并可能带来社会组织的“内部人控制”现象或决策失误的结果。

在后疫情时代，结合前述分析，为推进实务型社会组织参与社区治理，我国需要从政府、社区和社会组织三个层面进行功能呈现方面的困境的消解。限于篇幅，本文不再进行相关建设提出；并且，第二节有关支持型社会组织功能的实现路径也可提供相关参考。为促进知识生产并避免内容重复，下文拟从“制度支持—专业行动”的角度来呈现实务型社会组织参与社区治理的实现路径。

（三）实务型社会组织参与社区治理的实现路径

目前学术界针对社会组织参与社区治理开展了大量探索，重点集中在对社会组织在社区治理中的功能、治理难点以及治理对策的探讨。关于社会组织参与社区治理的路径，学者们较多从制度影响和组织行动两大视角开展分析，前者关注以外部制度为主的环境要素，如宏观社会管理制度、国家与社会关系、合法性等对社会组织参与社区治理的影响；后者关注社会组织本身的能动性，如行动意愿和行动能力。

就现有研究来看，制度影响和组织行动视角均能对社会组织参与社区进行理论解释，但关注的问题各有侧重，并未完全解释社会组织参与社区治理的全貌。从关注的重点来看，制度主义视角强调外部要素对社会组织施加的影响，注重静态的外部形塑；行动主义视角则强调社会组织本身在社区治理中的功能发挥与主观能动性，注重动态的内部建构。[①] 另外，已有学者试图将两种不同视角加以融合，这些研究已然意识到制度环境与行动之间的相互弥合作用，但是这些分析多以单案例研究为主，囿于方法论本身的缺陷，局部经验研究容易陷入以偏概全的思维误区。从单一维度或单从某一案例出发无法对社会组织参与社区治理形成体系化的认知，也难以解释社会组织参与的差异性模式及其背后的差异性解释。为了全面探析社会组织参与社区治理的模式，本文选取了“制度影响”和“组织行动”中的“制度支持”和“专业行动”两个维度对社会组织参与社区治理的模式进行类型学划分（如图 10）。

① 王诗宗、宋程成：《独立抑或自主：中国社会组织特征问题重思》，《中国社会科学》2013 年第 5 期。

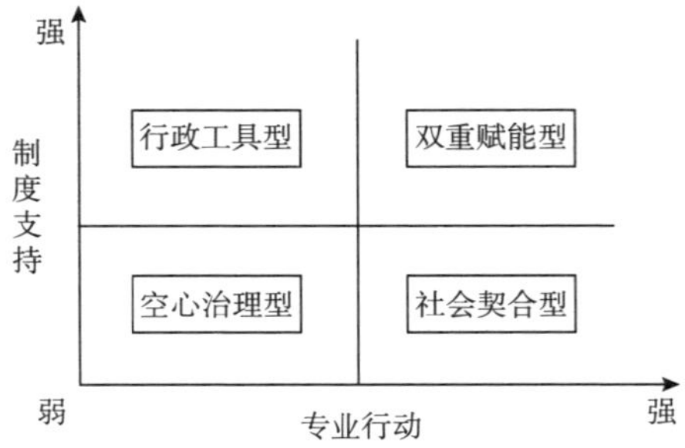

图 10　社会组织参与社区治理模式的类型划分

制度支持。为社会组织生存于制度环境之中，制度对社会组织的影响是既约束又助力。① 从取消部分社会组织的双重登记制度开始，到发挥社会组织在社会治理共同体构建中的作用，党政部门越来越重视社会组织的功能以及对社会组织的支持。因此，制度支持更符合当前社会组织的生存发展环境。本文所指的制度支持主要是社会组织所获取的源于党政部门的制度支持，重点从两个层面加以衡量，一是社会组织合法性的获取，二是党政部门对社会组织的资源支持，这是政社关系的重要体现。但是源于制度层面的支持可能存在强弱程度的差别。

专业行动。专业行动利用科学的、理性的、严密的、工具性的解决问题的途径，其理念源于专业主义。从定义上看，专业主义是运用普遍的、科学的知识和方法应对问题的严密性的方式。② 从特征上看，专业主义逻辑重视决策的合理性，并通过使用专业知识和技能为公众提供有价值的服务，③ 专业人士是其主要载体。④ 专业主义在社会治理领域的应用中，将社会组织视为用其知识解决复杂社会问题的专家，能接受各自专业理念与专业方法的指导。⑤ 在一定程度上，组织层面的专业主义等同于专业化。结合专业主义的特点，本研究主要从内部治理结构、专业人才队伍的调整以及外部专业化的

---

① 管志利：《合法性与联动性：城市社区治理结构的社会组织嵌入——一个新制度主义的分析框架》，《中共天津市委党校学报》2022 年第 1 期。

② Noordegraaf, M. "From ' Pure ' to ' Hybrid ' Professionalism Present-Day Professionalism in Ambiguous Public Domains." *Administration & Society* 39. 6 (2016): 761 – 785.

③ 何炜、金晨远、李雅薇：《组织管理视角下专业主义的研究进展及整合框架》，《中国人力资源开发》2021 年第 11 期。

④ 何炜、金晨远：《专业主义的概念发展及逻辑互动机制研究》，《江西社会科学》2021 年第 9 期。

⑤ 杜专家、杨立华：《如何防止转型期公共政策公共性的流失？——基于四种类型划分的案例比较研究》，《公共行政评论》2021 年第 3 期。

服务对社会组织在社区治理中的专业行动加以衡量。不同社会组织在社区治理当中的行动积极性亦有强弱之分（如图 10）。

“弱制度支持—弱专业行动”，又称为空心治理型，即组织缺乏有利的制度支持和帮助其生存发展的党政资源，行动缺乏专业性，组织被替代性较高。“强制度支持—弱专业行动”，又称行政工具型，即组织主要依托于以政府为主的外部资源支持，组织自身缺乏参与意愿和能动性，组织整体专业性弱。“弱制度支持—强专业行动”，又称为社会契合型，即组织缺乏制度支持和资源输入，但其自身具备强烈的参与意愿和积极性，通过专业化的内部治理、外部联盟和服务提供等方式嵌入社区治理当中，获得社区认可和公众满意。“强制度支持—强专业行动”，又称为双重赋能型，即组织生存于有利的制度环境中、充分获取了来自政府等外部力量的资源支持，组织自身具备参与社区治理的积极性并具有较强的组织专业性，在结合政治资源和自身参与的背景下，能够实现对党政部门和社区的双向嵌入。

（四）实务型社会组织参与社区治理的多案例比较分析

本节在类型学划分的基础之上，采取多案例比较分析，选取上海市四家社会组织在疫情期间参与社区治理的实践进行描述和比较。下面选择的四个案例各有特点，活动内容涵盖生活服务、专业调处和公益慈善等不同领域，服务覆盖面较广，内容全面多样，符合案例样本选取的典型性和全面性要求（如表3）。

表 3　案例选择说明

名称	类型	特点
A 组织	空心治理型	为满足居民利益诉求，由社区精英自下而上推动成立，缺乏行政支持，疏于开展服务供给，无意愿也无能力参与社区治理
B 组织	行政工具型	在政府引导和财政支持下成立，具备政府信任和法律支持，在党和政府的领导下参与社区治理，但重点在于执行政治任务，缺乏主动参与的意识
C 组织	社会契合型	由社区精英筹集民间资本成立，依靠负责人自身的社会网络和专业技术不断发展壮大，组织成员积极参与社区建设与治理的相关活动，并动员社会力量参与其中
D 组织	双重赋能型	由政府结合社区发展需求，自上而下推动成立，依托政府资源、发挥自身主动性和积极性，调解社区居民矛盾纠纷、营造和谐安全社区环境，在政社合作下不断发展壮大

1. **空心治理型参与——A组织案例分析**

A中心成立于2011年，该组织由社区精英自下而上推动生成，以服务老年人群体、承接政府为老的服务项目为主要职能。在组织发展初期，其主要依托行政资源供给实现短期发展，通过承接政府为老服务项目获得资金、场地等活动物资得以发展并在社区内部提供服务。然而，2018年，政府部门中止了对A组织的购买服务，A组织的生存资源被切断。失去“政府背书”之后A组织的党政资源也受到了阻碍。随着行政支持的中断，A组织缺乏政府资源支援和制度支持，再加上自身人力、物力和财力的匮乏，A组织陷于资源无助的困境之中。据A组织的负责人表示，在缺少政策与政府资源之后，组织几乎中断了工作。从内部治理结构来看，自成立后A组织一直以独立法人身份进行项目制运作，但未形成明确的治理结构与决策体系，服务宗旨不明确且缺乏总体规划，主要贯彻落实行政指令而忽视内部员工的意见和建议。在组织专业性上，A中心并未聘请专业社工人才，组织专业性和职业化程度偏低。组织定位是为社区老年人服务，这对组织有高度的人文情怀要求。然而在实际运作中，A组织未能结合老人需求开展符合社区需求的为老服务活动。结果是，在社区内该组织基本没有话语权和群众支持，形成组织衰败和资源流失的恶性循环。

在制度维度上，社会组织经历了行政部门项目式支持的中断，对于依赖外部资源输入的组织而言，这在本质上意味着组织生存发展出现困局。在行动维度上，A组织采取了一种被动、消极的行为方式参与社区治理，这导致其市场化水平低、资源汲取能力差。去行政化的制度变迁与消极的社区治理行动相结合后，A组织产生了强烈的路径依赖，其治理能力和服务能力均未有提升，政府财政资金依赖强、行动力弱。[①] 在未来的发展中，可以预见，A组织自身的能力无法适应外部环境的冲击，也缺乏积极行动实现自我建构和环境反向建构，难免走向组织衰退。

2. **行政工具型参与——B组织案例分析**

B组织成立于2010年，由所在街道政府部门推动下成立，其职能定位为向社区居民提供居家健康咨询、教育与评估服务。B组织的成立背靠政策，所在街道和相关政府部门给了其较多的优待，如提供办公场地、器材设备、

① 沈永东、宋晓清：《新一轮行业协会商会与行政机关脱钩改革的风险及其防范》，《中共浙江省委党校学报》2016年第2期。

办公用品等物质资源，并以政府购买服务的形式向其提供项目资金支持。在政府支持下，B 组织不断发展，人员队伍也不断壮大。然而，在组织发展过程中，B 组织过多依赖甚至习惯来自政府部门的支持，这使得其逐渐忽略了组织的自治性并缺乏对社会需求的关注。同时，B 组织成员中不少人具有较好的专业背景。然而，由于组织面向市场需求开展自主化运作的动力不足，B 组织并未对组织人力资本的开发给予重点关注。因此，其组织人才本应具有的专业化效能也未能得到充分显现。

显然，B 组织在外部表现和内部认同上都对政府表现出强烈的非对称依赖。这种依赖源自政府的行政干预，依附性生长和服从性功能发挥加深了组织对行政资源的依赖，进而演化成政府对组织的深度行政控制。从社会组织发展状况来看，部分处于初创或初始成长期的社会组织，由于自身能力不足，难以通过自身力量实现快速成长，建立政治关联并从中获取行政资源、依靠行政逻辑开展治理活动成为其主要的价值取向。值得注意的是，对行政资源的依赖是在部分社会资源不发达抑或社会组织成长受阻时的较优选择，行政资源的权威性和社会力量的专业性结合可以有效提高社区治理的效能。但是，社会组织应当有自主成长和治理的意识，以防止在突发情况下失去生存能力。

3. 社会契合型参与——C 组织的案例分析

C 组织成立于 2013 年，是一家为社区提供扶老、助残、扶贫济困等公益服务的草根组织，其创始人是一名高位截瘫的电子维修工程师。虽然创立时间较早且组织定位明确，但直至 2019 年 C 组织才得以正式登记注册，此前长达 6 年的时间内一直以“非法”形式存在。2013 年 C 组织刚成立时，只是一个成员数很少的群众团体，无挂靠单位和业务指导单位，组织缺少上级部门的战略引领。登记注册后的 C 组织延续原有的草根发展模式，依托自身力量与社会资源发展。初期，受制于未注册的“非法”身份，C 组织向民间寻求资金资助的路径也十分艰难，所以组织运作资源如资金、场地、设备等均来自创始人的自费。另外，由于缺乏政策法规与完善制度的支撑，其社会动员能力被削弱，前期的社区存在感较低，开展活动时也难以吸引居民参与。整体而言，外部制度支持的缺乏限制了 C 组织的社区参与。

然而，制度支持和行政关注的缺乏也让 C 组织有了更大的自主性和灵活性。在 C 组织的内部治理层面上，自登记注册后 C 组织便开始以独立法人身份开展公益项目并吸纳组织成员，并逐步构建起完善的内部治理体系并制定了明确的内部章程条例。在人才建设方面，C 组织不断号召与引领社区有专业维修技术的居民加入团队，壮大专业化的服务队伍。在具体行动层面，C 组织的社区嵌入既体现在内部成员的互助上，亦体现在社区的精准服务上，如构建内部成员间的经验交流机制以提高组织的专业性与处理问题的高效性。此外，基于帮助残障人士回归社会的组织定位，C 组织为残疾人提供免费的技术培训和专业教育资源。在服务过程中，C 组织驱动了居民自主参与社区治理，形成一致的治理目标。C 组织的负责人曾多次荣获“全国最美家庭”等称号，C 组织也荣获“十佳扶残助残先进集体”称号。

通常，生于草根的社会组织时常面临着规模有限、信任不足、制度掣肘等困境，这导致其在社会治理体系中处于治理“弱位”。[①] 在外部规则和生存资源均处于不利地位的情况下，C 组织通过能力建设、形象营造、组织协同、扎根式服务等嵌入社区治理体系，通过积极嵌入式策略脱离结构困境，实现了社区嵌入和社区接纳，并为组织带来更多的关注和重视，汲取制度支持和资源支持。当然，C 组织也需要注意避免获得制度支持后可能出现的由于行政力量的过度干预，社会组织的自主性和灵活性丧失的问题。

4. **双重赋能型参与——D 组织的案例分析**

受困于长达数年的社区矛盾纠纷，上海市政府于2008 年开始探索社区纠纷的调解工作，鼓励社区能人成立调解工作室，D 组织因而成立。发端于政策引领与街道支持的 D 组织深受党委和基层政府的重视，并因此获得所需物质资源和制度支持。D 组织的所有服务均由政府购买，在其成立初期街道为其免费提供场地、办公设备、水电燃气等硬件资源。在政府扶持之下，D 组织逐渐发展起来，随后，行政管理机制逐渐退出社会组织运作的微观层面，换以党建形式吸纳嵌入与赋权增能，将党的引领落到实处。为此，D 组织内部成立了党支部，在所在街道综合党委“以党建带社建”的治理理念下，不断完善党组织建设，推动实体化运行。

在接受政府对其进行资源输送和支持时，D 组织努力维持自身规则；在成长过程中，D 组织结合自身发展和居民需求，借助外部制度环境及资源完善组织内部建设、提高自身的治理能力。因此，D 组织的规模虽小，但是成员行为以及活动的参与均采用规范化的管理形式，如：在处理纠纷案件时，

① 谭爽、张晓彤：《“弱位”何以生“巧劲”？——中国草根 NGO 推进棘手问题治理的行动逻辑研究》，《公共管理学报》2021 年第 4 期。

严格要求成员做好事先的案例资料收集、事中的调解笔录和调解协议制定，以及事后的材料整理和归档等工作。同时，D组织相关项目的具体落实由组织成员共同讨论决定，提高了组织成员的参与感和决策权。在人才培养方面，D组织由专业化、职业化的人才队伍组成，定期组织成员参加法律知识的学习和培训，并公开招聘有专业法律背景的工作人员。整体而言，在制度支持之下，D组织充分利用现有资源并结合自身的主动性，深入内嵌社区治理体系中。在十多年的社区活动中，D组织负责人多次荣获“优秀共产党员”等称号，D组织从“3A社会组织”发展为“4A社会组织”。

社会组织在政府与社区互动过程中发挥着上下沟通、双向传递的作用，通过将外部制度和资源优势与自身的行动力相结合，实现政府与社区的双向嵌入。[①] 在实际治理中，外部强制度支持为组织提供了明显的进入优势，对于具备行动意愿和行动能力的组织而言，D组织可以充分利用这一优势，在政府和社区之间开展良性互动，既满足政府治理需求又满足社区服务需求，在政府与社区之间发挥黏合剂的作用。

四　总结

社区治理是构建社会治理共同体的有效路径，而社会组织在社区治理中发挥着重要功能。社会组织参与社区治理既受到外部制度的影响，也与自身的行为息息相关。本研究结合现有文献重点关注的制度主义和行动主义，并引入专业主义视角，构建了社会组织参与社区治理的“制度支持—专业行动”分析框架，发现社会组织参与社区治理的过程既有来自党政部门的制度因素发挥作用，又受到社会组织自身专业行动的影响。在两大要素的共同作用之下，形成了社会组织参与社区治理的四种模式：空心治理型、行政工具型、社会契合型和双重赋能型。从不同维度对社会组织参与社区治理的模式进行比较。毫无疑问，既获得较强制度支持，又采取了较强专业性行动的双重赋能型是社会组织参与社区治理的理想模式。但是社会组织参与社区治理的模式并非一成不变，随着任一维度的变化，治理模式也会实现动态转化，这种转化路径既可以由强化制度支持带动组织专业行为来实现，也可以表现

① 陈晓运、黄丽婷：《“双向嵌入”：社会组织与社会治理共同体建构》，《新视野》2021年第2期。

为优化组织专业行为吸引外部制度支持。

本研究在社会组织参与社区治理这一重点议题上引入了专业主义视角，强调制度支持和社会组织在内部治理结构、人才队伍建设以及精准服务等方面的专业行动对社区治理的影响，丰富了社会组织参与社区治理的研究成果。但是，本研究仍存在明显的局限性，一方面，我国社会组织和社区治理的发展存在明显的区域不平衡现象，本文研究案例从上海市内选取，其社会组织参与社区治理的模式能否适用于其他地区还不明朗。另一方面，社会组织的客观因素，如类型、职能、所在领域等，是当前研究的盲点，本文也未能对这一问题进行解答。另外，随着理论和实践的不断创新，在未来是否产生更优的社会组织参与社区治理的模式，也有待探索。

第二编

社群共同体与公益服务实践

上海武汉两地妈妈写作陪伴：抗疫志愿服务中的社群、性别和共情

薛　红

2020年1月，新型冠状病毒肺炎发生后，中央和各地政府为了有效切断病毒传播途径和遏制疫情蔓延势头，进行了严格的疫情防控措施。1月23日，武汉当地政府宣布对这座千万人的大城市实施“封城”措施；千里之外的上海，也采取了严防严控的“隔离”措施。无论是在武汉还是在上海，疫情打乱了很多人的生活节奏，甚至带来了社会紧张和集体焦虑。

本文基于新型冠状病毒肺炎防控的社会背景，分析了2020年新冠疫情隔离期间上海和武汉妈妈一起参与的一项线上写作陪伴支持活动。笔者通过参与式观察、文本分析、深入访谈等研究方法，详细描述两地妈妈如何在18天的集体写作中记录生活、相互扶持、共同抗疫的经历，并且讨论分析在抗疫志愿服务中社群和性别发挥的作用。

本文中涉及上海武汉两地集体写作的妈妈社群，她们是基于一家北京教育培训机构的城市妈妈读书会平台互相认识的。2020年2月，武汉发生疫情后，武汉和上海妈妈共同建立了线上集体写作社群，通过“小打卡”① 的平台进行群体的共同书写，记录疫情期间的日常生活，互相点评、互相支持。从2020年2月12日到3月1日，16名上海妈妈和45名武汉妈妈共同写作18天，一共写了1200多篇文章，从几十字的感想记录到近万字的长文，至少留下了60万字的记录。

2021年2月，课题组对参与抗疫集体写作的上海和武汉的妈妈进行了访

---

① “小打卡”是一个微信小程序，是基于社群交流互动学习的平台，可以自定义公开或者封闭。在这个平台上，可以发布文字、图片、视频。

谈，最终完成了26个深度访谈，其中包括12位上海读书会的妈妈、14位武汉书写小组成员，访谈持续的时间最短的是1个小时，最长的是2小时15分钟，平均访谈时间在100分钟左右，最后整理的访谈文字总计超过了40万字。写作小打卡和访谈资料是此项研究中最主要的数据资料。

一　从读书会到写作群：城市女性社群的崛起

我们

你读过了许多的育儿书籍，却还是会在暴怒中痛打自己深爱的孩子；

你学过了许多非暴力沟通的技巧，却还是无法跟孩子爸爸顺畅交流；

你购买了许多时间管理的微课，却没有时间把一次课程认认真真听完。

你渴望孩子的天赋得以施展，

却不得不承认接受一个个无疾而终的才艺培训，心疼打水漂的人民币；

你渴望小家庭的自由和独立，

却不得不依赖父辈们的生活支持，妥协他们蚕食你的个人空间；

你渴望自己在事业上“向前一步”，

却不得不陷入从锅碗瓢盆到作业的斗争中，背负新人们一个个跨越而过的尴尬；

你轮换着在职场和家庭中“上班”，

却不知道何时何地是你轮休的时刻；

你挣扎在为人母、为人妻、为人女的角色丛中，

却找不到自己的位置和方向；

你曾经是众人赞誉的“别人家优秀孩子”，

今天却在自己孩子老师面前抬不起头来。

你究竟怎么了？

你想摆脱泥潭中挣扎的困境；

你进入了很多群，关注了很多微信公众号，从育儿到情感沟通，从心理课程到自我成长；

你试着去学习、去行动、去改变，却发现一个个问题还是接踵而来；

你试着去“佛系”，只是孩子一次“B”的成绩就把你拉回到竞争的跑道中。

你是中年妈妈，但是这不是你一个人的梦魇；
当你抬头看看，
你望见北京海淀妈妈、顺义妈妈，她们一样都在挣扎；
当你俯瞰全球，
首尔天空之城的妈妈，纽约上东区的妈妈，她们也在痛并快乐着。

这是为什么？
只是因为我们生活在疯狂的时代；
只是因为你的名字叫“妈妈”；
“焦虑”是你身上最炫目的标签。

请你过来，我要告诉你，
你的问题也是我的问题；
你的焦虑也是我的焦虑。
请你过来，我看见了你，
我看见了你的付出，
我看见了你的努力；
请你过来，我要感谢你，
我在你的故事中读到了我。
我在你的鼓励中释放了自我。

在这里，我们不是妈妈，
我们放下了束缚，

我们一起读书，
我们没有中心，没有权威，
我们只有彼此，我们相互倾听。
在这里，我们是姐妹，
我们敞开了心扉，
我们一起写作，
我们没有范文，没有格式，
我们只有自由，我们相互赞赏；
在这里，我们就是中心；
在这里，我们就是权威；
在这里，我们就是优秀；
在这里，我们获取了力量！

——薛红（2019 年 12 月 17 日，上海妈妈，写作小打卡）①

这首诗是笔者在 2019 年 12 月 17 日为城市妈妈读书会的北京全国年会所写，它描绘了在焦虑的社会时代背景下，上海妈妈读书会的成员通过共同读书和写作，相互支持、相互鼓励，试图打破群体性的困境，走出一片自我成长新天地的故事。

这一部分将讨论上海武汉两地妈妈的社会身份以及她们相识相遇、共同写作的社会条件和契机。上海武汉两地的妈妈究竟是谁？她们是如何认识的？上海的妈妈为何开启写作？她们又为何能够聚在一起写作？

（一）她们是谁？她们是如何认识的？

当我们追问上海和武汉妈妈“她们是谁”，实际上是在问询她们的社会身份和社会符号。她们身上有哪些标签？她们是女性，她们是中年妇女，她们是焦虑的妈妈；她们受过高等教育，她们对职业有所期待，她们对生活有所要求；她们也努力向前，她们希望家庭幸福美满，她们希望事业有所进步，她们希望儿女能健康快乐并且优秀的成长……

在这里，她们不是简单个体的聚合，而是一个“群体”，具有社会心理

① 括号中会介绍相关的信息资料，包括时间、被访者地区与身份、信息来源（写作小打卡或访谈等）。

学意义上的“社会同一性”或者说“社会认同”（Social Identity）。[①] 她们有着共同的价值和目标，她们渴望彼此之间互动沟通、交流情感。简单来说，“她们”必须有一些基本的共识，或者说是“三观一致”“同频同道”之人。

“阅读”和“城市妈妈”是社群的社会基础，同时阅读本身又重新塑造了“城市妈妈”的社会身份。美国社会学家伊丽莎白·朗格在《读书会：日常生活中的女性和阅读运用》[②] 中研究了美国休斯敦地区的女性读书会，她认为读书会是女性结合个体和社会身份进行的一种积极的文化实践。

本文中的上海和武汉的妈妈，她们参与读书会也是朗格说的一种文化实践和社会身份的再生产。这些妈妈结识于一家总部在北京的教育机构城市妈妈读书会的平台，[③] 她们的共同身份就是“读书会妈妈”。在访谈中，这些妈妈谈到她们参与读书会的理由主要是两个：一是通过阅读来提升自己，扩大自己的知识面，“一起读书”是希望更好地实现阅读目标；二是能够结识一些志同道合的朋友，获得社群的力量和支持。

在这个读书会社群中，最显著的特征就是社群共创。只有每个人参与和投入，才能塑造出群体的特征，也才能让成员对读书会产生归属感。

城市妈妈读书会一个周期是一年，每个月读一本书，进行一次读书交流。所有的活动均需要成员的分工协作去完成。虽然城市妈妈读书会是在北京教育机构的平台上发起和召集的，但具体的活动策划和组织还是需要各个城市各个小组成员自行安排。在这个读书会上，没有固定的组织者，没有嘉宾，没有领读者，只有分享者和参与者，同时小组也需要成员承担会务官、主持人、摄影师、摄像师、亲子官、计时官等不同的角色，来协

① “社会认同理论”是一个社会心理学概念，是 1970 年代美国社会心理学家亨利·塔菲尔（Henri Tajfel）、约翰·特纳（John Turner）两位学者提出来的，该理论强调个人所经历和感受到在群体中的身份和归属，以“我们”区别于“他们”。详细的讨论见 Tajfel，Henri，and John Turner，“An Integrative Theory of Intergroup Conflict.” *The Social Psychology of Intergroup Relations*，edited by William G. August and Stephen Worchel，Brooks/Cole，1979，pp. 33 – 47。

② Long，Elizabeth. *Book Clubs*：*Women and the Uses of Reading in Everyday Life*，University of Chicago Press，2003.

③ 2017 年这家机构率先在北京、上海、广州等城市开设读书会，2018 年又扩大到武汉、长沙、石家庄、西安等城市。参与写作的上海妈妈主要是 2019 年初次参加读书会的上海周六组的成员，也有个别 2017 年和 2018 年参加的老会员。武汉的写作群以 2018 年武汉读书会刚刚成立时的老会员为核心，也有 2019 年甚至 2020 年加入的新会员。这些城市读书会妈妈，在加入读书会之前，都已经是这家教育机构微信公众号的忠实读者，甚至是机构创始人的粉丝和追寻者。

调读书会的开展。城市妈妈读书会甚至没有固定的场地，每次需要会务官去协调安排。

上海和武汉的读书会成员对社群有强烈的“集体感”，跟她们较高的出席率和活动参与率有紧密关系。2018 年 1 月 27 日，武汉的第一场读书会是一个大雪天，但是读书会成员没有一个人缺席，在随后一年的读书会和活动中成员也保持了较高的出席率。上海小组书友参与度也非常高，2019 年每次读书交流会的会务和分享的报名都是书友提前“抢”。2020 年她们继续参加的主要原因已经不是北京教育机构的城市读书会平台的吸引，而是“大家想继续在一起”。

社群的共创也加深了社群的凝聚力，同时推动社群人员开展超越读书的交流和互动。武汉小组的方式就是集体活动，包括家庭集体聚餐、儿童读书会、外地出游等。他们的儿童读书会和暑假家庭集体外地旅游等活动被作为典范，相关的文章曾经出现在北京教育机构平台的微信公众号上。上海小组则是 2019 年 5 月开启的写作小打卡，集体的共同写作为妈妈们提供了更深层次、更频繁的日常互动和交流机会，也拉近了她们之间的关系。

（二）上海妈妈为何写作？又如何写作？

对于上海妈妈来说，每月一次的读书会是她们彼此交流的纽带，而每周五次的写作则是她们打开心扉、彼此接纳和鼓励的平台。“写作”开启了上海读书会的新篇章，也成为她们社群更紧密联系的纽带。

那女性为何要写作呢？从美国的历史上看，无论是上层女性还是底层女性，她们产生书写冲动源于对自身处境的觉察，是追寻自我意识的勇敢觉醒。① 女性的写作，可以是普通人私人领域的表达，比如日记和信件等私人的书写。这种书写虽然是记录日常生活的个体表达，但也反映了个人或者群体跟社会之间的关系，成为一种社会实践或者集体记忆。② 女性的写作，更可以在公共领域发声，向社会表达性别的差异和不平等，甚至是一种社会挣

---

① 详细见许禄《当女性决定开始写作》，《读库》2021 年 3 月 8 日。这篇文章介绍了 1890 年代美国女性如何突破社会束缚尝试写作的历史。

② 王旭辉和李先知在对日记的研究中，分析了私人书写与公共叙事的关系，详细请见王旭辉和李先知《私人书写与公共叙事：国内日记研究的回顾与反思》，《社会发展研究》2018 年第 4 期。

扎和反抗的力量。①

我们所讨论的妈妈群的写作，主要围绕她们的日常生活记录，但她们一开始并不是个体的私人记录，而是在基于一定信任基础下的社群集体书写。接下来，我们将围绕写作的形式、写作内容和写作表达分析介绍上海妈妈的写作群。

1. 写作的形式

上海妈妈是基于微信小程序“小打卡”的写作。写作打卡没有约定写作的题材和内容，也没有规定字数和形式，基本的要求是一周至少写五篇，可以周末突击写，也可以每天有计划地写，如果完成不了任务，就交“写作群基金”，缺一篇交10元罚金。在小打卡里面，大家可以长篇大论，也可以写短小精悍的文章，甚至可以写“摸鱼文”（一两句话），比如较经典的“摸鱼文”是“今年的夏天好多雨，小暑已过，空气还是微凉”。

写作群以“我有资格写出最烂的东西”的口号鼓励大家动笔。从2019年5月25日到12月31日，200多天，写作群22个人一直坚持共同写作。随着时间推进，上海读书会的其他成员也陆续加入写作群。截至2021年3月，写作小打卡上已经有接近3000篇文章。如果以每篇文章500字来计算，她们已经共同书写了超过150万字。

在形式上，写作题材是自由的，但也有社群的一些规则，既是鼓励又是“惩罚”。集体写作，最重要的一点是，大家都能够养成写作的习惯。

2. 写作的内容

然而，“社群”的集体书写并不是那么容易的。即使成员之间已经有一定的熟悉度，社群之间也形成了一定的凝聚力，不少上海妈妈一开始写作还是遇到很多困难，不知道怎么开启话题，不知道怎么组织语言。既想表达生活中的苦闷，又担心隐私；既想写出优美篇章，又担心文笔不好。渐渐地，大家互相鼓励、互相支持，慢慢打开自己，去观察、去聆听、去领悟身边的世界和自我的世界，甚至形成了自己的写作特色。

在写作群建立100天，不少成员写了自己的写作小结。欣欣是一名建筑设计师，也是两个男孩的妈妈。她总结了自己写作的六大题材：给孩子的

① 比如美国人类学家贝特森《谱写生活》一书中指出女性的书写不仅是对女性生活的记录和反思，更是对结构化的男权社会反抗的呼声。见 Bateson，Mary Catherine，2001，*Composing a Life*，Grove Press。

信、读书笔记、电影和讲座的感想、自我成长的反思、孩子教育的思考、身边的人与事。

青瓜在外企工厂做环保审核和评估，她有一个女儿、一个儿子。青瓜有100天记录，其中42篇是她独创的班车打卡文章，每天上班下班在班车上记录生活的片段；游记28篇，2019年暑假去俄罗斯自由行的攻略和体验跃然纸上；除此，还有影评、读书笔记和人物记录等。

冰冰倩是一位心思细腻的景观设计师，也是一位男孩的妈妈。她在100天内写了106篇文章，其中日记随笔28篇，记录当天的心情片段；人物描写13篇，写爸爸妈妈、公公婆婆、老公、自己、同事、偶像，看到“我”的社会关系，反思“我”如何面对和处理这些关系；回忆成长往事13篇，谈小时候的记忆、生过的病、做过的恶、与老公相识相恋，思考“我”从哪里来，走向何方；亲子关系11篇，工作8篇，还有其他方面零散的文章。

3. 如何写出我心？

上海妈妈写作群三个关键词是表达、看见和赞赏。

表达，即表达自己的情绪，有焦虑、有喜悦、有无奈、有兴奋、有颓废、有高亢。大家在表达中流淌自己的情绪。看见，即看见自己、看见彼此、看见家人，也看见身边的人。大家在看见中洞察明理，也为自己拨开生活的迷雾。赞赏，即赞赏自己、赞赏孩子、赞赏家人、赞赏群里的姐妹。大家在彼此的赞赏中得到了动力。在这个“群体”中，写作是彼此鼓励推进的。

冰冰倩在写作群成立一个月的时候，写下了这样一段话：

> 不管写什么内容，在我群，都可以被倾听，被看见；被接纳，被宽容；被夸奖，被鼓励；被点拨，被提醒。我们因为读书结缘，我们因为写作连心。
>
> ——冰冰倩（2019年6月25日，上海妈妈，写作小打卡）

青瓜在2019年的年度总结中写出了写作群如何拉进了大家的情感链接：

> 写作群延伸了读书会，大家有了一个链接，而且是直击心灵的链接方式。每个人心理上的距离拉近后，读书会再见面的时候感觉完全不一样，你的小表情、小暗号，我们都懂。……“这样才能更好地表达真正内心的东西”。
>
> ——青瓜（2019年12月23日，上海妈妈，写作小打卡）

大家在“小打卡”这个平台上共同表达，互相看见，彼此赞赏，一起抵抗“焦虑的中国妈妈”这个社会角色，也在互相的滋养中获得个体自我成长的力量。

（三）上海妈妈和武汉妈妈为何共同写作？

2020 年 1 月 23 日由于新冠肺炎疫情的发生，武汉这座千万人口的大城市实施了“封城”的疫情防控措施。武汉同时成为中国乃至全球关注的焦点和新闻信息的中心。千里之外的上海，很快也采取了严防严控的社区“隔离”措施。疫情不仅改变了很多人的生活状态和生活节奏，甚至带来了社会紧张和群体的焦虑。

在这样的社会背景下，2020 年 2 月 6 日，城市妈妈读书会北京平台两位负责人和武汉协调人天逸一起计划了武汉上海两地妈妈的写作社群，以共同写作的方式来抗疫。①

上海写作群的妈妈在接受邀请的时候，非常乐意参加这个集体写作的特别抗疫活动。很快，上海写作群有 16 位妈妈自愿报名加入上海武汉两地妈妈写作群，在线上陪伴疫情中的武汉妈妈。总体来说，她们参与的原因主要有四个方面，第一，上海妈妈认可集体书写是一件有意义的事情，她们希望能够传递对武汉书友的关心和支持。第二，她们也很想了解疫情下武汉普通人的生活状况，希望通过写作的交流方式让两地的妈妈可以彼此看见。第三，上海妈妈已经习惯写作打卡，觉得共同写作并不是一件很困难的事情，不会有太多额外的时间和精力的付出。第四，对于武汉读书会的成员，上海读书会并非完全陌生的，两地读书会成员之间之前就有过两次交集——2019 年国庆假期在江苏常熟的旅游以及 2020 年 1 月北京城市妈妈读书会的年终大会。

上海写作群的发起人麦子在 2020 年 2 月 6 日收到两地写作邀请之后，便写了一篇文章《谁最武汉》，分享她一家四口在疫情期间的情况。“不到三岁的儿子，以前每天至少要出门两次。疫情期间，不念叨出门了，每天卖萌要帅逗我们开心……”老家湖北黄石的先生为家乡的朋友募集抗疫物资和药

① 城市妈妈读书会北京的平台在 2020 年初也在发展成人写作，当初选择上海读书会妈妈，主要是基于她们社群自身的写作情趣。2020 年 1 月，在城市妈妈读书会年会上，上海妈妈读书会展示了她们社群的集体写作的力量。

品。感冒的女儿即使扁桃体发炎，还是坚持录制为武汉加油的合唱视频。麦子说自己实际没做什么具体的事："没在一线，何谈最武汉？没做贡献，情何谈武汉？"

上海书友婷婷收到邀请的时候，一开始并没有参与微信群里的讨论，而是用文字表达了她要加入武汉上海两地写作社群的忐忑心情。

> 一开始看到M老师发在群里关于"写作大历史大时代"的倡议，我直觉是，历史的洪流有它的轨迹，而我只是个微不足道的小人物。我的力气既不能掀动一片水花，我的声音也大不过水流奔腾的隆隆巨响。我写我心，仅仅是一个小小的信念，给自己年纪大了的时候留点儿年轻时的回忆。如果时代是洪流，我就是水底大石块下的一条小鱼，依附于石块，偶尔离开几厘米已经觉得像壮举。
>
> 可是现在，水底一阵搅动，身旁的一块大石被整个掀翻，露出了下面的泥沙和许许多多的惊慌失措的小鱼，他们中的许多已经被洪流冲走，更多还在苦苦挣扎。我很忐忑，不知该采取什么样的措施让这一切变得轻松一点。
>
> 数据不仅是数据，他们不是数字的加一，而是活生生的人，都有家庭有工作有未竟的心愿，匆匆地都走了。武汉也不仅仅是武汉，它只是被选中的城市，如果被选中的不是武汉，如果是我生活的城市……我不敢想自己是不是会崩溃。
>
> ……
>
> 洪流之下，侧耳倾听。如果太多杂音，就去试着倾听身边的声音，如果太多人，就试着陪伴鼓励身边人一程。不知道这样，是不是也算是大历史大时代的一个见证。
>
> ——婷婷（2020年2月7日，上海妈妈，写作小打卡）

在获得上海读书会妈妈的支持下，天逸在2020年2月9日召集了武汉读书会的2018年和2019年的老会员，以及2020年的新成员，写了一封给武汉书友的信，介绍共建两地写作群的设想。天逸的信里，也有上海书友鼓励武汉书友加入写作的留言："我有资格写出最烂的东西""写，就对了！""一句话都算是文章""写着写着就走进了彼此的心""武汉书友的家庭名片最赞"……

天逸在2月12日建立三个写作小打卡社群和一个微信交流群，确认了一周五篇文章，少一篇罚十元的规则，以及约定了上海朋友 14 天陪伴写作的周期。每个写作小打卡社群都有 5 ~ 6 个上海的朋友，还有 14 ~ 16 名武汉的朋友，后来也有江西、长沙和广州的读书会书友加入，写作群第一天就有将近 60 位朋友加入进来。第一天，微信群里面的信息超过了 1000 条，即使大部分人从来没见过面，也很开心地交流。最终两地写作小打卡加入的上海妈妈有 16 位，武汉妈妈有 45 位，此外还有外地书友和北京教育机构的工作人员若干。

玄妈是 2018 年加入读书会的老会员，疫情期间她和家里人也有记日记的习惯，所以她毫不犹豫第一时间加入了写作群，并且把丈夫和孩子也拉过来一起写作。

湘香是 2019 年加入读书会的会员，疫情期间她基本都是在自己家中，武汉封控后的一个星期，每天大部分的时间她都是在刷手机，查看疫情更新的情况，但是这让她更加焦虑和不安。所以，她看到有写作群的召集，觉得自己可以跟着大家一起写作，也可以让自己远离一下网上的信息轰炸，就加入了。

慧慧是 2020 年加入读书会的新成员，她还没有时间跟大家认识，她被天逸的召集信所鼓舞，也希望在写作群通过表达与“自己”相遇。

2 月 12 日，写作群里上海的朋友率先开始了写作，有写“自我介绍”的，有谈论个人与武汉的交集的，还有写之前与武汉书友相聚的回忆的，还有分享在写作群半年多的体验和收获的……接着武汉的朋友陆陆续续加入写作中，有写给已经 14 天没有联系上在医院上班的好朋友的信的，有写困在农村见到的田园风光的，也有写小朋友网课开学后的紧张的，还有写为公务员在疫情防控中的日常工作的……

“我可以写点啥”也成为第一次上海武汉两地妈妈写作的共同主题。

以下两篇文章就是其中两位武汉妈妈湘香和申申第一天的写作。

> 2020 我想写些什么。
>
> 2020 特殊的开端，就以特殊的形式开始吧。
>
> 2020 准备用手机记录日常所见所思所感。
>
> 今天下楼扔垃圾，发现院子里墙角一株桃花已经开放了，春天没有因为人间的疫情而停下脚步，因为病毒这个在地球存活了亿万年的生物对于自然来说，只是普普通通的一份子。”
>
> ——湘香（2020 年 2 月 13 日，武汉妈妈，写作小打卡）

说实话，我每天的生活就像陀螺一样在运转，没有自己的时间。因为“一句话也是写作”的吸引，一时冲动加入了进来。

……

我可以写点啥？

我可以写一写芝麻大点儿的小事儿。或开心的，或让人流泪的。

我可以写一写我与老公的“恩怨情仇”。

……

我可以写一写我的两个孩子。

……

我可以写一写我倔强的父母，我亲爱的朋友，甚至是陌生人。

我可以写一写我看过的某一本书，一部电影，参加过的一次聚会。

我可以写一写我对全职妈妈生活的深刻体会。

……

我还可以写一写我曾经的职业生涯。我曾经幻想把我自己15年的护士生活编撰成一本小册子，作为送给自己的人生礼物。

我可以写一写上海书友给我的印象，你们简直不要太强大!!

我还可以写一写我眼中的“国家大事”。虽是一介小女子，身在国中，感受着国的变化，享受着国泰民安，也要“国家兴亡，匹夫有责”。

我还可以写很多很多……

——申申（2020年2月13日，武汉妈妈，写作小打卡）

当武汉的朋友写下自己的文字，上海的妈妈和其他武汉的妈妈不仅给她们的文字点赞，还送去了评论和回应。

她们给湘香回应道：“值得书写的日常”“日常，如果带着美的眼神去观察，会发现诗意和精彩”“春天悄悄地慢慢地来了”“时间是世间的主宰者，我们活在当下而已”。

她们也给予申申很大的肯定和鼓励：“这些都是可以作为你写作的题材”“好多题材，我重点关注爱恨情仇，哈哈”“我不知道写啥的时候看到了你的第一篇”“别给自己压力，亲爱的”“写得真好，流畅自然”“好期待你开始写，写得真好”、也有人给申申介绍了快速写作的小技巧，“可以用讯飞语记或者微信的语音输入，节省时间”。

于是，上海武汉两地妈妈写作小打卡在彼此的支持和鼓励中开始了集体共同写作，一起记录生活，表达情绪，互相看见，互相支持，共同谱写了一段特殊时期以文字抗击疫情的社会历程。无论是读书会还是写作群，它们都是上海和武汉两地妈妈建立信任关系、产生情感链接、形成社会认同的社群基础。

二　疫情期间的写作表达

错过

我错过了清晨行人的匆忙脚步，
错过了街头巷尾的早点小摊；
我错过了正午江汉关的悠扬钟声，
错过了午后江滩阳光下的懒散；
我错过了傍晚步行街熙攘的人群，
错过了夜幕降临华灯初上的璀璨；
我错过了与亲朋好友的团聚，
错过了和他们高谈阔论，把酒言欢；

……

但，
我唯独没有错过你，
我的大武汉！
在抗“疫”时期，
和你共同坚守，与你朝夕相伴！

……

我错过的本就是你曾经无私的馈赠，
在你病榻前，还在牢骚满腹，还在不停向你索取的人啊，
居心何在？良心何安？
这场突如其来的战“疫”，
不仅考验着统帅和将士，也考验着每个人的恶与善；

……

我在武汉！

我想念曾经的你！

我更期待你的重生涅槃！

我在武汉！

我想念曾经的你！

我更期待你的重生涅槃！

——玄爸（2020 年 2 月 17 日，武汉爸爸，写作小打卡）

《错过》这首诗是武汉读书会书友玄爸写于2020 年2 月17 日的作品，他描写疫情之中普通武汉人的生活状态和对武汉的热爱之情。

玄爸和玄妈是武汉城市妈妈读书会的核心领导者，也是两地妈妈写作群的唯一一对共同参与的夫妻。他们在武汉出生、求学、工作、安家、生活，人生 40 年的生命历程是跟武汉这座城市紧紧联系在一起的，因此他们对这座城市充满了真挚的情感。2020 年 1 月武汉发生疫情之后，他们跟许许多多的武汉人民一样，所有的生活计划和节奏被打乱了，还面临社会危机下的种种焦虑和恐慌。但是玄爸和玄妈不仅选择留在了武汉，与自己的家乡共同坚守，而且从除夕夜开始，他们全家包括上初中的儿子，开始记录他们疫情下的生活、感受和思考。2020 年 2 月 12 日，上海武汉两地妈妈写作群开启后，玄爸和玄妈也是非常活跃的积极分子，无论是自我的写作还是对他人的评论，也无论是跟武汉书友的互动还是跟上海书友的互动，他们的热情和热心点亮了写作群的每位朋友。

这一部分将围绕疫情期间武汉书友的写作，介绍武汉书友在疫情期间遭遇到的生活困境，以及分析他们如何通过集体写作来表达他们的生活。

（一）武汉书友在疫情期间的特殊经历

突然而至的新冠疫情，对任何一位武汉人来说都是一次非常大的社会挑战。两地写作群的武汉成员也经历了生活上的困境和心理上的焦虑不安。

笔者在 2021 年 2 月访谈 13 位武汉书友的时候，他们依旧对那段时间的状况记忆犹新。生活上，他们原有的寒假或者新年计划被打破，他们有的隔离在武汉的家中，有的被困在老家，有的投奔了外地亲戚，有的甚至和家人分开。他们也出现了一些生活物资，包括肉类和水果以及罐装煤气等缺乏的状况。

1. **生活上的困境**

琴琴、广庭和莉莉都是疫情时候离开了武汉的家，即使是在自己的老家也遇到了很大的生活上的挑战。

琴琴在 2020 年 1 月 20 日和先生、小孩回到了湖北孝感，跟家里人过年，计划年后 2 月初返回武汉。当时，她和先生并没有跟家里的老人住在一起，而是单独住在一个小公寓。孝感实行严防严控的小区封闭化管理，琴琴的孩子恰好在外婆家，于是一家三口不得不分开了，再次团聚已经是 3 月了。更糟糕的是，因为他们只是偶尔回孝感的公寓，家里没有提前囤积太多的食物，小区封闭之后，他们的日常伙食只能依靠团购，很长时间买不到荤菜。琴琴说，被隔离的日子，她和先生差不多吃了一个月的蔬菜，后来看到大白菜和莴苣就反胃。

广庭一家 2020 年 1 月 22 日去武汉郊区看望他们的父母，计划过完年，大年初一回城里，然后再去妻子老家。但是武汉发生疫情之后，他们一家四口只能住在父母农村的家里。村子在武汉和咸宁交界的地方，非常偏僻，只有两三百人，留守在那里的主要是老年人。半个多月，广庭他们吃光了父母为过年准备的十几斤鱼丸肉丸，也吃光了腌制的咸鱼咸肉，后来再次买到肉类已经是 3 月初。2 月初家里的煤气罐用完了，没有地方可以装煤气，广庭只能从家里搜出已经十多年不用的蜂窝煤炉子，大冬天劈柴生火。2 月 10 日广庭家上四年级的大女儿需要上网课，他回来没有带电脑，父母家里也有没有无线网络，他只能把手机给孩子上课。最后，他给手机充了三次网络流量包，共加了 30G 流量。

莉莉是在 1 月 23 日武汉“封城”那天开车十个小时到上海的。莉莉在 2019 年 12 月的时候就跟五位上海的书友一起报名了春节后杭州的儿童冬令营。2020 年 1 月 13 日，他们把婆婆从上海的小姑家接回武汉，准备一起过年，并且定了 1 月 29 日的火车票送老人去上海，他们再带孩子去冬令营。但是疫情发生之后，她在 2020 年 1 月 19 日取消了冬令营，决定年后也不离开武汉。然而 1 月 23 日，武汉宣布“封城”的通告，他们全家商量之后，马上收拾行李，投靠上海小姑家。但是莉莉压根没有想到，这一住就是两个多月。

2. 心理恐慌和无助

访谈的13位武汉书友中有7位留在武汉，他们除了遇到生活物资的缺乏，更主要的问题是直接面对疫情的风险，以及疫情带来的心理上的紧张、焦虑、无助和恐慌。

琛琛是地道的武汉人，一直都在武汉生活。她跟天逸一样，家离疫情发生地华南海鲜市场并不远，即使她很早就知道要注意个人防护，但不幸的是她的父母在2020年1月底的时候相继发烧。琛琛没有跟父母住一起，既担心他们又不能为他们做什么，非常无助和难受，更加糟糕的是，2月7日她自己也突然发烧了，感觉快崩溃了，哭了整整一晚上。好在最后她父母和她自己都在家服药后康复了，虽然她的母亲发烧持续了三个多星期，但总算是挺过来了。

琛琛父母发烧后，她想尽办法买药，只要遇到一些买药的信息，就拼命地囤。即使笔者一年后访谈琛琛，她提起这段经历还是情绪非常激动，并告诉笔者现在家里柜子里面还囤着当时买的几千元药。

> 我爸当时发烧，吃了很多感冒药，包括阿莫西林，没有效果，我就想办法去弄治疗新冠的药。当时简直就像抢药一样，我知道哪里有途径买药就一定要去买。我老公当时觉得我疯了，我说不行，我非要买回来，要不然我觉都睡不好，因为当时我妈还没有退烧，我不知道家里会不会有更多的人生病。所以我准备了多少份？差不多准备了我爸妈的那些，我都给我爸妈了。然后我给自己家一家三口，再加上公公婆婆全都准备了，小孩的也买了。当时我确实很崩溃，能买到都买了，因为你不知道疫情到底会发展成什么样子，这个东西都没人知道嘛，当时是第一次没有经验，都没有任何人知道。
>
> ——琛琛（2021年2月，武汉妈妈，访谈）

对于买不到药带来的无助感和对疫情的恐慌，玄妈比琛琛有更深的体验。她是一名律师，也是律所的合伙人，一直觉得自己在武汉有很好的社会关系，只要不是违法的事情，亲戚朋友托给她办，她都可以完成。但是2020年除夕夜，她因为买药第一次深刻地感受到了“无能为力”。

> 1月24日，除夕夜，“封城”第二天。除了比平日冷清些，武汉的街道依然祥和。尽管听说新冠肺炎已经导致武汉的医疗资源紧张，但

“没有发生在自己身上，新闻就只是新闻”。当时我有个同事去外地了，因为“封城”没有办法回武汉，但是她的父亲高烧不退，急需药物。同时在电话里急哭了，我就立刻出门，赶紧帮她去买药。当时我没有想太多，因为她说的那个药平时在任何一家药店都很容易买到。但是我问了一家，说没有，问了另一家，还是没有，我走遍了附近的十多个药店，挨家询问，仍然一无所获。我站在街头，拿起电话，但是我一个求助电话也没有打，因为没有就是没有，这个时候关系和钱都没有用。说实话，那是我第一次深深地体会到绝望和恐慌。

——玄妈（2020 年 4 月，武汉妈妈，访谈）

莉莉在“封城”那天离开了武汉，投奔上海亲戚家，但是他们又遇到了新的问题。因为“来自武汉”，收留他们的小姑在小区业主群中受到了他人的言语攻击。隔离时间满了之后，莉莉报名了上海社区防疫志愿者，但是其他志愿者一听说她“来自武汉”，多对她敬而远之，让她倍感尴尬。但是让她更加难受的是，女儿上网课之后，有一次老师的一个“共同抗疫”的课堂讨论让她五年级的女儿伤心自责，女儿觉得父母做了一个正确的选择，但是她看到大部分小伙伴都留在武汉，觉得自己是怯懦的“胆小鬼”。莉莉面对所有这些事情并不抱怨谁，甚至能够理解他人的想法，她只是深深地感到在疫情面前人类的渺小，这让她重新去思考她的价值观和人生意义。

（二）疫情期间的写作表达

在新冠肺炎疫情期间，无论是在媒体官方平台还是在互联网社交平台，抑或是在各类论坛和视频平台，都有各种有关疫情的个体叙事。学者陈刚认为，这些叙事从个体的视角，以事件见证者或者亲历者的在场身份记录、描述和评述事件。①

本文讨论两地城市妈妈疫情期间的共同书写，与陈刚描述的个体叙述有三个主要的不同：第一，它虽是个体叙事，但是基于社群的集体书写；第二，它只限于信任的圈子内部交流，并没有发布在公共平台；第三，它的重点在日常生活，虽然会涉及疫情，但并非全部也非重点。然而这种集体叙事，跟陈刚所谈到的个体叙述一样，在疫情中发挥了情感支持的作用。

① 陈刚：《作为竞争与疗法的叙事：疫情传播中个体叙事的生命书写、情感外化与叙事建构》，《南京社会科学》2020 年第 7 期。

实际上，最近30多年来，书写表达越来越成为许多人记录生活、表达情感、探索自我、纾解压力的一种方式，甚至渐渐成为一种心理干预治疗的技术，来帮助人们处理或者理解他们生活中的情绪波动。[①]

在两地写作群刚刚建立的时候，上海的书友给武汉的朋友出了一些命题作文，有意识地帮助她们梳理情绪，激发对日常生活的热爱。比如“我写点啥”，上海的朋友介绍她们过去大半年中写作的内容和题目，引导武汉的朋友写下他们想写的内容和主题；比如“我曾经”，可以谈童年自己学习生活经历还有跟父母的关系；比如“我想成为”，可以谈自己期待的生活状态和自己理想的社会角色。上海的朋友还在写作小打卡中写“生日文”，给那段时间过生日的三位上海书友送祝福；也写看过的电影和读过的书，其中谈武汉的电影《万箭穿心》有六位两地书友都写了影评，讨论这部片子中反映的武汉女人的坚韧；上海的朋友还开启了“云喂饭”，介绍做的一道菜，武汉的朋友也跟着来分享他们的美食。

这些专题性的写作只是导引，渐渐地武汉书友进入了书写的状态，他们用自己的方式记录疫情期间的生活。

1. 生活记录

玄妈记录下她在小区中召集建立业主群，记录下她第一次去组织业主开会，记录下他们小区的团购，记录下她去红十字会做志愿者，记录下他们全家在社区做志愿者。

玄爸以深情款款的写给玄妈的情人节情书开启了第一次打卡，他以诗歌的方式写下了《我曾经》和《错过》，记录他跟武汉这座城市的关系和链接，他也记下了在清晨阳台上自己的思考片段，他从去不了超市的疫情生活困境出发写出了对“超市”的思考，他更是写下了一家人在疫情期间的美好生活片段。

丹丹在完成一个个命题作文时，记录了她跟女儿之间的日常互动、跟父母之间的关系，写下她父亲的故事，也写了她阿姨的故事，还有她读过的书、看过的电影。

慧慧分享做蛋糕失败的尝试，谈疫情期间买菜的经历、跟先生之间的沟

① 比如娜塔莉·戈德堡《写出我心：普通人如何通过写作表达自己》，广西科学技术出版社，2016；亚当·J. 杰克逊《手写人生：改变焦虑、抑郁和悲观的习惯》，北京联合出版公司，2019。

通和交流、一起看过的电影、女儿的网课、讨论学习情况和状态以及第一次参加线上读书会的兴奋，写下了《我曾经》，更写下了《谢谢》。

琴琴写下了儿时的小山村，写下农村生活的美好记忆，写了她求学和工作的经历，写了她看过的书和电影，记录生活中的感悟和思考，以及她对上海朋友的感激之情。

蕾蕾作为在农业部门工作的公务员，从年初四就开始正式上班，她写下了她的日常工作，如疫情期间湖北地区的农产品调控以及春耕播种的安排，还有单位的日常防疫工作及工作中的反思，她也记下了对不在身边的女儿的思念以及跟先生一次特别简单但不平凡的吃火锅经历，除此她还记下了她团购食品的经历。

2. 表达乐观

在 18 天的写作中，武汉书友的文字中透露着他们的乐观、开朗和生命力，偶尔他们也会表达他们的负面心情，如担心、紧张和焦虑，但对于疫情期间遇到的真实困难和遭遇的心理压力表露的并不是很多，反而是以积极的心态来面对所遇到的生活挑战。

琛琛最初发在写作群里的文章，并没有谈到父母和自己发烧的情况，她谈她看过的环保电影和自己的零废弃生活实践，记录家中的猫咪和大狗，还有新学会的各种生活技能。直到 2 月 24 日，她才详细地写从年初二开始她爸爸发烧，她一次次去买药、送药，接着妈妈发高烧，最后她发高烧的经历。她没有谈她情绪的崩溃，也没有提及她疯狂地囤药，只是在最后写道：

> 回想起来这噩梦般的经历还是应该用文字记录，哪怕再简单的文字和再杂乱的思绪，记下来的，都是我的历史，家的历史。
>
> ——琛琛（2020 年 2 月 24 日，武汉妈妈，写作小打卡）

四天后，琛琛在文章中用视频和文字分享家门口飞来的一只鸟，她写道：

> 我每天放空的时候会特别喜欢看这些小生命，特别灵动，带来生机。就像著名的《林中最后的小孩》里描写的那样：大自然给我们力量，治愈一切的力量。
>
> ——琛琛（2020 年 2 月 28 日，武汉妈妈，写作小打卡）

广庭在农村父母家滞留，生活上的困难都被他一点点地化解，如用蔬菜变水果、给孩子做玩具。

没有水果的一个月以来，爸爸妈妈想尽各种办法给小朋友变“水果”。切萝卜的时候就留一小块给他们吃，他们倒还习惯了萝卜清甜稍辣的味道，每次都能津津有味地吃起来，这段时间还养成了吃生萝卜的习惯。在掐菜苔茎的时候，也会弄几小段给他们做水果，他们也是喜滋滋地吃起来，这样坚持也将近一个月了。这在以前不可想象，没想到，孩子们适应环境的能力还挺强的！

——广庭（2020 年 2 月 19 日，武汉爸爸，写作小打卡）

今天在家里找到了一个古董——石磨，爸爸感觉很多年都没有见过这个石磨了。以前家里用这个磨过黄豆、玉米，做过豆浆，豆腐。感觉这个古董将给我们带来了新的希望，在这段时间要发挥重要的作用！晚上妈妈花了半小时把磨彻底洗净。爸爸泡了半斤黄豆，准备明天打豆浆喝。

——广庭（2020 年 2 月 24 日，武汉爸爸，写作小打卡）

3. 写作成为隔离期间的精神慰藉

武汉“封城”之后，很多人只能困在家中，日常生活的困境、狭窄有限的空间、铺天盖地的各种疫情信息，还有对疫情的担心和恐慌，都让他们对最初的生活无法适应。

湘香一开始被写作群吸引，也是想从刷手机的困境中摆脱出来，想给自己的焦虑不安找一个精神支持。

那个时候真的不想天天抱着手机看，真的很想找一个方式摆脱一下。因为那时候我们单位的工作群里也没有任何人讨论工作，都讨论的是疫情，所有人讨论的都是这个东西，然后各种消息你打开，你不管看这个还是看那个，都是疫情，所以当时就想找另外一个途径。

……

那个时候大家都关在家里，确实是需要一些精神上的东西来支撑。因为你每天就在这个房子里，就一点点空间，然后要是你整个人局限在这里，没有一点空间以外的东西的话，可能确实比较难受吧。所以那段时间写，而且大家都在写，很是热乎。

——湘香（2021 年 2 月，武汉妈妈，访谈）

红红是坚持写作一整年的少数武汉书友之一，从2020年2月12日开始到2021年3月4日，她在写作小打卡上一共写了320篇文章。2020年2月12日，红红在加入写作群的时候，已经开始发烧，她在犹豫是继续在家中隔离还是去方舱医院。可想而知她的焦虑和恐慌更甚于其他人。在一年后的访谈中，她也直言不讳自己还是很“怕死”。

> 我当时因为一直发烧，低烧37℃到38℃，断断续续一个月，总是不见好。说实话我还是很担心，很害怕。但是那个时候，老公既要照顾我，还要照顾孩子，我很多事情也不能跟他说，我害怕给他太大的压力。我隔离在一个单独的房间里面，不知道做什么，也不想看手机。以前我也会写日记，但是没有坚持下来，那个时候恰好有写作群的召集，我觉得恰是时候。
>
> ——红红（2021年2月，武汉妈妈，访谈）

从最初的小打卡到后来的自我坚持，红红深深地体会到在特殊时期的写作是对她心灵的慰藉和精神的支持。

2020年春天，虽然这群读书会的妈妈，跟很多武汉的市民一样，遭遇到了前所未有的社会挑战，但是当她们在每天的生活中停下片刻的时光，用书写记录日常生活，在困境中表达乐观，获得了许多心理慰藉。下面将继续讨论集体写作的心理疗愈。

三　集体书写的“写作疗愈”

> 2020年2月12日，我还生着病，病毒阴险狡诈，虽然没有在我体内狂轰乱炸，但反反复复搞得我心神不宁，充满压力。尽管网上的新闻看的比较少，但身体的不适总会让我胡思乱想。那会儿的我每天最怕开灯的那一刹那，坐在床边看着天逐渐暗了下去，充满了恐惧。心底最真实的感觉，不知道跟谁诉说，不敢跟老公说，怕增加他的压力。似乎跟谁说都不妥当。
>
> 就在这样的情况下，你们来了，带着热情带着祝福，还带着写作神器。我毫不犹豫地报了名，找到了可以倾诉的树洞。我似乎变成了一只鼹鼠，要在写作群的小树洞里，便充满安全感，这里变成心灵的家。在写作的过程中，我慢慢地剥开了自己的心，开始审视自己，留

心生活。

……

——红红（2020 年 3 月 1 日，武汉妈妈，写作小打卡）

我觉得有时候写东西就像别人说的这种心流状态写出来的东西，那时候的文字确实别人也愿意看，自己也觉得会写得很好。有时候当然就憋不出来，有时候我不写的话虽然觉得这一天对我自己的生活没有损失，但是我就会觉得这一天没有好好地过，混混沌沌的。写一写首先就把自己的情绪什么就排空了，就觉得舒服了。如果这时候我不写的话，我反而觉得不舒服。

——红红（2021 年 2 月，武汉妈妈，访谈）

这一部分开头所引的两段文字分别是武汉书友红红在 2020 年 3 月 1 日写给上海书友的告别文，以及 2021 年 2 月访谈中的语录，都提到写作对她的积极影响。在上文中，我们也介绍过，红红 2020 年 2 月 12 日加入写作群的时候，正在发烧，很担心自己的身体状况和家人的健康。她坦言，写作给她带来了精神的支持。

后来，她写下了在家隔离的日常观察和体验，文字细腻入微，充满对生活的爱和情感。

自我隔离的这段时间我听到最多的窗外的鸟叫声和头顶飞机掠过的声音。打开窗户看到一只鸟脖子前后伸缩“布谷，布谷”地叫着。百无聊赖的我对着那只鸟学了几声鸟叫。它听到后居然掉了个头，转过来看看我，脖子动来动去。天哪，我们是在交流吗？和一只鸟？

这彩色的小窗让我倍感赏心悦目，同时也会有丝丝哀伤。黑夜就要来临了。我曾想着，要是能闭上眼睛睡一觉，醒来是 2021 年，阳光明媚，鸟语花香，可好？可是谁都无法逃避，历史的发展告诉我们，人类总会在无知和傲慢中酿成悲剧，但也会在灾难中吸取教训，变成自己强大的精神力量推动着世界前进。

——红红（2020 年 2 月 13 日，武汉妈妈，写作小打卡）

红红一年多坚持写作和记录，以书写来缓和对新冠肺炎疫情的焦虑和恐惧，也以书写来去表达对生活和世界的热爱。

（一）集体书写的“写作疗愈”

“写作作为一种疗愈方法”不仅仅是学者的一个研究结论，更作为一种实践操作的心理治疗技术被广泛地传播。美国学者彭尼贝克在1980年代就撰写论文，阐述表达性写作可以提高人们的身心健康水平。后来彭尼贝克和史密斯在《书写的疗愈力量》中再次强调，表达性书写是一种简单易行、科学有效的心理自助技巧，可以帮助个人释放并碰触那些最深处的想法和感受。①英国心理治疗师杰克逊在《手写人生：改变焦虑、抑郁和悲观的习惯》中强调手写日记是自我疗愈的过程，既可以净化个人的负面情绪，包括焦虑、抑郁、悲观、愤怒……也可以让个人反思、分析、理解生活经历，倾听内在的声音，实现真正的自我成长。②

随着心理咨询在中国社会的流行，“写作疗愈”近年来也开始进入普通人的视野，尤其活跃在各种写作和心理咨询平台上。书写表达被赋予对心理健康的积极意义。③

上海的“三明治”是2011年创办的非虚构写作平台，它强调通过写作重构自我和生活的意义。平台在2017年的“每日书”栏目中设置了一个“写作疗愈小组”，鼓励参与者表达情绪，整理个人的心情。2020年10月，他们开设了以“接纳真实的自我”为主题的第一期写作疗愈工作坊。在招募贴中，写作课带领人写道：

> 如果苦闷压抑攫住了你；
>
> 如果你偶尔感到脆弱无力；
>
> 如果你有无从说起的委屈，或常常想要逃离，觉得不被真正地理解；
>
> 抑或是陷入自我怀疑……
>
> 写作疗愈工作坊将带领你深入自己的内心世界，与自己亲密无间。

① 詹姆斯·彭尼贝克、约书亚·史密斯：《书写的疗愈力量》，机械工业出版社，2018。

② 亚当·J. 杰克逊：《手写人生：改变焦虑、抑郁和悲观的习惯》，北京联合出版公司，2019。

③ 王永、王振宏：《书写表达及其对身心健康的作用》，《心理科学进展》2010年第18卷第2期。

在书写的同事，不断发现新的自我，颠覆刻板定义，展开新的生命。

——龚晗倩（2020 年 10 月 5 日，“三明治”微信公众号）

各种心理咨询平台都有定期的写作疗愈工作坊和练习营。比如微信公众号“十分心理”在 2021 年 2 月的书写招募中提到了写作练习的目标：“学会信赖自己的心灵和身体，培养耐性和正向情绪，建立更具支持性的人际关系，更好地生活。”

在前面的讨论中，我们从武汉书友的写作中，看到他们对生活的记录，也表达了积极乐观、摆脱焦虑的状态。从写作小打卡中，我们确实看到了不少妈妈通过写作来获得心理支持和精神力量。随着社群之间大家的互相信任感打开，更多妈妈开始展露心扉，甚至开始表达一些负面的、发泄性的情绪。他们在同伴的支持和鼓励中不仅仅获得情绪的出口，甚至获得一些行为上的指引。

玛玛是 2020 年武汉读书会新书友。在疫情期间，她一家人都困在先生乡下的老家。在 2020 年 2 月 12 日 ~3 月 1 日的 12 篇文章中，她描写了农村的田园生活，描写了暖暖亲情，描写了她活泼可爱的两个儿子，也描写了体贴能干的丈夫，没有表达任何的负面情绪。然而，她在另外一个心理学写作群里，对个人有很深层次的剖析，包括年少时代遇到的家庭暴力，还有亲密关系中的问题。她坦言，一开始她并不愿意谈这些内心的秘密。

但是在 4 月，她在武汉的写作小打卡中也写出了自己的另外一面：她记录了跟婆婆之间的冲突和矛盾，甚至是两个人动手打架，她也撕碎了跟丈夫之间“完美夫妻”的形象，揭示了他们之间旷日持久的婚姻危机，甚至宣布了“离婚”的决定。

慧慧也是 2020 年武汉读书会的新书友，她在写作打卡群非常活跃也很热情，她的文字活泼而机智。她写她看过的书和电影，写她跟她女儿和先生隔离期间幸福的片段，写第一次参加读书会武汉组活动和参加北京全国线上活动的兴奋。在后来的访谈中，她提到并不愿意写跟疫情相关的事情，更不想写自己当时遇到的生活困境和心理紧张。于是，家里最后的一个橙子让她写出了两篇文章，谈夫妻之间的相处和沟通。

但是在 2020 年 2 月 28 日，慧慧参加写作群 15 天后，终于完成《我曾经》这个最初群里布置的写作题目。她终于可以畅快地表达自己曾经压抑的负面情绪。她写到了她遭遇过童年父母无休止的争吵和父亲的家庭暴力；她写到了进入婚姻之中，发现她的先生的家庭父母关系更加糟糕；她写到了她的善良和容忍却变成公公肆无忌惮的辱骂；她写到了怀孕的自己在情绪崩溃时有过跳楼自杀……

正如玛玛和慧慧在访谈中提到，这些负面的个人自我情绪的表达，不仅仅是重新梳理个人的成长，更是重新发现和找到自我的生命力量。在这样的情境下，她们的这种负面情绪的表达，一定程度上也是一种心理疗愈。

（二）集体写作疗愈的伦理边界

上海武汉两地写作群发起的目的是希望通过陪伴性的写作，让身处疫情中的武汉人民感受到社会支持。但是在写作群刚刚开始的时候，北京教育机构的负责人和上海写作群的书友出现了关于选题的争论。

2020 年 2 月 13 日，上海武汉两地写作群开启写作的第二天晚上 9：00 多，北京教育机构的创始人提出要在写作群发布“谁是你的托孤人”的题目。她们提出来的理由是写作是一种疗愈方式：写作“恐惧”会减轻“恐惧”，写作“焦虑”会减轻“焦虑”，写作“创伤”会疗愈“创伤”。她们也进行了初步的尝试，已经在机构内部就这个话题进行了讨论，所有的同事讨论时都忍不住哭了。

上海的妈妈非常反对这个选题，因为当时武汉的情况还不明朗，医疗和生活物资都处于非正常的状况，而且有可能写作群中的一些书友也会遇到身边朋友感染甚至死亡的危险，所以很担心这样的题目会伤害一些人。上海妈妈认为写作群的目标就是帮助武汉的书友写起来，笔者曾在讨论中表达过“现在武汉的书友只要起笔，随意写写，他们自己去记录自己想记录的”就算达到目标。

武汉写作召集人天逸也发表了她的看法，她自己在“封城”那天离开武汉赶回到荆州老家，当天全家人包括上初中的孩子一起讨论过可能遇到的最坏情况。但是她也认为，“不在武汉的人，哪怕是在湖北，对于武汉人的感受还是会有偏差的”。她也同意笔者的意见，觉得在当时的情况下，大家先学着写起来最重要，提这个主题还需要一段时间。

由于上海的书友和武汉写作群召集人并不支持“谁是你的托孤人”这个题目，该题目最后也没有落实到写作中，甚至在整个集体写作过程中，都没有人写过这个主题。

这个争论其实反映了一个核心问题：在什么情况下写作才能疗愈？“谁

是你的托孤人”这个话题并不是不值得讨论，而是它在当时的情境下无法满足“写作疗愈”的一些条件。

第一，无论是研究者的书籍还是具体的写作疗愈实践，都强调最重要的是“自我疗愈”，这个写作过程的主体性来自写作者。这实际上就是个体叙事中所强调的“资格”，也就是谁有权利讲述故事。[①] 同样，选择什么样的写作内容，讲述什么样的故事，也应由写作者来决定。

即使有导师也是需要专业的心理咨询师，在心理咨询师的协助下去自我探索和自我反思。在上面提到的“写作疗愈”训练营，导师都是具有资质的心理咨询师，其中一位更是担任过心理学杂志的主编。上海妈妈志愿者中虽然也有一位心理咨询师，但是她参与这样的活动，是以“上海妈妈”的身份，而非心理咨询师的身份。

第二，彭尼贝克和史密斯在颂扬“表达性书写”的各种功效时，在导言中便开门见山指出“书写”并不是对所有人奏效的，非常谨慎地建议“如果发现书写某个主题极为低落的时候，可以停下来，或者换一个主题”，甚至提出可能的负面作用和问题。[②]

对于写作中的情绪表达，在对武汉书友的访谈中，不少人提到她们还是尽量克制自己的消极情绪，尽量不去表达自己恐慌无助。比如前面提到琛琛父母连续高烧不退，自己也发烧，也是过了一段时间才去梳理这段经历。红红加入写作小打卡的时候就在发烧中，后来断断续续持续了一个多月，但是她更乐意记录自己日常观察到的美好生活。处在疫情中的武汉书友一方面尽量在特殊的时候表达积极情绪，表达对生活的热爱，希望自己受到鼓舞；另一方面也担心自己过于负面的情绪会影响到社群中其他书友。我们从前面他们对生活的记录中可以看到他们有意识地书写这种“乐观”。

第三，社群的集体书写跟个体单独的书写不同，不得不面对隐私的边界。上海武汉两地妈妈虽然基于城市读书会建立了身份上的社会认同，但是她们彼此之间并不是很熟悉，即使同是武汉书友，不少人也都互相不认识。“谁是你的托孤人”这个话题涉及很多个人隐私，可能稍不留神就会犯

① 艾米·舒曼，赵洪娟：《个体叙事中的“资格”与“移情”》，《民俗研究》2016 年第 1 期。

② 詹姆斯·彭尼贝克、约书亚·史密斯：《书写的疗愈力量》，机械工业出版社，2018，第 VII，38，102 ~ 109 页。

下彭尼贝克和史密斯所言的“过度暴露”的负面效果。[①] 有一位武汉妈妈在访谈中跟笔者谈到自己在写作中不积极的原因，她觉得很多人并不是很熟悉，总是担心自己写作的一些个人化的内容。而这种顾虑也影响了她自己在写作群中的表达，限制了她更深层次的思考。另外两位妈妈也提到了在写作小打卡中对“自我”形象的维持，发出来的内容其实是经过自己选择的，而更隐私的话题和情绪则是留在她们的日记中。

玛玛和慧慧后来愿意打开心扉，去表达甚至发泄自己的负面情绪，也是她们自我在写作过程中逐渐找到了合适的契机去书写，并不是外界的压力给予的。正如《写出我心》的作者戈德堡所言，“写作是一条小径，让我们得以在小径中和自己相逢、相知、相守”，[②] 个体的自我表达和生命探索赋予疫情期间写作更多的意义。

四　作为志愿服务的书写陪伴和社会联结

谢谢上海的朋友

本来，今天是准备写一篇情意满满的文章，尽量把我对上海书友的感激感谢和爱意表达出来，可是现在的心情有点忧伤，离情别绪百转千回，只能请求上海书友再次当我的树洞，陪伴我，倾听我，温暖我。

……

亲爱的上海书友，当武汉“封城”的时候，当我们每天在家里无所事事的时候，当我们彷徨焦虑不安情绪激动无处安放的时候，热情的你们来了，带着对我们的关心、关怀和关爱，带着你们精心准备的礼物，带领我们陪伴我们，大家一起我手书我心。

你们热情地鼓励着我们写啊写啊，你们精心设置打卡制度激励着我们写啊写啊，一天、两天、五天、十天……转眼，我们共同写了 18 天，写了近千篇小文章，写了几十万字！太厉害了，太不可思议了。

大家互相信任，互相扶持，袒露心声，分享菜谱，分享电影心得，

---

① 詹姆斯·彭尼贝克、约书亚·史密斯，《书写的疗愈力量》，机械工业出版社，2018，第 106～107 页。

② 娜塔莉·戈德堡，《写出我心：普通人如何通过写作表达自己》，广西科学技术出版社，2016，第 10 页。

分享读书心得，写自己平日的生活，写自己的感悟，写自己的期盼，甚至勇于写自己胆小懦弱不光彩的一面，敢于写自己痛苦的过去，我们虽然没见过面，但是我们胜似多年的好友。

我们进一步认识了解彼此，我们倾听对方，我们热情认真地介绍自己，我们用文字鼓励安抚对方，我们在精神上交流沟通，在心灵上同频共振。我们写得越认真，就收获得越多；我们思考得越深入，就顿悟得越通透；我们越是付出真感情，就越能深入灵魂。

真好，可能我们会短暂地告别，我想我还会努力地坚持写下去。千言万语不知怎么说出口，汇聚成一句谢谢大家！

真诚地邀请大家，待到春暖花开，武汉重启，一定要到九省通衢走一走，要来你们真心帮助真情付出的地方逛一逛，吃碗热干面，登顶黄鹤楼，和我们这群素未谋面的朋友，紧紧地拥抱，热情地畅谈，深情地交流！

——蕾蕾（2020 年 3 月 1 日，武汉妈妈，写作小打卡）

蕾蕾的《谢谢上海的朋友》是在 2020 年 3 月 1 日写的“告别文”。那一天后，上海妈妈离开武汉写作小打卡，结束了 18 天的写作陪伴，她以自己情真意切的文字来感谢上海的朋友。武汉和上海的妈妈虽然绝大部分还没有见过，但是她们通过彼此的文字，互相看见、互相扶持、互相信任，在“小打卡”的平台上，分享日常生活的点点滴滴，袒露心声、互诉衷肠、以文会友，在疫情期间在陌生人之间建立起特殊的社会联结。

那这样的书写陪伴何以成为一次志愿服务的？又何以建立起社会联结的？

（一）书写陪伴作为志愿服务

2020 年 2 月 12 日，当上海武汉两地妈妈写作小打卡正式开启的时候，上海妈妈和武汉妈妈们都满怀期待，充满热情。上海妈妈虽然有一些忐忑不安，不确定自己能够起到什么样的帮助，但是她们非常确认这是一件有意义的事情，希望通过写作陪伴，把上海妈妈的关心、支持和鼓励传递给武汉妈妈。武汉妈妈很高兴在隔离的日子里有一个心理的出口，也很好奇一群陌生人在一起如何写作，更期待能够好好记录特殊时期的生活。

2021 年 2 月，当笔者重新访谈上海武汉两地妈妈，让她们回顾这次疫情期间共同写作的经历，笔者问两地妈妈：“你觉得上海妈妈跟武汉妈妈一起写作打卡算是志愿行动吗？”她们虽然有不同的回答和理解，但基本上认可这是一次上海妈妈集体的志愿付出，也谈到了对这种志愿行动的形式和效果的分析，还提到了个体不同的感受和体会。

第一，她们都认为，上海妈妈不求回报，付出时间和精力，陪伴武汉妈妈一起通过写作表达减少心理焦虑，这是一种志愿行动。

> 我觉得上海（妈妈）参加武汉的小打卡，应该属于志愿者活动，因为当时属于响应全国上下支援武汉的号召，然后我们去带他们一起写作。写作是属于我们都比较熟悉的，然后我们又不求任何的回报，对吧，又不收费，毕竟每个人都贴进去很多的时间，尤其是冰倩倩和大神她们，花了好多时间和心思进去，这肯定属于志愿活动。
>
> ——君君（2021 年 2 月，上海妈妈，访谈）

> 我觉得这就是志愿活动，因为这是在帮助别人，义务地帮助别人。即使他们写的是很平淡无奇的东西，但是有一个类似树洞的东西能够给他们情绪一个出口。打卡的形式还是能够让人去刻意地记录一些东西，这样的一个过程可能在疫情的那个当下显得特别的重要。
>
> ——欣欣（2021 年 2 月，上海妈妈，访谈）

> 这当然是志愿活动了，我理解的志愿活动就是，你付出的时间、精力、情感，你是没有回报的，你是无私的。无私无偿地在做这样一件事情，而且是能够帮助到别人的就是志愿活动。另外还有一个很大的前提是彼此真的就是陌生人，我们大部分人跟上海的书友都不认识。
>
> ——天逸（2021 年 2 月，武汉妈妈，访谈）

> 你们过来帮我们建立写作小打卡，是志愿活动呀！我当时记得组建群的时候，我觉得其实有点出乎意料，因为我没有想到这样的一个方式，居然一群人一起写作，其实我自己也觉得很新鲜的。然后我觉得这是一个心理层面上的一种支援，因为确实那个时候大家也挺慌张的。
>
> ——湘香（2021 年 2 月，武汉妈妈，访谈）

第二，武汉妈妈特别提到共同写作过程中，上海妈妈的“言传身教”式的引领对她们写作群的建立和运作起到了很大的作用。

> 当然，当然，当然（连续说了三个），这是志愿活动。你们的热情点燃了我们，就像别人说的，一片云彩去叫醒另一片云彩，一棵大树去撼动另一棵大树。我们当时就像孩子一样，我们需要鼓励，但是我们不仅仅需要言传，我们更需要身教。你们过来就是言传身教的，带着我们一起写作。
>
> ——玛玛（2021 年 2 月，武汉妈妈，访谈）

> 是呀，这是志愿活动，而且有一点我觉得你们的引领做得非常好，你们带着我们慢慢地写，也鼓励我们一点点地去记录。你看像我在写作里面写生活为主，我又爱乱说话，也不太喜欢按照主题来写，然而在这样的空间里面，大家很自由地去表达，也会被看见被鼓励，慢慢地大家就尝试去写作。
>
> ——红红（2021 年 2 月，武汉妈妈，访谈）

> 你们上海的朋友一点点地带着我们武汉的朋友写，一开始大家确实不太知道写什么，但是你们在微信群里说，“写一句话也是文章”，“我也有资格写出最烂的东西”，甚至还给我们示范“摸鱼文”。慢慢地大家开始写了，也慢慢地放开来了。而且我们写什么，你们都认真地评论，尤其在我们二组，大神、薇薇她们几乎一篇不落地给我们的文章评论。
>
> ——丹丹（2021 年 2 月，武汉妈妈，访谈）

第三，上海妈妈参与这次共同写作的动机，其实非常简单，就是希望能够为武汉的人民做些什么。她们在反思这次“志愿行为”的效果时候，从个人的角度，也有人不太确定她们个人究竟给武汉的朋友起到什么样的帮助，甚至还有遗憾——当初自己不能参与更多，但是作为集体来说，她们都非常肯定上海妈妈群的付出和贡献。

婷婷是唯一否认这次活动是志愿行为的，她的理由是：

> 我当时在武汉写作群和上海写作群两边都打卡，没有付出太多的额外精力。我感觉我虽然是自愿加入这个活动，大家一起写作打卡，但是我也没有具体服务人家什么，我感觉好像没有对她们起到很大的帮助。

所以，如果说志愿行动的话，大概不能算，我觉得。

——婷婷（2021 年 2 月，上海妈妈，访谈）

芯吉不确定她的写作给武汉的朋友带来什么效果，但是她很开心她的参与。

应该也算吧，但没说一定要把它放在很高的位置，我觉得也算志愿的一种形式，它只通过写作。当时北京 S 老师（教育机构负责人）他们觉得写作能够帮助别人，我觉得可以我就加入了，我可能写写自己的事情，如果能够有帮助，那也是比较开心的事情，但也不是说一定可以做到什么，因为很多事情只有身在其中的人才能知道是什么样的状态。

——芯吉（2021 年 2 月，上海妈妈，访谈）

在访谈中，青瓜一开始把“志愿”听成了“支援”，她觉得写作是相互的，但谈不上支援。但是她认可是志愿行动，因为上海的书友帮助武汉读书会建立小打卡。

我觉得这个不算支援吧，我觉得就是互相吧，其实我觉得我自己的心态放得比较平，就是一起写作嘛，然后了解他们的情况，他们在情绪上肯定还是会有一些压抑，然后通过这个方式可以舒缓一下。但是如果你要说支援的话，好像说起来也有点儿那个……。我觉得大家一起写作是相互的，他们不是受助的对象。

……

哦，如果说是志愿，那肯定是的，我们一起参与，帮助武汉建立写作小打卡。

——青瓜（2021 年 2 月，上海妈妈，访谈）

Daisy 认为这次参与提升了她对所在的上海妈妈读书会社群的自豪感。

其实我自己付出的没有那么多，尤其是第二周的时候，要准备开始上班了，忙着筹集防疫物资。但我还是觉得参加这次武汉群的写作，是非常有意义的，我也有所收获。

……

我也挺为我们上海书友骄傲的，因为大家参与的时候感到一份责任，真的是很真诚地在做这件事情，就是说没有去考虑这个是任务或者对自己有什么好处，是不计回报地在做这些事情，动机很纯，这是为大家骄傲的地方。

——Daisy（2021 年 2 月，上海妈妈，访谈）

第四，武汉书友都看见和感受到了上海书友的志愿付出，看到了他们的热情和真诚。无论是在共同书写的日子里，还是活动结束之后，武汉书友都用不同的方式表达了他们的感激之情，有的是在小打卡的评论互动中，有的是在最后写给上海书友的“告别文”中。2020 年 4 月 8 日，在武汉重启的那天，武汉的书友在线上举行了一次写作打卡的表彰会，他们特地把一个环节留给了上海妈妈，感谢每一位参与两地写作群的上海书友。

（二）共同书写中的社会联结

在 18 天的共同写作中，上海武汉两地书友通过文字的表达建立起来不同维度的社会联结，既是人与人之间的情感和友谊，也是个人跟自我世界和外在社会的联系。

1. 从志愿行动到“以文会友”

集体写作小打卡成了“以文会友”，无论是上海的朋友和武汉的朋友之间，还是武汉老书友和新书友之间，他们通过共同写作互相看见，彼此认识。

蕾蕾说，她从来没有把上海的朋友当成志愿者，而是一群没有见面的朋友，而且期待着将来能够见面。她不仅仅在 2020 年 3 月 1 日，给上海的书友写下了情真意切的“告别文”，更是在一年以后笔者对她的访谈中，强烈地表达了对上海书友的那份情感。

> 你们帮我们武汉的读书会建立写作群，这当然是志愿活动，但是我从来没有把你们当成志愿者，你们知道吗，我把你们当作一群没有见过面的朋友。那一次你们过来一起写作好像是三个星期的样子吧，结束了之后我其实特别难过，我就觉得为什么要结束呢，应该长久地存在下去，因为我觉得通过写作，我看每个人的文章，我就会给每个人画像，感觉他是怎么样的人，是非常真实的。
>
> 然后我就在想，当时我们三组上海每个人，在我的脑海里面是特别鲜活的。你们还记得，当时结束的那天不是要写一篇文章，其实我脑海里面是有这样一个画面的，我就觉得上海的书友和武汉的书友一定会有

一次聚会的机会。我当时想着可能春暖花开了，上海的书友都到武汉来，然后我们武汉的这群人就带你们去登黄鹤楼呀，去吃热干面呀，去武大的校园转一转，看一看樱花。我觉得我们这样的两群人一定会一见面就相谈甚欢的，因为我们已经是朋友了。

——蕾蕾（2021 年 2 月，武汉妈妈，访谈）

琛琛也认为共同书写从一开始的志愿活动，慢慢成为一个大型交友现场，给疫情中的武汉人带来社会支持。

刚开始你们过来跟我们一起写作，这是一个志愿活动。但是慢慢地，我就发现它不是了，因为它渐渐成为一个大型交友或者大家共同交流的现场。当时疫情期间武汉人真的非常需要这样的一个写作营。这确实是很好的一个形式，没有任何时候比那个时候更合适，因为关在家里，大家五味杂陈，需要表达和倾诉。虽然你看我，很多时候是憋着写，不想写太多当时害怕的心理，但是我还是写了很多，如果我不憋着写，完全放开些，肯定还能写更多。

还有一点，我现在感觉有时候网友可能会比你身边的同事或者是同学，或者是认识多年的朋友还要志同道合，因为大家都有共同的爱好——读书写作，价值观念也很相近。我是 2020 年的新书友，一开始其实武汉的书友也是一个都不认识，因为报名了读书会，看到召集写作群，我就加进来了。对于上海的书友，那个时候我更加不认识。但是在这种情况下，大家慢慢地一起写，互相看，越写越多，然后会渐渐认识文章背后的写作者。

——琛琛（2021 年 2 月，武汉妈妈，访谈）

柠檬是 2018 年武汉读书会的南昌书友，她平时也一直在坚持日常写作，并且跟闺密开设了一个微信公众号。2020 年 2 月，她看到原来读书会的群里在召集加入写作打卡群，虽然她 2019 年和 2020 年都没有报名武汉城市妈妈读书会，但是看到集体写作的招募，她不仅仅自己报名了，也拉着闺密一起参加。她在十多天的书写中，最主要的是写了她跟不到三岁儿子的日常互动，同时她从上海和武汉的书友中看到了“写出我心”表达下两个城市在疫情中的真实状况和人们的性格特质。

我之前参加读书会，基本上每个月都跟我先生赶着火车来武汉，要么当天来回，要么住一个晚上。我很喜欢武汉人，也喜欢武汉的书友，因为他们做什么事情都能做成，他们很厉害。跟武汉的朋友们一起写作，我看到他们描绘疫情期间的生活状态。我觉得他们很厉害，他们有思想，而且会自救，即使在那么困难的情境下，他们还积极参加志愿活动。

……

还有一个就是看到上海，我也很感慨，地域真的很有特色。我有特别好的朋友也在上海。上海人给我的感觉就是也很厉害，上海人再怎么忙碌，每一件事情都能做得很好。我从你们的文字中能感受到你们生活都很忙，家务、照顾孩子，后来还需要居家办公，但是你们小打卡会比武汉的质量高很多，而且你们每一篇都会积极去评论。然后你们的生活，通过小打卡看到，也是会井井有条，很精致。我觉得上海人很干练，而且不是某一方面，而是方方面面。

——柠檬（2021 年 2 月，武汉妈妈，访谈）

上海的朋友参加这次书写陪伴活动，最初是想通过写作活动，给予疫情中武汉的书友一些心理支持，同时她们也有机会跟真实的武汉陌生人建立起联结。

上海书友 Daisy 的体会非常有代表性，她通过跟武汉的书友一起写作打卡，不仅对疫情中的武汉人民有了新的认知，而且通过这种联结，感受到作为普通人跟社会大事的联系。

我现在想起来我参加这个活动，也是有很大的收获，主要是两个方面。一方面对武汉的情况多一些了解。你在新闻上面看到的都是整体的情况，你不了解具体每个人是怎么样的。虽然当时我们在“小打卡”里面，每个组只有20 多个人，但每个人可以是一个系列人，而且我们是两个多星期地连续写作。你就会发现他们都是鲜活的个体，虽然在疫情严重的武汉，他们其实跟我们一样，吃喝拉撒睡，正常地生活，这就让我觉得打开了这方面一个认知吧。

另一方面就是感觉我作为普通人是可以做一点事情的，然后跟其他人或者社会大事件产生一些联结。如果没有这样一个机会，可能会是新闻里看一看，口号喊一喊，或者是捐款，但不是这么直接的一个联结。现在就发现，普通人想做一些事情也是有很多机会的，跟其他人有一些联结，或者也谈不上大的帮助，但这是助人助己的事情。

——Daisy（2021 年 2 月，上海妈妈，访谈）

2. 写出我心：重建“我”与社会的联结

“写出我心”建立起来的社会联结也不仅仅在于认识和结交几位朋友，更在于通过自我的写作表达和与周围世界的交流互动，能够重新审视个体与自我、他人、社会的关系，以及如何反思个体的意义和社会价值。

武汉书友琴琴读了笔者在“小打卡”上写的《腌笃鲜》一文，她甚至开始进入厨房，尝试炒出了一次时蔬花饭；她读了上海书友彩霞描写家乡深圳客家村子的故事，想起来自己大学毕业在深圳打拼的那几年，想起自己记忆深处的童年时代的小村庄。

开营之后看到了好几篇小红的“云喂饭”，虽然对江南的食物、风土、人情了解不多，但是从那一篇篇的菜谱里，看到了对朋友满满的情意，看到了对故土满满的爱，我也终于了解到原来食物承载了这么多，它是符号，也是文化，需要传承。而我受到感染，马上投入厨房里，满心欣喜地在厨房里叮叮咚咚。虽然被隔离在老家实在是食材有限，我也尽量把家里仅有的 5 种时蔬炒出心满意足的花饭。同时在心里暗暗许下心愿，回武汉的时候我想要好好做一个厨妈。要知道这是队友结婚这么多年一直以来的夙愿，但是他实在搞不懂我怎么在一夕之间转变了！

还有彩霞，一个工作日中午的吃饭间隙出了两篇文。那篇《我曾经》洋洋洒洒，把她的过往娓娓道来。她来自深圳，那个我工作过 7 年的城市。她也像极了那个城市给我的印象，热情而高效。正是因为她，我也想起了我的曾经，那个我生活过的村庄，那些已经沉睡的景象，那些已经泛黄的记忆，都鲜活了起来。它们从我心底走到了脑海里，我从那里走来，就是这样一路走一直走的吧！

——琴琴（2020 年 3 月 1 日，上海妈妈，写作小打卡）

一年后，笔者访谈琴琴的时候，她提到 2020 年 7 月她辞职之后，真正去实践了一段时间在厨房的日子，但改变的不仅是“做菜”这件事，更是对自己人生的思考。

我其实真的是不太爱进厨房的，我自己也没有热情，家里基本上都是我先生做饭的。但是我也不知道为什么，后来我辞职之后，我还记得当时那篇"腌笃鲜"的文章。我就没那么抗拒厨房了，然后我做了比较多一些菜。虽然说前面有一段时间好像热情比较高，后面就慢慢稍微淡一点。但是我感觉我应该是对做菜这个事情有一些改变，很隐藏的一些东西的改变，应该是比较深一点的。……这是从内心深处探寻我自己，什么事情可以点燃我内心的热情，什么是真正的快乐，什么是我想要的。

——琴琴（2021 年 2 月，武汉妈妈，访谈）

2020 年对于琴琴来说，是很特殊的一年，疫情过后她离开了工作很久的一家跨国公司，希望能够清醒一点去生活和工作。在休整的时候，琴琴参加了一个心理工作坊，其中也有写作环节，三个月每周要写一篇 2000 字的文章，她每次都递交了写作作业。除此之外，她在自己的社区也组建了一个妈妈读书会，认识了身边的一群志同道合的人。她还利用自己职场的经验，给一家专注青少年职业生涯的公益机构做志愿者导师。日常的写作也依旧是她生活的一部分。

在上海武汉两地妈妈写作的日子里，很多妈妈都被广庭的文字所打动。疫情期间，他和妻子以及两个女儿困在武汉的偏僻农村，因为物资缺乏，生活上遇到不少困难。但是他用文字给大家带来了农村的田园风光，更带来了生活的诗意和乐观。萝卜雕花变水果、蜂窝炉炒菜、劈柴生火、瓷砖做纸、树枝做陀螺、石磨磨豆浆、取暖器发面等，都给大家留下了深刻的印象。

广庭离开家乡在武汉求学工作已经 20 多年了，工作后他每次回去在家里待的时间都很短。因为只有一个多小时的车程，有时候当天来回，新年时间久一些，也很少超过一星期，就是见见亲戚拜拜年。广庭觉得他工作之后就没有时间和机会去好好体会农村的变化，但他自己又觉得是农耕文化中成长起来的一代人。广庭他六七岁开始做农活，帮着父母在田间劳作，即使是读了大学，暑假也要去田里劳动。

疫情让我在家待了很久，我想起了很多小时候在田里劳作的情景。那个时候没有用机器，很慢，都是人靠镰刀来割稻。我们家小孩多，有六个人的田地，但主要的劳动力是父母，所以我们家栽秧收稻经常落在别人家后面。到了高中，我跟弟弟都成了劳动力，我们家很快赶到前面就完成了。暑假的时候，最忙的时候农村叫双抢，种双季稻，要割水稻然后栽秧，要 20 多天，最热、最忙、最累。但是我一直参加，直到大学毕业工作以后。

……

但是现在回忆起来，那个时候的辛苦反而是充实快乐的。农耕年代的那种任何人之间交往密切、互相帮助的氛围，只有我们经历过那个时代的人才能体会得到。

——广庭（2021 年 2 月，武汉爸爸，访谈）

疫情期间生活在农村，加上内心深处对农耕文化又有深深的怀念，广庭重新思考那个时代人与土地、人与自然、人与劳动之间的关系。上海武汉读书会书友共同写作的经历，让广庭有以下三个收获。第一，最重要的一个收获是记录了很艰难却很宝贵的那段经历。现在他有时候一时间想不起来，翻起当时的记录，就能清晰地呈现。第二，他发现自己能够写不少，而且写的东西大家很喜欢，在写作过程中获得了成就感，既有自我的肯定，也有他人的认可。第三，广庭希望今后能够静下心来更多地阅读，储存知识，汲取营养，以后还会继续写，即使不能像过去那样天天记录。

通过这个写作群我刚才说了也有很多收获，也是通过这个群，我对后续自己的业余的兴趣爱好做了一些深入的思考，不是简简单单的思考，而是深入的思考，目前也是在做一些准备。我想还是得积蓄一段时间，之后慢慢地会再来写一些东西。我想毕竟也到了 40 多岁年纪，很多问题也慢慢地看深入一些了。所以有些你决定要做的事情也不是轻易下决心，而是通过一些深入的思考才决定下来。因为不像以前那样，别人觉得这好，你做这个，别人觉得那好，你做那个，这也是通过自己思考，反正应该是找出了一个后续的努力方向。

——广庭（2021 年 2 月，武汉爸爸，访谈）

写作慢慢成为很多人的一种生活方式，写出我心，表达我意，从平淡的生活中温柔地突围和反抗，在自我反思和书写中发现生命的意义感。

五　女性社群书写陪伴的共情和社会意义

向西仰望

……

现在到了分别时刻，我不知道说些什么，我想起“念去去，千里烟波，暮霭沉沉楚天阔”，我想起了“此去经年”，我想起了一开始我说用“我爱你”体来写告别文，让那个人感动得涕泗横流。可是到此刻，我只想谢谢你，谢谢你们。

谢谢你，玲玲，你告诉我们：“时光匆匆，我们要慢下来。”

谢谢你，先池，发出这样的呼喊：“愿我们所听即真理，所见即事实。”

谢谢你，丹丹，你用这样的比喻“家风似水，成员似鱼”让我明白不要斥责，不要埋怨。

谢谢你，顺枝，你记录在武汉的同事的情况，告诉我们没有身临其境，又怎敢说感同身受？也谢谢你的女儿，写了那么有哲理的小诗。

谢谢你，慧慧，谢谢你写下我曾经，让我更能理解那篇黄山松，感谢你自己，不放弃的榜样。

谢谢你，晓雯，你骄傲地说：“没有曾经的A面，就不会有现在的B面。”迎接自己，认识自己，改变从认识开始。

谢谢你，亚亚，开书店的你是我的榜样，你还说：“爱是要大声说出来的，与其自怜自艾地说情怀，不如大大方方做出来。”

谢谢你，静静，你记录了社区干部在帐篷里值守，平凡的人做平凡的事，可是这样的温暖何其重要。

谢谢你，香香，你提醒了我，人生是一个单行线，不可逆行，一定要珍惜时光，珍惜爱我的人。

谢谢你，琛琛，你告诉我，大自然给我们力量，治愈一切的力量。你给我普及了很多环保知识，希望我能行动起来。

谢谢你，传琴，你说：悠闲是一种清醒，忙碌可能是糊涂。告诉我不要忙忙碌碌而碌碌无为，停下来感受一下自己的心。

谢谢你，帆帆，谢谢你大声说出你的梦想，心底的语言必激励。我也要说，我的梦想是开个绘本馆。

谢谢你，中中，谢谢你用明媚的阳光做成的书签，我收到了，每次阳光明媚我都会想起你。

谢谢你，杨杨，你一个人带两个娃，还给我带来那么多美好，水仙花、橘子塔都像你的文字一样朴实而美好。

谢谢你，星昕，谢谢你做不到就放弃的洒脱，承认放弃更容易的勇气，感受自己的内心更重要。

谢谢你，广庭，你给我带来了生活的诗意，瓷砖做纸、树枝做陀螺、石磨磨豆浆、取暖器发面，这些都深深印在我的心里。

谢谢你，玛玛，谢谢你描写的那些农村生活的喜乐，让我仿佛回到了我的小时候，爱那完整的天。

……

谢谢你们，在这个特殊时刻用心生活，用力去爱。关心自己，也不惧危险，关爱他人。

祝福你们，祝福武汉，我会时常向西仰望。

——薇薇（2020 年 3 月 1 日，上海妈妈，写作小打卡）

（一）“看见”：从相互点评中建立共情

上海妈妈从读书会走向写作群，彼此之间更加打开心扉，增进了互相之间的了解，因此她们社群之间的紧密性和凝聚力也得到了很大的提高。在跟武汉书友一起写作的时候，上海妈妈从自己社群的经验出发，以“积极点评”激发武汉书友的写作热情，即使这样的“积极点评”也意味着上海书友要付出更多额外的时间和精力。

第二组的上海书友“大神”是两地书友公认最“卖力”的评论者。她不仅评论写作小打卡第二组的每一篇文章，还评论所有转发在大群里的其他组的文章，共计评论超过 600 条。在写给“大神”的“告别文”中，有一位武汉书友留言道：“我写了 14 篇文章，你给了我 18 个评论。”“大神”每一句评论几乎都是妙句和美文，每一句评论都是爱意满满，给两地书友都留下了深刻的印象。而她自己的文章，从第一篇只有 3 个评论，到渐渐出现超过 10 个评论，甚至 20 个以上的评论，到最后的两篇“告别文”，分别是 30 个和 32 个评论。大神的“看见”赢得了武汉书友的“看见”。

当然，其他的武汉写作小打卡小组的上海成员除了写作，也积极参与评论，这促进了两地书友之间和武汉书友内部在小打卡中的互动和交流。

两地妈妈写作群的武汉召集人天逸，后来整理了 101 条上海妈妈写给武汉妈妈的鼓励、支持、安慰、理解、赞赏等不同的留言和评论。虽然这只是上海妈妈实际留言的一小部分，但是也可以看到她们的用心。以下摘录了天逸整理的上海书友的“积极点评”。

欣欣对红红说：写作不仅滋养了灵魂，还康复了身体，令红红也变得幽默可爱起来，记得把你的脱口秀坚持下去！

欣欣对慧琴说：好深刻的认识，好多一字成语！珍惜这仅有一次的旅途，沿途好好享受美景，同时留下一些痕迹，照亮自己，照亮他人，便是生命给予我们最好的馈赠吧！

青瓜对燕子说：抱抱，一切苦难都会过去的，人都有自己的喜怒哀乐，各种心思，大了就看淡了。

青瓜对于蓝说：上有老下有小的很难享受居家的闲适了，所以享受当下最重要。

芯吉对晚秋说：阳光总是给人以温暖和希望，喜欢你写的这首小诗。

芯吉对静静说：看到了你的积极发声，也看到政府的新的措施。无论从哪个角度，解决民生需要，保障日常生活所需为根本。相信阴霾会散去，阳光会突破云层。

薇薇对柠檬说：好想看你和娃的一些小事，孩子是纯真美好的，喜欢那些我们生命长河中的馈赠！

薇薇对天逸说：用最坏的打算，迎接最好的结果！看哭我了，太感动了！

薇光对中中说：是的，阳光真好，坐在飘窗上晒太阳好暖和，收到了你的阳光。

大神对琴琴说：斜阳伴晚烟，我像归鸟倦晚霞伴我过稻田。我喜欢你写四季的美好，好像这个春天从不被关在窗外。

大神对玄爸说：疫情，武汉之殇，而有你们这样的对这片土地爱得如此深沉之人，武汉之幸！

大神对帆帆说：哎呀！如果我评论和文，能推动一个人，即使只推动你一个，我也会激动到哭！

冰倩倩对艳子说：小朋友的世界里没有疫情，只有雨滴和鸟鸣。

冰倩倩对亚亚说：一直觉得剁肉馅的声音充满了生活的希望，很喜欢听。

琳琳对玄爸说：想念曾经的平凡而幸福的每一天，期待回到那样的每一天。

琳琳对丹子说：仪式感，就是让彼此被重视，被鼓励。怒刷存在感！

彩霞对莉莉说：增加了家庭的凝聚力，也算是疫情宅在家里带来的一点点积极作用了……我们会更珍惜生活、家庭。

彩霞对申申说：谢谢你们愿意打开心扉，相信看见与被看见的力量会让我们更强大！

Daisy 对雪芬说：我也算慢热，写作可以打开自己，坚持写下去，加油。

Daisy 对湘香说：我今天也发现鸟叫比较多，可能之前太吵闹听不到。现在，也算是把自然还给自然了。

文婷对玄妈说：洗衣都能洗成诗，想象放飞自我的样子，卫生间一定满室生辉，肥皂泡也有了灵魂。

金金对丹丹说：文字背后的你肯定也是温暖如玉。

……

——天逸（2020 年 3 月 1 日，武汉妈妈，写作小打卡）

（二）“日常生活”成为共情的基础

前面部分介绍了上海武汉共同的城市妈妈读书会的身份。女性社群的身份是上海武汉两地书友建立信任感的基础。而疫情期间的共同书写缔结起两地书友共情的基础则是日常生活，无论是记录还是情感表达。

冰倩倩曾经认为武汉书友文章太短不知如何评论，但是在结束小打卡的时候，她熬夜到凌晨四点，重新阅读每位她所在第二组的武汉书友的文章，整理出了《武汉书友 18 天里的 100 个小确幸》。这篇长达一万字的文章，摘录了每个让她感动的瞬间。

她在发表于 2020 年 3 月 1 日凌晨的文章中写道：

我们写作小打卡 2 月 12 日开启，二班共 18 名武汉的小伙伴在小打卡里记录了他们日常的生活，没有规定的主题，自由书写，在这 300 余篇文章里，我读到了在疫情下有惶恐、有担心，也有志愿者的付出，家人在一起的欢乐，对家人的爱意，孩子的趣事，有很多新的体验，学到很多新的技能，有很多思考。远在千里之外的我们也随着你们的文字，忽而微笑，忽而湿了眼眶，忽而点头。回顾这些文章，虽然大家并没有刻意去书写这些日子里的小确幸，但我想为你们整理出这 18 天里的 100 条小确幸，正是这些细微的小幸福，才让我们倍感生命的每一天都值得充满温度与爱意，他日若遇脆弱惶恐迷茫胆怯之时，请回看这些小确幸，在如此阴霾之下你们记录下来那么多美好的小事，我想没有岁月会被懂得感恩惜福的你们辜负。

……

——冰倩倩（2020 年 3 月 1 日，上海妈妈，写作小打卡）

2021 年 2 月，当冰倩倩重新回忆起通宵整理“100 个小确幸”的时候，她深刻理解写作对生活表达的意义，即使是原来被她吐槽的“摸鱼文”。

你知道的，一开始武汉（妈妈）写的文章我都还吐槽过，我说她们太会摸鱼了，你每一篇文章就那么两句话，然后也没有个主题，也没有个啥的。他们基本上没有写什么疫情，主要是写吃的，天天都在写吃的。所以一开始情绪不是调动得很高。但是那天晚上写那篇总结的时候，我才突然发现当时其实是有很多生活气息在里面的。其实之前有一篇文章我印象特别深刻，我还截图，说这写的是什么，太阳晒到阳台上，什么什么的。当时截图是吐槽来着，但是后来再读那篇就很感慨，这就是生活的小确幸，那个还是需要的。

……

如果我们说了允许“摸鱼文”，那我就应该包容这种摸鱼，而且恰恰是那种摸鱼和那种三言两语的，写出来了，就是有治愈的那种作用什么的。所以之前觉得短短的几行，我抱怨写得什么乱七八糟，到了最后我把它们都弄在一起，然后再去读的时候，会觉得文字还是有一点力量的。

……

“摸鱼文”三言两语的也是她当初情绪的介入，我觉得我们写作群不管是武汉还是上海，不能追求那种高大上的文章，不能每一篇写的都像写作文一样是规范的文章。文章不再刻意地追求长短和表达意义，自然去写作，才能显示出写了什么，表达了什么，才能看到人生百态。

——冰倩倩（2021 年 2 月，上海妈妈，访谈）

冰倩倩这篇文章是离开武汉写作群的最后一篇文章，后来有 48 个评论，是共同写作过程中获得最高评论的文章。武汉的书友除了被冰倩倩的长文感动，更是惊叹自己曾经简单的生活记录变成记忆中的美好片段。

薇薇的《向西仰望》也记录了她所感动的武汉书友的美好瞬间。在一年后的访谈中，她强调了“真实生活的力量”。

其实生活就得继续，我们的写作也就是说描绘生活，可能就是把生活中美好的一面描绘给大家，就像倩倩说的，发现生命密码，每个人都把自己的生命展示出来那可能就会影响到别人。也就这些吧，因为他们在那么艰难的情况下生活，把日常也都描绘得很舒服、很美好。

倩倩写了100个小确幸，她后来和我说她刚开始看在想怎么都这么短呀，但是她后来一看这些都是生活中感人的瞬间，做什么吃呀，陪孩子玩呀，我们也都是在做着这些。

……

其实你想想，如果我们自己呀，比如上海出几例的时候，当然跟武汉不能比，但是上海出现几例的时候，比如说，我老公说他的同事隔离的时候，我都没什么感觉，我们小区不少人也不带口罩。……虽然他们整个城被封了，但是他们也不一定跟疫情很近，其实他们也就是那样，普通地生活着，所以在写作群里，没有网上说的那种尖锐的事情。”

——薇薇（2021年2月，上海妈妈，访谈）

为什么“小确幸”和“真实生活”所反映的“日常生活”写作成为上海武汉书友产生共鸣、形成共情的社会基础呢？

“封城”是疫情防控的必要手段，也是所有武汉人支持的举措。但是“封城”也使得所有生活在武汉的人卷入非正常的生活状态。那“封城”中的人如何来面对脱节的“日常生活”呢？

在这个意义上谈武汉书友的“日常生活”描述，不仅仅形成了与他人的“共通性”，更能够让武汉书友找到重新回归生活的力量。

赫尔曼在《创伤与复原》一书中分析了创伤患者在参与日常生活中得以复原。她写道：

与他人的共通性，一言以蔽之，就是普通（common）的意思。它意味着，这个人是属于社会的，担任着一个公共的角色，是宇宙中的一部分。它意味着，这个人有一种熟悉、为人所知，有思想交流的感觉。它意味着，这个人参与在惯性、普通、平凡和日常的运转当中。它并具有一种渺小、无关紧要的感觉，好似自己的苦恼只是“海水里的一颗雨

> 滴”。创伤患者在与人产生共通性后，方可休息。她的复原现已完成，如今要面对的，只是她自己的人生。①

武汉书友通过日常生活的写作不仅仅建立起他们跟上海书友的共通性，更通过这种写作表达获得了重建生活秩序的力量。而上海书友的“看见”和“支持”，则成为帮助他们回归正常的志愿力量。

（三）女性社群集体写作的社会意义

本文主要通过对疫情期间上海和武汉妈妈 18 天的共同书写的案例分析，将“书写陪伴”作为志愿行动，讨论了抗疫志愿服务中的性别、社群和共情。一方面我们讨论在突发的公共卫生事件中，普通人如何通过个体能力、日常生活和社群关系参与到志愿服务中，反思性别身份如何在服务者和服务对象之间建立社会认同和信任感，以及日常生活如何成为处于不同社会环境下的两地妈妈群体的共情基础。另一方面，我们也对“书写陪伴”这种志愿方式进行了深入分析，既肯定了书写和表达纾解了隔离中的人们心理压力和焦虑，也帮助他们建立了更好的社会联结，还提到了这种“书写疗愈”的现实条件和限制，比如不能过度放大负面和消极情绪。

女性社群的集体写作，既是她们个体自我表达的方式，也是基于她们社会身份和社群信任的集体表达，尤其是在书写的共同陪伴之中，她们跟自我、他人以及社会的关系会重新塑造，甚至产生新的联结。

女性社群的志愿服务还带有明显的性别特质，她们不仅仅是志愿行动的组织者、参与者和协调者，更重要的是她们的日常生活经验、情感联结以及家庭社会角色所构成的社群纽带成为志愿行动的基础。②

在文章中，我们讨论的女性社群集体书写是基于突发公共卫生事件出现的志愿行动。这时候，集体书写不仅仅是书写的表达，更是特殊方式展开的志愿行动。在基于社会信任和共同情感的女性社群基础上，我们从“上海和武汉两地妈妈写作陪伴”这个志愿行动的个案中，看到了志愿者的能动性和

---

① 朱迪思·赫尔曼：《创伤与复原》，机械工业出版社，2015，第 224 页。

② 关于对女性和志愿行动的分析，有很多研究进行了论述，如仲鑫、张爱华《女性、情感、私领域与慈善组织：对慈济基金会南京会所运行的个案分析》，《台湾研究集刊》2015 年第 5 期；丁瑜：《妇女何以成为社群主体：以 G 市 L 村妇女自组织营造经验为例》，《妇女研究论丛》2019 年第 4 期；Einolf，C. J. Gender differences in the correlates of volunteering and charitable giving. *Nonprofit and Voluntary Sector Quarterly*，2011，40（6），1092 – 1112。

志愿行动中的互惠性。普通人都可以作为行动的主体，从日常经验和社会关系中建立起与公共事件的联系，从而能更有利于服务者和服务对象双方的行动方式。行动主体并不是单个的个人，而是基于一定社会认同的社会群体，这种认同既包括志愿者之间的，也包括在志愿服务进行的时候，服务者和服务对象彼此互动和交流产生的。

新时代大学生志愿服务行动及其引导与支持

王　和　艾美伶*

作为一种关涉利他主义、公民参与和社会互助的亲社会行为，大学生志愿服务在国家治理体系尤其是非常态化的重大突发公共危机事件应对中往往发挥着重要作用。自2020年初“新冠”这一突发公共卫生危机发生以来，举国上下开启了一场空前的防控战，青年志愿者尤其是大学生志愿服务力量在这场攻坚克难的阻击战中发挥了中流砥柱的作用，有力彰显了突发公共卫生危机面前的青年大义。重大突发公共危机是对大学生志愿服务意识与能力的一场重大考验，也是推动大学生志愿服务机制革新、深耕大学生志愿精神培育的重要契机。

一　大学生志愿服务的时代背景

习近平总书记指出，“研究和加强疫情防控工作，既要立足当前，科学精准打赢疫情防控阻击战，更要放眼长远，总结经验、吸取教训，针对这次疫情暴露出来的短板和不足，抓紧补短板、堵漏洞、强弱项，该坚持的坚持，该完善的完善，该建立的建立，该落实的落实，完善重大疫情防控体制机制，健全国家公共卫生应急管理体系”。① 随着重大公共卫生危机的防控常

* 本文由2020年华东师范大学“紫江公益慈善研究专项基金”研究项目资助，聚焦2020年初新型冠状病毒肺炎疫情发生以来，青年志愿者尤其是大学生志愿服务力量在这场攻坚克难的防控战中发挥的作用。调研时间为2020年4月至9月，研究资料的适用时间截至2020年12月。

① 习近平：《全面提高依法防控依法治理能力　健全国家公共卫生应急管理体系》，《求是》2020年第5期。

态化，如何在个人、家庭、社区（学校）、社会四维体系中建立起更为积极、理性、有序、高效的志愿服务队伍，建立弹性、科学、迅敏、长效的大学生志愿服务引导机制，进而为打赢防控阻击战贡献青年智慧与青年力量，为类似重大应急事件提供志愿者行动引领模式的借鉴与参考，都是当下亟须思考、研究与解决的重要议题。

在危机中育新机，于变局中开新局。本文从“新冠”发生初期的大学生志愿服务行动切入，系统梳理了国内外志愿者相关研究文献，借助 Cite Space 软件对大量文献关键词进行分析，擘画出当前大学生志愿服务研究的基本体系。通过文献研究，笔者发现当前我国志愿服务存在专业化、常态化、制度化、国际化等趋势，同时具有鲜明的政策导向、现实导向、问题导向与使命导向；大学生志愿者在抗击重大突发公共卫生危机中发挥了重要作用，为新时代志愿服务研究提供了新的学术增长点。

本文通过问卷调研与深度访谈相结合的方式，实证调研了华东师范大学学生参与志愿服务的意愿与顾虑、类型与内容、问题与挑战，同时总结华东师范大学的学生志愿服务优质案例。此外，还将观察视域拓展至大学生日常生活，从疫情期大学生志愿服务行为实践延拓至大学生对日常志愿服务的思考与行动，检视当前高校志愿服务工作具体开展、落实中存在的问题，并尝试探索后疫情时代大学生志愿服务革新升级的优化路径。据此探索大学生志愿服务行为的实践规律，以及将志愿服务精神融入大学生日常生活之中的实现路径，激励大学生“以疫为鉴，励志勤学，肩负起时代赋予的使命与责任”。

新时代高校志愿服务工作与立德树人根本任务紧密结合，大学生志愿者作为实现中华民族伟大复兴中国梦的中坚力量，相较于其他社会组织具有更高的专业性、组织性、教育性，其志愿动机、志愿行动与志愿精神对后疫情时代社会的良性运转与应急管理起着重要作用，能够给我国社会治理新局面带来新的活力，成为引领社会行为的风向标。新时代高校志愿服务亟须建构“动员—组织—引导—评价—制度”五位一体的工作格局，在志愿服务工作的落实与升级中实现志愿精神在大学生价值观念中落地生根，在志愿服务行动中将爱国情升华为强国志、外化为报国行，促使高等教育服务国家与社会发展的理念延伸，达成立德树人的使命愿景。

二　大学生志愿服务的研究溯源

（一）何为“志愿服务”

1. 概念界定

学界对“志愿服务”（也有地区称“义务工作”）相关的概念界定大多依从于国务院颁布的《志愿服务条例》，“志愿服务”是指志愿者、志愿服务组织和其他组织自愿、无偿向社会或者他人提供的公益服务。从词义上讲，“志”意指“有志于此”，是志趣与志向的体现；“愿”，首先意为“情愿”“意愿”，是自由意志的体现，同时带有一定的理想主义色彩，反映从事者即志愿者内心所向往的美好境界，一种通过人的奉献、友爱、互助而达到的生活状态。因而，有学者认为志愿服务概念应考量人文精神内涵，突出表达其背后“坚定的人道主义信念与强烈的社会责任感”。[①] 尽管各种观点的侧重角度有所差异，但普遍将“非物质利益动机驱使、自由意志与利他性”作为界定“志愿服务”的标准，并将其作为个人参与社会生活并体现价值的一种重要实践方式。在此基础上，社会层面则将志愿服务界定为精神文明的展现窗口、社会主义核心价值体系的实践路径，是全民参与、凝聚社会正能量的重要渠道，也是社会治理中对政府公共服务职能的有益补充。

2. 研究现状

（1）源流梳理与未来进路

相对于西方，“志愿服务”在中国是一个比较年轻的概念，北京大学志愿服务与福利研究中心主任丁元竹在访谈中提到，“中国的志愿服务大体出现于80年代后期，相关概念和提法迅速传播开来”，[②] 即至今不过30余年。在此之前，广义语义上可以追溯到“社会服务”，而社会服务也是在20世纪80年代中期才被作为一项具有广泛群众参与活动含义的专有名词而使用，意

① 张洪彬、张澍军：《生命实践的视界：作为一种德性形式的志愿精神》，《思想教育研究》2011年第3期。

② 丁元竹：《充分发挥志愿服务在构建社会主义和谐社会中的积极作用——访国家行政学院公共管理教研部教授、北京大学志愿服务与福利研究中心主任丁元竹》，《思想理论教育导刊》2008年第7期。

指学生面向社会、接触实际的有偿性实践活动。[①]

1994 年中国青年志愿者协会建立，在共青团指导下，国内志愿者行动开启了组织化的新征程。1995 年即有文章阶段性地总结出国内志愿服务的积极发展态势，说明了志愿者行动的概念和精神已经广受认可，大中型志愿服务活动对志愿者的需求和吸纳力度与日俱增，同时也提出了社会化运作机制尚未健全完善、服务领域有待拓展等问题逐渐显露。[②]

进入 21 世纪以来，在政府导向更加明确、民间参与度大幅提升以及国际交流合作加深等背景下，志愿服务领域扩展为志愿扶贫类、文体赛事类、会议类、赈灾救援类、社区服务类、环境保护类、权益类等体系，其研究内容覆盖志愿服务的主客体、制度和组织建设、发展历程以及价值功能等，出现了志愿服务的一些新趋势：专业化、常态化、制度化、国际化。

志愿服务需要走向专业化。长期关注并参与志愿者运动、研究志愿者文化的学者钱理群在 2007 年志愿者论坛上发出了“你要真正地为弱势群体谋利益，除了发挥你自身的专业特长，你还必须具备社会工作所必需的专业知识……还要有相应的能力，掌握一定的工作方法和技巧”[③] 的声音。在志愿服务领域不断拓展和志愿者专业背景更加多样化的条件下，要提高志愿服务的针对性与实效性，志愿服务人员的专业水平必须有基本的保障，除了岗前培训，志愿者还需要接受具有实际意义的安全教育，“因人设岗”也成为专业化的新方案。

志愿服务需要走向常态化。基于志愿服务与社会主义思想道德建设、精神文明建设、思想政治教育的强相关性，学者普遍认为志愿服务应该走向常态化。从个人意义上来讲，即“志愿者精神、志愿者文化最后都要转化为一种‘习惯’”，“把这种关爱、服务精神最终变成自我生命的内在需要”；从组织意义上讲，即要“建立和健全志愿服务的长效机制”[④]；从社会层面来讲，即是在全社会形成“一种全民习惯、一种生活方式、一种文化”。相应地，学者开始探索志愿服务常态化的影响因素与引导对策，如罗婧通过调查

① 徐志清、秦惠民、王学军：《参加社会服务活动　面向社会　接触实际》，《学位与研究生教育》1986 年第 3 期。

② 徐文新、李五一、李艳、郝瑞庭：《中国青年志愿者行动的现状与发展》，《中国青年研究》1996 年第 2 期。

③ 钱理群：《论志愿者文化》，生活·读书·新知三联书店，2018，第 334 页。

④ 党秀云：《论志愿服务的常态化与可持续发展》，《中国行政管理》2011 年第 3 期。

得出了“动机、环境和经历影响志愿支教行为可持续性”的结论，[①] 并在机制、政策、精神培育等方面提出促进志愿服务常态化的建议。

志愿服务需要走向制度化。“制度化”即通过一系列制度设计促使志愿服务行业形成“规范化的管理和科学化的运作”，[②] 是在顶层设计层面化解志愿服务领域所出现的乱象和隐患的策略。研究者达成基本共识，认为制度建设应受到充分重视，具言之，程序性问题如志愿者的登记注册、教育培训、考核评价乃至项目申报和创新等，应置于更加标准化的模式中开展，使其更加具有可操作性。

志愿服务需要走向国际化。志愿服务国际化在英美等国家经历了几十年的探索过程，而我国志愿服务国际化相对不够成熟。随着中国日益走近世界舞台中央，在国际合作中发挥重要作用，世界第二大经济体的强大经济引力，加之在各类国际体育赛事中的积极参与，中国已经从迫切需要国际志愿者支援的需求者，转变成有能力向国际组织和地区输送志愿者的贡献者。国际志愿服务能够展示良好的国家形象和国民精神风尚。新时代的志愿服务国际化，不仅要“引进来”，更要“走出去”，应当在“新的国家战略中担当新的使命”。[③]

（2）比较与借鉴

从比较的视野来看，国内志愿服务发展较晚。国内志愿者事业最初受联合国等国际组织影响而逐渐兴起，因而其不可避免地需要借鉴国际经验。有学者试图在研究国外志愿服务的发展历程与现状中得到启示，例如，美国志愿服务精神“已化为国家历史、文化和主流意识形态的重要组成部分”，[④] 政府亦是志愿服务的参与者，同时美国也在逐步实现志愿服务的“主体多元化、范围全球化、规范的法制化”等；相似地，作为志愿服务发达国家的英国，也具有“政府支持、志愿组织自主运营、社会广泛支持、完备法律保障的突出特质”[⑤]；而观之日本的志愿服务教育，在教育内容上注重志愿服务的态度、能力以及基础知识的教育，在教育途径上主张通过学校管理、各科教

---

① 罗婧、王天夫：《何以肩负使命：志愿行为的持续性研究——以大学生支教项目为例》，《社会学研究》2012 年第 5 期。

② 王诚慧：《新时代全方位推动志愿服务常态化制度化》，《求知》2019 年第 12 期。

③ 张俊虎：《志愿服务国际化带来新风向》，《中国社会工作》2019 年第 7 期。

④ 黄晓鹏：《美国志愿服务观察及其启示》，《中国青年研究》2012 年第 11 期。

⑤ 孙雪梅、陈树文：《英国志愿服务的发展特质及经验借鉴》，《贵阳市委党校学报》2020 年第 2 期。

学进行志愿服务教育，以此培养学生的志愿服务基本素质、意识和态度。①

另外，我国志愿服务事业出现发展新机遇。尽管总体上发展中国家志愿服务事业与发达国家悬殊是显而易见的，但我国作为最大的发展中国家，业已做出了志愿服务的诸多创新探索。相对于西方志愿服务在疫情下的失灵②现象，我国的制度优势为志愿服务在重大公共事件中发挥作用提供了重要保障；强大的互联网技术在志愿服务领域的应用日渐彰显，成为志愿服务的推动和辅助力量。这些都将为我国的志愿服务事业创造更多机遇。

（3）研究学者

由图 1 的作者合作网络可知，以“志愿服务”为主题的文献中，被引次数较高的有中国人民大学唐钧，他早在 2001 年发表的《志愿者状况研究——第 21 届世界大学生运动会的志愿者状况调查》中就以科学的研究方法揭示了体育赛事志愿者的状况，已有 81 篇相关文献引用；2005 年南京大学社会科学系风笑天的一篇应用社会角色理论分析志愿服务的动机、类型及问题的文章，被 167 篇文献借鉴；2011 年华中师范大学张耀灿教授以实践育人视角研究志愿精神的弘扬以及志愿服务的长效机制建设；清华大学公共管理学院教授邓国胜，关注青年社会组织、慈善、公益事业以及国外志愿服务发展；广东青年管理干部学院谭建光，长期从事志愿服务研究达数十年之久，其研究历程大致反映了志愿服务组织化、专业化、制度化、国际化等研究热点出现的动态过程；国家行政学院丁元竹以及北京青少年研究所余逸群、中国农业大学张晓红教授、上海大学陶倩教授均为志愿服务研究做出了大量贡献。

据图 1 显示，研究学者之间是相对独立开展研究的，从事公共管理、思想政治教育、社会学、媒体传播以及青年研究的诸多学者参与其中，从不同专业视角开展实证调查与理论剖析。研究者所属机构以师范类高等院校、青少年研究中心、各级团委为主，可见“志愿服务”成为当下社会关注度高且空间广阔的具有生命力的研究领域，也反映了志愿服务研究所具有的教育视角和青年中心视角。上述研究者从志愿服务组织、志愿服务活动、志愿者群体中挖掘了大量现实素材，从而也显示了志愿服务研究的实践属性。

① 李文英：《日本青少年的志愿服务教育及其启示》，《比较教育研究》1999 年第 4 期。

② 聂新鑫：《西方志愿服务为何失灵》，《中国纪检监察报》2020 年 3 月 11 日，第 3 版。

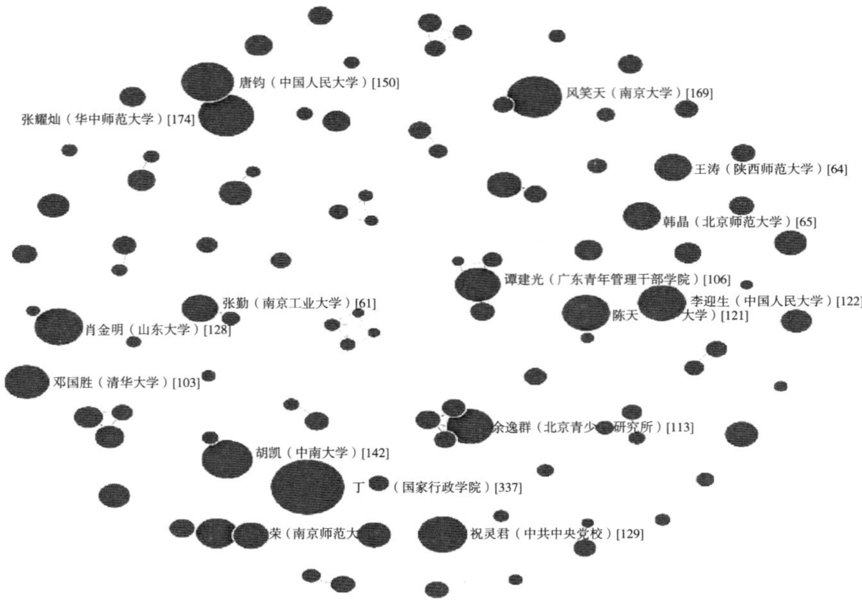

图 1　“志愿服务”研究被引次数较高的前 200 篇文献作者合作网络

（二）大学生志愿服务研究

1. 学术关注度分析

为了解大学生志愿服务领域的研究进展，项目组以 CNKI 为检索工具，以“志愿服务”“大学生”为关键词进行检索，对结果中发表于 1994～2020 年的 4029 篇文献进行统计，从中能够看出志愿服务研究的学术关注度（见图 2）。

根据发文量线性趋势，大学生志愿服务的研究可分为以下几个发展阶段。

萌芽期：2000～2007 年，有关大学生志愿者的研究成果雨后春笋般地出现，年发文量在零的突破基础上呈缓慢增长的态势，相关文献在志愿服务动机、场域、组织等方面进行了初步探索，并关注到其中的大学生党员等志愿者群体。

快速发展期：2008～2016 年，年发文量开始陡增，年平均发文量达到 200 余篇，2008 年北京奥运会与大学生志愿服务西部计划与此直接相关，这一时期研究着眼于志愿精神、志愿组织，强调志愿服务作为高校思想政治教

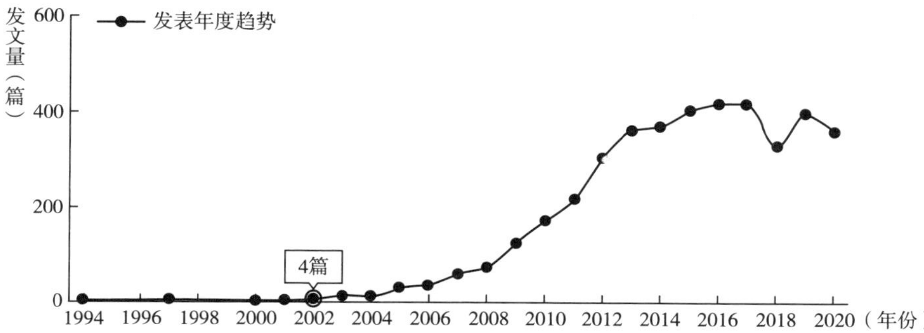

图 2　以“志愿服务”“大学生”为关键词的文献年发文量统计

育重要形式的育人价值。

稳步发展期：2017 年至今，发文量呈现整体数量多且相对稳定的态势，相关文献多探索高校志愿服务的常态化、长效机制等。

2. 关键词共现图谱分析

关键词共现能反映出一个领域的研究热点问题，基于上述文献，使用 CiteSpace 绘制出图 3。由于所收集文献资料的时间跨度长达 27 年之久，关键词的提取数量十分庞大。图 3 中“大学生志愿服务”为高频同现的关键词，“思想政治教育”“德育”“育人路径”“社会实践”“校园文化”等关键词反映了研究者将志愿服务作为培养社会主义建设者和接班人的育人方式，挖掘其所蕴含的育人价值；“现状”“影响因素”“存在问题”“对策研究”等关键词说明学界关注志愿服务的发展与优化；“专业化”“常态化”“保障机制”“品牌建设”“志愿服务组织”“实效性”“满意度”都成为志愿服务发展状况的评价标准；“世博会”“亚运会”“三支一扶”“雷锋精神”“去西部”“公益创业”“精准扶贫”等关键词则反映大学生志愿服务的领域与主题；对于志愿服务主体，即“大学生”的研究也体现在“志愿服务动机”“大学生参与”等关键词中、“社会主义核心价值观”“社会责任”等与志愿服务之间存在观念与行动的关系，更契合了志愿服务的精神内核，属于精神内涵的研究；“互联网 +”“新媒体”则反映了志愿服务实践自身的创新需要，突破性地成为新研究热点。因而，志愿服务研究基本上形成了涵盖实践场域、活动主题、价值功能、培育路径等的全面体系。这与福建师范大学大学生志愿服务研究中心基于 CiteSpace 对相关研究热点的研究结论相吻合，“主要聚焦于活动相关者、志愿服务领域、机制构建与体制创新、精神内涵与效用等方面”。①

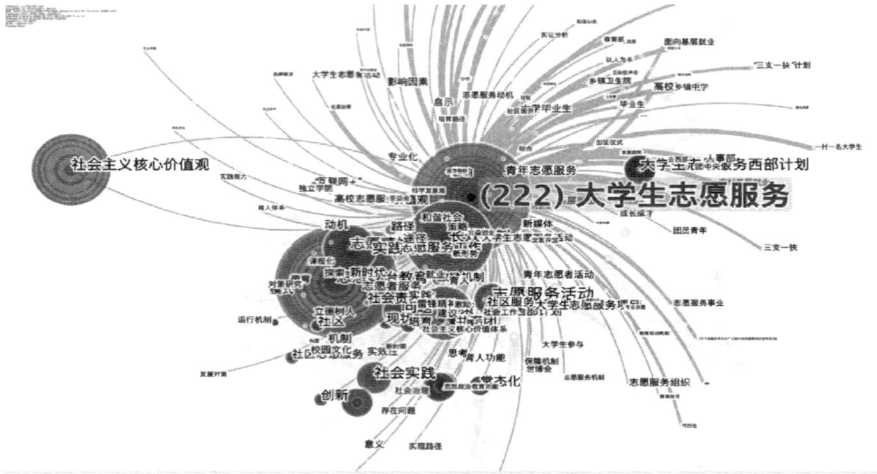

图 3　“大学生志愿服务”研究的共词网络

3. **基本研究体系**

大学生志愿服务主体研究。高校中志愿者行动以青年学生为主要群体，多是在共青团的领导与统筹下开展，因而在很大程度上呈现自上而下的秩序性。有研究者对大学生志愿者动机进行调查，发现大学生志愿动机存在功利化的倾向，成效满意度也呈现两极分化的趋势。尽管志愿服务满足了高校学生精神层面的多种需求，如社会交往、助人的愉悦感等，但不可避免地让部分学生产生负面认知和消极情感体验，影响学生心理健康。

大学生志愿服务领域研究。高校学生参与志愿服务的领域十分多元，不仅取决于自身兴趣爱好，而且能够凭借不同的学科背景实现专业划分。当下高校学生参与较为集中的志愿服务领域，包括支教、环保、扶贫、权益保护等。其中又出现了诸如“线上支教”“直播扶贫”等依托新媒体的创新形式。具言之，高校学生的志愿服务呈现横向扩展、纵向优化的局面。

机制构建与体制创新研究。志愿服务激励机制、育人机制、保障机制、长效机制以及管理机制等构成了机制研究的主要范围，例如基于需求层次理

① 福建师范大学大学生志愿服务研究课题组：《大学生志愿服务研究的热点、趋势及启示——基于 CiteSpace 的文献计量分析》，《青少年研究与实践》2020 年第 2 期。

论的激励机制分析，以不同专业为背景的志愿服务培养育人路径，建立长效机制的对策建议，各服务领域以及以不同项目为依托的管理机制分析等。并且，相对于社会组织，高校志愿者组织的活动场所较为稳定安全，活动主题更为鲜明，因而也更有利于志愿服务机制研究。

精神内涵与效用研究。北京奥运会大学生志愿者占比八成，进博会占比超过九成。① 志愿服务发展过程中的标志性事件如奥运会、抗震救灾、世博会乃至新冠肺炎疫情，不仅充实了志愿服务精神内涵，也体现了志愿服务精神的接续传承。也正是在这些具有里程碑意义的事件中，志愿服务的概念逐渐深入人心，成为进一步弘扬大学生志愿服务精神的现实素材。

（三）新冠肺炎疫情下的志愿服务研究

新冠肺炎疫情防控中前赴后继的志愿者，在全封闭的城市、社区、交通线上筑起了生命的围墙。疫情下的志愿服务研究大体可以分为两个维度：其一，弘扬“战疫”志愿者精神，如担当精神、爱国精神、奋斗精神、创新精神②等；其二，聚焦突发重大公共事件下的志愿服务模式创新，如社区志愿服务实践路径等。

1. 精神传承之维：彰显青年志愿者的群体精神概貌

回顾疫情，包括高校大学生在内的青年志愿者着实担当大任，凸显了这一群体形象从“娇嫩花朵”到“坚强臂膀”的转变。当下青年群体按照年龄以“90后”“00后”为主力军，“90后”正在逐渐成长为各行各业的新鲜血液甚至中坚力量，“00后”尚未真正接受现实社会的磨砺。这个群体身上已然被贴上了多种标签，诸如“佛系”“消费异化”“溺爱”等，似乎21世纪成长的一代青少年的处事风格、精神风貌异乎寻常。但正是这样一个群体，带着方才成年的社会责任感与尚未完全褪去的稚气，勇敢地成为疫情中的“逆行者”，主动投身于抗击疫情的洪流中，展现了新一代青年身上的奉献精神、服务精神和责任担当。

如果说青年大学生志愿服务动机有可能带有一定的回报利益的考量，抗疫志愿者的“逆行”本身的风险性就说明了其具有利他目的的大局观，是与

① 李凤：《后世博时代的高校志愿者精神传承的思考》，《理论经纬》2011年第1期。

② 谢晓娟、柳杨：《从抗击疫情中的志愿服务看新时代中国精神》，《思想政治教育研究》2020年第2期。

“明哲保身”截然不同的“主动投入”。① 许多大学生战疫志愿者都表达出参与意识、分担意识、服务社会意识和忘记“小我”的无私情感，② 站在国家和民族的角度来思考这场疫情。另外，疫情下对生命的守护激发了青年大学生内心生发的价值感，这也与其所从事志愿服务的初心相照应，成为大学生志愿者投身“战疫”的内在动力。青年大学生志愿者的实际行动宣示了，他们依然能够把握时代脉搏，能够承担时代重任。

2. **模式创新之维：适应特殊情势并依托于技术条件**

谭建光从青年志愿服务的宣传推广、保驾护航、关爱保障、辅导疏解、网络空间、追踪探究等维度梳理了疫情期间青年志愿服务的现状与问题，并提出突如其来的“新冠”疫情，对于青年志愿服务是新的挑战、新的考验，但也推动青年志愿服务形式和内容的发展创新。伴随防控“新冠”疫情工作的深入，志愿服务的发展，还需要进一步的调查研究，不断调整策略及方法，才能探索出适应现代社会防范风险、治理风险的有效措施。上海市文明办原巡视员陈振民在《发挥志愿者在抗“疫”中的重要作用》中提到了上海社区疫情防控志愿服务工作的开展情况。李湘云在梳理此次新冠肺炎疫情中志愿者队伍特点时，从志愿精神培育、社会治理力量的角度提出面对重大公共危机事件，亟须推进志愿服务制度化常态化的观点。卢晓东结合《关于全面加强新时代大中小学劳动教育的意见》，提出抗疫志愿服务可作为大学劳动教育的亮点，有助于修正劳动教育观念，勉励学生志愿者在做中学，并拓宽志愿服务的地点和方式方法。

疫情属于重大公共安全事件，因而对志愿服务的需求也相当紧迫。例如，少数民族集聚地区在疫情下紧急开展民汉双语疫情防控志愿服务，组织支志愿者进行“以双语防疫标语的宣传、心理疏导、情绪支持为特色的志愿服务”。③ 然而，鉴于新冠肺炎疫情特殊形势下的困境，及隔离状态下的特殊生活方式，志愿服务要发挥作用，就必然要适应新的空间模式，志愿者开启了创新性探索，不但“要积极研究新的社会结构、社会组织形式、新技术环

① 杨满仁：《90后青年的抗疫行动参与动力和社会影响力》，《中国青年研究》2020年第5期。

② 徐珊珊、朱尚：《我省大学生志愿者投身疫情防控一线 战“疫”同行 志愿有我》，《现代青年》2020年第3期。

③ 李春亭、屈睿：《志愿服务为载体 铸牢中华民族共同体意识》，《中国共青团》2020年第14期。

境下人民群众对于志愿服务的新需求，积极开发志愿服务项目”，而且要“从技术进步中研究新的社会结构、生产秩序、生活秩序，开发志愿服务的新形式”。[①] 社区工作、心理援助、普及科学知识等传统志愿服务项目广泛开展的同时，社区自治组织发动的“网格＋志愿服务”、依托“互联网＋”的线上支教志愿服务等新模式的优势也得到了进一步发挥。

此外，“战疫”志愿者能够在疫情紧急状态下实现有效调度，离不开共青团中央与各级团组织的统筹与引导，离不开高校的平台、资源与项目组织，志愿服务后续的考核与评价，也必然要依赖于逐步完善的制度设计。因而，抗击疫情已经取得重大胜利，而志愿服务留给后疫情时代的更多是值得深入研究的课题。

（四）研究述评

1. 政策导向

志愿服务并非政府机构职能，但根据国内志愿者服务多年的实际运行与发展情况，政府介入的必要性得到充分显现，具体表现为方向引领、政策支持、制度保障等。志愿服务在我国兴起以来，政府部门颁布了《中央精神文明建设指导委员会关于深入开展志愿服务活动的意见》《关于支持和发展志愿服务组织的意见》以及共青团中央制定《中国青年志愿者行动发展规划（2014～2018）》等一系列指导性政策文件，明确了党和政府支持和推进志愿服务事业、弘扬志愿服务精神的立场，从组织建设、制度完善和物质保障等方面统筹规划，引导志愿服务工作走向规范化、制度化。其中，2017 年颁布的《志愿服务条例》就志愿服务相关法律责任做出规定，保障志愿服务活动相关者的正当权利。《中共中央、国务院关于全面加强新时代大中小学劳动教育的意见》将“注重培育公共服务意识，使学生具有面对重大疫情、灾害等危机主动作为的奉献精神”作为劳动教育内容，说明已将志愿服务作为学生劳动能力培养的重要方面。此外，政府作为大型志愿服务活动的组织者，具有强大的组织动员能力和物质保障能力，能为志愿服务事业保驾护航。

2. 现实导向

志愿服务的实践属性决定了志愿服务的研究必然具有强烈的现实观照，

① 丁元竹、江汛清：《新冠肺炎疫情下青年志愿服务发展创新》，《中国青年社会科学》2020 年第 5 期。

现实需要为志愿服务队伍提供了不断生长的动力机制，“社会不断发展，需求不断涌现，志愿服务应运而生”。

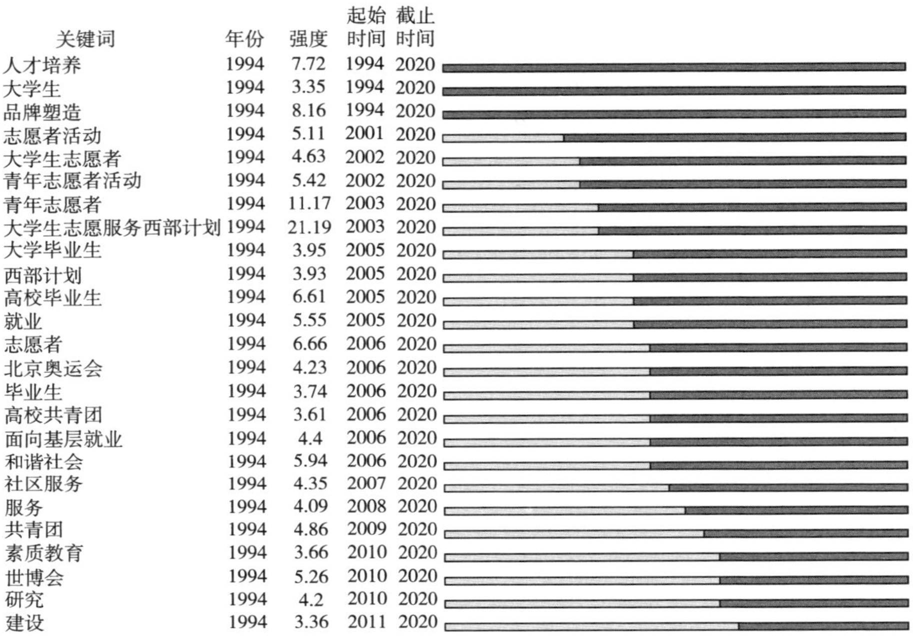

图 4　1994～2020 年排名前 25 位的突现关键词

由图 4 可知，1994 年以来的大学生志愿者研究热点包括“人才培养”“品牌塑造”“大学生志愿服务西部计划”“高校毕业生”“北京奥运会”“高校共青团”“面向基层就业”“和谐社会”“社区服务”“素质教育”“世博会”等，结合突现时间顺序可知，志愿服务的相关研究热点往往与重大活动紧密相关。2003 年《关于实施大学生志愿服务西部计划的通知》、2008 年北京奥运会以及 2010 年上海世界博览会成为引领研究热点的重要时间节点。实践创新向来是志愿服务研究热点的源泉，因而可以说，志愿服务的研究由志愿服务的实践推动，并为实践的持续开展而服务。

3. 问题导向

问题来源于理论的演进与实践的推进过程，志愿服务研究表现出明显的问题意识，例如事实性问题，即对志愿服务活动过程的揭示；价值性问题，即探求志愿服务的意义、原则和规范等。更值得注意的是，新时代背景下随着大学生志愿者实践活动的持续深入开展，新的问题不断暴露，亟须新的研究成果，例如制度不够完善、重视程度不足等。学者王丽对大学生志愿服务现状做出过阶段性总结，虽然“形成了自身独有的特点，但在思想认识、具体运作和效能服务等方面都面临着挑战”。[①] 因而，志愿服务的研究成果虽然十分丰富，出现一定程度上的同质化，但在问题视域下依然存在充足的研究空间。

4. 使命导向

志愿者参与志愿事业需要热忱与情怀，需要投入时间、精力与财富。志愿服务具有深厚的价值意蕴，在实践者推进志愿服务事业的发展过程中，相关研究也彰显出内在的使命感。其一，社会发展使命。谭建光教授指出“志愿服务发展较好、志愿组织成长壮大的地区，新型社会关系的建立就比较顺利”，[②] 揭示了志愿服务事业与社会发展之间的关系。志愿服务不仅要满足社会发展需要，更要为社会发展提供精神养料。其二，育人育德使命。志愿服务精神内涵本身就具有思想和道德教育意义，志愿服务实践过程为学校、社会培养具有高度参与感和责任感的公民提供教育契机，又对提高思想道德修养和提升社会适应能力产生促进作用。

中国的志愿服务事业基于中国特殊的文化传统与时代特色，随着自身的建设和发展，出现新的特征和趋势。国内志愿服务事业积攒了大量有益经验，并且尝试突破与创新，我们应当顺应时代趋势，把握新技术条件下的志愿服务发展新契机，进一步推进志愿服务的完善和发展。

三　大学生志愿服务的现实审思

在系统梳理国内外有关“志愿服务”的相关研究后，本文通过电子问卷发放与线上访谈，针对华东师范大学在疫情期间参与过防控志愿服务的学生志愿者展开实证调研。调研重点包括：①了解大学生参与疫情志愿服务的意愿和顾虑；②梳理大学生参与疫情志愿服务的类型和内容；③发现大学生参与疫情志愿服务的问题和困难；④挖掘大学生对志愿服务的理解与反思。

---

① 王丽：《大学生志愿服务的发展现状、挑战与对策》，《广西青年干部学院学报》2020 年第 2 期。

② 谭建光：《改革开放以来我国志愿服务的发展历程》，《社会治理》2018 年第 7 期。

（一）量性研究和质性研究相结合

调查工作在线上进行，通过问卷星实现线上问卷的发放与回收，通过微信语音电话、视频等方式实现线上访谈工作。本次调查使用的问卷题项以单项/多项选择题为主，辅之以李克特量表测查题和开放式问题。题项内容主要涉及被访者基本信息（院系、性别、年级、学科背景、政治面貌、民族、户口、是否独生、疫情期所在地等）、对志愿服务的态度及行为、疫情期间志愿服务的参与及评价等（部分参见表1）。据此系统考察大学生群体在疫情期以及日常对志愿服务的知情意行。

表1　被访者基本信息

单位：%

基本信息		比例	基本信息		比例
性别	男	31.72	民族	汉族	89.75
	女	68.28		其他	10.25
年级	大一	34.38	学科背景	理工类	71.53
	大二	18.58		社科类	26.54
	大三、大四	13.39		艺体类	1.09
	硕博士研究生	33.66		其他	0.84
政治面貌	中共党员（含预备）	15.08	是否独生	独生	53.20
	共青团员	80.82		非独生	46.80
	群众	4.10			

调查共计回收“大学生参与疫情期志愿服务”有效问卷829份，其中男生占比31.72%、女生占比68.28%。本科生占比66.35%，其中大一占比34.38%、大二占比18.58%；研究生占比33.66%。理工类占比71.53%，社科类占比26.54%。89.75%为汉族，另10.25%为少数民族。被访者中共青团员占比80.82%，中共党员（含预备）占比15.08%。农村户口占比40.05%，城市户口占比59.95%。独生子女占比53.2%，非独生子女占比46.8%。样本特征基本符合华东师范大学的学生总体情况。

（二）危机期大学生应急志愿服务整体向好

1. 危机期大学生志愿者服务的总体情况

（1）事件突发时多留守家乡，近一半加入志愿行动

因为新冠肺炎疫情发生于2020年寒假伊始，大多数被访者都已在家乡。

接受调查的被访者以居于上海为多，占比 15.68%（见图 5）。全部被访的 829 名大学生中，有 411 人以各种形式或途径参与了疫情期间的志愿服务活动。截至问卷发放时间，411 名参与抗疫志愿服务的大学生平均投入志愿时长达 36.645 小时，26 人达到 100 小时以上，2 人达到 1000 小时以上。

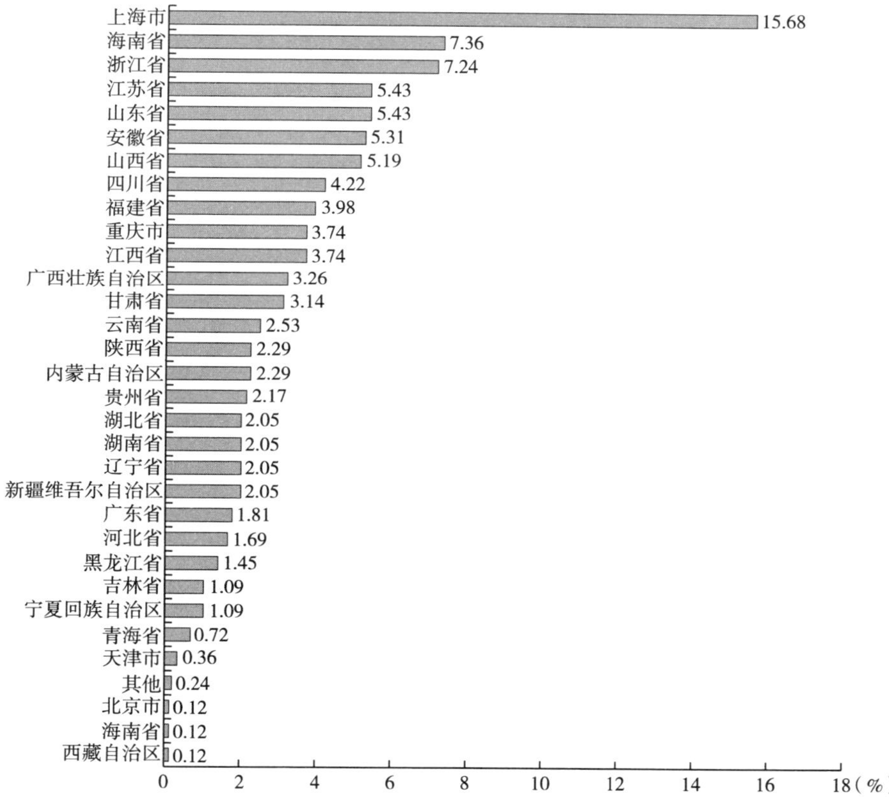

图 5　危机突发时所在地情况

（2）学校、院系通知仍为志愿服务者招募的主渠道

对于参加了疫情期志愿服务的同学来说，“所在学校、院系通知”（66.91%）是最为主要的志愿服务（招募）信息获取渠道，其次是“社（小）区、居（村）委会等”（39.42%），“他人口中”占 21.65%（见图 6）。

同时，对于没有参加疫情期志愿服务的 400 余位同学来说，主要原因集中在“不清楚参与渠道”（67.46%）、“未及时获得信息”（41.87%）（见图 7），这说明志愿服务招募信息的发布渠道有待进一步多元化、畅通化。值得一提的是，“没有合适的项目”（40.67%）也是未参与疫情期志愿服务的大

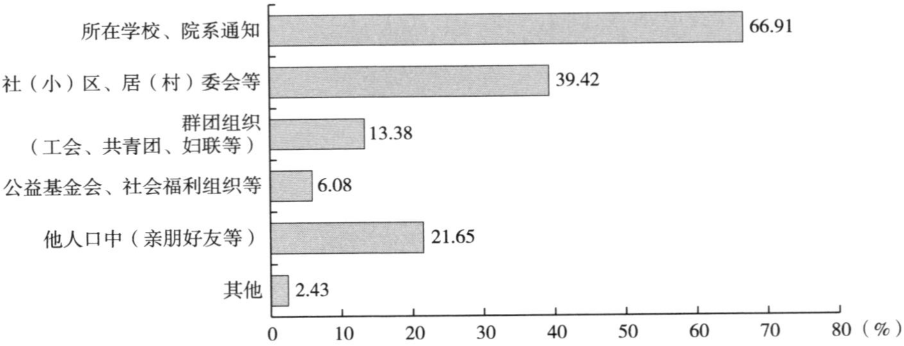

图 6　志愿服务招募信息的获取渠道

学生被访者提出的主要原因之一。

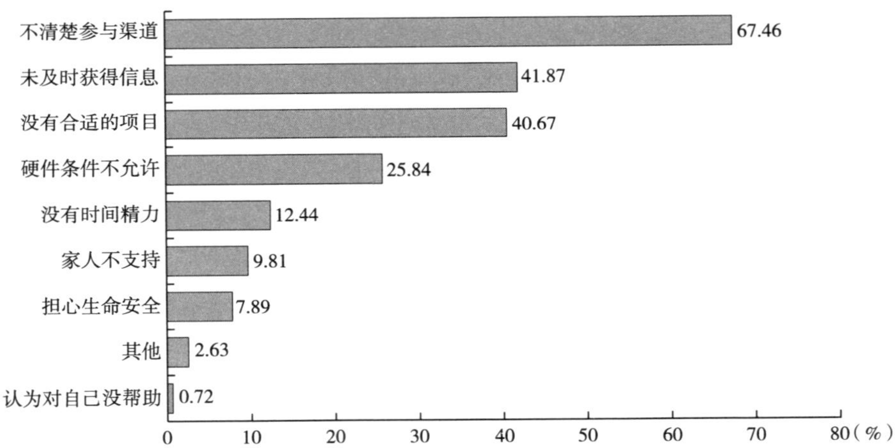

图 7　未参与应急志愿服务的主要原因

（3）大学生在重大危机面前反应力和抗压力比较好

值得一提的是，华东师范大学学生在新冠肺炎疫情公共卫生事件面前，总体反应力和抗压力尚可。疫情发生初期，被访者明确表示“心中恐慌焦虑需要别人的安抚”的不足一成，超过八成的被访大学生能做到“关注疫情并安抚家人亲朋”，近六成的被访大学生“配合或参与社（小）区/村里的疫情防控工作”，超三成的被访大学生能“迅速加入学校/社会的抗疫服务工作中”（见图 8）。

（4）危机期志愿服务以线上家教、进出排查等为主

疫情期间，被访大学生参与志愿服务的类型比较集中。参与疫情期志愿

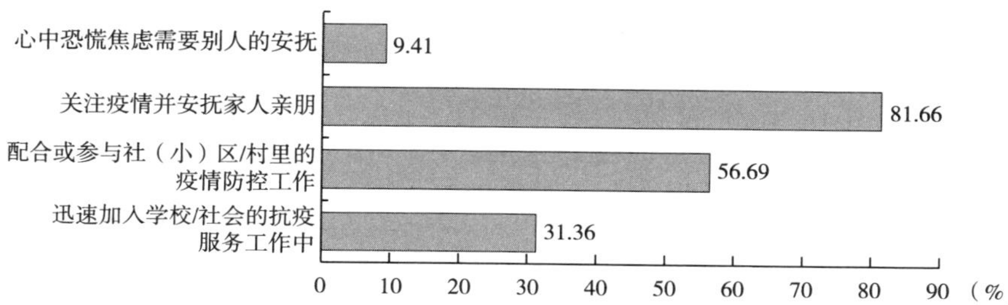

图8　危机爆发初期的状态

服务的411名被访者中，将近六成参与线上家教辅导工作，近1/4在家乡社区等地参与疫情防控进出盘查（来往人员测量体温、登记信息、劝返外来人车），近两成的被访者参与科普宣讲教育，此外有15.82%的被访者参与心理辅导疏解，12.41%的被访大学生参与抗疫报道/网文写作，还有少量同学负责班组同学每日动态信息报备等（见图9）。

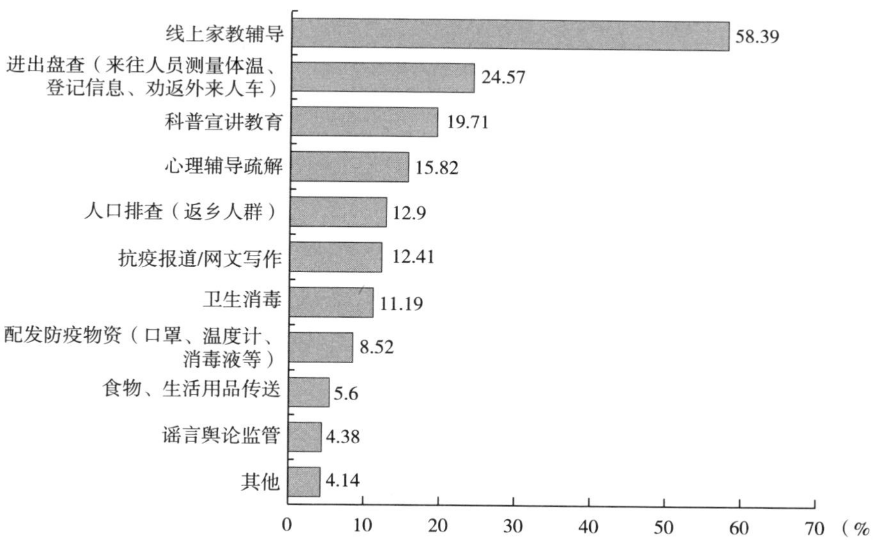

图9　应急志愿服务的主要类型

（5）时间精力不够是应急志愿服务的主要制约因素

在疫情期志愿服务活动中，被访志愿者表示遇到的前三项突出问题依次为“个人时间精力不够”（54.99%）、“个人能力不足”（28.47%）以及“服务对象不配合”（27.01%），相对而言，组织方管理、资金、安全保障以及官方的重视度等维度暴露的问题不甚突出（见图10）。

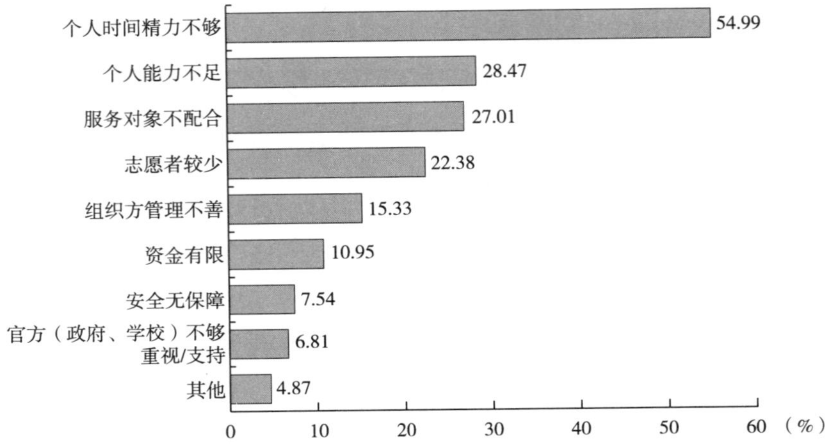

图 10 应急志愿服务遇到的突出问题

（6）危机期志愿服务招募机制对专业能力要求不高

整体来看，疫情期间志愿行动招募的志愿者对专业能力的要求不高。仅有不到三成的志愿者表示其参加的志愿服务活动对志愿者有专业能力的要求，过半数的志愿者表示志愿活动对志愿者的专业能力“没有要求，但需要有相关的培训”，但也有超过两成的被访志愿者表示自己参与的抗疫志愿活动对专业能力既没有要求，也不需要相关的培训（见图 11）。

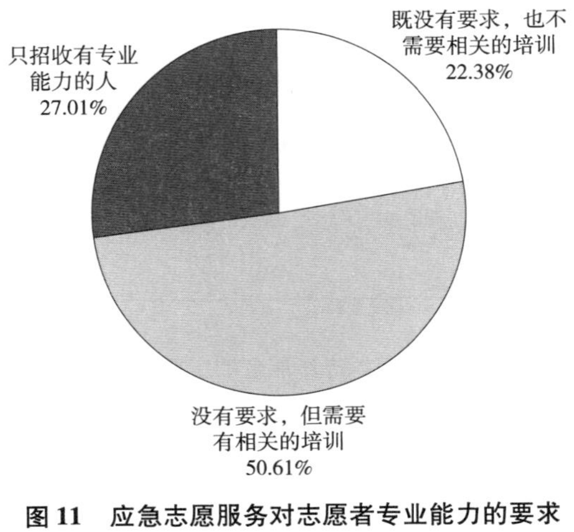

图 11 应急志愿服务对志愿者专业能力的要求

（7）危机期志愿服务组织方的机制保障需要再完善

总体来看，被访者对于疫情期志愿服务的总体满意度较高，总体评分为

4.25分（满分为5分）。从各分项评分来看，对象满意的评价最高（4.26分），宣传效果的评价较高（4.21分），相对而言，培训机制（4.00分）、招募机制（4.14分）、反馈机制（4.15分）、组织管理（4.15分）的评价一般，尤其是培训机制，尚有较大的提升空间（见图12）。

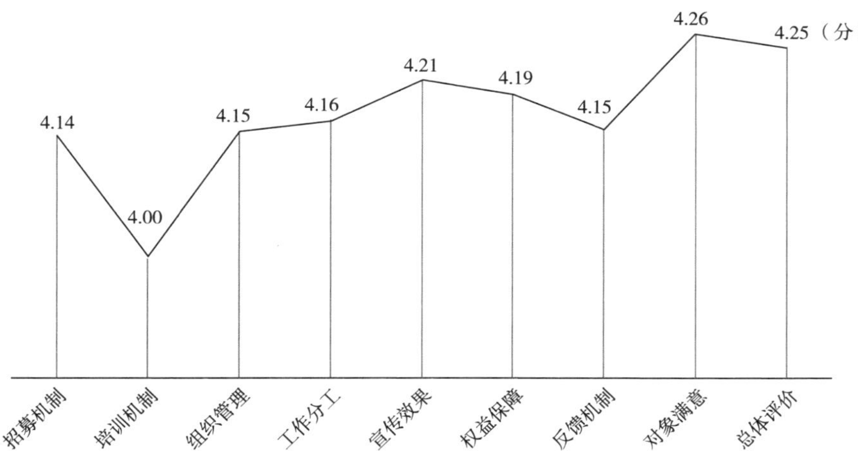

图12　应急志愿服务的满意度评价

根据疫情期的志愿者服务经历，志愿者对于志愿服务组织方的保障机制提出了一些建议。超过八成的被访志愿者表示组织方应该“真实准确地说明志愿服务情况（特别是风险点）”（81.51%），而近六成的被访志愿者认为有必要“组织必要的岗前专业培训”（57.42%），超五成的被访志愿者认为应“提供必要的物资和安全保障”（53.77%），超四成认为“尊重志愿者人格尊严，保护志愿者隐私及相关权益”（40.39%）很重要，提出要“按规定认证志愿者服务时长并出具证明”（24.33%）的略高于两成，而411名被访者中选择“通过多媒体开展积极适当的宣传活动”（3.65%）的仅有15人（见图13）。

此外，被访大学生还对疫情期志愿服务管理提出了不少建议，如增加服务类型、扩展范围、延拓机会建立统一服务平台及制度化报名渠道，系统组织、统筹规划、逐级分组管理（APP科学化管理），精准对接需求、避免形式主义，强化组织培训质量、适当鼓励而非强加，革新考评机制、避免功利主义，发挥专业优势、深化专业指导等。

（8）应急志愿服务是高校创新思政工作路径的契机

在危机中育新机，于变局中开新局。新冠肺炎疫情中的志愿行为对大学生志愿行动的引导以及高校思政工作具有一系列的启发。超过八成的被访志

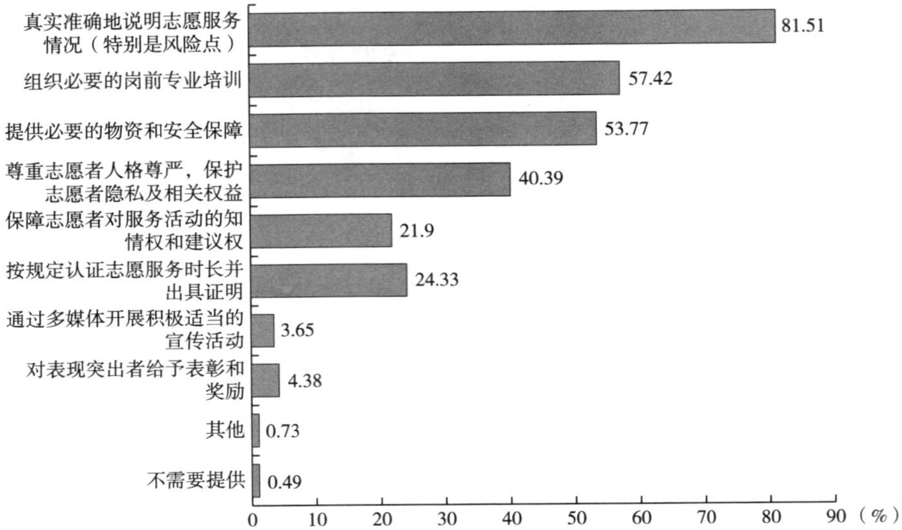

图 13　应急志愿服务组织方应提供的机制保障

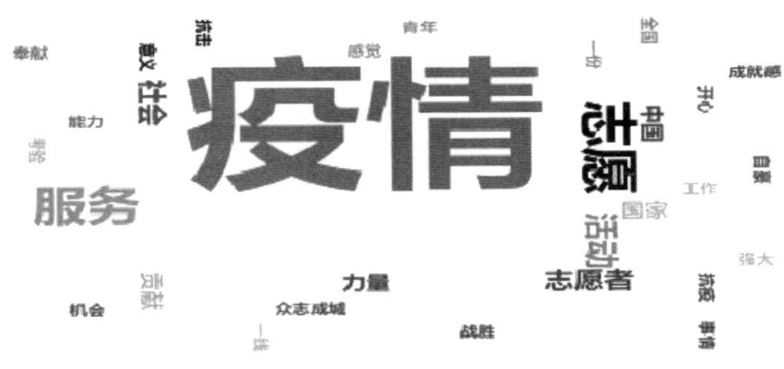

图 14　应急志愿服务的感受及对疫情看法的词频统计

注：根据调研问卷第 28 题“请你简单描述下参加疫情志愿服务活动的感受或者对此次疫情的看法”的回答情况由问卷星词频统计而得。

愿者认为抗疫志愿服务有助于“提高大学生志愿服务能力”（82. 24%），近七成的被访志愿者认为有助于“推进大学生志愿服务制度化”（67. 15%），此外还有将近六成的被访者提出有助于“抓好典型宣传，营造志愿服务精神氛围”（56. 69%）（见图 15）。

2. 大学生日常志愿服务的参与度及总体认知

（1）大学生日常志愿服务的类型与内容较为丰富

总体来看，被访大学生在校期间参与志愿服务的类型较为丰富。过半数的

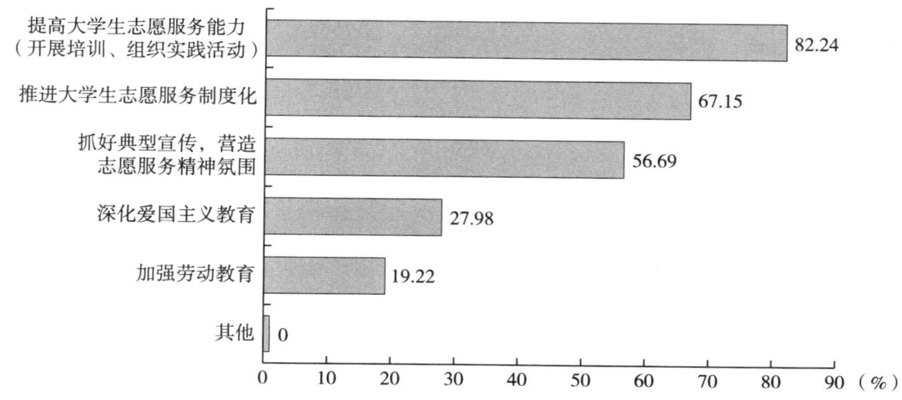

图 15　应急志愿服务对高校思政工作的启发

被访者参加过“爱心家教/义务支教”，近半数的被访者参与过“社区服务/社区活动”；超过四成的大学生为“大型活动或赛事提供服务”，近三成的大学生曾参与“公益宣传/科普教育”的志愿活动（见图 16）。此外，被访大学生还有在医院、敬老院等机构做义工，陪伴自闭症患者、献血等志愿经历。

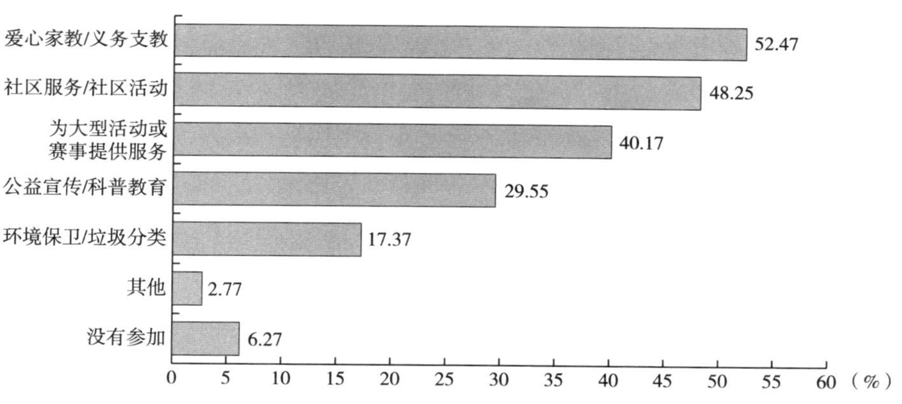

图 16　日常志愿服务的类型

（2）大学生日常志愿服务的频率理想与现实有别

大学生实际参与志愿服务的频率有待提高。两成的学生几乎不参加志愿服务，54.16% 的被访者每学期参加 1 ~ 2 次，每学期参加 3 ~ 4 次志愿服务的不足两成，而每学期参加 5 次及以上志愿服务的同学仅占比 7.44%（见图 17）。相对而言，超过四成的被访大学生认为大学生一个学期应该参加 3 ~ 4 次志愿服务，7.6% 的被访者认为应达到 5 ~ 6 次，8.2% 的被访者认为每学期应达到6次以上。总体来看，大学生实际参与志愿服务的频率低于大学生认知态度中的志愿服务频率。

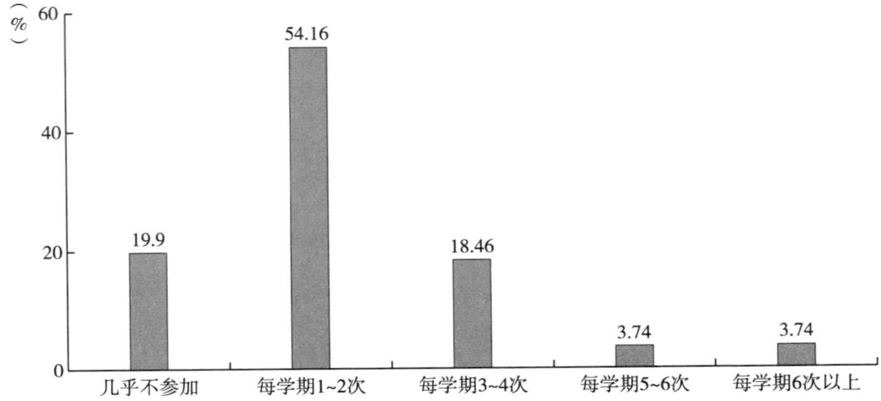

图17　日常志愿服务的频率

（3）志愿服务证明能够促进大学生参与志愿行动

35.95%的被访者认为服务证明是志愿服务活动的需求，其次则认为理应“无偿提供服务”（29.92%），近两成的被访者认为志愿服务应该“得到适当补贴”（17.85%），认为应“获得荣誉表彰”的仅占7.84%（见图18）。这说明近三成的同学认可志愿服务公益、无私的属性，但服务证明作为志愿服务的见证方式还是为超1/3的大学生所承认并需要。

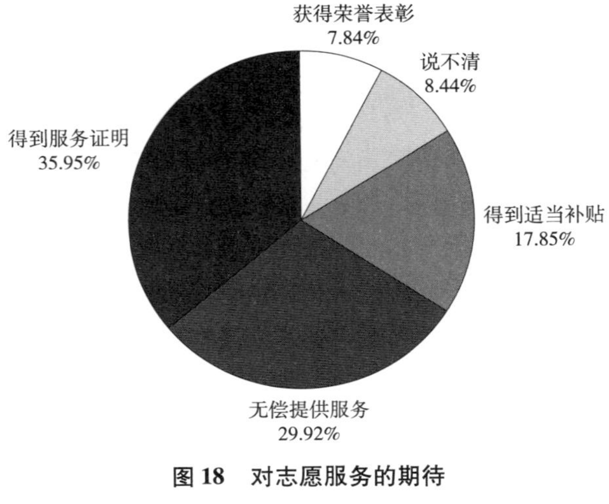

图18　对志愿服务的期待

同时，党员对于志愿服务无偿性的理解度更深。将被访者对志愿服务的态度与政治面貌做交叉分析，可发现39.2%的中共（预备）党员认为志愿服务活动应该是无偿提供服务，高于共青团员（28.66%）、群众（23.53%）（见图19）。

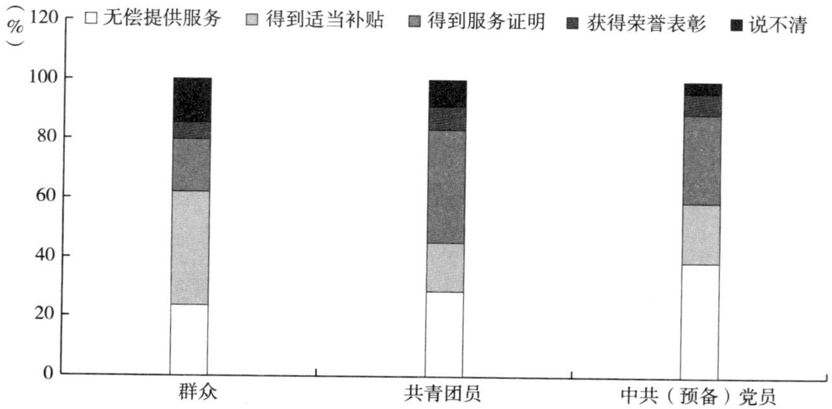

图19　对志愿服务的期待与政治面貌交叉分析

（4）大学生参与志愿服务的动因兼具公私二重性

综合分析参加志愿服务活动的主要动因，第一大因素是“为社会做贡献，实现自我价值”（75.39%），其次是“帮助有需要的人”（67.67%），再次是“增加阅历，丰富经验”（61.28%），也有同学想通过参加志愿服务“结识朋友，增进交流”（30.40%），或“追求成就感、自豪感和荣誉感”（26.30%）。值得一提的是，有30位同学认为参加志愿服务是“消磨和打发时间”（3.62%），也有12位同学指出志愿服务是“布置的强制性任务，必须完成”（1.45%）（见图20）。

（5）大学生可深入理解“志愿服务”的精神意涵

对于“志愿服务”概念的理解，被访者更重视精神层面的意涵，八成上下的被访者认可志愿服务的服务、奉献、劳动的价值属性，认为志愿服务仅是“廉价或免费的劳动”“无聊时来打发时间”等消极态度的不到全部被访者的5%。但也有16.53%的被访者认为志愿服务是“获取荣誉/补贴/证明的方式”（见图21）。

（三）深度访谈挖掘大学生志愿服务价值

深度访谈的对象是在疫情期志愿服务中相对具有代表性的学生，他们均

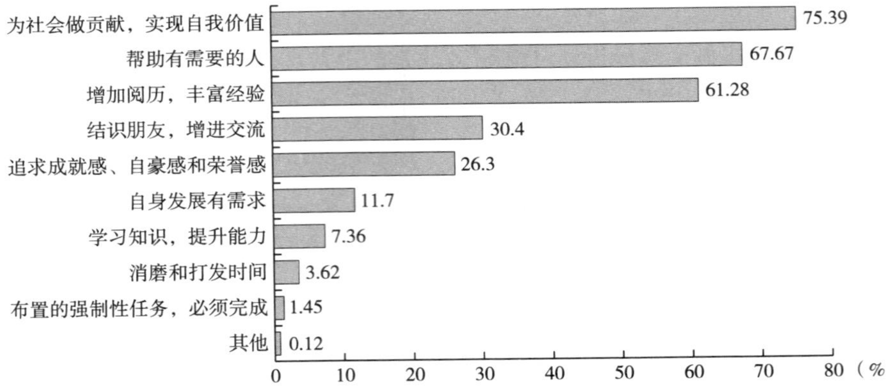

图 20　参与志愿服务的动因

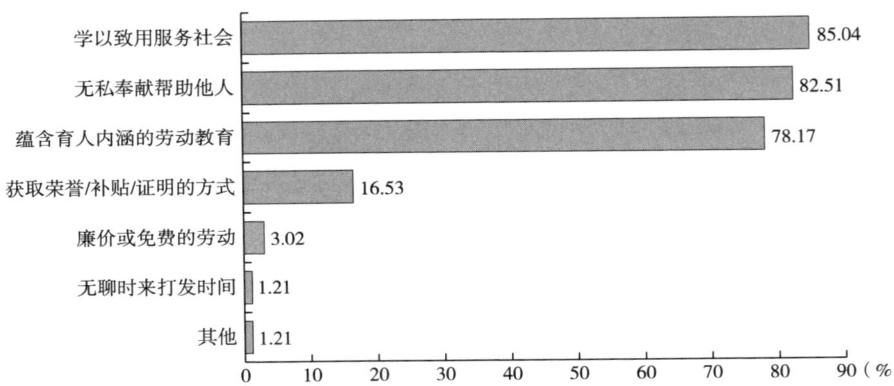

图 21　对“志愿服务”的理解

表示在这一应急志愿服务中收获颇多，对大学生志愿服务的认知和思考也相对深刻。

1. “志愿精神是落实到细微之处的青年大义”

Q：作为志愿者，你对于志愿服务的理解到底是什么？你如何看待物质酬劳、精神奖励与志愿行为的关系？

A：首先，当工作不是很复杂的时候，我们就没有非常迫切地对一些奖励或者说报酬的需要。其次，其实精神上的奖励，我觉得在这方面可能比物质上更重要，因为我们如果以物质为重，比如说来做志愿者，然后会发钱，那样的话可能其实也一定程度上来说打消了我们的积极性。整个抗疫期间，如果大学生没有对这样一个举国都很重要的事情做出一点贡献的话，我也觉得有点愧疚。所以说有一个通道让我们去做一些事情，我觉得还挺满足，精神上受到的回馈已经让我觉得够了。

我们这边精神上的回馈，其实除了老师表扬我们，或者学院评奖、学校评感动师大的奖以外，还有一些来自我们的受众，他们会给我们一些反馈，比如说群里面在直播的时候，直播间也会有人问问题，然后回答之后也会有人感谢我们的工作。包括微信推送底下也会有人去点赞，比如说我们做得很棒，然后他们学到了很多知识。其实浏览量多，然后有人去进行一些反馈，就挺让我们欣慰的。让我们觉得自己真的服务到了一些人，这种服务行为应该是作为一名大学生、作为党员的担当。习总书记说的青年大义，我觉得可能落到细微之处，确实是这样的，这是一种精神上的滋养，还蛮契合这种志愿精神。

——华东师范大学某院2018级本科生、中共党员

2. “我选择做是因为我觉得这件事是有价值的”

Q：父亲第一时间就参与到了村里的疫情防控工作当中，那是什么让你萌生了也要跟着爸爸一起来参与这场志愿行动的想法？

A：主要有两方面原因，一是因为我爸每天都去值班，我妈又是教师，每天会上报学生的体温，我感觉他们两个都在为防控做一些自己的事情。我们吃饭就会讨论我爸在做防疫工作时，比如把守路口时怎么劝人回去，村支书是怎么部署工作的。在他们的影响下，我就觉得自己也能做些什么，除了把守路口这种谁都能做的，其他一些能够体现我价值的东西。二是受到学院宣传的影响，我看到了学院关于同学防疫志愿服务的推送，当时要求我们上报党员行动，我也是受这种党员身份的影响，我觉得自己也应该加入村里的防疫工作中。总体来说就是两方面的原因，一个是受家庭的影响，另一个就是受自己青年党员身份的影响。包括我想写这个东西，我当时是在那个村里面给他们拍照，然后还想了宣传标语，之前的宣传标语不友好，我就觉得很地域歧视，就给村里面还有镇里面的一个副书记提了意见。然后做着做着我就突然想到，是不是可以写点什么东西来记录一下这个过程。其实村里面很少会经历这种以村为集体、为单位，大家齐心协力去搞一件事情，就觉得特别有价值去记录。

Q：你怎么看在这种防疫志愿行动当中个人劳动付出和报酬之间的关系？你觉得报酬会影响他们志愿者的工作热情吗？

A：我觉得不太会，对我自身而言，我当时做是因为我觉得这件事是有价值的，其实到后来比如被学校报道，我还挺有一种很不好意思的感觉，我

就觉得其实也只是就做了这么点儿，感觉被过度消费了，怎样就被树典型了。之前其实也没有想这么多，只是觉得记录下来挺有意义的。然后我觉得就像我爸爸他们这些党员，他们其实之前也没有想过要什么回报，就是支书说都要上，别人都上了我自己不上，这不是不说理儿吗？你我既然有党员身份，我现在有这个任务我就去做。报酬不是他们的出发点，不是雪中送炭的东西，而是一种锦上添花的东西。就好比奖励酒，给他们发他们还挺高兴的，还可以珍藏，挺有意义的。对于他们是有一定激励性的，但是他们不是冲着这个来的。

Q：上大学以来，包括本科和硕士阶段，你参与过什么志愿服务吗？

A：有的，我在大学的时候去养老院，也不仅仅是为了做志愿服务，当时有跟老师一起做挑战杯；本科的时候在校会，然后就会参加毕业典礼、迎新工作等，但是他们会发志愿证明。

Q：就你个人而言，其余的志愿服务行为可能更多的是多重因素杂糅导致的。

A：对，是这样的。我觉得那种对于个人成长来说比较有意义的活动，会比较吸引人。比如对于我来说，我对于写新闻、拍照这些志愿服务会比较感兴趣，因为我觉得不仅是去做了志愿服务，我也能在这个过程中学到什么，练到什么，有助于我未来的求职，或者是对我这方面能力的一个提高。所以对于我个人而言，我觉得这种能够为志愿者带来个人能力升值的服务是比较吸引人的。

Q：你觉得党员身份对你日常对于公益的态度，包括志愿服务的态度会有什么影响吗？

A：想想好像没有什么太大的变化，在入党前的话可能会因为想做一些这样的事情，会利于我入党，其实就比较功利化了，但是可能在入党前，相对会积极一些。在入党后，其实党员身份还是影响到我的。对，虽然动力机制不同，但是它的结果是一样的，党员身份它不是一个决定性的因素，但是它确实起到了一些加持的作用。

——华东师范大学某院2018级硕士研究生、中共党员

3. “当时她和我讲的第一句话：谢谢你”

Q：疫情期间你主要做的志愿活动就是云辅导吧？当时是出于什么样的考虑报名的？

A：其实最主要的原因还是想锻炼自己，毕竟也是一个辅导的工作，是

关于教技提升的。就想锻炼一下自己，因为我带家教算比较少的，然后也想多一些这方面的经历；同时线上的辅导感觉很新奇，不知道书院搞线上的辅导是怎么搞，想积累一些经验。

Q：你现在是想多参与，你的出发点是不是想从志愿者活动当中学到一些东西？

A：对，那肯定。我的出发点肯定是希望自己能有提升，对吧？自己能提升的基础上，然后能够帮助别人。那也不是说我的时间光花来帮助别人，但这并不妨碍它是一件好事，就是我在这个过程当中我自己有收获，我也能给别人带来东西，那就是最好的状态。

Q：这次辅导中有什么能触动你的事情？

A：挺感人的一个点，当时跟我辅导对象的妈妈打电话，她是医务工作者，那时也很忙，第一次给她打电话没接到，然后过了一段时间她才给我回过来，当时她跟我讲的第一句话：谢谢你！大家其实都在自己的岗位上为这个事情去贡献自己的一份力量，但还要互相感谢，我觉得还蛮有一种并肩作战的感觉。有一种大目标是统一的，只是说在各自的那一亩三分地里，尽自己的绵薄之力。每个人都很善良的感觉。

Q：针对这次经历，你对于后面大学生志愿服务活动的组织和管理方面，有什么意见或者建议吗？

A：对，我想说的一点，我觉得它的考评机制可能有点问题，活动结束之后，反正大家都是什么优秀团体，我觉得对于我们这些真正付出的人来讲，凭什么大家的收获是一样的？我觉得反馈应该有限制，在实际的奖惩当中去拉开距离。我带的是高三，我和我的学导天天都在商量如何布置今天的教学内容，还编卷子，自己出题。其实你会发现认真做这件事情还是挺花时间的，就像教案之类的，它是没有一套固定的模式的，都是靠我们自己。所以因人而异，认真的同学真的付出了很多，但到最后不会有什么区别，大家都是一个志愿者证书。同时，志愿活动首先是你得让我明确知道我们在干什么，要做好前期的筹划，定位明确后再具体落实。

Q：你怎么看待志愿行为当中物质奖励这件事情？

A：无论是物质奖励还是精神奖励，哪怕你评个奖什么的，我觉得都会比现在这样好一点。怎么说？大家都是抱着可能有收获才报名的。志愿者活动，大家第一点肯定是想收获能力，我也觉得这次活动给我最大收益是我真的能力提升了不少，这是最重要的。其次的话，可能是一些可以写在简历上的东西，真的是善后工作要做好。对的，就不能让人家觉得付出没有收获。

——华东师范大学某院2018级本科生、中共预备党员

4. **“说白了，就是在这个过程中有所成长”**

Q：云辅导这个项目，你是如何得知的？

A：寒假时没来得及参加，但我很想体验一下辅导活动。暑假是通过书院的推送关注到，就赶紧报名参加了。

Q：你主要讲讲志愿服务的整体经历吧。

A：起初我们会先加入一个辅导群，分配了辅导人员后会让我们和家长联系一下讲授计划和时间安排。我的情况比较特殊，小孩子还要做农活儿，辅导时间不太固定。第一周和第二周我给他讲物理和数学，还有一些回顾总结。

Q：在整体的志愿服务过程中，包括组织管理等，你觉得自己得到了哪些支持？还有哪些不足？

A：其实我觉得组织方介入有些不够，基本就是让我们自己教，每星期上传一次服务记录就好了。单纯的记录也没有中间过程性评价，大家就平时在群里互相讨论讨论。其实是缺乏从组织层面对我们整体进度的把脉的，在我看来组织方就是把我和被服务对象之间牵了线，也没有对我进行系统化的培训。

Q：结束时组织方有没有给予你们什么证明或奖励？

A：有的，但只注明了时长满多少，就是可以得到一个社会实践证明。但没有具体的服务效果的考评，好像也没有评优的环节，因为我们服务认真的和不认真的会有差别，但在结果上好像无差别。

Q：在你亲身经历后，你觉得组织方应该再提供哪些支持才能够让志愿服务运行更顺畅？

A：首先我觉得至少有一个问题反馈机制，比如我们自己在实际教学中可能遇到的问题，我要反馈有渠道。其次我觉得要给我们专业培训，比如教会我们如何教学，如何制定计划，如何把控方向这些大的脉络。我也是第一次参与辅导，很多事情靠自己琢磨请教，就很忐忑。

Q：你当时报名志愿者的出发点是什么？

A：那个时候就是想锻炼自己。我理解的志愿活动，应该是出于一种想要帮助别人或者说锻炼自己的想法，而不是说我能够得到什么加分、得到什么奖项。如果这项志愿者活动你很喜欢，你觉得它很有意义的话，无论有没

有补贴其实都没什么关系。我们自己在体验、学习、经历的过程中，会感受到有趣，然后还发现了它蕴含更多的是一种精神，是一件更有意义的事情。说白了，就是在这个过程中有所成长。

——华东师范大学某院2019级本科生、共青团员

5. “青年人的心是相通的”

Q：当时为什么会参加抗疫志愿服务？

A：那个时候我在家里觉得大家都在为抗疫努力，但是我自己好像又帮不上什么忙，看着新闻也挺焦虑的，正好书院组织了学生抗疫志愿服务团队。其实刚刚进孟院时，我的从教信念也不是特别坚定，但是通过孟院的一些活动，尤其是参加这个云辅导的活动，我辅导的小朋友妈妈又跟我说，你真的帮了我大忙了，然后我还真的觉得做老师是非常有意义的一项工作。

Q：在云辅导的过程中你具体承担了哪些工作？

A：因为我是小组长，我们要在活动前期给每个志愿者匹配岗位。这个过程还挺难的，因为小朋友有自己的特殊需求，比如说他想要男老师还是女老师，想要补习哪些课程，这些课是不是志愿者擅长的，然后辅导时间能够匹配好。作为临时团支书，我主要参加了团队的一些宣传工作，比如说我们组织了让每个小朋友用诗、书、画（来反映云辅导的效果）。

Q：从组织者和执行者的视角，你觉得自己在这次云辅导活动中有什么反思性的收获吗？

A：我觉得让青年志愿者本人去参加到这样重大的时刻，是一件特别有意义的事情。青年人的心是相通的，平时都是专业的心理专家去介入这样重大突发事件的干预，但云辅导活动可以使我们青年人更了解彼此心里到底有哪些问题，他们平时的生活状态是怎么样的，更加亲切地去跟他们交流，并且我们也通过我们师范的优势，能够真的帮助到他们的学习和平时的生活。

我最大的收获是我坚定了成为人民教师的理想，同时感觉抗疫这么艰难，这么全民总动员的时刻，虽然我只是一个大学生，但是我也可以参与其中，真的去帮助到一个家庭，还是非常荣幸的一件事情。另一方面，在志愿服务中我能够遇见和我志同道合的小伙伴，其实遇见志愿服务本身、体会这个过程就是一件很有意义的事情。

——华东师范大学某院2020级本科生、共青团员

（四）大学生应急志愿服务尚存提升空间

1. 大学生志愿服务的动员效力有待提升

在我国，青年动员实践由来已久。从动员知识青年上山下乡，到改革开放后对于青年群体在重大社会事件、国家战略面前的动员，如动员高校毕业生参与志愿服务西部计划，动员青年为进博会、世博会、北京奥运会及残奥会服务，动员青年参加抗震救灾志愿服务等都是青年动员实践的例子。疫情期，高校志愿服务工作尚存自上而下动员程度不高、大学生自下而上响应不充分、动员预案系统机制不长效等问题。调查发现，一方面，大学生志愿服务并非倒逼式的被动参与，而是蕴涵着青年人主观能动、公民意识和家国情怀的主动行为；另一方面，大学生志愿服务也并非纯粹的利他主义行为，而是夹杂着私人权衡、利己主义和角色期待的理性行动，很多志愿者其实是从丰富阅历、锻炼能力等利己动机出发的，且志愿服务管理体系的制度性不显、长效性不足往往使得志愿行为中的“私”性意涵扩张，进而导致志愿精神在实践中的异化。基于此，如何号召青年群体理性、有序地加入抗疫实践中？精、快、准的青年动员既是时势之所需，也是育人之要义。

2. 应急志愿服务外部管理体系有待健全

高校学生中有近半数在日常学习生活中有志愿服务经历，面对突如其来的新冠肺炎疫情，大学生闻令而动，积极投身抗疫志愿行动，是我国志愿服务队伍的中坚力量。调查发现，当前高校应急志愿服务组织的外部管理体系尚存在一些问题。一方面，高校应急救援志愿者及服务组织参与公共危机治理的管理制度不完善导致目前缺乏全国性的高校应急志愿服务协调机构，难以对应急志愿服务进行统一高效的组织管理。我国现有的“一案三制”（“一案”指应急预案，“三制”分别为管理体制、运行机制、法律制度）国家应急管理体系中明确提及“志愿组织”的条文较少，高校应急志愿组织尚未被深度融入国家应急救援体系。另一方面，当前尚缺乏统一高效的信息平台与协调机制，尤其是高校应急志愿组织参与救援缺乏有效的信息支持和协调调配，表现为各自为政、难以形成合力的现象，在信息收集、统计、研判、传递、发布、反馈以及监督途径等方面亟须提升。

3. 应急志愿服务内部组织建设有待优化

高校志愿服务管理体系当下已在青年志愿工作中发挥重要作用，但随着大学生志愿服务规模、形式和内容的不断发展，其组织管理能力跟不上、运作模式缺乏创新等问题凸显出来。在高校志愿服务的日常运作尤其是应急志愿服务的组织建设中，具体表现为：招募机制不健全，通、广观念下招募到的学生志愿者往往经验不足，很难尽快匹配实际工作开展需求，组织的专业化水平难以得到保证；专业化培训匮乏，志愿服务容易出现培训时间短、培训普及率低、培训内容单一、培训形式化过重等突出问题，专业化志愿者队伍难以健全；评估反馈不完善，对于志愿服务的过程性监管、效果评估落实不够到位，导致对志愿者本人的正向激励不足，志愿行为的持续性意愿难以得到维系。

4. 大学生志愿服务的育人功能有待延拓

大学生志愿服务可以提升大学生社会责任感，其参与志愿服务的频次、类型、动机等都与社会责任感的养成呈显著正相关性。尤其是新冠肺炎疫情等重大突发公共卫生事件，可作为高校志愿服务体制机制革新与思政工作机制创新的重要契机。在调研中我们发现，高校各职能部门、院系在疫情发生时闻令而动，迅速组织学生投身于各级各类抗疫支援行动中，成效显著。在积极组织抗疫志愿行动的同时，也存在抗疫行动有余，但抗疫教育不足的问题。在抗疫动员、抗疫实践以及抗疫总结等阶段，尚未形成一种“共识”模式，将疫情防控的集体责任感和大学生的情感认同结合的程度不高，对“90后”“00后”大学生在抗疫攻坚期自我价值感的凝聚、在后疫情时代的爱国主义教育不显。以志愿服务为载体探讨大学生社会责任培养机制的构建兼具理论与实践双重意义，如何通过志愿服务工作深化培养大学生的社会责任感，使其与高校思政工作深度融合的创新路径还有待进一步挖掘。

四　大学生志愿服务的未来进路

（一）动员：如何提升大学生志愿服务的参与意愿

大学生志愿服务并不是倒逼式的被动参与，而是蕴涵着青年人主观能动、公民意识和家国情怀的主动行为。面对突发疫情有效动员大学生理性、有序地投身抗疫实践，精、快、准地提升其参与志愿服务的意愿，既是时势之所需，也是提升志愿者行动力的前提。

第一，打好“国家—学校—社会”动员组合拳。面对重大突发公共性事件，一套权威、迅捷的志愿服务动员机制至关重要。国家权威机构作为首要力量，要即时、迅捷发出一套动员指导话语，并充分整合、调动、盘活各级各类志愿引导服务资源，为自上而下的志愿服务提供顶层指导。各级各类学校作为关键力量，要积极配合国家号召，认真传达与落实，充分发挥基层单位“严、细、实”的桥梁作用，弥补国家动员在高站位下可能出现的感染力、执行力不足的问题。社会宣传媒介作为辅助力量，要善于结合顶层设计与基层需求，统筹勾连学校小课堂和社会大课堂，营造全时空的志愿服务氛围，促进大学生志愿服务意愿的充分释放。

第二，结合青年特点建立阶段性动员策略。各级各类动员都应充分考虑“90后”“00后”大学生的特点，科学研判分阶段的动员策略，注重其在志愿活动中的价值感、幸福感、自我效能感及社会认同感的获取。预警阶段侧重精神动员，注重激发参与动机；危机阶段侧重专业引导，注重行动落实和妥善安置；稳定阶段侧重情绪勉励，注重调动志愿者持续参与的工作热情；恢复阶段侧重总结评估，注重心理疏导和正向反馈。通过阶段性的动员策略完成从动员行为到动员效果的转化，实现突发事件与志愿服务的有效对接，建立起适应突发应急事件的长效动员方案。

（二）组织：如何优化大学生志愿服务的组织建构

建立健全大学生志愿组织架构，是提升青年志愿者行动力的根本保障，也是强化青年志愿者行动组织核心竞争力的核心过程，“保障我国志愿服务事业的规范化运行可以巩固志愿服务的质量和效率、永葆志愿服务的生机与活力”。①

第一，着力加强志愿行动的党团一体化指导。要充分发挥高校党委的战略堡垒作用，着力提升党在志愿行动中的组织领导力，在学懂、弄通、做实上下功夫，发挥先进典型的示范与辐射作用，突破贯彻落实志愿服务的“最后一公里”瓶颈；在党委领导下强化高校共青团对志愿服务组织的指导和建设，如加强青年志愿者协会建设，提升高校志愿服务的组织化、机制化与专门化水平，提升基层团组织的影响力和凝聚力。

第二，着力加强高校志愿服务的组织体系建设。在尊重青年成长规律的基础上，进一步修订、制定和完善各类规范性文件，完善星级志愿者体系标准以及协会各项基本制度、理论与实践成果等，据此建构青年志愿服务的学术体

---

① 高地：《关于新时代大学生志愿精神培育的整体性思考》，《思想教育研究》2020年第5期。

系、理论体系和话语体系，提升理论对实践的引领和指导作用。参照“中国青年志愿者扶贫接力计划研究生支教团”“大学生志愿服务西部计划”等优质志愿服务项目经验，开发培育一批有实效、可持续、能复制的优秀志愿服务项目，并积极制定、健全大学生志愿服务培训计划，探索形成高效能、可持续的项目运行机制，全面提升大学生志愿者服务的专业化与凝聚力。

（三）引导：如何指导大学生志愿服务的专业行为

当下我国大学生志愿服务行动尚存在大众化、非精英化等特征，在高效动员、有序组织大学生志愿行动方面，合理引导大学生的志愿服务行为专业化至关重要。

第一，促进社会工作专业与志愿服务教育的衔接。相对而言，大学生志愿者组织性、纪律性强，如果进一步强化志愿服务引导过程的规范化和专业化，更容易达成规范有序、专业精品的志愿服务成效。在志愿服务的常规引导中应充分发挥大学生志愿者组织性、纪律性、能动性强的优势，结合社会工作学科专业优势强化志愿服务引导过程的规范化和专业化，实现规范有序、专业精品的志愿服务成效。在培养大学生志愿服务公益意识、传播公益理念的同时，应在志愿服务的理念、机制、路径上实现学科与实践的交融，使其对志愿服务建立起更为专业化、科学化的综合理解。

第二，深化志愿者培训的统筹设计与专业指导。大学生志愿者培训管理应由多方主体共同参与、统筹规划，应充分发挥政府、企业等相关主体的优势与效能，鼓励学生知行合一，走出校园、认识社会、服务社会。在日常组织建设中应延展专业化系统培训的覆盖面，增加技能和知识的培训，提升大学生志愿者的专业能力，锚定专业化的志愿服务培训内核，将社会责任意识的核心要义与志愿服务的精神要义在日常教学中相勾连，激发大学生的志愿参与热情与主观能动性，于潜移默化中搭建社会责任意识与志愿服务理念的对话桥梁，加深大学生对志愿服务活动的自觉性、自愿性的专业理解，长效提升大学生志愿服务水平。

（四）评价：如何评估大学生志愿服务的质量效果

深耕大学生志愿服务养成，亟须进一步建立健全高校志愿服务评价体系，进而系统、动态评估大学生志愿服务实效，不断提升大学生志愿者素质和服务质量。

第一，细化大学生志愿服务的过程性评价。高校应组织制定系统化、操作性较强的监督评估制度，对评估的内容、方式、途径等进行规定，必要时可逐步尝试将第三方独立评估机构引入志愿者活动评估中，指定专业人士对活动进展情况、资金使用情况、活动频率、服务态度等方面进行评估。活动结束后应及时开展多元形式的交流反馈活动，施行自我评价、同伴评价、导师评价与被服务者评价等多元评价体系，创新志愿服务评价机制。

第二，长效全程记录反馈志愿服务的实效。结合学校养成教育的评价标准，探索制定将志愿活动情况记入大学生评价档案系统的方案，并将其作为大学生相关评优机制的重要指标，建立健全科学的指导培育机制，使志愿服务的全过程“可感”“可视”；构建具体化、可操作化的激励与约束机制，遴选优秀志愿者予以表彰、嘉奖，实现志愿服务工作的动态考核与绩效激励。以公正实效的反馈激发大学生志愿服务的热情，助力大学生健全人格的培养。

（五）制度：如何夯实大学生志愿服务的长效机制

大学生志愿服务长效机制的构建，尤其是应急志愿服务机制的建立，对促进高校志愿服务组织管理和志愿服务活动的完善升级都具有重要意义。

第一，建立健全大学生应急志愿服务的协作机制。要强化有关部门协调管理职能，将高校应急志愿服务组织纳入社会应急管理体系，明确主体角色功能定位，使其由“被动听从”转向“主动参与”，为高校应急志愿服务组织参与合作的开展提供空间。同时要借助高效的信息平台整合信息收集、统计、研判、传递、发布、反馈以及监督等环节，对协作机制内部的成员职责、权利和义务做出明确规定，保证成员快速反应、准确应对并形成服务合力，防止志愿服务工作中混乱、无序现象的发生。

第二，构建大学生志愿服务互通互融的共享格局。强化大学生志愿服务发展指导规划的顶层设计，积极实现各地区资源共享、互通互融。尝试进行跨区域大学生志愿服务团队及项目对接，尤其是要对接发达地区与欠发达地区的志愿服务，借鉴发达地区的实践经验与理论升华，发挥前瞻意识与推广意识，形成点线面格局，打造专业化、专家化志愿服务团队，树立志愿服务的榜样示范作用。

慈善融合下社会工作者的身份实践及其生产机制研究

何　威*

2021年是“十四五”开局之年，也是我国慈善事业发展迈出至关重要一步的一年。随着党中央提出“第三次分配”对慈善工作提出新要求，以及《志愿服务记录与证明出具办法（试行）》的实施使志愿服务以制度性的形式予以规范，我国的公益慈善事业迎来了崭新的发展机遇。在当今公益慈善事业发展如火如荼的时期，作为社会服务领域重要专业和知识平台的社会工作，在面向特殊人群、服务扶贫济困领域时，与公益慈善领域的服务与发展存在互补与重叠。十几年来本土社会工作的发展及其与公益慈善服务的结合，更能彰显社会工作在为公益慈善领域服务时的技术支持和支撑作用。公益慈善领域服务的专业性进步，在利用社会工作作为技术支持和支撑的同时，也带动了社会工作在当下中国的扎根与推广，扩大了社会工作专业的社会影响力，为其未来的发展提供了广阔的空间。与此同时，公益慈善与社会工作的紧密结合不仅为深入“三基”服务的社会工作者提供了更广阔的资源基础与实务平台，也对其实务取向、服务管理和个人发展等方面提出了新的要求。

一　慈善事业发展下的社会工作者

基层社区治理在实践中是政府、社会、市场三大行动主体相互协作、相

* 本文是华东师范大学“紫江公益慈善研究专项基金”课题“慈善融合发展下社区社会工作者身份建构与转换研究”（1002017025－008）阶段性研究成果。调研时间为2021年9～11月，研究资料适用截至2022年12月。

互联动的过程，社会组织的嵌入已成为社区治理创新的重要表现形式。同时，多元主体参与下的基层社会治理为保有专业与市场自主性的社会工作服务的进入与发展让渡了合理化空间。同时，公益慈善类平台组织的融入不仅在社区内建立起优化资源配置的崭新平台，也将侧重于服务实践的基层社区社会组织进一步统合。

社会工作者作为在社区治理场域内承载不同功能的实践主体，有着多重建构环境：基层政府职能转变过程中的公共服务基本载体，创新社区治理背景下公益慈善社区的融入桥梁，本土化环境中的专业技术工作要求核心等。从整合性视角来看，多重复杂的互动环境的结构性特征，也是基层社工建构专业认同和职业认同的制度前提。因此，在频繁与复杂的互动过程中，社会工作者的角色意义及其行动内涵，不仅涉及专业社会工作与公益慈善在基层社区互动协作的实际运转，也深刻改变着社会工作者本身对于自我职业和专业认同的主体性建构。本文尝试理解基层社会工作者在慈善融合社区服务的制度运作、格局变迁的背景下，在不同实践场域下的身份建构与转换逻辑。

（一）相关文献综述

1. 社区服务场景下的社会工作者的身份研究

在社会工作者的身份认同方面，学界主要关注社会工作者的职业认同，包括个人、家庭和社会环境方面。① 但仅从职业认同研究社会工作者的身份认同有失偏颇，忽略了社会工作者身份认同中的组织认同、群体认同和价值认同等。②

社会工作者在专业实践过程中不断进行着身份确认，容易出现身份认同困境，主要原因可以从内外因素进行分析。内在因素为社会工作者自身专业素质和专业能力欠缺。③ 专业社会工作者对专业概念模糊，部分准社会工作者在初始阶段建构身份时存在身份认同障碍④与自我定位偏差，⑤ 外在因素分

① 安秋玲：《社会工作者职业认同的影响因素》，《华东理工大学学报》（社会科学版）2010年第2期。

② 王文彬、余富强：《社会建构理论视角下的社会工作者身份认同研究——以深圳市社会工作者为例》，《社会工作》2014年第6期。

③ 陈琳、邢洁、毛绪朋：《医养结合中社会工作者的角色困境及其成因分析》，《社会工作与管理》2019年第6期。

④ 王文彬、余富强：《社会建构理论视角下的社会工作者身份认同研究——以深圳市社会工作者为例》，《社会工作》2014年第6期。

⑤ 陈琳、邢洁、毛绪朋：《医养结合中社会工作者的角色困境及其成因分析》，《社会工作与管理》2019年第6期。

为服务对象因素、社会工作者所处机构因素和制度性因素。服务对象对社会工作者的身份认同直接影响社会工作者的自我身份确认；在机构方面，机构的管理层对社会工作者的身份认同直接约束了社会工作者的行为，进而影响社会工作者对自身的身份认同；[①] 制度性因素主要指社会工作者的晋升空间小、薪酬待遇较低、岗位缺乏独立性。[②]

结合角色理论对于角色冲突的分类并综合学界关于社会工作身份冲突的研究，可以将社会工作者的身份冲突分为两类：一是社会工作者的身份内冲突，二是社会工作者的身份间冲突。

社会工作者身份内冲突可以分为两部分：一是指身份行为主体对于自身承担的身份行为存在不同的理解[③]，受社会对社会工作者缺乏明确定位、专业教育程度低等影响；二是指不同的团体对于同一身份拥有不同的期待，导致身份承担者无所适从，产生身份冲突。

身份间冲突，指身份承担者所承担的不同角色在同一时间要求其做出符合不同身份行为时产生的冲突。[④] 社会工作者作为专业的服务提供者，也是机构工作者，当二者发生冲突时，社会工作者就会产生双重身份的伦理困境，许多社会工作者为了维护自身权益不受损害而放弃专业准则，选择遵从科层制目标，这容易引起社会工作者的职业倦怠。

2. 中国慈善发展与社会工作关系

社会工作介入慈善领域有一定的历史基础，社会工作者在慈善领域中有多重身份实践，同时，还可能存在一些身份困境。

（1）改革开放后政府对慈善事业发展的指引

新中国成立后，慈善事业曾一度被看作帝国主义和封建统治服务的工具，民间慈善事业陷入停滞状态。改革开放后我国的慈善事业进入恢复和发展期，大致分为复苏阶段、规范阶段、大众化阶段和法治化阶段。

①复苏阶段（1978～1993 年）

改革开放后，我国政府对民间慈善事业的发展虽仍呈现限制特征，但已

① 金小红、张立、倪倩、赵锦锦：《角色视角下高校社会工作的身份问题研究》，《法制与社会》2019 年第 14 期。

② 陈琳、邢洁、毛绪朋：《医养结合中社会工作者的角色困境及其成因分析》，《社会工作与管理》2019 年第 6 期。

③ 胡艳红：《角色冲突下的学校社会工作者》，《中华女子学院学报》2018 年第 1 期。

④ 周秋光、林延光：《传承与再造：中国慈善发展转型的历史与现实》，《齐鲁学刊》2014 年第 2 期。

出现限制松动的迹象。1987 年，我国彩票发行制度开始建立，为慈善事业的发展拓宽了道路；[①] 1988 年，《基金会管理办法》颁布，标志着基金会的发展已有初步成型的管理办法；1989 年，《社会团体登记管理条例》明确规定基金会的登记管理程序等内容。[②] 该阶段我国慈善事业已经出现了复苏迹象。

②规范阶段（1994～2003 年）

1994 年，《人民日报》发表了《为慈善正名》，“慈善”以正面形象回到大众视野。[③] 同年，民政部组织的首个全国性慈善组织——中华慈善总会成立。此后全国各省、市纷纷设立各种协会分会，全国范围内掀起了官办慈善的潮流。1998 年，国务院颁布《社会团体登记管理条例》和《民办非企业单位登记管理暂行条例》，设置了法人、合伙、个体三种民办非企业单位组织形式，一定程度上降低了社会组织的设立门槛。

2000 年到 2003 年，政府通过税收优惠的方式促进官办慈善事业的发展，一系列的政策表明了政府对慈善事业发展的限制程度下降和重视程度加深。

③大众化阶段（2004～2015 年）

2004 年，国务院出台《基金会管理条例》，将基金会分为公募基金会和非公募基金会，使慈善基金会拥有了中国特色，并进行分类管理。不过有研究指出，民营非公募慈善基金会存在发展困难问题。[④]

2005 年，《政府工作报告》首次明确提出“支持慈善事业发展”；同年我国将慈善事业纳入国家社会保障体系。[⑤] 在税收优惠方面，2007 年《中华人民共和国企业所得税法》提高了企业捐赠的免税额度（从 3% 提高至 12%），《个人所得税法》放宽了个人捐赠的免税范围，进一步推动了企业和个人参与慈善捐赠。

2008 年是中国慈善元年，汶川大地震、南方部分地区的冰冻灾害引起民间慈善捐赠热潮，同年我国举办的北京奥运会也吸引了大量群众参与志

① 徐道稳：《改革开放以来中国慈善事业的转型发展——以国家发展战略为分析视角》，《社会科学》2021 年第 1 期。

② 陈斌：《改革开放以来慈善事业的发展与转型研究》，《社会保障评论》2018 年第 3 期。

③ 徐道稳：《改革开放以来中国慈善事业的转型发展——以国家发展战略为分析视角》，《社会科学》2021 年第 1 期。

④ 吴宏洛：《中国特色慈善事业的历史演进与发展路径》，《东南学术》2016 年第 1 期。

⑤ 冯元：《由亲缘性到互嵌性：社会工作与慈善事业发展关系》，《浙江工商大学学报》2016 年第 3 期。

愿服务。[①] 当年国内个人捐赠数量首次超过企业，占捐款总额的54%。2014年11月，《国务院关于促进慈善事业健康发展的指导意见》出台有力促进慈善事业的发展。[②]

④法治化阶段（2016年至今）

2016年9月《中华人民共和国慈善法》（以下简称《慈善法》）正式颁布实施，为我国慈善事业的发展提供了法律依据。《慈善法》将社会工作机构作为社会服务机构纳入统一规范中，为公益慈善和社会工作的融合提供了法律支持[③]。

2017年国务院颁布《志愿者服务条例》，民政部及相关主管部门也对慈善组织认定、慈善募捐、信息公开等做出规定，基本形成了以《慈善法》为主体、以行政法规和部门规章为支撑的慈善法律体系。《慈善法》的实施增强了社会大众参与慈善事业的意识和热情，促进了社区慈善和网络慈善的发展。[④] 互联网募捐信息平台也受到大众的关注并成为公众参与公益慈善的重要方式。[⑤]

2019年党的十九届四中全会通过的《中共中央关于坚持和完善中国特色社会主义制度并推进国家治理体系和治理能力现代化若干重大问题的决定》（以下简称《决定》）为新时代中国慈善事业的发展提供了新的治理思维方式与路径指导，强调以慈善组织治理能力现代化推动国家治理体系现代化。《决定》还强调要重视发挥第三次分配作用，发展慈善等社会公益事业。[⑥]

（2）中国公益慈善的具体实践模式

慈善事业在我国得到广泛实践和较快发展，全国各地的慈善事业在具体实践过程中形成了各地特色模式。现以我国东部城市形成的特色模式为主进行介绍。

---

① 吴宏洛：《中国特色慈善事业的历史演进与发展路径》，《东南学术》2016年第1期；徐道稳：《改革开放以来中国慈善事业的转型发展——以国家发展战略为分析视角》，《社会科学》2021年第1期。

② 陈斌：《改革开放以来慈善事业的发展与转型研究》，《社会保障评论》2018年第3期

③ 刘威：《从分立实践到嵌合共生——中国社会工作与公益慈善的理想关系模式建构》，《学习与探索》2018年第11期。

④ 郑功成：《中国慈善事业的发展方向》，《社会治理》2020年第10期。

⑤ 郑功成：《中国慈善事业发展：成效、问题与制度完善》，《中共中央党校（国家行政学院）学报》2020年第6期。

⑥ 陈东利：《新时代慈善治理现代化发展路径探析》，《西北民族大学学报》（哲学社会科学版）2020年第5期。

上海是我国最早建立慈善超市的城市，也是慈善超市在中心城区覆盖面最广的城市之一，慈善超市已成为上海慈善事业发展的重要组成部分。2003年，上海市普陀区成立了全国第一家社区慈善超市，此后慈善超市在上海不断发展。其以混合运营模式为主，除了政府提供的资金，慈善超市还通过市场化运作获得资金，所获资金主要用于支持低保户、低收入家庭。

浙江温州的非公募基金会和江苏常州的慈善总会的慈善事业发展各具特点，分别代表了强社会模式和强政府模式。以个体私有的民营经济为主导成立的温州非公募基金会是民间社会自发的民办型慈善团体，慈善资金主要来自民营企业、社会团体和个人的捐赠。常州慈善总会是政府主导、企业和社会参与的官民合作型慈善团体，资金主要依靠政府与政府对民营企业的劝募，以及税收优惠政策等。①

2020年疫情下的武汉受到重挫，在这个艰难的过程中，武汉的公益慈善探索出了“智能互联公益慈善”模式，及时、高效地参与疫情防控。武汉公益慈善组织依托智能互联网络，在募集抗疫资金物资、储运配置物资、招募志愿者、及时准确发布求助信息、帮助社区解决居民生活困境等方面发挥了重要作用。②

（3）公益慈善的发展与社会工作的关系

社会工作与慈善事业有较深的渊源。社会工作发源于慈善工作，起源于慈善组织会社和社区睦邻运动，③ 之后社会工作逐渐从慈善领域分离。在不断专业化和职业化的过程中，社会工作又再次嵌入慈善领域，在政策层面、理论层面和实务层面展开互嵌，④ 形成了同源互构特征。

慈善和社会工作在发展的过程中存在一定的竞争关系。首先，在资源上，慈善和社会工作都离不开政府、企业、社会等方面的资源支持。慈善在实施救助工作中需要大量的人力、物力资源，社会工作在展开助人服务的过程中同样需要政府的资金支持、志愿者的人力支持、社会捐助等资源。⑤ 随

① 高力克、杨琳：《慈善中的社会与政府：温州与常州慈善模式比较》，《浙江学刊》2013年第5期。

② 杨述明：《智能互联驱动公益慈善现代化转型——基于武汉公益慈善抗疫实践的研究》，《社会科学动态》2021年第8期。

③ 赵环、徐选国：《“回归”抑或“超越”：社会工作与公益慈善的历史—当代关系辨析》，《学海》2017年第2期。

④ 冯元：《由亲缘性到互嵌性：社会工作与慈善事业发展关系》，《浙江工商大学学报》2016年第3期。

⑤ 张俊虎、吴小慧：《在新视角下融合推进现代慈善、志愿服务和社会工作事业》，《中国社会工作》2020年第4期

着政府公益创投等资源的开放，社会工作组织和慈善组织在资源上的竞争更加明显。[①] 其次，在服务对象上，慈善的服务对象主要是社会中的困难群体，社会工作的服务对象是全体社会成员，[②] 二者存在重叠部分。

慈善与社会工作在发展中各面临着危机。慈善在实践过程中主要依赖参与式发展理论，缺乏成熟的理论指导，存在专业人才危机等。社会工作在发展中过度依赖政府的资源，面临独立性危机。社会工作在工作中缺乏充足的资源，严重制约社会工作专业发展，并导致人才严重流失。

近年来，社会工作和慈善呈现合流的趋势，这种合流有一定的基础。首先，二者价值取向一致，社会工作助人自助的目标和利他主义价值观与慈善事业的救助理念不谋而合。其次，社会工作丰富的理论知识基础等优势注入慈善领域，有助于更全面有效地开展慈善服务。最后，慈善事业的优势，如被大众认可并有一定的规模和体系，能帮助社会工作者更好扎根，进一步推动社会工作的职业化发展。

慈善与社会工作的融合也体现在社会工作者层面。这种融合既包括社会工作者进入慈善组织发挥专业能力，也包括慈善事业渗透至社会工作者的工作场域——社区。首先，慈善组织引入社会工作者可分为两类：一是慈善组织通过项目招标或与社会工作者机构签订合同，社工机构派遣社会工作者进入慈善组织，协助慈善组织进行项目管理、评估等；二是慈善组织直接招聘专业社会工作者，社工成为慈善组织的正式成员，为组织提供相关服务。其次是慈善进入社区，主要包括社区慈善超市、社区公益创投等形式。社会工作者仍在社区为社区居民提供服务，不同的是社会工作者更多地需要进行社会救助，帮助贫困群体。社会工作者在“社区公益创投”中强调要改善社区治理水平并促进社区发展。

（4）慈善对社区治理的重塑作用

基层社会治理正不断实现创新，社区基金会成为社区治理的一个重要中介组织。在此以社区基金会为切入点，探讨慈善对社区治理的影响。

首先，社区基金会对社区治理最直接的影响体现在资源供给形式上。社区基金会基本的作用之一是对资源的管理，不同于原有社区治理中单纯依靠

① 朱健刚：《论社会工作与公益慈善的合流》，《社会科学辑刊》2016 年第 4 期。

② 龚晓洁、张荣：《慈善事业与社会工作的关系探析》，《华东理工大学学报》（社会科学版）2016 年第 1 期。

政府提供资源，社区基金会拓展了多元化筹资渠道，并将资源合理运用到受助者身上。[①] 在回应社区需求时，社区基金会通过协议委托、项目资助等方式，及时、灵活、稳定地提供支持。

其次，社区治理主体包括居委会、业委会、社会组织等，这些治理主体之间的关系如何协调是社区治理的关注重点，社区基金会通过搭建资源平台、资助公益项目等方式，动员居民、企业回馈社区，促进社会组织参与解决社区问题，从而提升社区治理水平。

再次，社区基金会参与社区治理，促进新的治理机制的形成。社区慈善基金会成功带动多主体参与社区治理，探索出了“慈善+社工+志愿者+N”等道路，汇集各方力量共同参与，以促进社区治理。[②] 社区基金会实现了社区的“自我造血”。

最后，随着社区基金会在社区治理中作用越来越大，社区居民对社区慈善基金会的认可度越来越高。社区基金会为社区居民更好地参与社区事务的讨论与决策提供平台，通过挖掘社区骨干等措施强化居民自治理念，从而提高社区居民的归属感。[③]

（5）慈善领域中社会工作者的身份实践

当社会工作介入慈善领域，社会工作者承担了服务提供者、资源筹措者与管理者、活动策划者等身份，需要进行身份的调整和适应。

第一，社会工作者承担服务提供者身份。[④] 服务提供者是社会工作者的基础性身份。社会工作者通过个案工作、小组工作和社区工作等方法帮助服务对象解决问题，满足服务对象物质和精神需求。

第二，社会工作者承担资源筹措者身份。社会工作者通过申请、募捐、召集志愿者等方式筹集所需资源，包括资金、知识、住房、志愿服务、心理辅导等。

第三，社会工作者承担管理者身份。社会工作者对公益项目进行有效控制，完善管理制度；同时，社会工作者优化公益慈善资源的管理，提高资源

---

① 田蓉：《从“准资源平台”迈向社区领导者——社区基金会功能三角在地化实践反思》，《河北学刊》2017 年第 1 期。

② 夏学娟：《广州从化：探路“慈善+社工+志愿者”融合发展》，《中国社会工作》2021 年第 6 期。

③ 周晓梅、任雷：《社区基金会的兴起与基层社会治理共同体的建构：从参与主体多元到资源渠道多元》，《华东理工大学学报》（社会科学版）2019 年第 6 期。

④ 徐小杏：《慈善机构中的社工角色定位》，《社会福利》2014 年第 9 期。

使用率，避免资源分配不均。

第四，社会工作者承担教育者身份。社会工作者为慈善工作者进行培训，提高慈善工作者的工作技能和素养；培训志愿者，为服务对象传授所需知识和技能。

第五，社会工作者承担慈善理念的弘扬者身份。社会工作者介入慈善领域，开展宣传活动，向社会大众普及慈善理念和知识，影响更多人关注慈善领域，促进慈善发展。

第六，社会工作者承担活动策划者身份。慈善是补救式服务取向，社会工作注重预防、治疗和发展，因此在慈善活动的策划和开展中注入社会工作者的力量能使慈善活动和服务变得更全面、有效，更有利于服务对象自身意识和能力的提升。

第七，社会工作者承担评估者身份。社会工作者通过协助建立和完善慈善组织的财务信息管理方式，实现信息公开透明；此外，社会工作者作为第三方，对慈善组织进行监督，有利于提高慈善组织的公信力。

第八，社会工作者承担沟通者身份，社会工作者通过沟通了解服务对象的需求，为服务对象提供适合的服务；社会工作者还需要与资源提供者、资源链接者进行沟通，为服务对象争取所需资源。

在此，可以看出社会工作者进入慈善领域后原有的身份依旧保留下来，同时在新领域衍生出新的身份行为和身份困境。当前关于慈善领域中社会工作者的身份困境研究较少，现有研究可分为身份模糊、身份冲突、多重身份负荷过重三类。

第一，慈善领域的社会工作者存在身份模糊难题。在慈善领域内的社会工作者常被安排从事许多缺乏专业性的工作，被分配大量行政性工作，导致社会工作者对自身专业身份产生怀疑，出现身份认同危机。

第二，慈善领域的社会工作者存在身份冲突困境。不同主体对于社会工作者的角色期待有所不同，社会工作者将自身定位为专业服务的提供者，服务对象认为社会工作者是福利发放者，慈善组织认为社会工作者仅需完成组织安排的任务，从而导致他们出现身份冲突。

第三，慈善领域的社会工作者承受多重身份超荷的压力。不同身份需要不同工作技巧，社会工作者需要妥善处理各种身份之间的关系，在工作中不断进行身份转换。当身份转换不顺利时，就会出现身份超荷。

（二）研究对象与研究方法

学理解释中关于“社会组织”的界定是十分宽泛的，“社会组织”实际上源于独特的经济、政治、社会和文化背景。本文基于社会组织的竞争性和盈利性对社会组织进行分类标注。与以往的分类标注不同的是，本文着重关注基层社区治理过程中不同背景和类型的社会组织之间的关系，以及公益慈善力量对社区治理的多样化融合路径。因此，本文将选择典型的慈善类社会组织——专业社工机构、社区自组织（包括社区基金会等）和典型性的社区作为具体研究对象进行长期性参与式观察和半结构式访谈。观察和调研对象包括上海市闵行区吴泾镇S社会工作服务机构，虹桥镇J社会工作服务机构，H社会组织在闵行区和奉贤区的两个项目服务点，Y社会组织在普陀区的两个服务点，以及与上述社工机构存在合作关系的L和Z两家慈善组织。具体的调查和访谈对象包括社区行政人员和驻区专职社会工作者（包括社区社会工作编制人员和社工机构社区驻点人员），以及慈善组织工作人员、社区志愿者、社区居民等。

二　慈善服务中的社会工作者身份实践逻辑

学术界对社区治理中的社会工作者研究很多，但职能定位存在模糊和偏差，内涵实质尚需深入研究。社会工作者在社区发展中的职能至少包括以下四方面：第一，落实既定社会保障与社会政策，做好低保工作；第二，协助动员可以促进社会发展的人力资源；第三，对社区中出现的诸多矛盾进行协调、解决；第四，通过在社区构建社会化网络环境，促进社会经济发展。

在社区治理创新过程中，社会工作者的作用越来越突出。研究发现，在嵌入式发展以及社会工作本土化背景下，社区社会工作者发挥着许多重要职能，因此社会工作者参与社区治理时会表现出不同的身份，不同的身份之间会存在矛盾冲突。但相关研究几乎是空缺的，本文拟以角色理论展现社会工作者在参与社区治理过程中的不同身份以及具体角色，分析不同的身份与角色产生的原因，总结之间的关系，同时探索促进不同身份与角色良好互动的策略。

（一）社区社会工作者的自我认知与身份实践

随着社会转型速度加快，社会以及社区的结构日益复杂化与多样化，面对各种问题与挑战，旧的社区管理模式已经不适应现阶段的时代要求，多元化、多主体参与社区治理全过程的新型治理方式是新趋势。社会工作部门及其工作人员作为重要参与者发挥着举足轻重的作用。

1. 从“管理的帮手”到“治理的成员”

在社区治理所涵盖的诸多复杂实践场域之中，“社区社会工作者”主要存在社区工作者和社会工作者两种身份意涵。“社区工作者”从广义上将“社工”定义为为社区居民提供服务的人员，主要职能包括为社区具体提供基本的行政服务和围绕街道层面下发的相应工作指标开展社区活动；“社会工作者”不仅需为社区居民提供社区服务，还需扮演倡导者与支持者角色。在两者的角色期望方面，社会工作者的角色扮演要求与社会工作本身对社会工作者的角色要求基本一致，但在实际工作中，社区工作人员会要求社会工作者协助完成社区相关管理工作，难以准确区分角色内涵。

> 社工有自己独立的能力，能去引导居民进一步开展（活动），而不是说两个有经验的社工或者我的社区一直在牵头引导他们。这样我觉得难度很大。（D0120210922001）

与此同时，社会工作者也是具备专业资质的社区治理者。社会工作的专业方法和价值观，以及国家和社会对专业资质的认可为其服务的提供和人员的存在预设了较为明确的专业边界，在社区治理场景下这种边界的存在一定程度上促进了社工从管理的协助者向独立的治理单元角色过渡。

> 现在是要求社工证，但是我们社工证都集中在村社区的工作人员的位置上……对于职业社工的需求很大，现在社工证的要求是对村居人员要求，社工证还是对第三方要求。（D08202108028002）

2. “是社工也是居民”

社区社会工作者作为一种具有专业背景的职业身份，与其他职业最本质的区别和特征在于其扎根于社区、生长于社区、发展于社区。社区社会工作者的工作环境与工作内容和所驻社区及居民是紧密相连的，社区工作者的专业工作是深深嵌入居民的日常生活中的。因此，从一定意义上说，社区社会工作者既是专业社工，也是社区居民。

作为社区社会工作者，关系建立、居民信息摸排、特殊困难人群建档、需求评估、服务设计与传输等专业工作贯穿社区和居民生活的全过程。一旦专业服务关系建立起来后，无论是居民还是基层政府管理人员都希望社区社会工作者能够保持相当的职业稳定性，否则，社区治理工作和社区发展将会面临反复重来或短平快的困境。

如果说组织换了，人不动，还好一点，人员还是了解情况。那么如果说两年到机构一换，比如说顺带连社工也换掉的话……就好不容易把这个情况摸清了，又走了两个，再换了两个，这里面就牵扯到社区发展的核心问题了。（A0220210802001）

社区社会工作者作为进入居民私人生活领域的重要成员，其在与居民长期交往的情境中会衍生出除专业关系以外的二重关系，甚至会基于此在现代社区中发展出熟人社会交往关系。而这种熟人关系正是当代城市社区个体化过程所缺乏的，其有利于社区工作开展，如有利于整合社区治理结构、创新社区治理模式。

我从网上看到他们说叫“熟人社会”，现在老百姓不是因为这项工作相信，而是因为这个人相信……包括你去参加一个活动，不同的人去叫，结果都是不一样的。（D0220210728002）

社区工作者作为社区居民的一份子，在长期嵌入居民私人生活领域后，更容易在项目开展过程中获得居民支持和认可，也更容易通过情感联系实现社区治理目标。

（二）慈善融合下社区社会工作的情境转变

随着慈善服务融入社区，社会工作者承担着社区内慈善服务的主要管理和服务职能。这让社工在原有的专业身份和更加社会化的服务身份之间产生了纠结与徘徊。

1. 社会工作者的个体发展情境：从“专业工作”到“情感劳动”

情感劳动不同于传统的“体力劳动”和“脑力劳动”，尤其在服务行业，对于管理感觉和表达情感有着更严苛的要求。在劳动过程中，劳动者需要“在其劳动过程中的社会互动时创造并维持一种关系、一个情绪或是一个感觉，正如资本积累所描绘的那样”。

社会工作作为一项助人专业，要求社会工作者从接触案主开始就保持尊重、接纳和热情的态度，需要社工投入大量的积极情绪，情感劳动必然贯穿社会工作者服务的全程，是社会工作者必备的专业技巧。情感劳动还是维持专业关系的手段。建立良好的专业关系对服务的开展与最终成效至关重要，通过高频率、高水平的情感劳动，社会工作者能设身处地地与案主产生共情，得以与服务对象保持长期的关系与深层次的互动。[①] 因此，社会工作者的情感劳动实践对于作为一项专业工作的社会工作实务开展十分必要。

上海 H 社会组织是一家旨在帮助自闭症人士家庭实施社区照顾的专业社会工作机构，因受到各种条件的限制，近些年其资金及相关资源大都是 L 慈善组织通过项目制的形式予以支持。在项目实施过程中，机构的社工和志愿者、护工之间有着专业知识体系上的差异，但这种差异能够在与服务对象相处中通过情感的投入而相对弥合。

> 本来觉得做事情灵活性很大的，比如我们现在在做的这个活动，以前大家都认识的，每次来都参加这个活动嘛，熟悉了以后那些程序上的东西都省掉了。（D0820211020001）

H 社会组织奉贤区服务点主要提供成人自闭症患者的全日制支持照顾服务，支持人员学历水平不一，薪资不高，而目前服务的四位学员均是中重度的自闭症患者，照顾难度大。尽管支持者在多方面存在压力与挑战，照顾服务却能长期进行，目前服务点全日制服务已经持续两年，最初的支持者和学员仍有部分留在社区照顾站中。支持者在这个长期服务过程当中的叙事体验引起了笔者的好奇。通过观察笔者发现，“家庭”出现在支持者表述中的频率非常高，支持者通过“家庭”的概念来解构与学员和同事之间的关系，并整合自身的行为方式和价值观念，从而应对在照顾服务中产生的压力与不良情绪。长期照顾服务当中支持者在面临照顾倦怠、自我效能感低下等挑战时，会在情感劳动中通过“家庭”的叙事发挥自身的主体性。

2. 社会工作服务的组织情境：社区志愿服务的组织动员形式的整合

在我国志愿服务的供给体系建设中，多元主体之间是否达成持续性合作及主体整合性力量的发挥程度未可知晓。从具体的社区治理场景看，以动员和发展全面性社区居民内生驱力的专业社会工作，与以慈善力量为主动员起来的社区志愿服务之间缺乏必要的组织保障，导致志愿服务供给主体的整合

---

① 郭锦蒙、韩央迪：《社会工作视野中的情感劳动研究：内涵特征、影响因素及应对策略》，《社会工作与管理》2021 年第 3 期。

效果尚未完全开发出来。

以在普陀区G社区的相关调研为例，第一，在体制层面，以街道为核心的相关志愿者政府管理部门还存在一定的权责划分问题，例如“志愿者归口在文明办，但实际上没有统筹”（B0220211112001）。另外，一些基层组织的整合能力有待加强，“体制内可能还涉及街道相关部门的志愿者，工青妇这条线的一些团队，整合能力还比较弱”（B0120211112004）。第二，在结构层面，志愿者服务合作中的主体缺乏规划和配置机制。例如，在志愿服务合作者的选择上，一些寻求合作者的组织并不是基于不同主体在志愿服务中的优势而考虑的，而是从资金和资源方面考量。第三，在运行层面，志愿服务供给主体之间的资源流通机制尚未建立。对志愿服务各供给主体的资源和经验进行整合是志愿服务的最优发展状态，合作供给不单是生产和服务的委托分工，更是资源和知识的流动，但目前的合作机制在沟通方面存在不足。

志愿服务行动目标的整合，需要在社会公共精神、公共价值与公共理性培育的基础上，进一步在志愿组织内部形成共同的志愿文化氛围与行动目标，在志愿组织间的多元团队文化与志愿服务价值中寻找共同的前进方向。一方面，要在志愿组织的内部构建起行动共同体。在志愿组织内部，需要借助志愿服务文化与价值的熏陶，构建起行动共同体，以此统一志愿者行动，推动志愿服务目标的整合与实现。另一方面，要把志愿服务的整体发展目标作为志愿组织协同共进的方向。组织间的志愿价值需要依靠大家所希望达至的“改善社会，促进社会进步”的志愿服务共同行动目标予以统合。

志愿服务供给主体的整合，必须明确志愿服务规划，如明确谁来把握志愿服务的合作框架，如何建立志愿服务合作的沟通机制如何等。首先，在多元主体供给合作的规划者选择上，政府是责无旁贷的规划者，而政府在选择中可能会倾向于具有良好组织的利益群体，并且在一些较为分散的服务中，政府在自身管理事务众多的情况下并不适宜做细致的规划工作。因此，新时代文明实践中心作为新时代文明实践志愿服务的阵地可以承担起一定的规划工作。其次，在多元供给主体的合作框架建构中，不同供给主体之间应当是合作互补又具有一定身份划分的，政府作为志愿服务的一级规划者，承担选择和监督二级规划者的职责；新时代文明实践中心作为二级规划，应对各方供给主体资源进行协调链接，对常规性开展的志愿服务活动做出规划，扮演具体执行政府规划和统筹资源的角色。社会组织、企业、志愿组织等在志愿服务的供给中发挥专业优势，积极寻求合作，共同推进志愿服务行业的整体性发展。最后，在多元供给主体沟通机制的建立中，应当首先建立起志愿服务的信息网，构建起不同主体之间的信息共享机制，实现主体之间信息的快速交换和持久的联系沟通，精准对接社会需求，实现良性沟通生态。

3. 社区服务的目标情境：慈善融合下的更大范围的社区内生性治理参与激发

现代公益慈善工作与专业社会工作的共同目标，落实在社区治理层面，旨在提倡公民行动需要基于日常生活。① 因此，全民的社区参与不仅是慈善融合社区治理的追求，也是社区社会工作的目标之一。社区居民对于社区日常事务的参与程度是决定社区治理能否发挥效用的根本。“形式化”的社区建设和自治活动必然会导致“短暂性”和“从众性”的居民参与。② 长久以来，我国社区建设和治理“外生性”的特点让社区自治披着一种权力导向和政府意志的外衣，在这一背景下，居民的社区参与度变现为一种在特殊的条件下才表现出的被动式参与。由于社区治理的深度嵌入既有条件，社区社会工作者也深入其中，承担着在外生性的社区参与之中，探索社区参与内生动力的重要职能。

在现代城市的社区环境中，集中式的社区组织形式和个体化的居民日常生活之间的对立，让居民无法找到社区参与的目的，居民自我的需求通常也无法通过社区参与的形式得以实现。与此同时，当代的城市社区的脱域现状似乎已无法与滕尼斯的“区域性共同体”构想形成对话，在生活与身体日益分立和关系日益疏离的现代城市社区当中，能否存在建立在地域基础上的社会生活共同体，③ 并以之作为社区参与的基础本身在理论上就成了一种疑问。因此，探索一种新的方式来达成新形式的社区关系，从而完成社区参与和居民自治的联结成为趋势。学界也越发看到当前社区治理实践对制度和技术的重视以及对“人”及情感的忽视。以情感作为社区治理的起源、机制、目标及评价中包含的“人”及其情感日益成为社区联结的重要维度。通过对居民日常生活实践积累起来的社区情感再生产过程的干预，来协调社区成员之间的关系，借助对结构性情感、情境性情感和自我关联性情感优化的过程，柔化国家与社会的权力结构关系、重建社区成员间关系，并增强成员的社区认

① 朱健刚：《论社会工作与公益慈善的合流》，《社会科学辑刊》2016 年第 4 期。

② 肖林：《“‘社区’研究”与“社区研究”——近年来我国城市社区研究述评》，《社会学研究》2011 年第 4 期。

③ 冯钢：《现代社区何以可能》，《浙江学刊》2002 年第 2 期。

同感。[①] 而这种基于交往和情感的“非正式”的集体性社区参与行动，及其构成的日常生活治理形式，也逐渐成为社区居民真正参与到社区治理当中的主要形式。

这种“非正式性”治理代表着慈善融合下的更大范围的社区内生性治理参与激发。其核心在于在协商自治和居民个体自我沟通的过程中达成一致。要达到这一目标，一种条件是在共同目标或者共同需求上达到追求的一致，另一种就是从集体的情感出发，用个体之间的情感关系，达成意向（consensus）中的一致。[②] 这种情感上的共识也并非与利益毫无关联。吉登斯在关于“结构二重性”的论述中就将结构对于行动者的制约性和行动者对于结构的“使动性”作为社会结构稳定的一种特征。在社区居民自治的组织结构下，公共性作为一种情感基础驱动着居民个体为了集体的利益做出努力或者让步，作为社区参与“行动者”的居民在情感的作用下也会反思自身理性选择下的目标和需求。这种个体对于集体意识的能动性表达，促成了自治结构之外独立的个体情感系统。也就是说，作为有机整体中的能动性个体，个体和个体之间的联结基于习惯、爱好、信仰、追求等因素所建立起的情感，形成了共同体内部主体之间的某种亲密和共性。[③] 而无论是自治结构上的公共性还是情感上的共性，都会影响个体的决定，进而达到不同情形的一致。

值得注意的是，情感带来的对于个体意见的统一和认同，与协商在居民自治当中的部分作用是相似的。但与协商不同的是，这种认同并不是一种有型的利益交换或者意见交换，而更像是一种无形的情感交换。二者虽然可能产生相同的结果，但作用机制是不同的。协商一致性的达成，是基于个体利益或需求的平等性以及过程的正当性。这种特性无法为情感所带来的个体关系所取代。但二者相互协调，共同作用，不仅对于社区情感的加深和协商的效果这二者各自产生积极作用，也能够在结构关联和情感关联两个不同的维度促进社区自治共同体的建构。

综合来看，作为一种社会力量的公益慈善事业在资源、理念等方面逐渐

---

① 文军、高艺多：《社区情感治理：何以可能，何以可为?》，《华东师范大学学报》（哲学社会科学版）2017 年第 6 期。

② Sarikas, O. D., Weerakkody, V., & Elliman, T., “Realising Integrated E-government Services: A UK Local Government Perspective,” *Transforming Government People Process & Policy* 2 (2007): 153 – 173.

③ 〔德〕斐迪南·滕尼斯：《共同体与社会》，林荣远译，商务印书馆，1999，第 58 页。

融入社区治理，不仅为社会工作在社区的开展带来更为广阔的参与力量的动员基础，也对社会工作者在社区工作中的情感投入提出了更高的专业发展要求。这些新的形势与条件也促使社会工作者在社区中产生新的身份，以适应公益慈善工作融合社区服务的工作要求。

三 基层社会工作者公益慈善角色与身份再生产

（一）围绕公益慈善“项目”的社会工作者角色认知

“项目制”又称“项目外包制”，其更加强调事本主义原则，从目标设定、规则制定、项目发包到验收方案都有一定的标准和规范，力图做到“专项目标明确、资金分配平衡、预算结构清晰、过程管理严格、程序技术合理、审计监督规范，具有明显的专家治国倾向”。[①] 项目制的这些约束性条件，在一定程度上遮蔽了其逐利倾向，极易发生滑向“营利型经纪人”的危险。慈善组织具有较强的市场运作色彩，往往与企业有较为相似的人员结构和组织文化。对于项目的申报和运作，慈善组织往往严格追求指标评价体系，这使其往往“脱嵌”于地方知识语境和社会结构“场域”，割裂了原本社会工作者的治理参与和地方社会的嵌入性关联，呈现偏离社会治理目标的意外后果。因此，在申请和实施慈善组织外包项目的过程中，社会工作者往往会展现出多样化的身份生产过程和逻辑。

1. 社会工作者对公益慈善项目申报的态度

公益慈善组织一直以来都是社会工作机构开展服务重要的资金支持方和资金来源方，尤其是疫情以来政府项目开始在一定程度上增加对社会资金申请和运用的比重。这不仅是站在社会工作机构生存与发展主体性立场上的一种理性选择，也是作为社会组织和社会工作发展主要支持方的政府所倡导的多元化公共服务资源供给格局的体现。

> 需求跟服务的对接还是不够畅通，还是以民政为主……你不能只跟民政（对接）……像我们现在的公益城投，公益牵头发布，我看挺好的。有司法连带，要跟团委连带，还有建设部门甚至社会组织各种各样连带。（B0120210729003）

① 渠敬东：《项目制：一种新的国家治理体制》，《中国社会科学》2021 年第 5 期。

社会工作者在实际项目申报和评估准备中需要必要的文件报告，如服务记录、反思札记等。在我国本土现实情境中，社会工作者往往以政府发包机构中标的项目制方式进入服务现场，共同体显性知识常表现为社会工作机构撰写的前期需求调研书、服务计划书、服务总结书，第三方机构出具的中期和终期评估报告，以及项目进行过程中以正式或非正式的形式规定下来的宣传画册等。这些都是作为项目外包的外显型证据，也是作为社会工作专业性体现的内隐性特征。然而，相较于政府委托的项目相比，慈善组织购买的社会服务往往在前期申报准备、中期过程实施和后期结果论证等过程中对相关材料的要求偏向不同，且完整性和严谨性的标准也不一。这就让一些社会工作者需要重新适应新的项目要求，从而在社工专业身份上出现一定的质疑情绪。

> 我们一般不会主动申请（慈善组织的项目），除非有总部委派下来的工作。……有些东西我们注意不到，也容易引起情绪……后来索性觉得不要申请了。（D1020210802013）

由于公益慈善服务领域比较特殊，特别是来自社会资金的公益慈善项目，项目监管方需要对项目资金的审核、拨付、使用等方面进行监督。社会工作介入公益慈善项目运作过程中，需要重视经费的使用和管理，必须定期向慈善组织、社会大众汇报经费的使用情况，特别是向慈善组织提交的执行报告需要对资金的使用加以说明。因此，社会工作者需要被动地提高项目财务管理能力，规范项目财务工作，完善项目资金运作和保障机制，确保项目经费的使用规范性。

2. 公益慈善活动组织中的社会工作者项目化操作

管理具有专业性技术、价值和经验内涵的服务项目，也是社会工作者的一项专业技能，是社会工作在社区内岗位的职业要求。在慈善项目的实施过程中，社会工作者会将专业价值理念与慈善服务项目的管理和价值倡导的理念相融合，落实在社区活动的组织协调与安排过程中。深入其中的社会工作者也在具体的项目运作和管理实践中实现了专业工作者之外公益慈善身份内涵的强化。

在闵行区J社会组织与承接的L慈善组织的社区募捐项目中，社工充分发挥了其作为专业从业者的项目设计与管理协调的功能，以社会工作者的身份实现了慈善项目在社区层面上的专业管理和统筹。J社会组织的慈善募捐项目实施团队由一位项目主管和两位社工组成。资金募捐过程主要分为筹备、募捐和公示三个阶段。在筹备阶段，社会工作者承担着项目基础资源保障的作用。其核心工作聚焦于技术支持和人员培训两方面：前者主要是确保技术公司研发的基金管理系统能够顺利投入使用；后者是联络协调各地志愿者，并根据项目要求对其进行系统专业的技能培训。在募捐阶段，社会工作者承担着协助者和倡导者角色。在公示阶段，及时于基金管理系统中更新捐赠信息，为捐赠单位和个人开具发票以及进行褒奖是核心工作任务。

在不同阶段，社会工作者的任务和目标聚焦点也是不同的。第一阶段里，取得各地志愿者的信任、建立合作关系，并将志愿者组织发动起来在各市县开展募捐活动，是社会工作者的首要目标。为了实现这个目标，社会工作者在关爱基金管理平台开始投入使用后，根据筹款方案制作筹款手册，然后分发给各地志愿者并对其进行实操和募捐培训。之后，志愿者以工作专班的方式积极寻求本地社会资源，开展“慈善一起捐”主题募捐活动。在此基础上，通过邀请政府出面开展本地关爱基金启动仪式等途径扩大宣传，争取社会认可。第二阶段里，协助志愿者正式开展募捐是社工的主要工作。志愿者及所在单位通过举办基金启动仪式等方式在社会上提高项目知晓度和号召力，并成功取得了社会支持和积极反馈。此阶段社工需挖掘志愿者中的核心骨干，并对其进行领袖劝募、调动资源、宣传推广能力的强化培训，发挥他们的核心力量和宣传作用。第三阶段里，确认捐赠信息、普及捐赠税收优惠政策、在关爱基金管理系统进行公示等是社工的工作重心。在此阶段，除了街道内的捐赠外，各类小额捐赠将主要通过基金管理平台进行，大额捐赠资金则主要以转账的方式进入慈善会指定的专用账户。个人或单位捐赠完成后，慈善组织在公示期间采取日报机制，社工整理募捐信息后需及时与街道、区妇联等相关部门进行工作对接，反馈募捐进度。所有募捐结束后，慈善组织对积极参与的捐赠者进行褒奖，颁发捐赠纪念证书，并安排媒体进行专项宣传报道，在社会上营造浓厚的爱心互助氛围，以便为下次募捐活动的开展打造良好基础。

综合以上两个过程，社会工作者在所承担慈善项目的执行管理过程中，一方面对慈善组织购买项目的申报持犹豫的态度，虽然能够带来多元性资金支持，但从申请与实施的角度，社会工作和慈善服务之间仍存在着较为鲜明的理念差异；另一方面，对于慈善项目与相关活动，一线社工仍以积极的态度，将专业的知识和理念融入其中，发挥着社会工作与慈善事业协调者的推动作用。

（二）慈善事业与专业服务协同进行中的身份生产

1. 资源相互依赖的发展条件促使社工的慈善身份产生

具体的慈善项目在执行过程中，往往以社会工作机构在专业理论、服务理念以及项目执行机制等方面的优势助力慈善组织的发展，以慈善组织在资金来源、行政便利以及在合法性上的优势助推社会工作机构的长效发展，取长补短，构建两者之间的良性资源依赖关系

在调研S机构2021年所承接的某慈善组织困境儿童项目中，一方面，社会工作机构拥有专业人才和专业服务理念，能够更好地执行项目，另一方面，社会工作机构的专业方法和项目执行机制能够更好实现助人自助。在该困境儿童项目中，社会工作者利用家访的便利条件，充分发挥专业优势，不仅关注到困境儿童的物质需求，更关注到困难对象在娱乐、学习、心理关爱等方面的需求，采用优势视角拓展困境儿童的社会支持网络，开发困境儿童的潜力，整合资源，更好地帮助解决困境儿童在物质、学习、娱乐、心理成长等方面的问题，实现助人自助，促进儿童快乐成长，真正将社会工作的专业价值理论理念和方法融入慈善项目的执行过程中。该困境儿童项目已经步入常态化发展阶段，初期运行和执行取得了良好的效果，S社会工作机构也与慈善组织形成长期合作关系。由此困境儿童项目我们可以看出官办慈善组织与社会工作机构之间建立起的良好资源依赖关系。这种官办慈善组织与社会工作机构之间的良性资源依赖关系的建构有利于吸纳社会工作的专业理念、专业方法、专业人才进入慈善项目中，更好促进慈善组织的专业化建设。

在S社会工作机构与慈善组织的联动共赢过程和机制的具体实施上，L慈善组织以科学严谨的社会调查和政府关于帮扶困境儿童的指导意见为基准，发起本项致力于专业关爱儿童的慈善活动项目设计。项目设计的早期阶段，慈善组织利用自身的行政资源优势，充分动员社会资源，完成了预期的资金筹募任务。资金募集工作完成后，慈善组织与服务所在地的S社会工作机构开始进入中期合作执行阶段。在此阶段，社会工作者以专业知识和技能介入困境儿童生活，根据困境儿童不同年龄阶段的差异化需求，以服务传输者身份将服务与关爱送达到困境儿童手中。这不仅实现了慈善项目助人的最终目的，而且提高了项目资源利用率与项目专业性。同时，借助官办慈善组织的合法性优势，社会工作机构的专业服务介入更易于被服务对象接受和认

可，间接提升了社会对于社会工作的认知。可见，社会工作机构与官办慈善机构在慈善项目运行中各有优势，两者既能各司其职，又能发挥自身的优势，二者的合力是保证慈善项目取得实效的根本原因。

S社会工作机构与L慈善组织合作，本质上是资源依赖和互相信任的结果。值得注意的是，资源依赖关系并不是单向度的失衡性依赖，而是平等的互相依赖。以困境儿童项目为例，官办慈善组织在前期发挥自身的筹资优势为项目执行打下良好基础；社会工作机构在项目实施阶段利用自身专业优势，避免了服务对象在接受服务时的被施舍心态，保护了困境儿童的心理安全与健康发展。

2. 管理主义下的社会工作者专业身份异化

传统定义下公益慈善组织的运营开支由捐赠方无偿提供，但其与商业实体密切的联系，加之公共服务市场紧缩，一些公益组织开始尝试进行商业化运作，并将商业产生的利润，反哺到公益慈善中来。公益慈善事业的发展使社会服务市场放宽，造成社会工作者在实践中专业理论与伦理的缺席。主要表现在：社会工作者在实践活动过程当中，缺乏策略和理论开展实务工作；受到社会性项目管理要求的影响，特定专业员工的被雇用机会下降。

> 我们机构现在固定的人员除了我们的社工和财务以外，一般还要有一个稳定的有管理学或者相关经验背景的项目管理人员……。(D1220210733001)

究其原因，首先无理论指导地开展工作并不是因为机构中的社会工作者专业知识和理论的缺失所造成的。相反，一些机构内的社工是高校社会工作专业出身，专业理论知识并不缺乏。主观选择上对专业理论和模式的忽视才是这一问题的症结所在。社会工作专业教育对理论意识培养的缺乏，也加剧了这一现象。芒罗（Munro）在其研究中提出了在机构的项目运行中以及高校社会工作教育的理论教学过程中，督导和教师往往会默许不恰当或者忽视理论运用的行为。[①] 其次，自由紧凑的经济形势以及社会服务市场规则的逐步放宽使得竞争的专业职位越来越多地基于一个特定领域的实践中表现出的

① Munro, E, "The Role of Theory in Social Work Research: A Further Contribution to the Debate," *Journal of Social Work Education*38 (2002): 461 - 470.

能力，而不是拥有一个特定的专业背景。[①] 在开放自由且注重效率的社会服务新市场中，专业知识和能力不再是机构考量人才的唯一标准，具有丰富社会服务实践经验的“熟练工”往往更受到社会服务机构的青睐。最后，自由竞争造成的是人才内耗。基于竞争的方法不会使员工在他们工作范围之外发展更远，并且很重要的是，不会增强员工批判性地接受工作做法的能力[②]。

慈善服务市场化影响带来的新管理主义改变了社会工作机构的组织文化。一直以来，从事专业社会工作服务的社会组织和社会服务机构都以独特的组织文化和服务人员的专业视角为人所认知。而这种以“助人自助”的社会工作专业伦理与价值观为基础的机构文化不仅造就了机构服务特色，而且是社会工作专业化进步的土壤。与技术性企业相类似的是，作为一项同样需要专业技能来操作的工作，专业社会工作也需要传统“师徒制”作为一种机构文化理念的传承方式。同时在师徒共同工作、共享体验的互动交流过程中，隐性知识在师徒间的转移为师徒工作绩效的提升提供了可能，为组织核心竞争力的形成奠定了基础。因此，企业保障师徒间隐性知识的顺利转移至关重要。[③] 这种传统“师徒制”的模式也在社会组织中发挥了传授专业理念和价值观等隐性知识的重要作用。

> 真正想创业的、孵化培育的，更多的只是有一个公益的梦想（的机构），或者是有一些东西，一点点地通过我们的潜移默化的影响，再加上招了一些这样的人，然后才做起来。所以你看很多这种社团类的社会组织都是初期很团结，后期一塌糊涂，我经历过太多了。现在公益慈善大力推行下去了，钱从多方进来了，这些社会组织并不全靠每年的招投标，活力会大得多。（D1120210728003）

随着社会服务市场的不断扩大，效益和物质价值逐渐成为社会组织和机构的主要追求。在新管理主义模式下，很多社会服务机构开始注重管理人员的任用而不是专业技术人员的任用。不少非营利性的社会组织也开始雇佣企

---

① Franklin, J. and Eu, K., “Comparative Employment Opportunities for Social Workers,” *Australian Social Work* 49 (1996): 11 – 18.

② Dominelli, L. and Hoogvelt,, A., “Globalization and the Technocratization of Social Work,” *Critical Social Policy* 16 (1996): 45 – 62.

③ 〔美〕R. Dolgoff, F. M. Loewenberg, D. Harrington:《社会工作伦理——实务工作指南（第七版）》，隋玉杰译，中国人民大学出版社，2008，第119页。

业管理人才或者直接雇用高学历的工商管理专业人士，以完全企业化的运作方式来经营社会服务组织。这一过程所带来的最大改变就是新管理主义模式对社会服务机构内部原有的包括人际关系和晋升制度在内的组织文化带来的冲击。但由于它带来的利益和效率的提升是显著的，其在社会服务机构当中仍在不断普及。

3. 慈善引领志愿服务带来的社工公益价值强化

以公益慈善为代表的志愿服务的核心是奉献精神，参与志愿服务应是一种对公益事业的热爱，是一种帮助他人的自觉、自主、自愿。在志愿服务的实际行动中，行动者既有以服务社会为目的、无私奉献个人力量、不求回报的利他动机，也存在提升自我能力、拓展社会资源的利己动机。加强志愿服务的价值引导，首先需要塑造情感体验的契合点，提升志愿服务精神对志愿者的引领力，让志愿者能通过志愿服务行动体验志愿服务文化，以此来提升集体荣誉感。

志愿服务价值观的真正发挥，必须融入社会生活，让人们在实践中感知它、领悟它，这是与社会工作的理念与价值观相契合的。一是培育公共精神，增强公民的社会责任感，塑造公民的政治认同和社会团结；二是形塑公共价值，以志愿精神切实加强社会善治的价值引领，规范行为养成，这样的价值形塑路径是十分有效的；三是培养公共理性，通过开放、包容、理性、平和的心态解决社会治理中的矛盾与问题，以志愿行动的逻辑倡导社会公民感知世界和实践。

四　基于慈善融合发展的社会工作专业化路径

（一）市场调控政策需要为民间社会机构与组织建设谋福利

NGO/NPO 以及其他各类社会组织在中国几十年的发展历程表明，其维护稳定和促进发展的地位和作用是不可替代的。在现有的制度框架和社会基础环境下，如何为社会组织的发展建立真正适宜的环境已经成为新发展阶段学术界和政府部门需要讨论和关注的新议题。但是，由于现阶段我国社会服务领域仍然带有较浓重的行政主导色彩，民间专业社会工作机构资源相对短缺。面对这种情况，需要政府通过宏观调控在将专业社会服务市场内化为市场化发展一部分的同时，在政策上为民间社会服务机构的发展提供更适宜的发展环境。

为维护公平竞争的市场环境，这种政策的“倾斜”不只单纯地扶持了社会服务机构的发展，更为社会组织适应能力的提高提出了要求。

（二）创造经济利益的同时不能忽视社会组织自身的发育和社会责任

社会服务市场营销模式的最终目的是追求物质利益的最大化，以适应市场经济的要求。但社会服务作为促进社会发展、维护社会稳定的重要力量，不仅需要在市场化进程中完成自身的发育以适应社会发展的新要求，而且要承担相应的社会责任，以社会服务为渠道推动社会的公平正义和全面发展。因此，社会服务的市场化模式不能等同其他商品的市场化模式，社会组织和机构在发展过程中，需要将自身发展、经济发展与整个社会的发展结合起来，在创造经济机会的同时，关注市民社会的发育。同时在这个过程中需要掌握更多的资源、信息和技术，学会如何去提出诉求以及将发展的各种建议反映出来，从而达到“增权”的目的，为整个市民社会的发育提供养料。

（三）社会工作项目化服务需要建立品牌优势，带动专业服务

凝聚着社会组织团队能力和素质的社会服务品牌不仅有利于机构社会公信力的提升，而且具有可持续性、可复制性和可推广性，从而能提高社会服务机构的效益。社会服务要想在市场化竞争中突出重围，首先需要明确自身的品牌性所在，即需要在市场化营销模式中明确突出自身的服务特色所在，以特殊性吸引受众，并为机构往后的服务设计与开展提供标杆。此外，不管在品牌项目设计上，还是在具体执行中都需要把社会工作的基本内涵蕴藏其中，回应服务对象的诉求，有效地传播社会工作的利他性、公益性、责任性等特征，关心弱势群体的心声，赢得社会的认同与共鸣，激发人们内心的道义与责任。

（四）慈善融合社会工作服务应避免对专业价值和伦理的消费

依托社会工作专业知识开展的专业社会服务作为社会工作专业实践的一种形式，需要社会工作伦理作为理念支撑。社会工作实践中几乎所有的实践工作原则都涉及伦理原则，或者是建立在伦理原则基础之上，伦理方面的内容融入所有阶段的社会工作教育中。[①] 而对于社会工作专业化和职业化发展来说，伦理能使专业从业人员明晰自己的社会角色、践行自己的专业使命，

① 〔美〕R. Dolgoff，F. M. Loewenberg，D. Harrington：《社会工作伦理——实务工作指南（第七版）》，隋玉杰译，中国人民大学出版社，2008，第 78 页。

也能使社会工作专业人员的所展现的能力得到社会和市场的肯定。

社会服务作为社会工作在市场中的主要输出，决定着社会组织的生存。规范化的市场营销模式可以使社会服务本身保持足够的竞争力，也会使专业社会工作者转而以追求效率和利益最大化为目标。在这一过程中，专业伦理往往被捆绑在服务之中“打包”营销。对于社会组织来说，这种看似无意识的行为简化了专业服务的程序。然而对于服务的使用者和消费者来说，营销的过程无形中弱化了专业伦理的作用，使伦理在服务接受者眼中变得“廉价”。这会滋生社会服务和社会工作实践的社会信任危机。社会组织和社会工作需要分清楚的是，社会工作专业伦理不是社会中人与人交往的伦理守则，更不是市场经济条件下的交易原则。

可以肯定的是，社会服务的市场营销模式作为社会组织“趋利避害”的手段，是顺应社会经济环境要求的，但这不代表社会工作的专业性可以在市场化的经营手段中被抹杀。社会工作“利他主义”的初衷也不应被“利己主义”所取代。笔者认为，社会工作专业伦理作为社会工作的一部分，它本身是独立于社会工作专业实践之外而存在的。专业伦理的原则、抉择和困境解决都有一套自己的方法和体系。专业伦理对专业实践的作用更多的是一种鞭策和启发。社会服务的市场化营销必然面对消费者各种各样的需求，专业伦理在这当中扮演着标准化服务嵌入不同需求中的“润滑剂”。如果接纳、尊重、自主、无害等专业伦理也可用来营销，一旦专业服务面临伦理困境，服务将会无从下手。

五　社会工作知识迁移与公益慈善人才培养的思考

在我国基层治理的理论视阈下，公益慈善组织、社会工作机构与社区服务部门本是“同根同源”，但由于工作理念的不同、专业技术手段的差异以及潜在竞争关系的存在，不同主体之间往往在社区之中沿着分立的道路发展。这表现出了基层社会工作者在慈善融合下的基层治理与服务场域中身份的复杂性，甚至是角色模糊与身份缺失。这种状态的形成与基层治理的结构性运转，以及社会工作与公益慈善的互动的双重逻辑密不可分。研究发现公益慈善对于基层社区治理的融入会对社会工作者实际工作的组织情境、目标情境以及社工个人发展情境产生一定的影响。研究进而从实际工作和发展环境两个角度分析社会工作者参与慈善工作的身份内涵及其转变逻辑；围绕社工对待慈善组织购买的服务项目产生的角色认知，以及公益慈善对社会工作者的主体身份影响的两个维度，以社会工作者的主体性经验和思考作为补充，从分析两个层面演变性关系的内在机理的角度探讨演变格局中的社会工作者身份建构逻辑；最后在社区治理层面整合不同类型的慈善组织的发展基础上，从社工个体出发，提出在优化基层治理体系过程中最大化专业社会工作与公益慈善优势的对策建议。

（一）社会工作嵌入社区服务的层次问题

随着公益慈善服务逐步向社区治理及公共服务领域融合，扎根于基层的社会工作者及其知识和服务方式不仅需要与公益慈善的社会发展风潮相契合，而且需要进一步深度嵌入基层治理体系当中。既作为合作引领者促进公益慈善事业在社区内的铺开，也作为社区治理的合作参与者保证基层治理的稳定格局。随着政府行政体制改革，政府不再在社会服务中包揽责任，而且主张政府、民间组织、企业、公民个人等多元主体相互协调、合作治理。社会组织作为协同治理的主要载体，专业社会工作逐渐显现出自身专业优势①。在某些发达地区下，政府不仅出台了购买社会工作服务的具体实施方法，而且投入大量的财政资金购买社会工作服务，充分激发社会工作参与基层社会治理的活力②。其发展困境表现为对专业性发展的限制：行政性实务削弱了社会工作的专业性影响，资源上依靠社区工作站，政府权威渗透削弱了专业自主性。③

从专业社会工作的嵌入阶段来看，专业社会工作嵌入本土社会工作经历着从单层嵌入（浅层嵌入）逐步过渡到层级嵌入（深层嵌入）的过程。深层和浅层是介入社会服务体系的程度概念，即社会工作进入服务领域时主客体两者结合的程度。浅层嵌入是指社会工作比较表面地进入社会服务体系。在研究中，社会工作嵌入不同社会服务领域都经历着专业社会工作从表面嵌入、主动联结行政主体，从事边缘性工作，无法被社会完全接受和认可，到嵌入过程中的服务效果被认可，行政主体主动吸纳专业社会工作进入体制内

① 闫臻：《嵌入社区治理中的专业社会工作介入——以天津 KC 社区为例》，《华东理工大学学报》（社会科学版）2016 年第 1 期。

② 罗强强：《“嵌入式”发展中的“内卷化”——社会工作参与基层社会治理的个案分析》，《江西师范大学学报》（哲学社会科学版）2018 年第 4 期。

③ 高芙蓉：《社会工作在地化的脱嵌与重嵌》，《中州学刊》2021 年第 3 期。

或者在政府政策强制性引导下达到适度嵌入、交互合作的过程。[①] 随着新的社会治理格局的形成，社会工作将一步步从政府主导下的专业弱自主状态走向“政府—专业”合作下的深度嵌入。

相比于单层嵌入，层级嵌入是一种更深程度和更复杂的政治嵌入。[②] 例如当社会组织以政府购买服务的形式进入社区时，政府的科层制管理和职能分化促使社会工作机构要考虑在不同时期、项目实施不同阶段接触包含不同控制权所属层级政府，以实现项目活动的良好开展。其优势在于可以使专业社会工作借助行政主体的力量发展自身和制约行政系统的“反嵌”。与此同时，也会受到科层制逻辑更加复杂的影响而导致专业社会工作丧失其社会性、专业性和自主性。

（二）慈善融入下专业社会工作者的知识转移再生产

知识转移贯穿于社会工作者专业成长的全过程，尤其是在新手社工蜕变为成熟社工的过程中尤为突出。对于新手社会工作者而言，尽快学习社会工作知识并融入所处的实践共同体是当务之急。他们采取的方式并非投身于“书山文海”，恶补书本知识，而是采取边学边干、急学急用的策略，投身一线实践，观摩成熟社会工作者的服务现场，在实践中学习共同体的实务经验，以期实现知识的跨主体转移。

在实地调查过程中，多名社会工作者谈及自己对经验学习的偏好：“其实对于我们社工来讲，你管什么理论的东西，我们从实务出发，我们只听从经验。”社会工作者日常表达中的“理论的东西”和“课本上的东西”指显性的、公共的、公开的课本知识，而“实务的东西”指个体的、默会的、情境化的隐性知识。不难发现，新手社会工作者更想了解实务经验而非理论知识。实务经验是理论知识的具体化和形象化，两者一脉相承，并非对立独立，但是理论知识离实务较远而且无法直接应用，而经验的学习门槛低、见效快。对于实用主义取向的新手社会工作者而言，优先学习经验是普遍行为。

随着慈善事业的发展以及具有鲜明管理主义色彩的公益慈善服务和项目

---

① 范雅娜：《双向嵌入谱系：政府购买社会工作服务的一个分析框架》，《华东理工大学学报》（社会科学版）2021 年第 4 期。

② 陈伟杰：《层级嵌入与社会工作的专业性——以 A 市妇联专业社会工作服务试点为例》，《妇女研究论丛》2016 年第 5 期。

管理知识的融入，社会工作者对于学习内容的实用主义偏好越发决定了知识转移的方式。实际上，被社会工作者称为“体验式带教”的实践性知识学习方法对于新手社会工作者而言是一种合法的边缘性参与。合法的边缘性参与最早由美国学者温格在观察师徒互动时提出。“合法”意味着参与者拥有正式的被共同体所承认的身份，可平等地享受共同体中其他成员拥有的权利；“边缘”意味着参与者并没有直接参与或参与到核心领域；“参与”意味着实践者不仅仅是被动的观察者，更是主动的学习者。作为机构的社工，虽是接触慈善服务以及相关活动的新手，但因具有合法的、正式的身份，可进入各式慈善服务现场，如服务对象住宅、学校乃至法院、检察院，以及慈善组织实体机构中，即他们拥有参与服务的资格。在这些边缘性参与中，社会工作者个体与社会工作共同体的知识尤其是隐性知识实现着转移。合法的边缘性参与暗含一个假设：随着参与的不断推进，参与的“边缘性”特点会越来越弱，参与者对共同体的资源利用程度会加深，由边缘性的参与向充分的沉浸式参与过渡；而“合法性”会越来越强，由形式上的合法性转变为共同体认同的、内化的、接受的合法性。参与慈善工作的社会工作者的持续投入得到共同体的认可，便不断获得新的参与机会，知识的获得和身份的获得是同步的，[①] 从而实现参与轨迹从边缘到核心。当沉浸性的充分参与取代边缘性的合法参与成为主要的参与方式时，跨越知识边界的主要知识形态将发生转变，显性知识将成为在共同体和个体间双向流转的主要知识形态。

① 陈向明：《从“合法的边缘性参与”看初学者的学习困境》，《全球教育展望》2013 年第 12 期。

公益基金会参与教育乡村振兴项目专业化服务能力提升的路径探索

张万朋*

2021 年中央财经委员会第十次会议提出“在高质量发展中促进共同富裕”“构建初次分配、再分配、三次分配协调配套的基础性制度安排”的明确要求。以发展教育公益事业、促进教育公平为使命目标的教育公益基金会，无疑承担着第三次分配在教育领域贯彻与落实的重任。近年来，教育公益基金会参与教育乡村振兴，从规模到活动领域均取得了突破性进展，在一定程度上弥补了相对贫困地区师资、经费不足等短板。但现阶段教育公益基金会仍存在着诸如资金来源渠道不畅及波动性大、发展目标和定位不明确、组织内部自律性和控制性需加强、教育服务尚未满足教育需求等发展难题，难以满足新形势下的高质量发展要求，面临专业化欠缺的发展挑战与实践困境。在此背景下，本文以 L 教育基金会为例，通过问卷调查、深度访谈和实地考察，试图充分挖掘公益基金会的体制优势和纽带作用，探索公益基金会参与乡村振兴专业化服务能力提升的路径。

一　专业化服务能力研究基础与评价指标设计

（一）文献综述

1. 关于社会组织专业化服务能力的理论研究

社会组织作为国家现代化治理体系中不可或缺的治理主体之一，其能力

* 本文为华东师范大学“紫江公益慈善研究专项基金”资助课题的研究成果，由华东师范大学紫江公益慈善事业管理研究院管理和执行。立足于国家“乡村振兴”战略思想和“第三次分配”等政策发展的背景，本研究以 L 教育基金会为例，通过问卷调查和深度访谈，探索公益基金会在参与乡村振兴工作中专业化服务能力的提升路径。在前期理论工作完成后，课题组按照计划于 2021 年 8 月赴 S 省 L 地区进行了实地调研。

建设必然成为重点。一般认为，能力建设（capacity building）是始于联合国环境开发署（UNCED）于20世纪90年代提出的理念，指倡导可持续发展的能力。学术界与实践部门对于“社会组织能力建设”表示认可，对于社会组织能力的理解与界定则不尽一致，但关于社会组织能力的研究文献仍存在一定共识，即社会组织能力是多维的，组织需要不同的能力领域来运作，而不是一个总体能力要素。

伦齐将社会组织能力维度划分为愿景、资源管理、人力资源、财政资源以及外部资源。① 瓦利埃尔认为能力是组织基础设施和工作人员能力的结合。② 马庆钰将社会组织能力定义为社会组织利用资源，形成、制定并有效实施组织愿景、战略、使命和目标，为社会提供非营利性质产品和服务，确保组织可持续发展过程中体现出来的潜能和素质。③ 苏亚雷斯和马歇尔认为社会组织能力为组织的特征与实践，包括基础设施、人力资源与管理、规范化与合理化以及外部关系。④ 埃米等学者基于以小型非营利人类服务组织（NPHSOs）为重点的爱心资本基金（CCF）示范项目，将能力维度划分为组织发展（如治理、人力资源、财务）、项目发展（如服务交付、评估）、收入发展、领导力发展和社区参与。⑤ 马蒂厄认为社会组织的能力是组织为完成跨领域服务所需要的资源、技能和职能，其能力维度包括：资源开发、管理、项目发展以及董事会发展。⑥ 舒马特等将社会组织能力描述为组织可以支配的、使其产生、执行或部署资源来完成使命所需要的过程、实践以及人力。⑦ 王智、杨莹莹将新社会组织能力定义为以新社会组织可持续发展为目标，综合利用国家、市场与社会资源，提高解决实际问题、实现目标、满足

① Renzi M. An Integrated Toolkit for Institutional Development, *Public Administration & Development*, 1996, 16 (5): 469 -483.

② Valliere R. High Performance Nonprofit Organizations: Managing Upstream for Greater Impact, *Bottom Line*, 1999, 26 (1): 103 -105.

③ 马庆钰:《社会组织能力建设》, 中国社会出版社, 2011, 第9页。

④ D Suárez, Marshall J H. Capacity in the NGO Sector: Results from a National Survey in Cambodia, *VOLUNTAS: International Journal of Voluntary and Nonprofit Organizations*, 2014, 25 (1): 176 -200.

⑤ Amy, Minzner, Jacob, et al. The Impact of Capacity-Building Programs on Nonprofits, *Nonprofit & Voluntary Sector Quarterly*, 2014, 43 (3): 547 -569.

⑥ Mathieu R. Despard. Can Nonprofit Capacity Be Measured?, *Nonprofit and Voluntary Sector Quarterly*, 2017, 46 (3): 607 -626.

⑦ Michelle Shumate et al. The Nonprofit Capacities Instrument, *Nonprofit Management and Leadership*, 2017, 28 (2): 155 -174.

发展需求等现代化能力的持续改进与培养过程。① TCC 组织（TCC Group）认为为了有效和可持续，非营利组织必须关注五个关键领域的能力：强有力的领导能力，对组织、规划和环境变化的适应性，资源管理，所需的系统和技能，以及支持价值观和规范的文化。②

2. **关于社会组织能力提升的理论研究**

社会组织的现实能力与社会需要、国家期望还存在显著差距，甚至能力匮乏已是社会组织发展的主要障碍，因此 20 世纪 90 年代以来，社会组织的能力建设日渐受到政府及各类社会组织的高度关注。能力建设指从参加单一的培训课程到个人和组织技能发展结合的一系列活动③，在社会组织中主要是指通过能力建设援助项目所提供的技术援助和补充资金提升服务能力，优化服务结果，最终造福服务接受者。具体来说，周艳玲、甫玉龙认为社会组织能力发挥的保障要素是高质量的人力资源、稳定充裕的资金来源、较高的公信力和广泛的号召力，以及行之有效的运作支撑体系。④ 苏亚雷斯和马歇尔研究柬埔寨的社会组织，发现为成员提供多种培训、提高组织的覆盖范围可以提高社会组织部门的能力，同时认为建立网络可能有助于提高能力和创造新的合作机会。⑤ 安德森等面向更有针对性的能力建设，研究组织不同生命阶段的能力需求，发现各个阶段的组织都将受益于基金开发、人力资源和财务能力发展；成熟的组织表现出更强的财务、基金开发、项目、使命、董事会和人力资源能力；随着组织在其生命周期的过渡，其他领域的能力建设将产生更大的影响，如技术和营销能力建设工作。⑥ 舒马特等发现与政府机构有更持久跨部门合作关系的社会组织比没有的社会组织有更大的战略规划

① 王智、杨莹莹：《治理现代化进程中的新社会组织能力建设》，《社会主义研究》，2017 年第 5 期。

② TCC Group. "Capacity Building", Accessed June 21. https：//www. tccgrp. com/service/capacity-building/.

③ Humphries D, Gomez L, Hartwig K. Sustainability of NGO Capacity Building in Southern Africa: Successes and Opportunities, *International Journal of Health Planning & Management*, 2011, 26 (2): 38 - 54.

④ 周艳玲、甫玉龙：《我国 NGO 能力建设的保障与策略》，《学术探索》2013 年第 8 期。

⑤ D Suárez, Marshall J H. Capacity in the NGO Sector: Results from a National Survey in Cambodia, *VOLUNTAS: International Journal of Voluntary and Nonprofit Organizations*, 2014, 25 (1): 176 - 200.

⑥ Andersson F O, Faulk L, Stewart A J. Toward More Targeted Capacity Building: Diagnosing Capacity Needs Across Organizational Life Stages, *VOLUNTAS: International Journal of Voluntary and Nonprofit Organizations*, 2016, 27 (6): 2860 - 2888.

能力，同时适应能力和运营能力的提高会影响整个组织的能力，包括财务管理、战略规划、外部沟通、董事会领导、使命定位和员工管理能力。[①] 周学荣认为提升社会组织参与社会治理的能力需要通过提升内部治理能力、大力培养专业人才和树立品牌意识、建立与其他组织和公众的合作协同关系、加强外部监督和评估等路径实现。[②]

3. **研究述评**

随着社会组织在解决全世界一系列发展问题方面发挥的作用越来越大以及组织能力和服务成果之间的潜在联系日益得到关注，有关社会组织能力的研究变得愈发重要。梳理国内外文献可知，社会组织能力可以从多个维度进行比较，但目前还没有界定、衡量以及评估社会组织能力的通用标准，学者们对于社会组织能力组成部分的定义存在一些差异，但可以总结出广泛的能力指标通常包括：组织使命和愿景、战略和规划、方案设计和评估、人力资源、董事会和管理领导力、信息和技术、财务系统和管理、基金开发、市场宣传与交流等。因此，分析社会组织专业化服务能力需要立足具体社会组织，在其组织层面以及这些子部分的次要层面采取多维视角进行普适性服务能力以及独特性服务能力研究。

同时，纵观文献可知国内关于社会组织能力的针对性调查以及关于社会组织如何自主提升社会组织专业化能力仍相当少见，国内学者多立足政府购买项目以及从政府、宏观角度对社会组织发展进行的思考与研究。[③④⑤] 舒马特等认为中国社会组织能力的维度可能会受到社会政治和社会文化背景的影响[⑥]，因此，国外社会组织能力研究及其能力建设研究仅为我国社会组织发展提供有限度的借鉴，关于国内社会组织如何自主提升自身专业化服务能

---

① Shumate M，Fu J S，Cooper K R. Does Cross-Sector Collaboration Lead to Higher Nonprofit Capacity?，*Journal of Business Ethics*，2018，150（2）：1－15.

② 周学荣：《社会组织参与社会治理的理论思考与提升治理能力的路径研究》，《湖北大学学报》（哲学社会科学版）2018 年第 45 期。

③ 黄晓春：《中国社会组织成长条件的再思考——一个总体性理论视角》，《社会学研究》2017 年第 32 期。

④ 王清：《项目制与社会组织服务供给困境：对政府购买服务项目化运作的分析》，《中国行政管理》2017 年第 4 期。

⑤ 黄晓春、嵇欣：《非协同治理与策略性应对——社会组织自主性研究的一个理论框架》，《社会学研究》2014 年第 29 期。

⑥ Fu J S，Shumate M. Developing and Validating a Capacity Instrument for Chinese and U. S. NGOs，*Nonprofit and Voluntary Sector Quarterly*，2020，49（3）：631－652.

力，仍需要进行实地系统调研，在此基础上划分其能力维度，从而提出针对性能力提升路径。本文基于S省L地区的L教育基金会的典型案例，实地调研探索公益基金会参与教育乡村振兴项目专业化服务能力提升路径。

（二）理论依据

1. 资源依赖理论

资源依赖理论（Resource Dependence Theory）的代表者杰弗里·菲佛（Jeffrey Pfeffer）和杰勒德·R. 塞兰尼克（Gerald R. Salancik）表示，任何组织都不可能通过自给自足来获得组织发展需要的所有资源，获取和维持现有资源的能力是组织生存和发展的关键。[①] 组织的资源依赖正是因为组织对这些资源的需求，离开这些资源，组织无法获得长足的发展，与此同时，组织也会在了解自身对资源的需求情况的基础上，对资源依赖的情况做出回应，增强组织独立获取资源的能力，力图打破资源依赖，提升组织独立性和自主发展空间。

通过资源依赖理论可知，无论是政府还是公益组织都拥有着对方所没有或所需要的资源。对于政府来说，政府在公共服务的供给上只能满足大多数利益相关者的需求，其他少数相关者的偏好通常会被忽视，而公益组织则可以满足公共服务多样化、多元化的要求，因此在公共服务供给中就更有优势。但对于公益组织来说，往往会受到资金、人才、政策等因素的限制，无法将自身的优势有效发挥出来，进而导致公益组织在公共服务供给中的效率降低。而政府作为公共权力的代表，不仅可以为公益组织的发展创造出良好的制度环境，并且政府通常财力雄厚，因此也可以为公益组织的专业服务能力建设提供各种资金支持。正是对于这些资源的依赖有效地促使了不同政府与公益组织之间的合作。

另外，公益组织对于资源依赖的程度将会影响到组织的独立性和专业化发展的进程，因此从组织的长远发展来看，公益组织应当整合并充分利用现有资源，集中优势提升资源的独立获取能力，尝试降低对资源的依赖程度，只有组织自身具备良好的自我“造血”能力，才能更好地实现专业能力建设和长远稳定发展。如何提升自主获取资源的能力，降低对资源的依赖程度，

① 杰弗里·菲佛、杰勒尔德·R. 萨兰基克：《组织的外部控制——对组织资源依赖的分析》，闫蕊译，东方出版社，2006，第2页。

成为公益组织专业化服务能力建设过程中的一个重要策略。

2. **专业化分工理论**

专业化分工理论（Division of Labor Based on Specialization Theory）最早是由古典经济学派的代表者亚当·斯密（Adam Smith）于1776年提出的，他认为“劳动生产力的提高，以及在劳动时所表现出来的熟练程度、工作技巧和敏锐的市场判断能力，都主要是劳动分工的结果”[①]，正是由于劳动分工的不断深化，社会生产的效率得到不断的提高；新的劳动分工是否可以得到深化，在很大程度上取决于市场的规模或市场范围的扩大。

1890年，以阿尔弗雷德·马歇尔（Alfred Marshall）的《经济学原理》出版为标志，新古典经济学派产生。新古典经济学派的学者在亚当·斯密研究的基础上，用规模经济的概念替代了专业化经济，主要观点是分工带来了规模经济。

1928年，英国经济学家阿林·杨格（Arthur Young）在《报酬递增与经济进步》中对分工、交易费用和市场范围的关系进行了探讨[②]，用三个概念阐述分工：个人的专业化水平、迂回生产链条的长度、此链条上每个环节中产品的种类数，认为分工与专业化实现了迂回生产，使原材料与最终产品之间插入越来越多的从事中间产品生产的专业化企业，从而导致市场规模的不断扩大，正是这种迂回生产方式也促进了专业分工的不断深化。

20世纪80年代，以澳大利亚华人经济学家杨小凯为主要代表的学者们运用新的定量市政分析工具发展出了新兴古典经济学，其核心思想是：制度变迁和组织创新对分工深化有着决定性的影响，而能否实现高水平分工则与交易效率有关；分工和专业化水平决定着专业知识的积累速度和获得技术性知识的能力，决定报酬递增；分工的深化取决于交易费用与分工收益的相对比较，呈现一个自发演进的过程。[③] 因此，在经济发展的初始阶段，生产效率很低，人们只能选择自给自足。随着劳动经验的逐渐积累，生产效率有所提高，通过互相交换产品，初步的分工和专业化生产形成。这种专业化生产加速了经验积累和技能改进，使生产效率进一步上升，经济发展逐步加速，

① 亚当·斯密：《国民财富的性质和原因研究（节选本）》，郭大力等译，商务印书馆，2002，第7页。

② 阿林·杨格、贾根良：《报酬递增与经济进步》，《经济社会体制比较》1996年第2期。

③ 汪斌、董赟：《从古典到新兴古典经济学的专业化分工理论与当代产业集群的演进》，《学术月刊》2005年第2期。

带来了新一轮的市场扩张。

我国公益组织普遍面临着规模较小、社会认可度不高、发育不够成熟的问题，面对这种情况，加强自身专业服务能力建设，将是改善这种发展困境的必然选择。

（三）核心概念界定

1. 公益基金会

当今社会的公益通常指的是公益事业，《中华人民共和国公益事业捐赠法》所称公益事业是指非营利的下列事项：救助灾害、救济贫困、扶助残疾人等困难的社会群体和个人的活动；教育、科学、文化、卫生、体育事业；环境保护、社会公共设施建设；促进社会发展和进步的其他社会公共和福利事业①。所以可以说公益行业本身是一个用“公众福祉和利益”整合起了多个行业的垂直行业。

公益基金会属于一种社会组织，“社会组织”这一概念通常与“非营利组织”“民间组织”“慈善组织”等概念混用，在政府部门的规范性文件以及具体工作实践中，先后称其为社会团体、民间组织和社会组织。在我国，社会组织这一说法较正式，以区别于政府组织和企业组织，而在西方更多被称作非政府组织（Non-Governmental Organization，NGO）。按照社会组织性质和运作模式的不同，我国社会组织分为三类：社会团体、民办非企业单位（社会服务机构）和基金会。基金会是指利用自然人、法人或其他组织捐赠的财产，以从事非营利性活动为目的依法成立的非营利性法人，② 包括公募基金会和非公募基金会。

通过分析可以发现，公益基金会虽然与其他类型的社会组织都有着许多相似之处，但是它更强调的是非营利性、公益性和志愿性这三个特点。

（1）非营利性：公益组织不以追求利润最大化为导向，也不受利润驱动，其资金主要来源于个人、企业、基金会的捐赠，另外也通过政府、企业购买服务维持自身发展，主要目的在于向社会提供“公益性的公共物品”，这就决定了公益组织“非利润分配”的特点。

（2）公益性：“公益”意味着不以追求私人利益为目标，而是把追求社

① 参见《中华人民共和国公益事业捐赠法》（1999 年）。

② 参见《基金会管理条例》（2004 年）。

会公共利益和社会公众福祉作为目标。

（3）志愿性：公益组织的成立、资金的筹措、活动的开展都是组织基于自愿自发而非强制的，通过志愿者志愿供给服务来向社会提供公共服务，并利用组织的民间优势广泛动员社会公众，使其志愿参与到公共服务供给活动中去。

基于此，本文界定的公益基金会是指区别于政府组织和企业组织的，不以营利为目的、以志愿方式实现并促进公共利益、以公益为目标理念进而践行公益行为活动的社会组织。公益基金会是社会组织的一种形式，具有非政府性、组织性和合法性等一般社会组织的性质，除此之外还具有非营利性、公益性和志愿性的特性。

2. **公益基金会专业化服务能力**

由专业化分工理论可知，劳动分工能够使社会生产效率提高。社会组织可以弥补政府在公共服务上的供给无法顾及少数相关者偏好的情况，满足公共服务多样化、多元化的要求，因此在公共服务供给中更有优势。本文界定的公益基金会专业化服务能力是指公益基金会努力获取并充分利用内外部各种资源，发挥自身专业优势，向社会提供公益性产品和服务的能力。就内部资源来看，专业化服务能力主要是指公益组织利用组织内部的人力资源、财务资源、物力资源等，通过有效的管理、运作、协调来进行的自我完善；就外部资源而言主要指公益组织依靠政府、市场、社会的支持来推动自身能力的提升，进而提供高质量的服务。就专业化服务能力的组成要素来讲，本文结合 L 教育基金会的发展资料将其归纳为专业的公益组织战略规划和治理能力、专业的教育扶贫项目管理和运作能力、专业的资金筹集和配置能力，以及专业的人力资源管理能力这四大能力：

（1）专业的公益组织战略规划和治理能力

“战略”这一概念首先是从到商业管理领域提出的，在商业界，开展“战略管理”“战略规划”的重要性已经较为明显，而在公益界，战略管理也同样很重要：当今公益环境变化发展迅速，公益组织面临着来自内部运营和外部环境的多种挑战：内部，机构对于发展方向难以达成共识，愿景目标未能实现，或是困于发展瓶颈，不知该如何转型；外部，机构在变化的环境中看不清自身定位，在同质化竞争中难以脱颖而出。为了更好地应对挑战，公益组织就需要制定战略，可以看出，公益界战略规划的重要性并不亚于商业界。

（2）专业的教育扶贫项目管理和运作能力

公益组织依托对服务项目的运作来提供公共服务，这不仅是公益组织实现自身使命的重要途径，也是组织专业化能力的最主要体现。只有通过观察公益组织在所承接的项目中的管理与运作的方式，才能了解到公益组织对资源的使用效率和运作活动的质量，因此需要以项目为载体来考察公益组织的专业化水平与服务能力。

（3）专业的资金筹集和配置能力

根据资源依赖理论，任何组织都不能自给自足地实现自身所需要的资源，为了生存和运转，组织必须从外界环境中获取资源。研究普遍认为，我国社会组织存在资金不足的问题，[①] 在对资源的获取能力方面普遍不高，如何获得资源为自身的发展提供物质保障则成为公益组织专业服务能力建设的一个重要方面。

（4）专业的人力资源管理能力

人才是组织发展的根源，无论是战略规划、资源获取还是项目运作，公益组织所进行的活动都离不开专业人才作为保障，因此公益组织的人力资源建设尤为重要。根据 2014 年《中国公益人才发展现状调查报告》，我国公益组织人才的薪酬待遇与城镇职工相比仍差距显著，并且人才流失问题明显，人才需求和人才培养方面也面临许多问题。可见，公益组织对人力资源的管理是影响其专业化服务能力提升的重要因素，因此公益组织的专业化服务能力也体现在人力资源管理能力之中。

（四）指标构建

本文将专业化的四大能力设置为评价体系的一级指标，并以项目为依托，结合资源依赖理论、专业化分工理论设计出 12 个二级指标以及与之对应的具有教育基金会特点的观测点，形成了教育基金会专业化服务能力评价指标体系。

专业的公益组织战略规划和治理能力分为愿景使命、领导能力和对外沟通三个方面，其中愿景使命主要考查基金会工作人员的公益精神和对教育事业的情怀，以及整个组织的战略规划和愿景使命；领导能力主要考查基金会的组织架构、组织文化情况及领导力类型；对外沟通主要考查基金会对外宣传程度或范围以及项目模式推广、成果交流情况。

专业的教育帮扶项目管理和运作能力分为项目设计、管理协作和服务评

① 王名：《社会组织概论》，中国社会出版社，2010，第 172 页。

估三个方面，其中项目设计主要考查基金会在设计项目时是否经过了调查研究和相关咨询、是否能考虑到受益方的教育需求以及项目未来的发展情况、项目流程标准化程度；管理协作主要考查基金会对项目的管理能力和与项目相关者的协作能力；服务评估主要考查基金会的自我评估和外部评估情况，具体包括是否能够定期对项目进行成果总结、是否具有完整的项目反馈机制以及接受项目利益相关者以外的第三方评估情况。

专业的资金筹集和配置能力分为资金募集、预算管理和财务风险三个方面，其中资金募集主要考查基金会的资金筹集方式和渠道；预算管理主要考查基金会整体的预算管理和对项目的预算管理情况；财务风险主要考查基金会对财产保值增值方式的选择和资金管理的安全性。

专业的人力资源管理能力分为岗位匹配、发展策略和职业满意三个方面，其中岗位匹配主要考查基金会工作人员的教育素养情况、人员的专业或能力与岗位的匹配程度以及项目执行中各部门人员的配置情况；发展策略主要考查基金会工作人员的职业规划意识以及基金会对工作人员的职业培训情况；职业满意主要考查基金会人员的工资待遇、工作满意度及人员流动情况。

表1　专业化服务能力评价指标体系

一级维度	二级维度
专业的公益组织战略规划和治理能力	愿景使命
	领导能力
	对外沟通
专业的教育帮扶项目管理和运作能力	项目设计
	管理协作
	服务评估
专业的资金筹集和配置能力	资金募集
	预算管理
	财务风险
专业的人力资源管理能力	岗位匹配
	发展策略
	职业满意

（五）调查问卷与访谈提纲设计

根据指标体系的构建思路，本文编制了调查问卷以了解当前教育基金会专业化服务能力情况，同时根据调查对象的不同，将调查问卷分为基金会自评问卷、基金会项目支教老师问卷和基金会项目受益学生问卷三种版本。基金会自评问卷涵盖专业化服务能力 4 个一级维度及 12 个二级指标，作为评价基础；基金会项目支教老师问卷及基金会项目受益学生问卷主要涉及“专业的教育扶贫项目管理和运作能力”及“专业的资金募集和配置能力”的一级维度，并侧面反映“专业的公益组织战略规划和治理能力”及“专业的人力资源管理能力”，目的是从另一视角了解基金会项目执行与组织发展的情况，作为评价基础的参考。

同时，本文在设计访谈提纲的过程中，也根据访谈对象的不同，将访谈提纲分为对基金会主管单位、基金会高层领导、中层管理人员、基层工作人员以及支教老师的五类访谈，围绕指标体系分别对不同对象的访谈进行问题设计，以了解基金会专业化服务能力各维度的深入情况。因此，访谈提纲的设计思路与问卷的编制思路是一致的，同样是评价的重要依据。

二　组织视角下专业化服务能力分析

本部分通过自评问卷与访谈分析，基于基金会组织视角对 L 教育基金会专业化服务能力进行具体分析。

（一）专业的公益组织战略规划和治理能力

1. 愿景使命

结合资料、问卷、访谈可知，从 2017 年 L 教育基金会社会化改制后，高频率的执行项目使得基金会工作人员身上公益精神日益饱满，L 教育基金会公益氛围较强，工作人员均为公益事业而奋斗。但作为一个执行型基金会且执行年限较短，L 教育基金会尚未明确组织愿景使命与组织文化。现阶段，主要由基金会理事长与秘书长肩负基金会长期发展使命，中层及以下更多在思考如何按计划执行好项目。有工作人员在访谈时表示，希望在未来工作中能进一步清晰愿景使命。

2. 领导能力

L 教育基金会的日常事务主要由理事长、秘书长（统筹部分）进行决策，重大决策时，理事会、当地教育和体育局（以下简称教体局）同时参与（注：当地教体局派驻工作人员进入基金会理事会与监事会）。当地教体局对基金会秉持“管，但不深入”原则，为基金会把方向、定原则，保证基金会具有活力但又在一定轨道内运行。现阶段基金会理事长肩负责任较大，但其领导能力较强，且工作经验丰富，具备公益精神，可以期待其带领基金会不断提升。

但另一方面，我们在访谈中也看到了基金会从改制到现在，原有的公益理念和年轻公益人理念之间的小冲突。基金会目前的中层及基层工作人员基本都是在慈善法公布之后，基金会与行政脱钩的改制时期，由社会招募后进入公益领域的。目前，这些工作人员多为“90后”，甚至“95后”，有三位员工或者有社会工作专业背景，或者有公益行业从业经验，其他的员工基本都有企业工作经验。这样一支年轻的团队，在L地区公益项目中成长非常快，他们和其他基金会，比如马云基金会、香港福慧基金会，还有大的企业比如三峡集团的合作中，对公益的理解、对L地区扶贫项目如何更好落地的理解都已经跨上了新的台阶。但是作为改制的基金会，L教育基金会还留有和行政主管部门很强的联结，其年轻工作人员与领导高层理念融合程度还有待加强，这也是未来基金会领导需要更为关注的问题。

3. 对外沟通

对于L教育基金会来说，L地区的贫困存在着一定程度上的网络舆情风险。近年来随着国家脱贫攻坚工作的不断深入，L地区已基本脱离绝对贫困，能够为义务教育学生提供兜底保障。但L基金会如何讲好当地的故事则是一大难题。基金会现阶段推广主要通过以下几种方式：第一，L教育基金会是L地区教体局唯一与之联系的基金会，其背景优势及政策优势在一定程度上影响着L地区其他公益机构；第二，L教育基金会通过项目复制、为其他公益机构培训或充当政策顾问进行经验输送；第三，线上模式，通过微信公众号等方式宣传；第四，邀请其他公益组织来参观考察；第五，通过展览、慈展会、专业会议、讲座等平台进行推荐；第六，对政府的工作汇报。L教育基金会有70余个公益伙伴，但就全社会范围来说，现阶段基金会宣传能力仍较弱，还需进一步深化。L教育基金会宣传很多部分仍处于公益行业内，未扩展至全社会，项目宣传力度还需进一步加强。

4. 总结

专业的公益组织战略规划和治理能力首先体现在基金会具备正确的定位，明确基金会一边连接市场，一边连接政府，发挥的是市场与政府之外的补充作用，明确与政府、与企业、与其他社会组织关系，避免缺位、越位。其次，基金会需要明确其愿景使命、业务范围，并且了解其擅长领域，明确想做什么、能做什么以及做成什么。现阶段，L 教育基金会在战略规划和治理方面整体上比较符合当地教体局的教育改革战略方向，其能够明确自身发展定位，紧跟 L 地区教育发展状况，抓住教育事业存在的主要矛盾及问题，把握 L 地区教育发展政策，以 L 地区教育发展工作为中心，发挥其补充作用，并为其可持续发展奠定基础。

但由于其组织内部中基层工作人员与高层工作人员还一定程度上存在年龄、公益理念的代沟及融合问题，又同时面临巩固脱贫攻坚同乡村振兴相衔接阶段的转变，愿景使命尚未在全组织明确，领导策略转变及高层人员流动问题仍需关注。此外，在对外沟通方面，L 教育基金会在全社会范围的宣传能力较弱，尚未实现品牌效应，需进一步提升。

表 2　“专业的公益组织战略规划和治理能力”自评结果

指标	问题	均分（满分 5）
愿景使命	工作中，您的价值观与同事的价值观一致	3.96
领导能力	基金会决策流程能有效解决问题	4.26
对外沟通	基金会对外宣传有效（范围广或程度深）	3.93
	基金会积极与其他基金会开展合作	4.26

（二）专业的教育帮扶项目管理和运作能力

1. 项目设计

L 教育基金会作为一个执行类基金会，累计执行项目 330 个，其中 2018 年 60 个，2019 年 83 个，2020 年 91 个。由于近年来项目数量增长较快，L 教育基金会在项目设计方面已经积累了丰富的经验，工作人员能够把握 L 地区教育发展政策，在项目设计前期进行较为充分的教育需求调查和现状研究，从而根据 L 地区现在与未来教育需求进行创新项目设计；而对于过去已经实行过的项目，能够根据实际情况与变化发展不断进行项目的升级迭代以及项目拓展；对于从本地之外引进的标准化项目，也能够在 L 地区进行深度开发与本土化创新。

表 3　L 地区教育需求与项目实施

教育需求	帮扶项目	教育需求	帮扶项目
教师短缺	支教项目	优质教育	励志班项目
关注性别	女子班项目	学习机会	寄宿制项目
天赋浇灌	艺体项目	素质拓展	游学研学项目
人生规划	生涯规划项目	专业陪伴	驻校社工项目
学前教育	一村一幼项目	“弯道超车”	信息化项目

在项目设计时，基金会工作人员表示项目协议会咨询法律顾问，项目协议都是经过律师审核，在项目设计时也会咨询省陶研会等公益组织。但对于商业组织、学术组织等咨询较少。

2. **管理协作**

由自评与访谈得知，项目实施具备一定难度，但随着近年来项目执行累积经验，基金会工作人员在项目管理方面不断成长。

而基金会与项目捐赠方的协作能力主要表现在其能够按协议完成项目，政府部门更多是在基金会需要政府部门出面时进行帮助与协调。以三峡项目形成为例，三峡集团提出帮扶想法，L 教育基金会进行前期调研工作，锁定可以实现的帮扶方向，进行项目设计，双方沟通签订项目协议书，协议方包括三峡集团公益基金会、L 教育基金会、中国长江三峡集团有限公司移民工作办公室及 L 地区教体局。据了解，基金会能够落实 97% 的项目协议，少部分项目由于企业方面的问题而未落实。

3. **服务评估**

基金会项目随着政策改革和教育发展不断进行升级迭代，因此可知 L 教育基金会不断进行自我评估。据了解，三峡项目经验已经制作成指导手册，供其他地区进行复制推广，从而可知基金会工作人员正在不断积累、总结经验，进而打造更优质项目。但基金会接受项目利益相关方之外的评估还较少。

4. **总结**

随着近年基金会的快速发展以及基金会项目的高频率执行，L 教育基金会项目管理与运作方面能力不断增强，个别项目已经达到了较为成熟的水平。据了解，2018 年至 2020 年 L 教育基金会已有 6 个项目在深圳慈展会中央舞台路演。

但从未来发展角度来看，L 教育基金会现阶段仍是一个执行型基金会，侧重于项目承接与落实，且项目较为分散，尚未构成一个融合体系，在总结经验时项目之间界限也尚未打通，使得基金会难以突破类型限制，进而转型成为资金型基金会。在乡村振兴开启阶段，这将在一定程度上限制基金会发展。

表 4 “专业的教育帮扶项目管理和运作能力”自评结果

指标	问题	均分（满分 5）
项目设计	项目设计能够服务受益方的教育需求	4.52
	项目设计时考虑三到五年后的情况	4.41
	项目设计时会咨询顾问	4.37
管理协作	项目预期规划与实际开展存在差距	2.7（5 为差距很大）
	项目开展具有挑战	3.59（5 为挑战很大）
服务评估	项目小结对项目实施有帮助	4.37

（三）专业的资金筹集和配置能力

1. 资金募集

在问及“资金募集渠道是多样化的”时回答的平均得分为 4.33，但筹集渠道多元并不对应基金会筹集能力强。据访谈了解，基金会过去筹集多依靠 L 地区“三区三州”形象吸引外界捐款。但随着脱贫攻坚战的结束以及乡村振兴的开启，2021 年 L 教育基金会接收外界捐款明显低于 2020 年，2021 年上半年募集资金数据下降约 3/4，对项目可持续发展，甚至基金会可持续发展产生影响。

基金会现阶段主要依靠理事长及秘书长进行筹资，虽然也尝试通过项目吸引募款，但在一定程度上仍依赖着他们的人脉、资历进行筹资。基金会如何在乡村振兴阶段实现自我造血，摆脱执行类基金会，通过打造项目包、讲好 L 地区故事进行筹资，还是一个基金会高层正在思考的问题。

2. 预算管理

据访谈可知，在项目的预算制定方面，最终的预算是经过双方商议后共同决定的结果。如在三峡项目中，基金会首先提出项目的预算需求，三峡集团再根据本年的帮扶额度作出调整，预算由双方协议后形成。在基金会的预算管理方面，基金会财务部实行预算管理，编制年度收支预算，经费收支预算由理事会在每年 3 月 31 日前进行审定。L 教育基金会在项目和基金会的预算管理方面较规范，预算编制能够考虑项目实际需求，预算管理能够按照管理章程进行。

3. 财务风险

据访谈可知，基金会目前有较为充足的资金（非限定性捐赠资金池）发放员工工资，这部分资金会以保本型理财、低风险型理财的方式进行增值保值，可见 L 教育基金会财务运营较稳健，财务风险较小。

4. 总结

L 教育基金会在财务管理和资金运用方面比较规范，能够谨慎保障资金安全，以及保障基金会工作人员工资待遇。但未来在资金筹集方面需要开辟新的渠道，基金会在前期收到的捐助资金大多来自脱贫攻坚背景下的政策扶助，随着脱贫攻坚工作的结束，接下来基金会需要通过做好做精各类教育帮扶项目，形成具有 L 地区特色的项目包，以实际的项目成效吸引资金，实现自我造血。在此进程中，基金会预算管理需要配合改进。

表 5 “专业的资金筹集和配置能力”自评结果

指标	问题	均分（满分 5）
资金募集	资金募集渠道是多样化的	4.33
预算管理	对项目预算管理的满意度	4.11
财务风险	基金会资金财务稳健（风险小）	4.22

（四）专业的人力资源管理能力

1. 岗位匹配

做好教育基金会工作，首先需要工作人员懂教育，明确当地教育发展需求点及痛点难点，围绕政府教育工作做进一步补充；其次，作为一名基金会工作人员，身上需带有公益精神与同理之心，走好具有本地特色的公益之路；最后，基金会工作人员需要有能力执行基金会帮扶项目，在此基础上还要有总结、表达能力，将项目包装成为一个故事，进而带着项目走出本地。

L 教育基金会各部门现分为督导办、综合部、财务部、法务部、筹资和品牌部、规划评估部、美体项目部、奖教学项目部、学校建设项目部、三峡项目部、福慧项目部以及马云公益项目部，为节约人力资源成本，实行一人多岗制，每一位部长均兼任2～3个副部长职务，基层员工同样兼岗。一人多岗意味着工作人员工作任务重且专业化分工削弱，在基金会工作人员规模控制的情况下，如何更好合理分工，还值得进一步思考。此外，基金会工作人员虽具备教育情怀，但具有教育专业背景的员工约占1/4，且多为学科教育，教育相关知识仍相对欠缺。现阶段基金会更多是在执行项目，但当基金会在乡村振兴阶段实现转型时，项目规划对工作人员专业的教育知识及理念要求将会更高，相应的部门则需要匹配具有专业教育背景的工作人员。

2. **发展策略**

在被问及“同事具备职业发展规划”时，工作人员回答的均值为3.74。据访谈可知，基金会工作人员均较为年轻，对于自身职业发展规划意识暂时并不强烈，现阶段均将工作热情付诸基金会项目之中。

在被问及“各部门人员均会定期接受培训”时，相关回答的均值为3.89。据访谈可知，基金会工作人员均会接受一定培训，但较多为公益培训，对于教育专业知识培训等其他系统培训涉及较少。

3. **职业满意**

职业满意与基金会自身发展以及与基金会对工作人员的安排等息息相关，在此，本文主要关注基金会薪酬以及人员流动问题。基金会人员流动较为频繁是基金会普遍遇到的一大难题。基金会工作既不是行政、事业编制，也非企业单位，其工资来源为基金会募款，工资通常不高，导致人员流动较频繁。对于L教育基金会而言，现阶段基金会工作人员饱含公益热情，工作满意度较高且对工资待遇要求不高，中层人员流动较少，但新进基层人员流动较大；未来一旦年轻工作人员面临家庭、事业抉择以及职业发展规划变动而选择离职，基金会需要及时建立项目对接流程。

4. **总结**

在人力资源管理方面，L教育基金会因工作氛围较好，工作人员职业满意度较高。但是不论在岗位匹配还是发展策略方面，基金会还未形成一个完备的人力资源管理机制。L教育基金会一人多岗，现阶段基金会工作人员管理较为便利，但未来如何实现更为明晰的专业化分工，在培养工作人员能力的同时又能放大个人专业优势；如何让基金会工作人员更为明确把握教育发展规律，更贴合L地区教育需求，更好总结教育帮扶项目经验，并在此过程中持续提高职业满意度，还需继续探索。

表 6 “专业的人力资源管理能力”自评结果

指标	问题	均分（满分 5）
岗位匹配	项目执行中各部门人员配置合理	3.67
	同事具备教育情怀	4.26
发展策略	同事具备职业发展规划	3.74
	各部门人员均会定期接受培训	3.89
职业满意	基金会参照行业标准和社会需求情况，提供合理的薪酬	3.78
	对自己在基金会的工作满意	4.15

三 项目视角下专业化服务能力分析

基金会是面向社会、面向市场的社会组织，只有提供高质量的专业化服务项目和活动，才可以真正满足服务对象对专业化服务的需求，将能力转化为具体服务，获得社会公信力和吸引出资者对基金会的捐助，为其自身带来实际的市场价值和社会价值。因此，本部分从重点项目（三峡教育帮扶项目）视角进行 L 教育基金会专业化服务能力分析。

“三峡教育帮扶”项目是中央企业探索实施的支持地方脱贫攻坚的新模式，包括三峡班班通（配置“班班通”教学一体机）、三峡烛光行动（支教老师招募与派遣）、三峡励志班（班级建设）和三峡奖学计划（对符合条件的全日制本科、专科大学生发放奖学金）四个子项目。三峡项目通过完善硬件、改进软件、充实师资、激励学生，“四位一体”补短板、拔贫根，助力金沙江地区从根本上阻断贫困代际传递。本部分主要通过教师问卷（231 份）、学生问卷（894 份）与访谈分析（18 人，包括 8 位支教老师），正面分析 L 教育基金会重点项目（“三峡教育帮扶”项目）专业化服务能力中的项目管理与运作能力以及资金筹集与配置能力，侧面分析 L 教育基金会组织战略与规划能力以及人力资源管理能力。

（一）专业的公益组织战略规划和治理能力

从专业的公益组织战略规划和治理能力来说，三峡项目作为基金会精品项目，其虽已推广至 L 地区之外的 P 市等地区，但宣传力度及范围仍非常有限，可知基金会对外沟通仍不足，对外沟通能力欠缺。在支教老师被问及“您身边的人了解烛光行动吗”时，1.73%的受访者选择“毫无了解”、2.6%的受访者选择“不了解”，35.93%的受访者选择“一般”，36.8%的受访者选择“了解”以及22.94%的受访者选择“很了解”，且身边人了解的高频词是“学校同事”；在被问及“是否了解基金会其他项目”时，65.8%的受访者选择“否”，34.2%的受访者选择“是”，其中了解的高频词为“阿依助学计划”。此外，在访谈支教老师时，有一位彝族老师表示其曾想去参加“大学生志愿服务西部教师计划”，后经其姐姐介绍来到“三峡烛光行动项目”当支教老师。另一位老师表示并不是太了解基金会其他项目。可知，基金会宣传对社会群众较为缺失，即使是支教老师，对于基金会的了解也非常有限。

此外，在对三峡项目的分析中，可以感知到基金会对于三峡项目的关注度更多在于承接执行，三峡项目与基金会其他项目及基金会本身发展联结紧密度不足，对于项目受益方关注及项目实施后续影响缺乏足够关注，在该项目中三峡集团公益基金会的愿景使命反而在一定意义上体现程度高于L教育基金会。这也在一定程度上反映了基金会各个项目的分散度高，缺乏足够的全局发展观念。

（二）专业的教育帮扶项目管理和运作能力

1. 项目设计

三峡项目四个子项目均有明晰的实施方案与捐赠协议。以三峡励志班为例，L地区“三峡励志班”由三峡集团通过L教育基金会提供资助，打造品质教育，攻上学动力之贫。实施方案包括明确项目内容（办学规模、选拔标准、申请途径、准备资料等）、项目预算、项目实施方式（工作流程及进度安排、过程管理、淘汰机制、资金管理、相关保障措施等）。三峡项目设计规范程度较高，项目设计内容也较为符合L地区教育需求——关注内生动力培养，以马斯洛需求层次理论为项目推进提供参考和指引，为学生提供从生理需要到自我实现的支持。此外，从“烛光行动”教师问卷可知，在问及烛光行动项目流程规范程度时，70.13%（162人）的教师选择“很规范”，25.97%（60人）选择“规范”，仅3.9%（9人）选择“一般”，认为需要在考核等方面加强规范流程。综合可知，总体来说三峡项目四个子项目设计均完整且合理。

2. 管理协作

通过问卷可知，三峡励志班班级构成情况中男女比例较为平衡，学生涉及金沙江下游水电站移民学生、品学兼优且特困学生、普通学生。在满足生理需求方面，95.53%的学生曾收到衣服资助、78.08%收到生活补助、55.93%收到洗漱用品补助、29.31%收到女性特殊卫生用品的学生；在需求提升层面的学生，97.2%的学生获得学习用品类的学生（教辅资料与图书角）资助，51.45%的学生参加过素质拓展活动、11.41%的学生参加过夏令营、5.37%的学生参加过游学活动以及1.79%的学生参加过冬令营；99.33%的学生表示希望自己在励志班学习。从学生角度可知，基金会励志班项目管理协作能力较好。从项目学校反馈意见可知，励志班项目仍存在一些不足，包括资金拨付、项目结算过程繁杂，素质拓展活动存在一定形式化现象等问题。

在“烛光行动”支教老师被问及“基金会工作人员在项目管理方面有效率吗”时，62.77%选择“很高效率”，32.47%选择“有效率”，4.33%选择“一般”，并认为在资料收集、信息通知及回复、工资补贴等方面管理不足；在被问及“烛光行动下一步应当如何改善”时，104位支教老师的高频答案包括“减负”“增加补助”“加强宣传”“延长支教合同时限”等，127位支教老师认为当前无须改进，并希望“烛光行动”越办越好；在被问及“是否向基金会工作人员反馈过以上问题”时，17.75%的受访者（41人）选择“是”，其中大多数表示基金会工作人员及时回复且认真解决，82.25%的受访者（190人）选择“否”，其中部分支教老师认为“烛光行动”发展较为完善，无须反馈，部分支教老师存在改善意见但尚未反馈至基金会。由上可知，支教老师总体对“烛光行动”项目管理较为满意，基金会“烛光行动”项目管理协作能力较好，但支教老师与基金会沟通渠道尚不畅通，存在一定信息不对称现状，与此同时，为保障受助学生权益，支教老师压力较大，为保持项目可持续发展需进行适度调整，关注教师发展，拉近原学校教师与支教老师关系、支教老师间关系以及支教老师同基金会关系。此外，在对相关班班通及奖学计划的访谈中可知，资助类项目存在受助对象短期性特征，项目帮扶后续如何延续服务以扩大影响力还需进一步关注。

3. **服务评估**

三峡项目在服务评估方面既进行自我总结、发放项目满意度调查，也接受第三方评估。自我总结报告（以励志班为例）主要包括项目概述（实施背景、运行内核、项目设计、受益对象情况）、学生招募、项目具体实施内容、项目实施自评（正面及负面）、财务决算及工作台账，内容较为丰富，且涉及对项目的总结与反思。第三方评估主要分为项目模式评估、项目管理评估以及项目绩效评估三方面，并进行“现场调研前”评估（对履行社会责任系统中所录入的文件）以及“现场调研后”评估（现场走访和资料查阅相结合方式），对四个子项目分别进行打分与提出改进意见，以促进三峡项目发展。可知，在服务评估方面，三峡项目较为完善。三峡项目评估多从基金会视角进行，对受益方调查内容还不深入，仅发放项目满意度调查对于获取受益方等相关利益群体的反馈也不足够。

4. **总结**

在项目管理和运作方面，三峡项目作为L教育基金会精品项目，从项目设计、管理协作到服务评估各方面均较为规范，也存在一定局限，如对项目相关利益方关注不足、对项目后续影响关注不足等，但总体来说，三峡项目体现出的项目管理与运作能力较好。

（三）专业的资金筹集和配置能力

1. **资金募集**

L地区“三峡教育帮扶”项目是三峡集团公益基金会致力于推动金沙江下游库区教育事业发展，帮助L地区移民通过提升教育水平，从根本上阻断贫困代际传递，实现L地区库区可持续发展的重要资助项目之一。三峡项目由L教育基金会实施承办，因此L教育基金会暂无资金募集需求。

2. **预算管理**

三峡项目的四个子项目实施方案与捐赠协议中均有明确预算计划，项目自评总结中均有罗列细致项目决算表，通过对比可知，资金花费与预算基本一致。基金会在预算管理方面较为严格。由项目受益学校反馈可知，资金划入过程复杂，这也从另一角度反映了基金会对预算资金的严格管理，以保证资金正确使用。

3. **财务风险**

在对三峡项目的分析中可知，基金会资金使用虽有详细计划并严格执行，但各个子项目资金使用来源并非专用账户，且无材料证明各个子项目资金由专人管理，存在一定财务风险；此外，由于三峡项目专款专用，暂无材料证明存在保值增值相关业务。

4. **总结**

三峡项目由三峡集团公益基金会、L教育基金会、中国长江三峡集团有限公司移民工作办公室、L地区教体局四方签订项目捐赠协议，在捐赠协议中项目预算、实施方案、相关权利和义务均十分明确，因此在该项目中基金会的资金配置和使用均十分严谨，能够为其他项目提供一个高标准借鉴。

（四）专业的人力资源管理能力

从人力资源管理能力方面来说，三峡项目设计与管理较为规范，间接反映出基金会岗位匹配程度较高。当支教老师被问及是否“受到基金会工作人员公益精神的感染程度”时，6.93%的人选择“一般”，24.68%的人选择“有影响”，以及66.23%的人选择“很大影响”，间接反映出基金会工作人员在工作中报以公益热情，职业满意度较高。

此外，从对基金会工作人员的访谈中可知，由于基金会全职工作人员较少，全程跟进项目的工作人员仅有两位，工作压力较大，对于如何建立与支教老师的高效深入沟通渠道，对基金会工作人员提出了更高要求。

四　专业化服务能力评价与影响因素分析

（一）专业化服务能力评价

L教育基金会自2017年社会化改革后，始终保持与政府的紧密联系，把握当地教育的主要矛盾，为L地区教育发展贡献力量，将第三次分配有效落实在教育领域。与此同时，L教育基金会始终保持与大型集团企业的友好合作，通过企业捐赠、基金会执行，精准识别贫困学生与贫困学校，有效提供教育帮扶。L教育基金会在社会化改革探索与市场化实践探索过程中，不断提升自身专业化服务能力，已经发展成为一个较为专业的执行型教育基金会组织。

1. L教育基金会的社会化改革探索

L教育基金会2004年成立时为L地区教育局下属科室，2017年社会化改革成为独立法人。在L教育基金会的社会化改革探索中，L教育基金会与L地区教体局既为独立双方又紧密联系。基金会承接教体局转移职能、参与教体局有关教育发展的重要会议、拥有教体局内部对接联系人；教体局在教育基金会签署重大协议时参与并提供一定帮助，派驻法律、财务等专业人员对L教育基金会提供指导与进行监督。L教育基金会既独立决策、拥有话语权，又能在合作过程中把握L地区教育发展政策、提供有效教育服务，并且获得了教体局帮助，依托官方背景取得其他公益伙伴信任，壮大自身机构发展。在此过程中，L 教育基金会组织战略与规划逐步明确，资金配置能力也在教体局的帮助与监督下不断得到提升，在项目管理与运作方面，L 教育基金会在教育项目设计时能够进行较为充分的教育需求调查和现状研究，紧抓教育事业存在的主要矛盾及问题，部分项目能够超越州教育发展平均水平，向高质量教育供给探索，项目运作执行等各方面能力迅速提升。

2. L **教育基金会市场化改革探索**

在 L 教育基金会的市场化实践探索中，一村一幼项目、励志班项目等重大项目均由大型企业捐赠得以实现。其中，因 L 地区是金沙江下游电站涉及的移民重地，2018 年三峡集团与 L 地区人民政府签订三峡教育帮扶协议，秉持“企业捐赠、政府统筹、专业运作、精准帮扶、规范管理”的原则，三峡集团公益基金会、L 教育基金会、中国长江三峡集团有限公司移民工作办公室及 L 地区教育和体育局共同签署了三峡项目协议。L 教育基金会负责按协议约定组织三峡项目实施，对项目的工期进度、质量、资金使用等负责；L 地区教体局负责监督检查项目实施过程和捐赠资金使用情况，提出意见和建议。三峡项目进行总结经验，开发了整套项目实施工具并编制完善了项目实施指导手册，将“L 模式”复制推广至其他地市，成为市场与教育基金会合作共赢的一个典型代表。在此过程中，L 教育基金会在项目执行、资金使用等方面的规范程度不断提升，逐步成长为一个独立且成熟的教育基金会组织。

综上可知，近年来 L 教育基金会快速发展，各项能力不断提升，具备了满足 L 地区教育改革需求的公益组织战略规划和治理能力、高效的项目管理和运作能力、严格的资金筹资和配置能力以及适切的人力资源管理能力，为 L 地区教育事业作出了一定贡献。

具体来说，在专业的公益组织战略规划和治理能力方面，L 教育基金会始终关注 L 地区弱势学生教育发展，致力于为 L 地区学生提供更多符合当地教育改革目标的优质教育资源，为 L 地区学生发展增添一份力量，但与此同时，L 教育基金会多关注于项目的执行过程，其组织整体的发展目标和定位还不够细致与明确，导致其项目发展虽助力教育公益发展，但存在一定可替代性。其次，在专业的项目管理和运作能力方面，L 教育基金会在近几年已执行上百个教育帮扶项目，部分项目迭代更新，成为可复制模板，可知，L 教育基金会在项目设计、管理运作方面已经达到一定规范度与成熟度，但与此同时，L 教育基金会部分项目服务评估方面还存在一定不足，对项目精进与后续关注不足，导致部分教育服务未能满足预期目标以及部分教育项目难以反哺组织能力建设。再次，在专业的资金募集和配置能力方面，L 教育基金会在与政府和市场合作的同时也受到政府和市场的监督，其在预算管理及财务风险控制方面十分严格严谨，但 L 教育基金会既处于执行型机构发展瓶颈又处于社会新发展阶段，再加上资源依赖导致其现阶段资金来源渠道不畅且波动性大，一定程度上限制着 L 教育基金会的发展。最后，在专业的人力资源管理方面，L 教育基金会整体公益氛围浓厚，工作人员饱含工作热情，整体职业满意度较高，但教育公益行业整体处于初期发展，从业工作者专业性还有较大发展空间，因此 L 教育基金会组织内部自律性和控制性需加强。

（二）专业化服务能力影响因素分析

公益基金会等非营利组织成为满足公共需求的社会机制时存在一定固有局限性，正是这些固有局限性在很大程度上限制着基金会自身专业服务能力提升。这些固有局限性主要包括：第一，资源依赖性，公益基金会等非营利组织本身无法产生足够资源以立足于社会公共服务领域，保障公益基金会可持续发展的关键资源通常由外部主体提供，基金会具有资源依赖性。第二，对象特殊性，公益基金会的成立使命与服务宗旨一定程度上促使公益基金会关注特定群体或特定地理区域，与此同时，组织资源依赖使资源控制者得以在一定程度上影响公益基金会的组织结构、战略与关注对象。第三，职能非专业性，志愿与道德驱动弱化了对基金会从业者的专业性要求，公益基金会等非营利组织专业化服务能力均存在一定欠缺。对于 L 教育基金会来说，其专业化服务能力存在不足同样受以上三点因素影响，此外，结合 L 教育基金会组织特征及特有的发展史，其专业化服务能力影响因素主要为以下 3 个方面。

1. 资源依赖，自我造血意识不足

资源依赖理论以及基金会资源依赖性特征都表明基金会难以通过自给自足来获得组织发展需要的所有资源，保障公益基金会可持续发展的关键资源通常由外部主体提供，获取和维持现有资源的能力是组织生存和发展的关键。L 教育基金会在脱贫攻坚期间，依赖 L 地区“三区三州”金字招牌，“被动”获得外部资源投入，尽管在新发展阶段 L 教育基金会开始产生自我

"造血"意识，但主动获取资源能力尚且不足。

L地区是"三区三州"之一，是国家层面的深度贫困地区。由于其自然条件差、经济基础弱、贫困程度深，自2017年L教育基金会社会化改革后至2020年末，L教育基金会几乎不需要考虑筹资问题。且作为一个执行类基金会，L教育基金会近几年执行项目数量大幅增长，是一个非常成功的执行类基金会。大额公益募款多主动流向L教育基金会，基金会几乎没有筹资压力，但同时也反映出资金来源渠道多存在于贫困地区与捐款单位之间，基金会个体与捐款单位之间的资金来源渠道不畅甚至尚未正式建立，资金波动性大。随着2021年2月习近平主席庄严宣告我国脱贫攻坚战取得了全面胜利，我国进入巩固拓展脱贫攻坚成果与乡村振兴有效衔接的阶段。绝对贫困消除、国家实现义务教育兜底工作、满足了最基本的义务教育入学需求，地区与捐款单位之间的资金渠道几乎同时缩窄，基金会筹资压力与生存压力迅速提升。L教育基金会2021年上半年接受募款数额缩减70%左右。在2021年4月，L教育基金会开始建立筹资品牌部，由理事长和秘书长牵头负责筹资，各部长开始担起筹资责任。对于乡村振兴阶段的L教育基金会来说，钱是源头，项目是本，造血是根。L教育基金会在过去几年较为符合教体局教育发展大方向，承接教体局转移的职能并与其他基金会、企业达成紧密项目合作，但过去资源依赖引起的自我"造血"意识薄弱，L教育基金会始终未突破执行基金会类型，导致现阶段的L教育基金会资金筹集能力弱以及一系列与筹资相关的专业化服务能力不强，例如基金会项目宣传影响力小、工作人员项目总结演说能力不足等，这些都影响着基金会未来可持续发展。L教育基金会的高层正在日益强调自我"造血"的重要性，但中层及以下思考仍较少。

2. 项目分散，组织整体观念不足

公益基金会的成立使命与服务宗旨要求公益基金会关注特定群体或特定地理区域，L教育基金会地处S省L地区，致力于帮扶处于弱势的当地学生，但捐款单位倾向帮助特定弱势群体或提供标准化帮扶项目，在一定程度上影响公益基金会的组织战略规划。L教育基金会对象特殊性的局限或特征主要导致了L教育基金会项目合作分散性高，项目缺乏合作，限制基金会全局发展。

项目分散与合作不足首先体现在L教育基金会内部项目合作不足。在消除绝对贫困阶段，L教育基金会多致力于精准识别地区贫困学生，为其提供生活与教育帮扶；识别地区贫困学校，提供免费午餐及改造学校硬件设施，项目多遵循专款专用原则，一个项目对应一份协议，简单易行且一定程度上补充满足地区教育最基本层面的“有学上”需求。L教育基金会在此过程中积累了丰富项目执行经验，但由于过多关注项目协议执行率以及项目本身的进展，对于项目在组织层面的外部性关注缺失，一系列组织层面发展问题出现，如教育基金会成员愿景使命不清晰、领导层与基层交流不足或存在观念不融合、基层职能部门因项目划分存在经验交流界限等。再加上教育本身是一个复杂的大型场域，教育发展是综合性的，任何一阶段教育的推进都连带着多项规划与安排，单个教育项目尤其是仅满足基础教育需求的硬件设施项目，不仅对于目标收益人来说，这些教育服务更多处于被“输入”状态，难以激发目标收益人能动性；同时对于基金会组织来说，单个项目无论在执行落实还是宣传方面影响力削弱，也抑制着基金会专业性提升、能力建设与基金会能动性的发挥。此外，从与支教老师的访谈中发现，许多支教老师对于基金会其他项目并不了解，而L教育基金会除了部分学校建设类项目，其他许多项目均需要在学校内部开展，支教老师这一其他项目的资源尚未被更高效配置。内部项目间的合作不足问题使得L教育基金会项目不够凝聚，甚至分散，难以构成项目发展、基金会发展逻辑性，进而形成组织愿景使命，与此同时，分散的项目使得项目宣传影响力、项目长远发展规划受限，资源配置（包括人力资本、物力资源）均难以在有限的情况下实现效用最大化。

其次是L地区内帮扶项目合作不足。L地区全域内教育系统与教体局有联系的基金会仅L教育基金会一家，L教育基金会与本地其他基金会合作较浅。任何单一的一家基金会的能力都是有限的，会遇到社会组织许多共性以及个性问题。此外，教育公益事业整体正处于探索发展阶段，尚缺乏外部监督及监管，加大了教育公益基金会出现各种“志愿失灵”行为的可能性。加上基金会固有局限性的存在，基金会组织之间存在一定资源竞争，进而存在合作壁垒，致使单个基金会组织行为规范性降低、资金渠道建立难度增加、提供的教育项目影响力多局限在公益行业等问题的加深。L教育基金会不仅在教育领域影响力较小，也尚未在社会范围内获得宣传，组织自身发展尚存在不稳定性，限制着第三次分配职能的发挥与促进共同富裕的作用。

3. 人才流动频繁，专业程度不足

基金会等社会组织更多依靠其社会公益理念、精神、价值和兴趣来吸引人才，相比政府与企业部门，其薪资待遇以及发展前景处于劣势，在市场竞争条件下以及生活压力背景下，基金会的吸引力远不及政府与企业等部门。专业人才不足属于限制社会组织发展的一个共同因素，主要受制于我国体制、文化等层面的影响。在早期，中国的基金会带有明显的官方化特征，2004 年《基金会管理条例》颁布之后，社会开始有机会以成立非公募基金会的方式进入公益领域，2008 年更是被誉为“公民社会元年”，之后中国基金会开始迅速发展，2016 年《慈善法》的出台进一步促使公益领域发生快速的变化和转型。社会对基金会服务提出了更高质量的要求，但基金会的性质决定了其权力不足、资源依赖而难以具备长效服务能力，导致人才吸引度低。其次，现有法律对社会组织的制度保障较少，法规缺失且不具操作性，与此同时，相关政策支持仍尚未完善。此外，中国传统文化对社会组织认知较少，从而导致认同不足。这一系列外部因素均影响着专业人才进入社会组织体系，限制着公益组织专业化服务能力提升。

对于 L 教育基金会来说，由于具有半官方性质，与教体局联系紧密，相关支持政策相对较多，人才招募具备较高自主性，且其工作人员大多是 L 地区当地人或 S 省人，年轻人居多，生活压力暂时较小。但 L 教育基金会同样存在岗位吸引力不足问题，人员流动仍相对频繁，尤其是基层人员流动。较为频繁的人员流动不仅会造成基金会专业人才流失，也会对项目的管理和实施有影响，降低了工作效率。同时，从数量来看，基金会的工作人员中具有教育专业背景、信息技术专业背景的专业化人才较少。这使得基金会可能在项目策划、组织、领导和运营过程中的专门化程度不高。特别是在基金会下一步打算以打造项目包的形式提高 L 地区教育公益服务水平的规划下，基金会工作人员需要深入分析 L 地区教育状况和未来的变化趋势，设计高质量的教育服务项目和活动，这对工作人员的专业化水平又提出了新的要求。此外，从岗位安排来看，为保证基金会工作人员工作待遇，L 教育基金会较为严谨地控制着人员规模以降低人力成本，中层管理人员普遍身兼数职，基层员工也同样兼岗。一人多岗会造成工作人员的工作量太大，工作任务重，也不利于基金会内部专业化分工，削弱了基金会工作中专业上的针对性。

五 构建“政府—教育基金会—市场”三方合作机制

厉以宁首次从经济伦理角度定义了第三次分配——道德力量作用下人们

之间自愿进行捐赠或收入转移，这也是被普遍引用的定义。已有研究普遍认为，初次分配是市场经济利益驱动，再分配是政府公共利益驱动，第三次分配是道德和爱心驱动。[①] 第三次分配强调一系列新的社会机制，包括公益慈善、社会救助等广泛的社会活动形态，具备公益性、非营利性、自治性等显著特征，是增进社会整体福利的重要手段。可以说，虽然第三次分配不能窄化为公益慈善事业，但基金会等非营利组织无疑是第三次分配的重要主体，旨在服务社会的基金会为实现第三次分配提供一种有效社会机制与灵活组织工具。但现阶段 L 教育基金会等教育公益基金会还处于各项专业化服务能力不足的困境中，限制着教育公益基金会在第三次分配中发挥作用的深度与广度。对此，为充分挖掘基金会的体制优势和纽带作用，突破其固有局限性，与此同时，初次分配、再分配和第三次分配是我国分配制度中包含的三种分配形式，并不意味着其三者独立存在，本文认为 L 教育基金会应当构建“政府—教育基金会—市场”三方合作机制。具体来说，首先要求教育基金会具备与政府和市场合作的基础，实现项目合力以及教育公益生态圈构建，从内部提升组织专业化服务能力，提高合作可能性与可行性。其次，在保持独立的同时加强与政府合作，实现优势互补，在教育服务供给层面允许基金会在政府支持下扩大发挥第三次分配职能影响力。最后，教育基金会所具有的体制优势与固有局限性都要求基金会面向市场学习、与市场合作，面向市场学习是组织创新、企业绩效和可持续竞争优势的来源，对于基金会来说，面向市场学习即从更为广泛的利益相关者需求和行为中学习，包括受益人、捐助者、志愿者、竞争对手和合作者等，进而促进自身专业化服务能力提升。

（一）项目合力，满足多方需求

基金会每一个项目执行的优劣都关系到基金会的未来发展与公信度。现阶段项目多为分散的单个项目，虽易针对特定教育需求产生短期正向影响，但无论在执行落实还是宣传方面影响力削弱，难以激发目标受益者能动性，项目建设完成后易失去活力；而从项目其他利益相关者角度来看，仅单个项目的参与也易导致其对项目定位产生偏差。为提升教育基金会专业化服务能力，基金会首先需要进行项目“打包”，利用项目所带资源，动员和整合存

① 黄春蕾：《第三次分配若干基本问题的再认识》，《西安交通大学学报》（社会科学版）2022 年第 5 期。

留资源，基于基金会发展规划打通部分甚至所有项目界限，构建“项目包”，凭借“项目包”明确基金会组织战略与规划、提升项目管理与运作能力、强化资金募集及配置能力、优化基金会人力资源管理，进而扩大基金会影响力，服务整体教育需求与利益相关者多样需求。

基金会构建“项目包”行为类似地方政府在项目制治理下的“打包”行为，整合资源扩大地方影响力，但地方政府在“打包”过程中存在偏离原有单个项目公共目标的可能性。对此，教育基金会在构建“项目包”时，首先需始终明确发展定位，无论项目又或是“项目包”目标始终指向第三次分配与满足教育高质量发展需求；其次，在构建“项目包”时需弱化项目本身带有的“试点”思维，强化教育公益属性；再次，打造“项目包”的过程不只是输入的过程，更是嵌入的过程，基金会需要合理利用其信息反馈系统，紧密、畅通地与项目利益相关方保持联系和接受反馈，充分考虑如何调动当地学生、家长及老师等微观主体的能动性。以 L 教育基金会现阶段的项目来说，其在学段延伸方面为正在大力配合政策导向发展学前教育，建设一村一幼教点，为有效实现“学前学普”提供更便利且固定的场所，为学生（尤其是彝族学生）在义务教育阶段能够缩小与城镇学生差距提供机会，为乡村振兴作贡献。在提高教育质量方面，励志班以形成示范为目标，女子班关注性别，寄宿制学校提供共同成长机会，信息化项目力图实现“弯道超车”，艺体、研学、生涯规划等项目均为学生发展拓展道路，支教项目与社工项目则起到补充师资、实现陪伴的作用。贯穿项目的道德逻辑是 L 教育基金会在政府兜底的基础上，在乡村振兴阶段为 L 地区的孩子提供更多样的发展机会，提供差异化与更高质量教育服务；实践逻辑则是项目与项目之间的连接与互通，学校如何建设与班级对学校硬件或软件的期待和利用相联系，建设结束后鼓励班级成员有效使用，而班级发展又同时与素质拓展项目相结合。信息化建设的下一步则是在班级中的使用与教学，继而链接到艺体项目及生涯规划教学需求，实现项目之间相互作用、联动评价，进而利用资源“打包”补充尚缺失的需求项目，构成一个发展整体。在“项目包”的构建过程中始终明确 L 教育基金会职能及其服务宗旨，将愿景使命贯穿“项目包”始末，提升基金会专业化服务能力，通过“项目包”的打造建立基金会品牌，为与政府与市场合作奠定组织基础。

（二）组织联合，构建合作生态

社会组织的联合行动既代表着社会组织的自主能力和话语权，也意味着提升了专业服务的效率。[①] 社会组织的联合行动多出现在应急救灾时，例如地震、[②] 疫情[③]等应急救灾时期，联合行动多为短期合作，而合作方式的不同，合作均存在许多阻碍，包括：社会组织本身存在的差距、信息不透明、公益理念不一致等多种因素。[④] 但由于社会组织个体发挥作用有限，其在特殊发展时期具备较长期合作意愿与合作价值需求，例如在 L 地区等相对贫困地区，仅少数几家 L 地区本地较为专业的教育基金会，当地公益社会组织发展水平不均，加上贫困地区往往是外界重点关注之地，当地需要以 L 地区教育基金会为领头者，凭借天然公信力并基于共同价值构建教育公益生态圈，进而实现共同进步。

基于 L 地区公益圈现状，以 L 教育基金会为主导的生态公益圈，更接近于“垂直型合作网络”。[⑤]“垂直型合作网络”主要表现为：核心主体凭借资源或能力禀赋占据主导地位，承担资源供给方与顶层设计者角色，同时合作组织间呈现“中心—外围”的网络结构。在具有明确行动中心的垂直型生态圈中，L 教育基金会将“项目包”部分项目执行转交给其他基金会，培育和激励有条件的公益组织扩大发展，进行双向监督、联合行动与适度竞争。其次，生态圈的发展在于共同价值的树立。生态圈的发展以“项目包”与社群成员为基础与资本，对项目进行业务分配，协同实现项目的完善提升与更新迭代，营造一个专业化分工明确、专业化能力提升的价值创造体系。在生态圈的专业化分工中尝试模块化操作，将项目的部分要素组合在一起，构成一个具有特定功能的子系统，继而与其他要素进行多种组合构成一个新的系统。[⑥] 项目模块化由一部分共性要素以及另一部分特色要素构成，合作组织在承接项目时保证共性要素的实现，继而结合区域地方特色进行个性要素组合，提升个性要素比较优势，确保在生态圈中具备个体竞争优势。生态圈始终以满足地区微观主体教育需求为最终目标，以项目发展为驱动，进行高效

---

① 罗婧、王天夫：《志愿组织寻求合作的意向、机会与制度》，《学海》2016 年第 5 期。

② 杨柯：《社会组织间自合作成功的关键因素探讨——以“5·12”汶川地震陕西 NGO 赈灾联盟为例》，《中国行政管理》2015 年第 8 期。

③ 林顺浩、何立晗：《异军突起的高校校友会：防疫医护物资调配的组织协作网络——以武汉大学校友会为例》，《中国非营利评论》2020 年第 26 期。

④ 朱健刚、赖伟军：《“不完全合作”：NGO 联合行动策略 以“5·12”汶川地震 NGO 联合救灾为例》，《社会》2014 年第 34 期。

⑤ 杨宝、肖鹿俊、陈堃：《合作的阶梯——社会组织抗击新冠疫情的联合行动研究》，《中国非营利评论》2020 年第 26 期。

⑥ 戚聿东、肖旭：《数字经济时代的企业管理变革》，《管理世界》2020 年第 36 期。

且深度的协作，实现共同发展。生态圈的构建一方面有利于基金会合力扩大教育公益组织影响力，在L教育基金会的影响下放大教育发挥的第三次分配的作用，在此基础上建立起与政府与市场合作的行业基础；另一方面促使L教育基金会借此突破执行型基金会瓶颈，成为综合性基金会，扩宽发展可能面。

（三）政府合作，实现优势互补

通过实现项目合力与生态圈构建促使L教育基金会在公益行业内部不断提升专业化服务能力，与此同时，L教育基金会需不断向外拓展与政府部门合作、面向市场学习，在优势互补发展进程中进一步提升其专业化服务能力。

在与政府部门合作中，政府和教育基金会有着相似的发展目标，即不断为实现教育公平、促进共同富裕而努力，教育基金会多代表教育弱势群体偏好，为特定群体提供具有针对性与异质性的教育帮扶项目，而政府力所能及提供满足社会主要需求的教育服务，两部门首选战略的不同成为相互补充的逻辑起点。政府应进一步发挥其再分配职能对第三次分配的杠杆作用，如完善个人或企业设立教育基金会的法律法规，让第三次分配行为有法可依；制定企业和个人相关助力基金发展行为（捐赠、投资等）在税收、金融政策等方面的激励制度等，扩大第三次分配覆盖面。

教育基金会与政府的达成合作首先要求基金会发挥出基金会灵活多样性、与基层紧密联系的特有优势，增强政府信任感，进而积极联系政府，尝试合作；其次要求基金会对组织结构进行创新，重新协调与筹划基金会人、财、物资源的配置，重新评估岗位匹配程度，包括具备经验丰富的项目统筹人员、财务背景的资金管理人员、教育背景的项目设计人员、信息技术背景的项目管理和记录人员、具备总结能力的评估部门、善于沟通的对外部门以及精准对接的筹资部门等。专业化分工促使基金会工作人员专注于创造性的复杂劳动以及价值输出，逐步将程序性工作转移给生态圈中其他公益组织。专业化分工后的工作人员及职能部门更强调协调配合、联合协作，例如项目设计部门与项目评估部门、对外部门的合作，从评估与对外交流中吸取经验，进行项目迭代；筹资部门与项目设计部门、项目评估部门的协作，精炼项目价值意义以提升项目筹资吸引度等，通过内部职能部门协作以及其与外部政府部门的协作不断提升专业化服务能力发展。此外，尤其要求基金会关注从业人员职业发展，构建完善人才培训体系，包括师资体系、课程体系、培训模式等，优秀的培训师资是有效培训的重要保障，发挥专业团队引领作用，为基金会工作人员提供多样化、专业化学习机会，保障人才专业能力提升；同时确立公益慈善人才的考核评价体系，从知识水平、基本素质、能力结构、业绩成果等全方位考核人才，让基金会从业人员在一次次实践中磨砺其学习能力、应变能力、组织能力、协调能力、实践能力等，提高教育基金会专业程度，进而提高与政府合作紧密性。

在教育基金会与政府的合作中，还要求基金会始终明晰教育发展政策，提高教育服务供给效率；要求政府允许基金会承接部分项目，提供教育、法律、财务等专业帮助，并进行监督与问责，实现部门联合，优势互补；要求双方共同关注跨部门之间的观点差异、共同设定项目目标与决策，建立协调和沟通机制、扩大资源与信息共享程度，搭建部门联合信任机制，增进合作紧密度。① 但同时，在教育基金会在与政府的合作过程中仍需注意可能存在的风险问题，包括因严重依赖政府支持而失去基金会自主权或独立性；过于关注供给，扭曲了服务目标；组织出现官僚化；市场宣传活动受限，难以获取私营部门资金等。②。

（四）市场学习，推进数字改革

在数字时代，传统的价值链中以供给为导向的商业模式正在逐渐走向消亡，以供给为导向的公益模式等非营利性模式尽管尚未消亡，但出现了日益增长的复杂需求同不平衡不充分供给的社会矛盾，以需求为导向的互联网模式和价值创造正在出现。互联网时代的商业模式有着自身独特的关键要素：社群、平台、跨界，以及资源聚合和产品设计。③ 此四大要素对数字时代基金会转型同样适用。其一，吸引社群。社群，即聚集在一起的拥有共同价值理念的个人、团队或企业等，基金会社群成员不单是指基金会合作伙伴，更

① Hillel Schmid, Michal Almog-Bar., The Critical Role of the Initial Stages of Cross-Sector Partnerships and Their Implications for Partnerships'Outcomes, *VOLUNTAS: International Journal of Voluntary and Nonprofit Organizations*, 2020 (31): 286 - 300.

② Salamon L M, Toepler S., Government-Nonprofit Cooperation: Anomaly or Necessity?, *VOLUNTAS: International Journal of Voluntary & Nonprofit Organizations*, 2015 (26): 2155 - 2177.

③ 罗珉、李亮宇：《互联网时代的商业模式创新：价值创造视角》，《中国工业经济》2015年第1期。

多是对基金会愿景使命或对基金会“品牌”足够认可的社会成员以及接受过基金会帮扶的受益者或相关利益者，这些社群成员不仅仅是基金会长期支持者或潜在资源提供方，同时能够与基金会实现价值互动，为基金会提供新知识生产。其二，建立平台。数字时代带来的最大变化是数据，包括数据的流动与分析，平台迅速成为消除消息不对称以及消除平台主体与各方壁垒的基础。基金会数字平台的建设主要包括对内管理平台与对外交流平台。对内管理平台，实现项目数字化记录管理，为项目分析、经验借鉴提供规范、可视化数字材料；畅通上下级交流，消除上下级信息不对称，尤其关注流动频繁的基层人员；通过交流营造组织文化、发挥中基层员工能动性；中基层人员对项目是否满足教育需求有着更为直观的一线感受，基金会有必要借用平台发动全员力量推动项目的升级创新。对外交流平台，扩大项目宣传力度，随时接收项目反馈，拉近基金会与社群成员距离，使社群成员具有参与感，模糊基金会工作人员与社群成员角色界限。其三，跨界经营。实体企业与互联网企业建立紧密联系，数字改变价值创造方式，“互联网＋”本身就属于一种跨界经营。[①] 对于教育基金会来说，社群与平台的建立均属于数字时代对其价值创造的改变，教育基金会执行的项目多为专业且具有公益性的教育项目，初期阶段的跨界更强调基金会的跨界宣传，这使得基金会影响力从公益行业扩展至全社会。其四，资源聚合和产品设计。“项目包”的构建是第一阶段的资源聚合，同时也是推动产品设计创新的体现。第二阶段，即数字转型，社群、平台的建立以及跨界经营的实现进一步实现资源聚合。在数字时代，任何单一基金会都难以始终保持创新性、专业性的领先，平台为想法凝聚提供根据地，促进基金会与社群实现价值互动，推动产品设计与升级，进而实现价值创造。

更进一步，数字改革要素作用于项目转型，利用数字化教育项目打破以基金会或当地学校为主体的供给体系，使教育服务供给社会化与个性化成为可能；[②] 数字改革要素作用于基金会本身发展，通过数字改革不断寻求与接触新的受众、加深受众印象与保持兴趣、激励其采取行动，为基金会发展拓宽社会基础。[③] 以 L 教育基金会信息化项目为例，项目为班级配备信息化设

---

① 赵振：《“互联网＋”跨界经营：创造性破坏视角》，《中国工业经济》2015 年第 10 期。

② 余胜泉、王阿习：《“互联网＋教育”的变革路径》，《中国电化教育》2016 年第 10 期。

③ Guo, Chao, Saxton, et al., Tweeting Social Change: How Social Media Are Changing Nonprofit Advocacy, *Nonprofit & Voluntary Sector Quarterly*, 2014 (43): 57－79.

备，攻教育硬件之贫，促进教育公平。但仅配备信息化设备是远不足的，项目数字化不仅意味着线上资源的使用，更关键在于数字化带来的教学变革。[①]教育项目数字化本质不仅是工具或技术本身，还包括使用主体对技术的认知及实践，进而以数字技术为基础设施和创新要素，塑造新的教育供给方式。而新型教育供给方式又体现数字化教育项目打破了以基金会或当地学校为主体的供给体系，使教育服务供给社会化与个性化成为可能。[②] 在L教育基金会信息化项目中，为真正实现数字转型，需要抓住关键要素，将要素运用于改革实践，利用社群资源实现信息化使用技能提升；在对外交流平台中选择优质且合适的线上教育供给方，变革课程形态与教学范式，实现供给个性化；进而利用线上跨界教学调动学生学习线上资源的积极性与能动性，实现教育资源聚集与教育服务创新。其次，实现社交媒体宣传。社交媒体为基金会宣传提供了一个成熟平台，使其能够通过社交媒体总结基金会各项目发展过程，真实且生动地向社会呈现地区或学校教育发展态势、基金会及其项目所做努力、成效与未来规划的整体图景，以及在不同项目中寻找宣传闪光点，针对不同捐款需求宣传不同项目及其亮点。基于社交媒体的宣传，不断寻求与接触新的受众、加深该受众的印象与保持兴趣、进而激励其采取行动，为基金会发展拓宽社会基础。[③] 值得强调的是，基金会成功实现社交媒体宣传的基础在于强化实现信息透明。完善的信息公开是获取社会信任的根本途径。对于教育基金会来说，不仅需要通过公共媒体、互联网平台主动将基金会发展各项指标做常态化公开，定期推送项目执行情况以及捐助资金使用情况等以基金会为主体的信息，更需要增加相关教育项目受益者信息，通过连续性、可视化信息将捐助者所捐资金与受助者得到的帮助以及可能带来的成长改变相联系，增加捐助者参与感，提升其对基金会信任感，使其愿意长期为教育项目进行捐款。通过提升信息透明度，基金会从过往公众印象中实现突破，累积社会信任，进而通过社交媒体，实现社会化宣传。这样的宣传的主体不仅包括基金会本身，其利益相关方、追随者等社群成员都能够动态加入基金会宣传工作，为基金会进行真实且有效的宣传。在此基础上，基金会才能实现主动筹资，覆盖社会群众。L教育基金会下一步应努力实现主

---

① 陈丽：《"互联网+教育"的创新本质与变革趋势》，《远程教育杂志》2016年第34期。

② 余胜泉、王阿习：《"互联网+教育"的变革路径》，《中国电化教育》2016年第10期。

③ Guo, Chao, Saxton, et al., Tweeting Social Change: How Social Media Are Changing Nonprofit Advocacy, *Nonprofit & Voluntary Sector Quarterly*, 2014 (43): 57 – 79.

动筹资，在满足“头部”需求的基础上进一步满足“长尾”需求。① 其中，“头部”主要是指长期合作的企业、公益组织与个体等能够提供大额捐助但数量较小的一部分；“长尾”主要是指捐款数额及能力较小但数量众多的社会公众。“长尾”社会公众虽捐款能力不及“头部”群体，但由于数量众多，潜在捐款规模巨大。随着公益事业影响力的不断扩大以及社会公众对精神层次需求的追求，基金会应加强对社会公众群体的关注，通过数字改革强化与市场及社会的连接，扩大自身筹资规模。

① 王馨：《互联网金融助解“长尾”小微企业融资难问题研究》，《金融研究》2015 年第 9 期。

高校公益慈善人才培养模式探索

王玉琼

近年来，我国公益慈善事业快速发展，作为基础的公益慈善教育却一直相对滞后。民政部数据显示，截至2020年底，全国社会组织总量为89.44万个。[①] 2019年《中国公益人才发展状况研究报告》显示，公益领域的人才培养与发展面临专职人员比例偏低、专业水平偏差、人员流动率偏高、人才供需不匹配等现实挑战。

无论从理论研究还是从实践探索来看，我国公益慈善人才培养还处于起步阶段，尚未摸索出一套成熟的培养模式。设置有公益慈善相关专业的本专科院校较少，培养模式比较单一。公益慈善人才培养模式研究在国内也尚处于较新的领域，系统性明显不足。对不同模式背后蕴藏的教育教学规律有待梳理和挖掘，在公益慈善学历教育的学科特性、专业建设、课程体系、教学方式、考核评价、师资培养等方面未形成统一共识与规范。高校作为公益慈善人才培养的重要载体，如何基于新的时代需求、新的慈善公益观以及新的培养理念来构建科学有效的人才培养模式，值得深入探讨与研究。

本文围绕公益慈善人才培养模式展开，通过文献研究、比较研究、个案研究等多种研究方法，在梳理国内主流人才培养模式的基础上试着总结一般化人才培养模式的建立准则；通过分析我国公益慈善事业的发展现状和发展趋势，尝试勾画出公益慈善领域专业人才的核心素养；对国内公益慈善人才培养模式进行个案梳理与分析，形成体系化的经验总结；借鉴国外高水平大学的专业办学经验，为推进我国高水平、专业型公益慈善人才培养模式改革

① 杨团、朱健刚：《慈善蓝皮书：中国慈善发展报告（2021）》，社会科学文献出版社，2022，第5~6页。

提供有价值的参考。

一 高校人才培养模式的构建准则

高校人才培养模式是教育学学科知识图谱中的一个基本概念，对这一概念的梳理将有助于为开展人才培养模式改革的系统探讨奠定逻辑基础。

（一）概念提出

人才培养模式这一概念最早出现在官方文件是1994年初，国家教委制定的《高等教育面向21世纪教学内容和课程体系改革计划》中提出“未来社会的人才素质和培养模式”问题。[①] 在我国教育理论界，通过中国知网查找，最早提到“人才培养模式”的学者是文育林，其在1983年发表《改革人才培养模式，按学科设置专业》一文，探讨了改革高等工程教育的人才培养模式，但未对人才培养模式给予系统定义。真正对人才培养模式给出清晰界定的是刘明浚等在1994年主编的《大学教育环境论要》，书中提道：“人才培养模式是指在一定的办学条件下，为实现一定的教育目标而选择或构思的教育、教学式样。”[②]

同时，我们还应该关注与人才培养模式相近且易混淆的几个概念：教学模式、人才培养体系、人才培养机制。教学模式是构成课程（长时间的学习课程）、选择教材、指导在教室和其他环境中开展教学活动的一种计划或范型。人才培养体系是指根据教育部专业设置的政策规定和学校的人才培养目标而确定的专业教学环节设置、课程体系设置等。[③] 人才培养机制是指高校在实现本科人才培养目标的过程中，所体现出来的人才培养体系的功能原理及其在该原理下整个体系各单元制度的相互影响与制约关系。[④]

（二）概念的界定

对人才培养模式这一概念的界定具有代表性的观点如下。

① 刘英、高广君：《高校人才培养模式的改革及其策略》，《黑龙江高教研究》2011年第1期。

② 林玲：《高等院校“人才培养模式”研究述论》，《四川师范大学学报》（社会科学版）2008年第7期。

③ 刘英、高广君：《高校人才培养模式的改革及其策略》，《黑龙江高教研究》2011年第1期。

④ 郑文：《从重模式到重机制——我国高校本科人才培养的新路径》，《高教探索》2018年第7期。

有学者指出，“培养模式是以某种教育思想、教育理念为依托建立起来的既简约又完整的范型，可供学校教育工作者在人才培养活动中据以进行有序的实际操作，能够实现培养目标”。① 有学者认为，“人才培养模式是在一定的教育思想指导下，人才培养目标、制度、过程的简要组合，是为了实现一定的人才培养目标的整个管理活动的组织方式”。②

有学者谈到，“人才培养模式是一定教育机构或教育工作者群体普遍认同和遵从的关于人才培养活动的实践规范和基本样式”。③ 有学者认为，“人才培养模式包含了人才培养目标、实现目标的手段和方法、对实现目标情况进行评价以及整个过程的管理”。④

有学者分析，人才培养模式是培养主体为了实现特定的人才培养目标，在一定的教育理念指导和一定的培养制度保障下设计的，由若干要素构成的具有系统性、目的性、中介性、开放性、多样性与可仿效性等特征的有关人才培养过程的理论模型与操作样式。⑤

根据研究的需要和这一概念日常实践中的运用情况，本文将“人才培养模式”定义为：高校基于一定教育理念，为达成既定培养目标，对专业设置、教学内容、课程设置、教学组织与管理形式、教学环境与支撑等人才培养全过程进行一系列组合、安排与运行。

（三）人才培养模式的构成要素

人才培养模式变化实质上是其构成要素的变化；人才培养模式的创新也主要是对构成要素的革新或重组。⑥ 四要素说认为，人才培养模式包含培养目标、培养体系、培养过程和培养机制；⑦ 或者包含培养目标、培养内容、培养方式和培养条件；⑧ 或者由培养目标、培养制度、培养过程、培养评价

---

① 龚怡祖：《论大学人才培养模式》，江苏教育出版社，1999，第 16 页。
② 马国军：《构建创新人才培养模式的研究》，《高等农业教育》2001 年第 4 期。
③ 魏所康：《培养模式论——学生创新精神培养与人才培养模式改革》，东南大学出版社，2004，第 24 页。
④ 王伟廉：《提高教育质量的关键：深化人才培养模式改革》，《教育研究》2009 年第 12 期。
⑤ 董泽芳：《高校人才培养模式的概念界定与要素解析》，《大学教育科学》2012 年第 3 期。
⑥ 董泽芳：《高校人才培养模式的概念界定与要素解析》，《大学教育科学》2012 年第 3 期。
⑦ 刘英、高广君：《高校人才培养模式的改革及其策略》，《黑龙江高教研究》2011 年第 1 期。
⑧ 钟秉林：《人才培养模式改革是高等学校内涵建设的核心》，《高等教育研究》2013 年第 11 期。

四个方面组成。[①] 八要素说认为，人才培养模式是由人才培养理念、专业设置模式、课程设置方式、教学制度体系、教学组织形式、隐形课程形式、教学管理模式与教育评价方式八大要素构成。[②] 基于研究需要，本文将人才培养模式的构成要素明确为培养目标、培养内容及实施方法、培养制度、培养保障四个方面。

培养目标是人才培养要求的规定性内容，是培养模式中的决定性要素，也是确定培养内容、培养制度、培养评价的前提和依据，一般通过培养面向、培养规格等方面的表述做出明确规定。培养目标具有国家、高校、专业三个层面。比如培养德智体美劳全面发展的社会主义事业建设者和接班人，是国家层面。具体到高校层面，又与高校类型密切相关。比如研究型高校的培养目标是学术型人才，应用型高校侧重培养基础扎实、知识面宽、具有较强应用性和职业性的专门人才。专业层面的培养目标是某一专业提出的培养目标，《普通高等学校本科专业类教学质量国家标准》对每个专业的培养目标做了基本的规定性描述。

培养内容即为实现培养目标而选择的知识、技能、行为规范、价值观念和世界观等方面的总和[③]，主要以课程体系的形式呈现，包括是什么样的课程，以及如何设置这些课程，即课程间的逻辑关系。培养内容的实施方法就是课程教学的实施，不同的实施方法对学习效果产生不同影响。

培养制度指与大学教育、教学活动过程相关的重要规定。如：选课制度、转专业制度、导师制度、实习制度、日常教学管理制度等。

培养保障是人才培养模式的支撑，主要指开展和维系培养过程中的各类保障性条件，如师资队伍、实训基地建设、教室及教学设备、质量保障等。

四要素中，起关键作用的是“培养目标、培养内容及实施方法”。因为在剖析具体高校的人才培养模式时，不难发现培养目标贯穿始终，它回答了要培养怎样的人才这一根本问题。而培养内容及实施方法，尤其是培养内容，回答了以怎样的知识体系实现培养目标，这是培养模式中最核心的要素，也是划分不同培养模式的关键。

---

① 翟安英、石防震、成建平：《对高等教育创新型人才培养及模式的再思考》，《盐城工学院学报》（社会科学版）2008 年第 2 期。

② 董泽芳：《高校人才培养模式的概念界定与要素解析》，《大学教育科学》2012 年第 3 期。

③ 陈解放：《模式支撑——求解人才培养方案改革的整体性》，《中国高教研究》2019 年第 10 期。

（四）人才培养模式的类型

培养什么样的人才决定了采取何种培养模式。社会需要的人才多种多样，按所从事行业领域可分为经济人才、政治人才、文艺人才等；按照在社会发展中所发挥作用的性质大致可分为研究型人才和应用型人才。研究型人才富有创新能力和研究兴趣，在经济和社会发展过程中主要承担发现规律、创新知识的重任；应用型人才把发现、发明、创造变成可以实践或接近实践，主要承担转化应用、实际生产的任务。[①] 需强调的是，应用型人才并非只“应用”知识和理论，恰恰相反，应用型人才所开展的是应用性研究。[②] 应用型人才还可分为两个层次，应用型专门人才和实用型技能人才。实用型技能人才是指充分发挥现代劳动技能，以提高劳动生产效率为本位的人才，能够对专门技术、先进经验或技巧进行熟练运用。所以，人才培养类型可分为研究型、应用型和实用技能型。人才培养模式则可分为三类：研究型人才培养模式、应用型人才培养模式、实用技能型人才培养模式。一般而言，研究型人才的培养任务主要由研究型大学承担，应用型人才的培养任务主要由应用型大学承担，实用技能型人才的培养任务主要由技能型高校，即高职高专承担。

1. 研究型人才培养模式

培养目标：培养学生发现和探索客观规律、创新知识的能力。

培养内容及实施方法：主要围绕学科自身系统来组织教学，以“学科体系”为主旨来构建课程和教学内容体系，通过系统的学科理论教育和专业思维训练培养学生的科研能力和创新能力。强调以探索和研究为基础的教学模式，针对不同的学生、不同的课程类型、不同的知识内容，采取不同的研究型教学模式。一般采用理论体系教材。

培养制度：特点主要表现为学段上的本硕连读、硕博连读或者是本硕博连读，即强调本科和研究生教育的协调发展。建立大学生参与学术训练的相关制度。

培养保障：通过管理体制创新将科研实验室和工程技术研究中心等科研平台对本科生开放，为学生学术创新搭建广阔平台。有从事前沿科学技术研

---

① 钱国英、王刚、徐立清：《本科应用型人才的特点及其培养体系的构建》，《中国大学教学》2005 年第 9 期。

② 潘懋元、石慧霞：《应用型人才培养的历史探源》，《江苏高教》2009 年第 1 期。

究的教师进行研究型教学。

2. 应用型人才培养模式

培养目标：培养学生将专业知识应用到实际生产中，特别是将高新科技知识转化为生产力（包括管理能力和服务能力），为社会创造直接利益的能力。

培养内容及实施方法：以适应行业需要为目标来组织教学，以“理论引用”为主旨来构建课程和教学内容体系，培养学生应用科学理论解决实际问题的综合能力和实践能力。培养内容不追求学科知识体系的完整性与系统性，而是根据行业发展的最新要求构建知识体系。课程体系具有两个显著的特点。一是基础适度。基础课、专业基础课与专业课之间的比例应适度，若应用型专业课程偏少，不利于应用型人才培养。二是强调实践教学。课程内容的应用性、实践性、可雇佣性是应用型人才培养区别于研究型人才培养中的探究性、理论性和学术性的显著特征。① 采用知行体系教材，帮助学生搭建可塑性的知识框架，又从实践知识出发，建立理论知识与实践知识的双向、互动关系。②

培养制度：强调实习实训制度，以实践性、应用性课程安排学生实习实训，把理论与实践结合，强调知识应用、知识转化和技能操作等实践应用能力。注重产学研相融，校企合作。

培养保障：一方面是具有“双师”型素质的教师队伍，即不仅具有相当的学术理论水平，同时具有很强的实践背景和丰富的实践经验。另一方面是与用人单位联系密切，拥有一批产学研合作教育基地，让学生在真实的工作环境中独立运用科学的知识与方法解决实际问题。

3. 实用技术型人才培养模式

培养目标：培养学生在生产、管理、服务第一线的职业技能。

培养内容及实施方法：直接面向职业岗位（群）设置专业，围绕职业岗位要求组织教学内容和训练岗位操作能力。课程体系建设遵循三个原则：基础课程体系为高等教育属性，专业课程要面向产业和职业岗位，技能课程直

① 吴中江、黄成亮：《应用型人才内涵及应用型本科人才培养》，《高等工程教育研究》2014年第3期。

② 潘懋元、周群英：《从高校分类的视角看应用型本科课程建设》，《中国大学教学》2009年第3期。

接对接实际需求。[①] 一般采用工作体系教材。

培养制度：主要特点是实行双证制度，即学历证书 + 职业资格证书。学生除了传统的毕业证书外，必须有从业资格证书或技能证书。

培养保障：专业开发、课程设计以及教学计划的制订要求有来自生产一线与工作现场的专家参与。要求教师具有“双师型”素质，既能从事专业理论又能从事专业实践教学，还要能进行技术开发和技术服务。专业教师应来自企业或相关行业，兼职教师队伍也应是行业与企业的技术专家。

这三种模式作为基本分类，勾勒出人才培养模式的框架性画像。实际上在办学实践中，各高等院校探索且形成的人才培养模式比上述内容更为丰富，有的已成为公认的好模式，如南京大学“三三制”模式，将本科划分为“大类培养”“专业培养”“多元培养”三阶段和“专业学术”“交叉复合”“就业创业”三条发展路径，给予学生个性化、多样化培养[②]，这一改革成果荣获了国家级教学成果特等奖。

（五）人才培养模式的一般化构建准则

高等院校在构建人才培养模式时，需要把握一般化准则，即“四个遵循”。

遵循社会发展的需求。不同时代有不同的教育需求，大学提供的教育服务也不同。[③] 有什么样的社会发展需求，就有什么样的人才培养模式。比如，新中国成立后，全国掀起经济建设高潮，研究生教育启动，明确其目的是为大学培养教师、为科研机构培养高级科研人才，人才培养模式显著的特点是采取苏联的“导师制”。[④] 又比如，“文化大革命”结束后，为解决经济发展对人才的迫切需求，党和政府通过多种方式发展高等教育，复建、改建、新建一批新型大学，其中部分新型大学为了与老大学错位发展，开始探索应用型人才培养模式，建立了“早期实习、多次实习”等培养制度。[⑤] 新时代提出培养德智体美劳全面发展的社会主义建设者和接班人的新需求，构建适应这一需求的人才培养模式必然成为高等教育的新使命和新担当。

---

① 周建松：《高等职业教育人才培养目标下的课程体系建设》，《教育研究》2014 年第 10 期。

② 陈骏：《创新人才培养模式　全面提升教学质量》，《中国大学教学》2015 年第 1 期。

③ 付八军、马陆亭：《大学嬗变中的不变——世界高等教育规律探寻的“四维”逻辑起点》，《高等教育研究》2020 年第 4 期。

④ 杨德广：《中国研究生教育的发展历程》，《大学教育科学》2013 年第 4 期。

⑤ 刘彦军：《我国应用型高等教育的发展历程与展望》，《高等工程教育研究》2018 年第 5 期。

遵循先进的教育思想。苏霍姆林斯基曾指出：领导学校，首先是教育思想的领导，其次才是行政上的领导。[①] 先进的教育思想既是人才培养模式构建的前提条件，也是人才培养模式保持自我更新的思想基础，比如终身教育、通识教育、STEM 教育等先进教育思想。以通识教育为例，长期以来受历史因素等影响，国内部分高校“重专业、轻通识”，这与国外一流大学重视通识教育形成鲜明对比。国内很多一流高校开始努力推进通专融合，对建设一流本科教育，促进学生可持续发展具有重要意义。

遵循人才成长规律。人才培养工作是人育人的工作，必然要遵循人才成长规律。有学者提出人才成长八大规律：师承效应规律、扬长避短规律、最佳年龄规律、马太效应规律、期望效应规律、共生效应规律、综合效应规律。[②] 不同类型的人才有不同的成长规律。比如，应用型高级专门人才成长规律包括实践成长规律、师承效应律、聚焦成才律、勤奋成才律。[③] 拔尖创新型学术人才成长的影响因素包括五方面：个人潜质、性格等因素；早期家庭环境因素；小学、中学、大学乃至研究生不同阶段的教育（根本性影响变量，其中大学尤为关键）；高水平的教育机构；国家科研体制和灵活的用人制度。[④]

遵循“要素协同”规律。人才培养模式包括的诸要素之间需要相互支撑，形成逻辑严密的有机整体。具体而言，就是培养目标能够转化、细化到课程体系中，以适宜的教学方法促使目标达成；在培养过程中，需实施相匹配的教学制度、建设教学队伍、投入硬件设施、健全质量保障体系等，以确保培养目标贯穿人才培养全环节、全链条。若要素间不协同、不紧密，那培养模式必然发挥不出应有的作用。比如，培养研究型人才，必然要设计学术训练的配套制度。又比如，培养应用型人才，“双师型”教师必然要有一定占比，这是课堂教学能够紧跟行业发展的重要保障。

二 基于实际调研的公益慈善人才需求分析

公益慈善是现代社会越来越具有公共性、群众性和影响力的社会活动。[⑤]

---

① 苏霍姆林斯基：《和青年校长的谈话》，上海教育出版社，1983，第 33 页。

② 王通讯：《人才成长的八大规律》，《决策与信息》2006 年第 5 期。

③ 孙婳：《应用型高级专门人才成长规律研究》，硕士学位论文，西安工业大学，2011，第 25 ~ 26 页。

④ 阎光才：《从成长规律看拔尖创新型学术人才培养》，《中国高等教育》2011 年第 1 期。

⑤ 王名：《中国公益慈善：发展、改革与趋势》，《中国人大》2016 年第 7 期。

在探讨公益慈善人才如何培养之前，有必要先对公益慈善的内涵、公益慈善领域的发展现状与趋势，以及对人才的要求进行分析。

（一）何为公益慈善?

公益慈善可拆分为“公益”和“慈善”，前者指让不特定多数的社会成员普遍受益的社会活动，更关注行为带来的结果；后者指基于仁慈兼爱之心关怀、施予、帮助、救济他人的善行善举和为此提供的善款善物，更关注动机和行为。两者已被越来越多地连用，逐渐成为代表这类社会活动的统一用语。①

关于公益慈善的范围，2016 年颁布的《中华人民共和国慈善法》认为包括六方面：“扶贫、济困；扶老、救孤、恤病、助残、优抚；救助自然灾害、事故灾难和公共卫生事件等突发事件造成的损害；促进教育、科学、文化、卫生、体育等事业的发展；防治污染和其他公害，保护和改善生态环境；符合本法规定的其他公益活动。”

从受众范围看，公益活动可分为两类：一是直接让公众受益的社会活动，如保护生态环境、推动公共设施建设、改善公共卫生服务等；二是通过改善弱势群体的状况间接让公众受益的社会活动，如助学、扶贫、济困、扶老、救孤等。②

（二）我国公益慈善事业的发展现状

中国过去 40 多年的高速发展，推动着公益慈善事业的转型发展。公益慈善已成为国家治理和社会发展不可或缺的力量。当前我国公益慈善事业呈现以下几个特点。

社会捐赠总量和社会组织数量持续增长。近年来，我国各类社会组织的数量逐年递增，根据《2020 年民政事业发展统计公报》，2020 年，全国社会组织捐赠收入达 1059. 1 亿元，比上年增长 21. 3% 。截至 2020 年底，全国共有社会组织 89. 4 万个，比上年增长 3. 2% ；吸纳社会各类人员就业 1061. 9 万人，比上年增长 5. 2% 。

公益慈善事业发展进入法治时代。2016 年 9 月 1 日《中华人民共和国慈

① 王名：《中国公益慈善：发展、改革与趋势》，《中国人大》2016 年第 7 期。

② 王名：《中国公益慈善：发展、改革与趋势》，《中国人大》2016 年第 7 期。

善法》正式实施，其中第八十八条明确提出，“国家鼓励高等学校培养慈善专业人才，支持高等学校和科研机构开展慈善理论研究”，为公益慈善人才培养提供了法律依据。中共中央办公厅和国务院办公厅印发的《关于改革社会组织管理制度促进社会组织健康有序发展的意见》也明确提出，“把社会组织人才工作纳入国家人才工作体系”，有助于公益慈善人才的社会认可和职业发展。①

公益慈善行动的专业性较弱，急需大量专业人才。2019 年《中国公益人才发展状况研究报告》显示，公益领域的人才培养与发展面临专职人员比例偏低、专业水平偏差、人员流动率偏高、人才供需不匹配等现实挑战。《企业社会责任蓝皮书：中国企业社会责任研究报告（2019）》显示：2019 年中国企业 300 强社会责任发展指数为 32. 7 分，整体仍处于起步阶段；约五成企业发展指数低于 20 分，仍在“旁观”。企业社会责任在我国仍旧处于起步阶段，企业社会责任领域也亟须公益慈善专业人才。②

（三）我国公益慈善事业的发展趋势

我国当前的公益慈善正处于蓬勃发展的时期，有学者认为有四个方面的趋势值得关注。

一是多元推动的社会化趋势。各级党政部门越来越关心和支持公益慈善，各类企业以社会责任、共享价值的创造等方式多方面参与并推动公益慈善，城乡社区大力推动所在地公益慈善，社会组织越来越成为公益慈善的生力军，公众参与的意识、热情和程度不断高涨。在多种社会力量的推动下，公益慈善正逐渐从社会的边缘走向核心或主流。

二是市场驱动的产业化趋势。近年来，社会企业、慈善超市、公益银行等兼具公益性和市场性双重属性的创新业态不断涌现，以公益慈善为关键节点的新型产业链如捐赠旧衣物循环产业链、再生废旧材料循环产业链等相继出现。市场驱动力改变了公益慈善远离市场的非营利属性，以产业化的形式在市场和公益之间升华出巨大的社会利益。

三是跨界融合的新公益趋势。政府和公益组织通过转移职能和购买服务跨界融合，企业和公益组织通过社会责任和共享价值跨界融合，移动互联网

① 卢磊：《刍议我国公益慈善事业的基本现状》，《公益时报》2018 年 2 月 13 日，第 15 版。

② 卢磊：《刍议我国公益慈善事业的基本现状》，《公益时报》2018 年 2 月 13 日，第 15 版。

和新媒体时代涌现出各种开放、共享、透明的平台，推动公众更广泛地参与。跨界融合正成为公益行业的新风向，一方面能更有效地应对各种社会问题，另一方面能激发各种形式的社会创新。

四是跨越国界的国际化趋势。各种跨境社会问题如跨境教育、跨境扶贫、跨境移民、跨境卫生等越来越成为公益慈善关注的热点问题，越来越多的公益组织参与到全球治理和国际公益活动中。跨越国界的公益慈善是作为一个大国承担全球治理责任必不可少的环节，也是公益慈善发展成熟的重要标志之一。①

（四）公益慈善人才的特点

一是应用型。根据公益慈善组织的功能和内部岗位设置，其各级管理人员都是应用型人才。他们把科学原理转化为工作原理和工作方案，策划、组织、实施各种公益活动和项目，提供社会服务，解决社会问题。

二是复合型。公益慈善行业承担着部分公共产品和公共服务提供者的职能，从这个角度而言，它与政府部门和事业单位一样具有公益性。同时，公益慈善行业与商业行业一样，要有效率地使用各种资源，从这个角度而言，其管理人员应是复合型人才，既要掌握公益慈善专业知识和技能，又要通晓管理知识和技能。此外，公益慈善组织的管理人员本质上是社会活动家和社会创新者，需通过社会动员获得慈善资源，用创新方法解决社会问题。②

（五）公益慈善领域专业人才类型

有学者认为公益慈善领域专业人才主要有管理型人才、项目型人才、营销型人才、研究型人才四种类型。③ 2011 年民政部《中国慈善事业发展指导纲要（2011～2015 年）》提出“加快培养慈善事业发展急需的理论研究人才、高级管理人才、项目运作人才、专业服务人才、宣传推广人才等”。《中国公益组织人才供需发展报告 2016》根据公益机构招聘信息将岗位分为项目

---

① 秋是：《我国慈善公益发展之路：观念变革与实践创新》，《中国民政》2015 年第 20 期。

② 谢家琛：《加快公益慈善管理的人才培养　促进公益慈善事业可持续发展》，《中国民政》2016 年第 20 期。

③ 杨志伟：《公益慈善管理专业本科课程体系研究》，载《中国非营利评论》第十七卷，社会科学文献出版社，2016。

管理、传播与媒体运营、筹款、研究咨询、监测评估、财务管理、人事与行政、IT 技术及其他。

综合相关研究，我们认为公益慈善领域的专业人才基本可分为五类：(1) 项目运作类人才，主要从事公益慈善组织项目服务工作，包括项目的策划、设计、执行、督导、评估等；(2) 筹资类人才，主要从事公益慈善组织市场调查与分析、营销活动组织、筹款项目设计等工作；(3) 传播宣传类人才，主要从事媒体传播与公共关系建设等工作；(4) 高级管理类人才，是区别于中级和低层岗位而言的，主要从事公益慈善组织的经营管理、资源募集、资本运作等工作；(5) 研究类人才，主要从事公益慈善管理相关的原理、机制、模式、方法等内容的前瞻性研究工作。

(六) 构建公益慈善组织人才的核心素养

针对公益慈善人才核心素养的研究并不多，主要涉及以下几方面：(1) 公益品格方面的要求；(2) 公益慈善管理专业基础知识，如管理学、社会学、经济学、法学、公共事业管理、公共政策学、社会保障学、伦理学等方面的知识；(3) 公益慈善方面的专业知识；(4) 沟通、表达、合作方面的能力；(5) 创新思维、系统思维、解决问题的能力等。

为进一步了解当前公益慈善领域的人才需求情况，笔者选择“中国发展简报”官方网站①作为分析对象，搜索了其“NGO 招聘”栏目上所发布的约 400 条招聘信息，对其中所列举的岗位要求进行分析。涉及岗位主要包括“传播与新媒体运营”“项目管理”“筹款”“研究咨询”“监测评估”等，招聘单位包括基金会、社会服务机构、社会团体、社会组织、社会企业等。同时，笔者还搜索了清华大学公益慈善研究院、中山大学中国公益慈善研究院、深圳国际公益学院等学术机构的研究人员招聘信息。

结合已有文献和招聘单位人才需求调研，笔者尝试从价值倾向、能力、知识经验三个维度构建公益慈善领域专业人才的通用核心素养。同时，针对不同岗位类型的特点和要求，提出具体的核心素养要求。

---

① 发展简报创办于 1996 年，是一个为公益慈善行业提供专业的观察、研究、网络支持与服务的中英文双语平台。2017 年 3 月注册为北京益行公益信息交流服务中心。以“秉承独立和专业原则，通过公益信息交流和资源对接、推动公益行业可持续发展”为使命。网址：http://www.chinadevelopmentbrief.org.cn/。

1. 公益慈善领域专业人才的通用核心素养

表 1　公益慈善领域专业人才的通用核心素养

价值倾向	能力	知识经验
1. 具有公益精神，包括仁爱之心、公正之心、社会责任感、团结互助意识等，对公益慈善事业持有热忱和使命感 2. 具备良好的道德与职业操守 3. 思路开阔，具有创新意识	1. 社会问题意识及分析解读能力，即能对社会问题及其相关人群，以及个体行为与外部环境的互动关系和规律有深入的认识和理解，具备运用科学方法进行调查研究和分析解读社会问题的能力 2. 人际沟通与团队协作能力：人际沟通包括通识性的沟通交际能力，以及面向具体服务对象所需的专业性的沟通交际能力 3. 组织协调与社会动员能力，包括操办相关活动、调动社会资源、发动利益相关方参与的能力 4. 解决问题的能力，包括创新能力、执行能力、学习能力等	1. 理解公益慈善的价值理念 2. 了解公益慈善行业的历史、现状与发展趋势 3. 掌握公益慈善管理专业基础知识，如管理学、社会学、经济学、法学、公共事业管理、公共政策学、社会保障学、伦理学等专业知识 4. 掌握公益慈善和社会组织的核心知识，包括公益慈善基础知识、社会问题认知与分析、社会组织内部治理、公益慈善法律法规与政策制度等

2. 基于人才类型的公益慈善领域专业人才核心素养

除通用核心素养之外，不同类型的岗位对人才又有更具体的要求，详见表2。

其中，高级管理类人才，是相对一线从业者而言的，他们不仅需要具备一线人员（即项目运作、筹资、传播宣传类人才）的素养，还有其他更高的要求。

表 2　基于人才类型的公益慈善领域专业人才核心素养

核心素养 人才类型	价值倾向	技能	知识经验
项目运作类	1. 开拓精神 2. 服务意识	1. 设计、实施、监测与评估项目的能力 2. 感知他人想法的能力 3. 研究和分析能力 4. 文案撰写能力 5. 创新能力	1. 有项目管理的系统经验 2. 了解所从事的项目领域 3. 熟悉政府、企业等利益相关方工作流程

续表

核心素养 人才类型	价值倾向	技能	知识经验
筹资类	1. 积极乐观 2. 外向主动 3. 友善亲和 4. 思维敏捷	1. 对他人的心理有敏锐迅速的洞察力 2. 沟通交流、建立人际网络的能力 3. 表达、游说、演讲能力 4. 压力和质疑下快速反应能力 5. 策划与执行能力	1. 了解国内外各类资助方的特点 2. 熟悉筹款方法论，有客户管理、业务拓展、对外合作、筹款类工作经验 3. 有资助方内的人脉资源 4. 了解公益机构的运作、公益筹款工作
传播宣传类	1. 喜欢新事物 2. 较强的同理心	1. 制定传播方案的能力 2. 活动组织、策划能力 3. 把握社会热点和传播要点的能力 4. 文字表达能力 5. 图文编辑能力 6. 数据分析能力	1. 了解各类媒体的运作方式 2. 具备传播学的专业知识 3. 公益传播或媒体传播经验 4. 拥有丰富的媒体资源
高级管理类	1. 具备行业大局观 2. 具备国际视野	1. 战略思考能力 2. 统筹协调和资源整合能力 3. 书面和口头沟通、谈判能力 4. 大渠道/资源独立扩展能力 5. 善于维护政府、企业和社会大客户资源 6. 组织领导能力和团队管理能力	1. 具备筹款、营销、项目执行等相关经验 2. 熟悉公益慈善组织的组织架构、管理方式和运行机制 3. 具有相关人事经验 4. 拥有丰富的社会资源
研究类	1. 逻辑严谨 2. 思路清晰 3. 自驱力强	1. 具备独立研究能力 2. 掌握公益慈善领域的研究方法 3. 行业洞察力 4. 数据和信息搜集能力 5. 逻辑思维能力 6. 文字表达能力，能够撰写中英文论文	1. 熟悉公益慈善组织的运作 2. 具有社会学、人类学、法学、政治学、统计学、管理学、心理学等相关专业知识 3. 具有企业社会责任、政策研究、咨询公益行业研究经验

三　基于个案的公益慈善人才培养模式研究

通过个案研究我们能比较全面地梳理现有公益慈善人才培养模式设计和运作的内在机理，对照人才培养模式的观测要素形成体系化的经验总结。

（一）国内外公益慈善事业管理人才培养概述

从现状来看，我国公益慈善教育发展处于起步阶段，主要是少数高校依托专业方向培养非营利组织管理或慈善管理的研究生（硕士与博士），此外，开展了不少中高端培训，但这些只能短期应急，很难扭转公益慈善专业人才“稀缺”的局面。公益慈善人才培养必须走学科建设和专业化、规范化的道路。如何借鉴世界各国公益慈善管理相关高等教育教学内容和课程体系的经验，明确公益慈善管理专业培养目标，构建与之相适应的教学内容与课程体系，是目前公益慈善管理本科专业办学急需解决的问题。

学历教育阶段基本模式是官产学研合作，注重夯实理论体系，设置针对性较强的课程体系，奠定学生的专业理论、岗位知识和职业能力的根基。作为一种行为模式，公益慈善的发展贯穿美国历史，而相关的学科建设仅经历了数十年。20 世纪 90 年代，美国高等院校开始大力发展非营利组织管理专业。截至 2006 年，已有 240 所大学提供此类专业，其中 117 所提供本科教育，161 所提供研究生教育。我国公益慈善教育学历教育尚处于起步阶段。2016 年 9 月初，教育部公布《普通高等学校高等职业教育（专科）专业目录》增补专业，确定在公共管理类别下增设公益慈善事业管理专业。本科及以上学段专业目录中并无公益慈善事业管理相关专业，仅在公共管理、工商管理、社会学和教育学专业下设置公益慈善和社会组织方向。当前我国公益慈善事业管理人才培养模式有高职、本科、研究生和社会化培训四种。高职教育培养模式，代表高校为北京社会管理职业学院、顺德职业技术学院等；本科人才培养模式，代表高校为北京师范大学珠海分校、南京工业大学浦江学院、深圳大学等；研究生教育培养模式，代表高校为清华大学、北京师范大学等；在职教育培养模式，代表项目为“中国公益慈善人才培养计划”。

（二）本科生培养模式案例及分析

成立于 2012 年的印第安纳大学礼来家族公益慈善学院（简称“礼来学院”），是美国首家以公益慈善学为主体的学院，开设本科、硕士与博士生项目，以教、学、研三者相结合的模式，向世界各地输送人才。[①] 国内代表高校为北京师范大学珠海分校、南京工业大学浦江学院、深圳大学。下面详细

---

① 李燕南：《公益慈善教育在美国》，《中国社会组织》2016 年第 5 期。

分析几所高校的本科生培养模式。

1. 本科生培养模式

（1）四年制专业方向培养模式

案例一：南京工业大学浦江学院于2014年招收四年制本科生，毕业后颁发管理学学士学位证书和“公共事业管理”专业毕业证书。采用工作本位人才培养模式，培养具有仁爱之心和社会责任感、愿意为公众利益服务、掌握系统的公益慈善管理知识和扎实的岗位职业技能的应用型、复合型人才。所培养的学生能在公益慈善组织胜任项目管理、资金筹集、公关传播和行政管理等管理工作。培养方案共165学分，包括通识课程，以公共管理类课程为主的学科基础课程，由项目管理、资金管理、公共传播、综合管理四个模块组成的专业课程，由社会工作和专业拓展等模块组成的专业选修课程以及实践课程。

分析：该案例的特色是以项目教学为手段，提升学生综合能力。课堂授课环节采用项目教学，实践教学环节应用项目教学，课外活动期间组织项目教学，全面培养学生的知识运用能力、实践动手能力、创新创业能力和岗位职业能力。

案例二：礼来学院本科阶段课程体系强调多学科交叉，包括人类文化学、社会学和慈善事业等，需完成40学分的专业课程，包括31学分的专业必修课和9学分的专业选修课。

分析：该案例强调培养研究和实践能力，形成结构完整的慈善知识体系（慈善理论、慈善发展史、慈善原则与价值观、慈善组织的理论、世界慈善文化）、科学的能力体系（慈善实践与现象、慈善与社会互动的认知与分析能力、慈善数据收集与处理能力、沟通与展示能力、协调与领导能力、职业规划能力）、先进的慈善理念以及应具备的价值观和对慈善事业的情感。

（2）“2+2”跨专业培养模式

案例：2012年，北师大珠海分校、上海宋庆龄基金会、基金会中心网合作创办全国首个公益慈善管理本科项目，采取“2+2”模式实现跨专业人才培养。学生前两年在原专业修读学科基础课与专业主干课，第三年起择优录入宋庆龄公益慈善教育中心修读“公益慈善事业管理专业方向”课程，如“金融+公益慈善事业管理”“应用心理学+公益”“慈善事业管理”“传播学+公益慈善事业管理”。学生所属原专业不变，毕业后不独立授予学位和毕业证书，提供写实性结业证书，或毕业证书专业名称上标明“公益慈善事业管理专业方向”。

分析：该项目主要面向国内有实力、有影响的公益慈善组织实行订单式培养，因此特别注重实践能力，包括公益慈善项目策划、运作、营销与组织实施能力，公益慈善筹款、宣传、教育、咨询服务能力，公益慈善组织与机构的财务、税务管理业务能力。同时，跨专业的设置，更充分体现了复合型的知识与能力结构。

（3）辅修双学位模式

案例：深圳大学管理学院“公益创新专才班”项目，依托行政管理专业，以辅修、双学位/双专业的方式开设，按照跨专业修读课程，引进创客教育等创业教育课程，设置“管理学基础课程＋公益慈善特色课程”。学生完成相应标准学分修读，可在毕业时取得管理学双学位或行政管理双专业证书，并获颁公益创新专才班结业证书。

分析：在该学院2017级行政管理（公益专才班）辅修培养方案和双学位培养中，与慈善公益直接相关的专业课仅有“第三部门研究”“中国公益慈善：创新与前沿”“非营利组织管理”三门，其6学分，其余均为公共管理学、政治学和工商管理学课程。缺少国外高校公益慈善管理专业常见的“公益慈善的历史”“道德价值观”“公益慈善法律法规”等课程。可见，辅修和双学位双专业项目仍然重在原专业培养目标的达成，通过辅修公益慈善相关课程，让学生掌握一定的公益慈善相关知识和实践技能，为其进入相关行业做好基础准备。如此安排也符合公益慈善管理专业的跨学科特征。

2. 本科培养模式分析

（1）学制

表3　四所高校本科专业人才培养学制

学校	人才培养模式	授予学位	办学依托专业
南京工业学院浦江分校	四年制	管理学学士学位	公共事业管理专业
北京师范大学珠海分校	“2＋2”跨专业培养模式	原专业学士学位	原专业＋上海宋庆龄基金会、基金会中心网相关专业课程
深圳大学	辅修、双学位/双专业	管理学双学位或行政管理双专业证书	管理学院行政管理专业
印第安纳大学礼来家族公益慈善学院	四年制	慈善研究学士学位	公益慈善专业

（2）培养目标

四所高校本科学历人才培养目标都是为公益慈善行业培养管理者或社会创业者，国内三所高校的定位均提及“复合型人才”，礼来学院则强调为社会做出贡献以及推动世界发展。几所高校培养目标中的服务面向略有不同，南京工业学院浦江分校毕业生可提供服务的领域为“公益慈善组织、事业单位、企业社会责任部门、相关政府部门等单位”，北京师范大学珠海分校则为“公益慈善机构和大中型企业社会责任部门”。

表 4　四所高校本科专业人才培养目标

学校	人才定位	核心素质、能力
南京工业学院浦江分校	应用型、复合型专门人才	具有强烈的社会责任感、先进的公益慈善理念、系统的公益慈善管理知识和扎实的岗位实操技能，能够在公益慈善组织、事业单位、企业社会责任部门、相关政府部门等单位从事项目管理、资金筹集、公关传播和行政管理等工作
北京师范大学珠海分校	应用性、复合型高层次专门人才	具有强烈的社会责任感和坚定的公益慈善理念、了解公益慈善事业发展前沿、掌握较扎实的原专业（如社会学、管理学、教育学、心理学、金融学、会计学、文学、传播学等）理论基础、具有较强的公益慈善相关岗位实操能力，能胜任公益慈善机构和大中型企业社会责任部门的组织管理、项目运作、宣传推广、专业服务以及理论研究等工作
深圳大学	复合型公益慈善事业管理精英	具有国际化视野，系统掌握现代管理理论、知识和方法，熟悉中国公益慈善事业政策法规与发展状况，具有创新开拓理念、公益组织运营技能、卓越的团队领导能力和组织策划能力
印第安纳大学礼来家族公益慈善学院	在慈善事业和本地、国家以及国际非营利组织领域能够对社会做出贡献的学生	成就善于思考并富有创新精神的慈善事业领导者和实践推动者，创新和领导慈善事业并推动世界发展

（3）培养能力要求

国内三所高校在本科人才培养能力中均明确提出“筹款”“项目策划与实施”，体现出以就业为导向的理念。

表 5　四所高校本科专业人才培养能力要求

学校	能力要求
南京工业学院浦江分校	1. 具有公益慈善管理专业技能，如具有项目设计、实施和评估的技能，资金筹集和资金发展的技能，公益营销和公关传播的技能，人力资源管理（包括志愿者管理）的技能，拟定战略发展规划和进行内部管理的技能等；2. 具有较强的文字写作能力、口头表达能力和社会活动能力；3. 具有较强的计算机软件应用能力，能适应“互联网＋”时代对人才信息技术运用能力的要求；4. 熟练掌握一门外语，具备良好的听、说、读、写、译能力；5. 具备初级社会工作师、劝募员等职业资格能力

续表

学校	能力要求
北京师范大学珠海分校	1. 公益慈善项目策划、运作、营销与组织实施能力；2. 公益慈善筹款、宣传、教育、咨询服务能力；3. 公益慈善组织与机构的财务、税务管理业务能力
深圳大学	重点掌握公益慈善组织创新与管理所需的专业知识与技能，包括募捐方法、公益慈善项目管理、义工招募与管理、公益事业传播策略、组织能力与公信力建设等，构建完备的专业知识体系
印第安纳大学礼来家族公益慈善学院	1. 了解社会中的慈善传统；2. 理解慈善事业中的道德观、价值观以及慈善事业规范和慈善动机；3. 了解非营利组织在社会中的作用；4. 根据不同受众有效调整不同的沟通技巧；5. 运用人际交往技巧解决问题；6. 明确自己的慈善价值观、公民身份和提高行动力的战略

* 指非知识或素质要求。

（4）专业核心课程

从课程体系中可见，慈善事业管理人才培养涉及公共管理、社会学、工商管理三个学科。由于依托专业不同，本科阶段专业课程也不同，但它们均涉及公益慈善组织管理、筹款、项目管理等内容。专业核心课程内容的专业性、实操性和前沿性极强，此类课程高度依赖行业支撑，在配备教育资源、选用教材、组织实施教学、遴选师资等方面要求与传统基础学科相差较大，通过四所高校的实际做法来看，引进行业人才作为兼职教师、共同开发课程及教材的做法可行性很高。

表 6　四所高校本科专业核心课程

学校	专业核心课程
南京工业学院浦江分校	管理学原理、经济学原理、社会学概论、法学概论、政治学概论、公共事业管理概论、公益慈善管理概论、公益组织内部治理和战略管理、公益项目设计与管理、公益项目评估、筹资原理和技巧、投资理论与实务、公益组织财务管理、公益营销、公益公关管理、公益传播策略、公益组织人力资源管理等
北京师范大学珠海分校	慈善学概论、宋庆龄慈善理念与实践、慈善伦理、海外非营利组织与志愿行业概况、非营利组织管理概论、欧美慈善发展简史、公益慈善法律基础、社会创新与社会企业、公益慈善组织发展与筹款、慈善教育与公民参与、中国传统文化与慈善、团队建设、公益慈善组织问责与公信力建设、公益慈善组织管理案例、公益慈善项目设计与策划、非营利组织财务管理、可持续发展与企业社会责任、社交礼仪与个人素养提升训练、公益慈善实务工作坊等
深圳大学	管理学原理、政治学导论、公共管理学、品牌管理、营销管理、人力资源管理、项目管理、公民社会、非政府组织管理与发展、当代中国政治制度等
印第安纳大学礼来家族公益慈善学院	慈善学导论、慈善与社会科学、慈善与人文、慈善和公民参与、慈善筹款导论、慈善事业的历史背景和当代方法、实习和职业准备、慈善事业的道德和价值观、慈善学的尖峰研讨会、慈善学实习、非营利组织管理和领导等

（5）培养人才类型

本文第二部分将慈善公益人才分为五类——项目运作类、筹资类、传播宣传类、高级管理类和研究类，并对每类人才应掌握的知识经验进行了归纳。按照归纳结果，并分析四所高校专业核心课程，四所高校本科学历培养的人才就业方向为项目运作类、筹资类、传播宣传类和高级管理类，并不培养研究类人才。礼来学院本科学历注重培养高级管理类人才，培养“富有创新精神的慈善事业领导者和实践推动者”，因此课程中未设置项目运作类、传播宣传类，但设置了研究类，本科必须选修3门专业课，其中至少2门是博士生课程，例如“伦理理论”“慈善研究的高级专题”“通过捐赠的学习”等。

表7　四所高校本科专业人才培养类型

学校	项目运作类	筹资类	传播宣传类	高级管理类	研究类
南京工业学院浦江分校	√	√	√	√	×
北京师范大学珠海分校	√	√	×	√	×
深圳大学	√	×	√	√	×
印第安纳大学礼来家族公益慈善学院	×	√	×	√	√

注：“√”表示各高校本科阶段开设了相关课程，“×”表示目前没有开设相关课程。

（三）研究生培养模式案例及分析

现有研究生公益慈善教育项目依托公共管理、工商管理、社会工作三大学科的硕士项目开展，共有三种类型：一是设置专业研究方向进行硕士研究生培养，如清华大学、中国人民大学、上海交通大学等在公共管理专业下设相关研究方向，中山大学、北京师范大学、南京大学等在社会工作专业下设相关研究方向，中山大学在民族学、伦理学等专业下设相关研究方向，二是设置专业研究方向进行博士研究生培养，如清华大学、中山大学、北京师范大学、南京大学、上海交通大学等；三是设置专业研究方向进行在职研究生培养，如中国人民大学、清华大学、中山大学、北京师范大学、上海交通大学在MPA教育中设置了相关专业课程，北京大学、中欧商学院、长江商学院在MBA教育中设置了相关专业课程，中山大学、北京师范大学、南京大学在MSW教育中设置了相关专业课程。①

① 杨志伟：《公益慈善领域专业人才培养的模式及展望》，《中国社会组织》2016年第7期。

1. **研究生培养模式案例**

（1）设置专业研究方向进行硕士研究生的培养

案例一：以礼来学院的硕士课程设置为例，公益慈善的历史、道德价值观以及非营利部门总揽均为必修课程。在此基础上是一系列以公益慈善为中心的核心选修课，如非营利组织资金开发与管理、基金会的角色与功能、公益慈善的跨文化范畴、宗教与慈善、非营利经济与公共政策、非营利组织法等。[①]

案例二：中国人民大学公共管理专业硕士研究生设置了“非营利组织管理”研究方向，学制三年，授予公共管理硕士学位。总学分不少于 38 学分。“非营利组织管理”研究方向的三门专业课——“非营利组织前沿问题研究”“非营利组织概论”“志愿者与志愿服务研究，”共 5 学分；选修课共 4 门，为“战略管理”“领导力”“非营利组织伦理学”“公共管理视域下的卫生管理及公益大趋势”；社会实践时间为 3 个月。

案例三：南京大学社会学专业硕士研究生设置了“社会福利与社会工作”研究方向，学制三年，授予法学硕士学位。总学分为 34 ~ 36 学分，其中公共基础课 7 ~ 8 学分、专业核心课程 10 学分，设置“社会学理论”（5 学分）和“社会学方法”（5 学分）两门课程；方法实践类课程 8 学分，设置 4 门课程，基本为社会学专业几个比较成熟的研究方向。

分析：南京大学社会学专业硕士研究生设置了“社会福利与社会工作”研究方向，培养公共管理复合型人才，30% 左右的毕业生进入党政机关工作。培养方案中近 15 学分可以修读与非营利组织管理相关的课程。管理类人才也需掌握一线工作人员的技能，例如传播、筹款等技能，目前培养方案中并没有此类课程。虽然设置了“社会福利与社会工作”研究方向，但是培养目标和培养方案，都聚焦“社会学”，并未涉及公共管理、传播等学科，也未突出公益慈善特征，尤其缺少实习实践环节。问卷调研显示，公益机构急需的工作人员集中在项目人员、筹资人员、公益传播与宣传人员三类岗位。[②] 应届毕业生无法胜任紧缺的公益慈善管理高端人才岗位，与研究生硕士高学历的培养目标不匹配。

---

① 李燕南：《公益慈善教育在美国》，《中国社会组织》2016 年第 5 期。

② 胡英姿、田园：《面向行业需求的高职公益慈善事业管理专业课程体系构建》，《社会福利》2017 年第 7 期。

（2）设置专业研究方向进行博士研究生的培养

案例一：清华大学公益慈善研究院，依托清华大学公共管理学院的公共管理专业博士项目招生，旨在培养具有开阔学术视野、扎实理论基础和完备专业知识，熟练掌握研究方法，有志于从事公共管理和公共政策研究的高水平学者，目前分为五个研究方向：公共政策、国家治理、社会治理、全球治理和应急管理。博士课程有“定量研究方法 II”“国家与社会”“NGO 与社会治理”“公共政策理论与实践前沿——博士生学术写作工作坊”等。

案例二：南京大学河仁社会慈善学院依托于南京大学社会学院，致力于公益人才的培养和培训、公益项目的创意与策划、公益研究与政策倡导等。① 在社会工作专业博士点（DSW）下增设公益慈善研究方向。

分析：同硕士研究生培养类似，慈善公益专业博士生培养主要依托公共管理专业和社会学专业，致力于培养行业研究和领军人才。通过招生简章可见生源所属专业比较宽泛，法学、政治学、社会学均可，部分博士生生源为理科专业。

（3）设置专业研究方向进行在职研究生的培养

案例一：清华大学公共管理硕士专业学位（MPA 双证）项目招收公益慈善与社会治理方向研究生，基本学习年限为2.5～3年，旨为国家培养公益慈善与社会治理领域的高端人才。特色课程包括全国 MPA 教指委推荐的核心课程，如非营利组织管理及社会治理创新、非营利管理前沿、公共事务伦理、公益筹款等。②

案例二：中国人民大学公共管理学院及中国公益创新研究院开设“非营利管理方向双证（学历证书和学位证书）MPA 项目”。专业课程由中国人民大学 MPA 中心与中国人民大学中国公益创新研究院联合开设。培养方案共 38 学分。③ 按照非营利组织的运行逻辑创设了模块化的专业课程，包括“非营利组织管理概论”“非营利组织前沿问题研究”“志愿者与志愿服务研究”等。

---

① 南京大学：《南京大学河仁社会慈善学院·学院简介》，https://charity.nju.edu.cn/837/list.htm，最后访问日期：2020 年 12 月 20 日。

② 清华大学：《清华大学 2020 年公共管理硕士（MPA 双证—公益慈善与社会治理方向）招生简章》，http://www.sppm.tsinghua.edu.cn/xwjy/mpa/zstz/26efe4896d65e60b016d6b9c3c0c0009.html，最后访问日期：2020 年 12 月 20 日。

③ 中国人民大学：《2019 级攻读公共管理硕士专业学位研究生培养方案》，http://spap.ruc.edu.cn/displaynews.php?id=12762，最后访问日期：2020 年 12 月 20 日。

分析：清华大学 MPA 招生对象与中国人民大学 MPA 招生对象完全不同。前者定位于有一定影响力的高级管理人员，例如副处级以上干部，有政策影响力或社会影响力的慈善组织负责人、高级管理人员等。后者招生对象为本科毕业后有 3 年或以上工作经验的人员，或已获硕士或博士学位并有 2 年或以上工作经验的人员，或获得国家承认的高职高专毕业学历后，有 5 年或以上工作经验，达到与本科毕业生同等学力人员。虽然学制差不多，但是完全不同的招生对象基础、不同的培养目标，使得培养方案不同。

2. 研究生培养模式分析

博士学历教育均培养研究型人才，因此本部只对全日制硕士学历教育案例进行分析。

（1）学制

表 8　全日制专业硕士研究生培养学制对比

学校	人才培养模式	学制	授予学位	办学依托专业
中国人民大学	全日制	三年	公共管理硕士	公共管理专业
南京大学	全日制	三年	法学硕士	社会学专业
印第安纳大学礼来家族公益慈善学院	全日制	两年	Master of Arts in Philanthropic Studies	Philanthropic Studies

（2）培养目标

三所高校硕士研究生培养目标都定位于高层次、复合型人才，要求学生掌握多学科知识。

表 9　三所高校硕士研究生培养目标

学校	人才定位	核心素质、能力
中国人民大学	高层次、应用型、复合型公共管理专门人才	具备良好的政治思想素质和职业道德素养，掌握系统的公共管理理论、知识和方法，具备从事公共管理与公共政策分析的能力，能够综合运用管理、政治、经济、法律、现代科技等方面知识和科学研究方法解决公共管理实际问题
南京大学	应用型专门人才	我国社会主义现代化建设事业所需要的，掌握马克思主义、毛泽东思想基本原理和邓小平理论，掌握现代社会学理论和方法

续表

学校	人才定位	核心素质、能力
印第安纳大学礼来家族公益慈善学院	创新性、管理型人才	了解公益慈善和非营利组织在社会、文化、政策、经济中扮演的角色，并促进学生掌握成为非营利组织的领导所需的知识，了解并应用前沿研究知识，形成利用批判性思维处理复杂公益慈善事务的能力

（3）专业核心课程

硕士研究生专业课程体现出明显的学科特色，中国人民大学开设了“非营利组织前沿问题研究”“非营利组织概论”等课程；南京大学的课程全部是社会学学科的课程，缺少与公益慈善行业高相关度的课程；礼来学院课程与行业紧密相关，不少是国内高校目前没有的，例如“慈善公益史”“赠款和基金会的作用”等。

表 10　三所高校硕士研究生专业核心课程

学校	专业核心课程
中国人民大学	必修课 11 学分：公共管理、公共政策分析、案例编写和分析、社会研究方法、学术规范和论文写作 核心课不少于 5 学分：管理学、国家治理与改革、经济学、公共财政、宪法与行政法、公共伦理、公文写作、“演讲、沟通与谈判”（注：每门课 2 学分） 专业课不少于 5 学分：非营利组织前沿问题研究、非营利组织概论、志愿者与志愿服务研究（三门课共 5 学分，都要选） 选修课不少于 10 学分：习近平新时代中国特色社会主义思想研究、习近平教育思想研究、战略管理、领导力、非营利组织伦理学、公共管理视域下的卫生管理及公益大趋势、非营利组织管理等
南京大学	必修：社会学理论、社会学方法、中国人行为模式及其变迁、经济社会学与中国研究、现代社区理论研究、乡土中国研究专题 选修 10 学分：知识、教育与社会控制，社会分层与流动，数据分析，复杂数据模型，当代中国女性性别研究，大众传播与社会研究，社会福利专题，劳工研究，社会关系研究，社会生态研究，当代中国社会问题分析，社会学研究前沿
印第安纳大学礼来家族公益慈善学院	必修 27 学分：非营利组织和志愿者协会、非营利组织法律法规、赠款和基金会的作用、筹款原则和实践、实习/定向研究（Internship/Directed Off-Site Study）、慈善公益史、非营利组织经济和国家政策、公益慈善道德与价值、慈善公益事业中的道德规范 选修 9 学分，选择 3 门课程：国际人道主义援助史、Cross Cultural Dimensions of Philanthropy、性别与慈善公益事业、专题（社区基金会、慈善伦理——东方和西方、宗教与公益慈善、公益慈善的效用、德国公益慈善与国家政策、公益慈善部门领导力、种族公平与公益慈善）

（4）培养人才类型

根据本文第二部分的人才培养类型分析结果和上述专业课程分析，三所高校硕士研究生都培养研究类人才，中国人民大学和礼来学院同时培养高级管理类人才，南京大学硕士研究生课程缺乏高级管理类课程。

表 11　三所高校硕士研究生人才培养类型

学校	项目运作类	筹资类	传播宣传类	高级管理类	研究类
中国人民大学	×	×	×	√	√
南京大学	×	×	×	×	√
印第安纳大学礼来家族公益慈善学院	×	√	×	√	√

（四）高职教育培养模式案例及分析

1. 高职培养模式案例

2016 年 9 月教育部公布的高职高专专业目录中新增公益慈善事业管理专业。

案例一：北京社会管理职业学院社会工作学院设置了慈善事业管理专业，三年学制。主要就业方向为慈善组织（多为管理人员，如项目助理、传播助理、营销助理、行政助理等），民政系统、民政局（公务员、事业编制人员等），企事业单位行政管理岗位（行政助理、人力资源助理、项目助理、营销助理等），社区服务中心、社区服务站（社区行政助理）。

案例二：顺德职业技术学院社会工作专业，采用“2 + 1” 模式，三年学制。顺德职业技术学院社会工作专业毕业生共有四个工作领域，其中之一是商协会、慈善会、福利会、基金会，并为该领域设置了课程 “社会组织管理”“社会调查方案”“社会创新案例解读”。实习地点中有区慈善会，负责慈善捐赠与项目开发以及带管，了解慈善服务的形式与流程；有社区基金会，熟悉基金会运作、项目开发流程；有村居福利会，了解善款募集流程与项目运作；有养老院、家综服务等机构，熟悉老人、青少年、残障人士服务内容与基本技能。该专业的就业服务面向为应用型的社会服务行业，例如残障服务、老年人服务、家综服务等。

2. 高职培养模式分析

（1）培养目标

表 12　两所职业学院培养目标

学校	人才定位	核心素质、能力
北京社会管理职业学院	在基金会、社会服务机构、社会团体等慈善组织和企事业相应基础岗位工作的高素质、技能型专门人才	具备公益项目设计与管理、慈善组织筹款实务、公益传播、志愿服务与管理、整合社会工作实务等慈善组织管理工作的基本知识和技能
顺德职业技术学院	面向社会服务领域的高素质劳动者和技术技能人才	理解社会工作的专业理念，掌握社会工作的行业动态与职业工作手法，熟悉特殊个案应对策略；了解社会工作服务的一般流程，理解社会工作服务的一般逻辑；拥有较好的人际沟通技巧与文字表达能力，具备社区服务的组织能力及义工服务策划能力；掌握社会工作过程中的资源链接技巧，并用社会调查技能所获得的数据设计服务方案；具备独立开展专业服务的能力，善于把计算机和信息技术应用到工作中，并具备终身学习能力

由于高职院校的属性，其主要培养技能型人才，学生就业去向主要为社区服务中心、养老院等民政系统。值得一提的是，北京社会管理职业学院公益慈善事业管理专业前 15% 的学生能够升入北京市的二本大学继续攻读本科。

（2）专业课程

表 13　两所职业学院专业课程

学校	专业课程
北京社会管理职业学院	公益慈善认知、管理学基础、社会学与生活、当代中国社会问题、公益项目设计与管理、公共关系与公益传播、慈善组织筹款、志愿服务与管理、社会调查方法、整合社会工作实务、社会保障实务、企业社会责任认知、慈善组织财务管理、社区服务与管理、摄影与摄像技术、演讲与口才、社会心理学、职场写作等
顺德职业技术学院	社会心理学、社会学基础、社会工作实训、小组工作、社会工作概论、社会调查方法、社区工作、个案工作、文秘实务、社会福利与社会救助政策、人类行为与社会环境、医疗社会工作实务、青少年社会工作实务、残障社会工作实务、妇女社会工作实务、应用写作、社工专业顶岗实习等

两所职业学校都是依托社会工作专业，培养方案中有很多社会服务课程，强调技能训练，学生毕业后多从事基础岗位工作。两校的大部分专业课

程都聚焦“社会工作”领域。北京社会管理职业学院有几门跟公益慈善紧密度较高的课程，如“公益慈善认知”“公益项目设计与管理”“公共关系与公益传播”“慈善组织筹款”。顺德职业技术学院则没有筹款、公益慈善传播等课程。两校均重视实践能力的培养，有成熟的、分布在各个学期的实践课程，学习内容、学习目标、考核方式和带教老师的工作职责明确且具体，实践基地数量足够，与就业行业相关度高。

（五）社会化培训模式

案例一：“中国公益慈善人才培养计划”是中国首个由政府指导的民间公益组织人才培养计划，旨在改善公益行业人才匮乏状况。项目主要面向公益慈善组织的领导人，以资源拓展能力为核心，为学员配备资深导师，开展“一对一”指导，提升学员设计公益慈善项目、调动公益慈善资源、完善机构内部治理机构的能力。目前共进行了三期，以第二期培训课程为例，培训分两部分：第一部分是外部资源拓展系列，为期6天，内容包括资源整合与协同、全方位沟通领导力、如何与政府合作、如何获得政府订单、如何向基金会筹款、如何向企业筹款、慈善工作信息化能力建设、新媒体工具的应用与创意、新媒体格局下如何讲故事、如何调动志愿者资源、认识自我突破工作中的压力与倦怠期等；第二部分是内部自身建设系列，为期6天，内容包括战略规划、财务管理、社会创新与社会企业、项目管理与评估、媒体导师辅导、新媒体筹款、品牌管理等。①

案例二：“慈善千人计划——老牛学院”由中国慈善联合会与老牛基金会共同推出，以“新时代慈善组织如何做到国际化、创新化、传承化”为主题，通过一系列培训，使中国慈善组织在运作机制、治理结构、跨界合作、专业团队、拓展资源和国际合作等诸多方面加快成长并融入国际社会。项目主要面向公益慈善组织高层管理人员，共9天，培训内容包括四个模块。模块一：审时度势，国际布局，结合党的十九大以来的国家战略以及新形势下的国际化慈善组织模式，探索中国慈善组织如何有效参与国际合作。模块二：社会创新，组织变革，通过以从慈善信托到慈善保险、资产增值保值、社会创新与影响力、跨界合作等内容为主题的培训，深入了解政社、社企跨

---

① 中民慈善捐助信息中心：《“中国公益慈善人才培养计划”第二期培训课程总览》，http://www.charityalliance.org.cn/1512course/6789.jhtml，最后访问日期：2020年5月16日。

界合作，探索资金管理和影响力投资的有效路径和创新方式。模块三：慈善传承，家族长青，以“慈善传承”为切入点，旨在破解企业家如何传承家族的财富观、价值观，让家族精神绵延流长，家族基业百年长青；汇集海内外财富家族传承典范，建立具有中国特色的家族慈善模式。①

分析：当前，有影响力的公益慈善管理的社会化培训项目很少。少数几个知名项目由民政部门发起，依托有社会影响力的慈善基金会，面向公益慈善行业创始人或负责人，辐射面小，一般每期不超过30人。目的是提升在职人员能力，内容注重实践能力提升、综合能力培养以及经验交流。笔者搜索发现，打着公益慈善培训旗号，实际上是普通社交类的培训班也不少，这类培训班缺乏审核和管理机制，培训质量良莠不齐。

四　公益慈善人才培养模式创新探索

对于我国而言，公益慈善专业人才的缺乏是掣肘公益慈善事业发展的重要因素。当前巨大人才需求没有能够得到来自高等教育的有效回应。解决这一人才需求，最关键的是本科教育。2020年6月，北京师范大学珠海分校宣布不再开设教育学（公益慈善管理方向）辅修专业，作为全国首个公益慈善管理本科项目，一时间引发“大学本科慈善教育走向何方”的热烈讨论，这也从侧面证明，我国现阶段的公益慈善人才培养还具有高度的不稳定性和不确定性，公益慈善人才培养模式创新在实践层面还存在较大难度。

在高校视域内，本科教学是重中之重，本科教学作为最复杂的人才培养体系，其体系设计、培养举措、评价反思可以为各学段的公益慈善教育提供借鉴和参考，为推动公益慈善人才培养模式创新提供选择建议。对尚处于探索期的我国公益慈善人才培养而言，借鉴国外高水平大学的办学经验，无疑是最高效的途径之一。而作为成立于1987年、全球第一个开展慈善研究与慈善人才培养的专业机构，美国印第安纳大学礼来家族公益慈善学院有着10余年的本科办学历史②，其经验无疑对我们具有重要借鉴意义。

① 中国慈善联合会：《“老牛学院”第三期培训课程》，http：//www. charityalliance. org. cn/151221other/6680. jhtml，最后访问日期：2020年5月16日。

② Yoshioka T，Onishi T，“The Global Philanthropy Indices. Indianapolis：Indiana University Lilly Family School of Philanthropy，” *Country Report* 2018：*Japan*. 2018.

（一）培养体系设计：指向创新型慈善事业领导者和实践者

礼来学院不仅率先建立了慈善学领域，进而推动了慈善研究的发展，还创建了美国首个慈善基金会，并推动了慈善组织和慈善实践活动的创新发展。[①] 当然，更具有开创先河意义的是其立足研究开展人才培养的举措——设立全球第一个慈善人才培养硕士点、博士点和学士学位点。与研究生教育不同的是，礼来学院的本科生培养真正直面20世纪80年代以来非营利性组织对人才的需求。作为慈善人才本科教育的领先者，礼来学院形成了一整套的教育理念与哲学以及管理方式，深入剖析其本科生培养项目，能为我们了解公益慈善人才培养提供一个全貌式的案例。

1. 本科生培养目标："富有创新精神的慈善事业领导者和实践推动者"

学生培养目标必须与学院的发展战略、愿景及慈善事业的发展需求相匹配。作为世界领先的慈善研究与教育机构，礼来学院形成了一整套完整的办学哲学。第一，立足研究、融合实践的人才培养理念。礼来学院把"以慈善研究和教育推动人类社会发展"作为战略愿景。学院以研究起家，并与世界多家慈善团体有深度合作，基于研究和慈善实践活动开展人才培养是其办学的基本逻辑。学院认为，传播智慧和推动实践需要借助人才培养，而培养的人才又必须能担负起这个使命。因而，学院基于促进人类社会理解慈善真意并不断提升慈善实践水平的目标，力图将慈善人才的培养与慈善研究、实践结合起来。[②] 第二，人才培养目标。基于前述培养理念，学院确定了"成就善于思考并富有创新精神的慈善事业领导者和实践推动者，创新和领导慈善事业并推动世界发展[③]"的培养目标。围绕这一目标，学院的本科生项目不仅要让学生掌握慈善的理论与知识架构、慈善组织体系运行的哲学及方法、慈善历史与文化，还要了解"如何"在非营利组织开展工作。同时，还要形成对慈善事业发展灵敏的嗅觉——对非营利组织的新兴领域的感知以及对国

---

① The Lilly Family School of Philanthropy. Moving Philanthropy Forward, https://philanthropy.iupui.edu/about/founding.html, 2019-07-13/2020-05-04.

② Lemus-Rojas M, Ode J. Wikidata & Scholia for Scholarly Profiles: the IU Lilly Family School of Philanthropy Pilot Project, Proceedings of the 2018 International Conference on Dublin Core and Metadata Applications. 2018: 47-48.

③ Indiana University. Welcome From Our Dean, https://philanthropy.iupui.edu/about/message-from-dean.html, 2018-09-13/2020-07-12.

家、国际社会慈善事业发展动态的反应。[①] 第三，所培养人才的核心素养。礼来学院认为，慈善人才对社会发展作用重大，尤其在慈善知识的创造与传播、慈善教育的开展、慈善实践的推进以及非营利和非政府组织的经营等方面，要发挥领导作用。[②] 因而人才培养中首先强调道德标准——学术诚信和实践诚信，其次是价值观，即多元、尊重和包容，因为慈善实践要面对各种人群和文化。当然，慈善思维是素养中极为重要的部分，需要立足文科并基于跨学科视角和全球视角审视慈善问题，学会使用多种方法分析和研究慈善问题。值得注意的是，反思能力与创新能力也是极为重要的素养，即通过实践反思形成良好的洞察力，进而创造新想法新知识、创新慈善组织运行方式和实践方式。[③] 此外，实践能力是人才素养中的核心部分，这是礼来学院本科生项目的重中之重。

2. 培养设计：跨学科的知识与思维 + 浸润实践的能力与情怀 + 全球视野

礼来学院认为，相较其他专业，慈善人才需基于课程学习与专题研讨形成广阔的知识视野和创新思维，基于各种慈善实践活动和研究形成对慈善事业深刻的理解和热爱，并养成愿意致力于慈善事业的情怀，具备基于相关活动形成的全球视野。

课程学习：第一，广博知识与创新思维。慈善教育是跨学科教育，需要基于跨学科的方法与视角，整合自然科学、社会科学、人文科学，进而发展有关慈善的意识、理念、知识与能力。[④] 就课程设计而言，知识要多元，即立足文科并采取多学科的知识体系和跨学科研究方法。唯如此，学生才能具备相对完整的知识体系和素养——而这些知识都是其今后在公益慈善实践中用得上的。[⑤] 第二，浸润实践的能力。慈善研究与教育最终指向慈善实践，

① Indiana University. Bachelor of Arts Degree in Philanthropic Studies, https://bulletins.iu.edu/iupui/2019 - 2020/schools/philanthropy/undergraduate/b.a.shtml, 2017 - 05 - 30/2020 - 05 - 14.

② Lilly Family School of Philanthropy. Indiana University Lilly Family School of Philanthropy at IUPUI, https://bulletins.iu.edu/iupui/2019 - 2020/schools/philanthropy/index-pdf.pdf#zoom=100, 2019 - 07 - 08/2020 - 05 - 15.

③ Tempel E R, Seiler T L, Burlingame D F. Achieving Excellence in Fundraising, John Wiley & Sons, 2016.

④ Indiana University. We're Planning for the Future of Philanthropy, https://philanthropy.iupui.edu/about/strategic-plan.html, 2013 - 11 - 08/2020 - 05 - 16.

⑤ Lilly Family School of Philanthropy. Indiana University Lilly Family School of Philanthropy at IUPUI, https://bulletins.iu.edu/iupui/2019 - 2020/schools/philanthropy/index - pdf.pdf#zoom=100, 2019 - 07 - 08/2020 - 05 - 15.

而实践能力的培养①，需要基于间接和直接经验的“浸润”。为了让学生充分汲取实践营养，学院不仅要求学生在四年中参加各种慈善研讨以汲取慈善活动家和研究者的实践智慧，还提供以“通过捐赠来学习（Learning by Giving)”为代表的实践课程②——这种体验课程与年度性活动绑定，极大地提升了学生的体验感。③ 学校极为强调基于实习的实践能力培养，形成了具体的制度，规定学生至少在慈善管理现场工作 150 小时。④ 第三，全球视野与人类关怀。学院为本科生提供了海外实习机会，以培养其世界视野和全球意识，包括前往世界非营利性组织最为集中且最富有成就的荷兰、德国⑤等，对其慈善机构、组织和活动进行全面考察。第四，以“研究”推动学生智慧发展。创新和引领慈善事业发展是学院对本科生寄予的厚望，因而帮助学生形成对慈善的研究潜力，是本科生培养的重要部分。学院为本科生提供大量的研究机会，并设立研究基金。此外，注重职业素养培育，为学生提供职业规划清单“Undergraduate Philanthropic Studies（PHST）Majors”以及相应的指导和资源。⑥

（二）培养举措实施：结构化课程 + 多维实践活动 + 动态化职业规划

礼来学院依托立体、结构化的模式开展本科生培养。高超的专业能力、广博的知识以及优秀的文化素养，是慈善人才培养的重要追求。按照学院的设计，通过本科阶段学习，学生应形成结构完整的慈善知识体系（慈善理论、慈善发展史、慈善原则与价值观、慈善组织的理论、世界慈善文化）、科学的能力体系（慈善事件与现象、慈善与社会互动的认知与分析能力、慈

---

① Brunt C，Dolch N A，Freeman T M，et al. Undergraduate Nonprofit Education：Between Institutionalization and Recruitment，*The Journal of Nonprofit Education and Leadership*，2020，10（1）.

② Abby Rolland. Learning by Giving Students award Grant to Edna Martin Christian Center，https：//blog. philanthropy. iupui. edu/2018/01/09/learning-by-giving-students-award-grant-to-edna-martin-christian-center/，2018 – 01 – 09/2020 – 05 – 11.

③ Olberding J C. Does Student Philanthropy Work？A Study of Long-term Effects of the “Learning by Giving” approach. *Innovative Higher Education*，2012，37（2）.

④ Lilly Family School of Philanthropy. Undergraduate Internships for Credit，https：//philanthropy. iupui. edu/academics/internships/credit. html，2016 – 12 – 08/2020 – 05 – 14.

⑤ Lilly Family School of Philanthropy. Study in Another Country，https：//philanthropy. iupui. edu/academics/study-abroad/index. html，2019 – 12 – 06/2020 – 05 – 18.

⑥ Lilly Family School of Philanthropy. Checklist for Developing a Career Plan，https：//philanthropy. iupui. edu/academics/careers/undergrad-checklist. html，2014 – 07 – 06/2020 – 05 – 18.

善数据收集与处理能力、沟通与展示能力、协调与领导能力、职业规划能力）、先进的慈善理念以及应具备的价值观和对慈善事业的情感。①

1. 课程设计：通识素养 + 专业知识 + 实践智慧

为有效规范本科生教学，凸显对学生发展区域的关注，印第安纳大学于2009年开发了本科生课程矩阵。矩阵按名称列出每门课程，并根据本科学习原则（PUL）对课程分为三级关注或者强调级别：重点关注（3级）、中度关注（2级）和次要关注（1级）。在此之下，对每门课进行评估并形成重点学习目标，教师根据这一要求对学生课堂学习所需达到的专业水平进行评估。本科教学原则也成为本科生课程设置、教学和评价的依据——教师说明课程的重点和评价指向。因而，教师甚至需要在教学方面展开合作。根据这一原则，与学院慈善人才培养目标相对应，将学校的要求与本专业的培养目标有机结合起来，便可形成特有的课程方案。礼来学院将课程重点区域分为以下几方面：语言技能、量化技能、信息资源技能、批判性思维、知识整合与应用、对社会和文化的理解、价值观和道德、智力发展（深度、广度、适应性）。从设定的维度来看，基本围绕慈善人才应该面对的未来职业和生活展开，凸显了对其基本文化素养、对人类生活的理解以及对智慧生活与工作的技能方面的关注。

第一，凸显对基本素养关注的通识课程。通识教育的目的在于使学生成为思想成熟、富有创见和有奉献精神进而在世界上智慧地生活的人，这也是未来慈善从业者的必备素质。学校层面将通识课程分为两部分：基础知识技能（含核心沟通、分析推理、文化理解课程）和促进智力广度和适应性的课程（含生命和物理科学、艺术、人文和社会科学课程）。礼来学院在学校通识课程基础上形成了有针对性的方案，其基础知识技能课程涵盖分析技巧（包括数学、分析、计算机运用和逻辑等）、生命与物理科学（含1门实验室科学课程）、历史（其中美国历史为必选）、艺术与人文、社会科学、文化理解，而核心沟通课程则覆盖礼来学院所强调的写作课程、演讲课程、外国语课程（其中包含美国手语、阿拉伯语等十余门课程供选择），课程弹性空间大，自主选择空间大，很多课程可选数量达到数十门。第二，凸显专业能力

① Lilly Family School of Philanthropy. Bachelor of Arts in Philanthropic Studies, https://bulletins.iu.edu/iupui/2019-2020/schools/philanthropy/undergraduate/student-learning-outcomes.shtml, 2018-02-06/2020-05-18.

素养的专业课程。为让学生体验“慈善”，专门设立“第一年体验”课程，以研讨会等形式带领学生学习捐赠与志愿者服务课程。课程（40 学分）在多次完善之后凸显了“聚焦”和“系统”色彩，旨在为学生提供一个深入学习志愿服务、慈善捐赠等方面系统的理论框架和实践知识体系。其中必修课程由包含“慈善学概论”在内的理论课程、包含“非营利管理和领导”在内的数门实务型课程、包含“实习和职业准备”等的职业规划课程、包含“慈善研究理论与方法”等的研究性课程组成。此外，还要求学生参与慈善研究的高峰研讨会，通过与行业成功者的交流，提升对慈善的理解。必修课程之外，学院还为学生提供了共计 9 学分三门课程的选修方案——在理论课（如“伦理理论”）、实务课程（如“电话和社区”）、研究课程（如“慈善研究高级专题”）、体验课程（如“通过募捐学习 learning by giving”）等中进行选择。第三，指向研究能力和思维能力培养的高级课程。此类课程在学习程度上要求更高，包含 5 门课程（15 学分），也是学位课程的必备部分，学生可以在“伦理理论”“慈善研究课题”“宗教和慈善事业”等若干门中选择。此外，还提供了部分选修课，共计 5 门课（15 学分），以帮助学生达到毕业所需的 120 学分。

2. 实践能力：多导师指导下的实践浸润

慈善专业本科毕业生无疑是未来专业慈善工作的主体力量[①]，而作为实践层面的重要推动者和慈善实践的创新者，实践能力与技巧是其必备的核心素养。因此，礼来学院在实践能力的培养上可谓不遗余力，主要从以下三方面开展。

第一，“双导师”为特征的制式实习：能力全方位发展。礼来学院以制度化的方式，以“能力的结构化发展”为核心，对实习做了明确规定。制式实习安排在第三学年，有三个特点：充足的时间保证、双导师针对性指导、理论与实践相结合。为真正做到实践浸润，在实习时间上做了要求，即在学院名单中的非营利组织现场工作至少 150 小时（全程参与实习承担方及其合作方开展的活动），且全程必须遵守商定的实习工作时间表。对应的课程要求：理论与实践的结合。学生须完成至少 15 学分的慈善研究课程，进而为其顺利开展实习活动提供支持。由现场导师（现场实习主管）和学院导师（学

① Kuenzi, Kerry; Stewart, Amanda; WALK, Marlene. Nonprofit Graduate Education: Who Gets the Degree and Why? *Journal of Public Affairs Education*, 2020, 26.1: 11－30.

院实习主管）组成的双导师，从理论和实践两个方面进行指导，为学生基于实践的能力发展提供帮助。双导师不仅帮助学生完善简历和制定实习计划，还定期与实习生沟通，为实习生提供必要的培训和支持，来帮助他们解决实习问题。在实习协议形成后，实习生与实习组织、现场导师（现场实习主管）和实习管理人、学院导师要举行 10～15 分钟的电话会议。电话会议之后，实习生才被允许注册课程并开展实习。实习协议所规定的实习生职责、学习计划、学习目标也将成为实习评价的依据。①

第二，“非制式”实习项目：实践领域的专家助推学生能力发展。“非制式”实习项目实际上是在学期间兼职实习，主要依托与学校有良好合作的非营利性组织，可选择的实习单位有礼来公司基金会、里利儿童基金会、埃特尔乔格博物馆、美国红十字会等数十家高级别非营利性公司。学生有机会得到来自高水平专家的指点，同时还能在真实的场景中发展能力、拓宽视野以及将所学知识与实践结合起来。此外，还有机会与慈善组织领导人建立联系，为毕业后找工作提供便利。另一种实践是海外实习（含资助）项目，旨在拓展国际视野：基于与欧洲比较的角度获取第一手慈善经验。该项目中，学生有机会向在慈善事业最为发达的荷兰和德国的慈善研究人员、慈善政策制定者和非营利组织的领导人学习，并有机会实地考察非营利组织、大学、联邦机构和慈善基金会。学院还提供多种海外实践奖学金。② 部分海外实践项目时间跨度为 2～3 个月。③

第三，体验与感悟：能力的涵养。学院要求学生每年都必须参加相关讲座、论坛、研讨会，出席学院及合作单位组织的慈善活动。通过参与活动，学生有机会分享高水平慈善活动家、慈善研究者和慈善组织领导人关于慈善的观点、经验，甚至得到他们的指导。代表性的研讨会有为筹款专业人士提供的一系列网络研讨会，强调用学院的最新研究成果解决该领域最紧迫的问题，为所有经验层次的筹款者提供一个负担得起的独特学习体验。每年一度的“通过捐赠来学习”活动，则是在导师指导下的捐赠实物操作实践：学生

① Lilly Family School of Philanthropy. Undergraduate Internships for Credit，https：//philanthropy. iupui. edu/academics/internships/credit. html，2016－12－08/2020－05－14.

② Lilly Family School of Philanthropy. Study in Another Country，https：//philanthropy. iupui. edu/academics/study-abroad/index. html，2019－12－06/2020－05－18.

③ Lilly Family School of Philanthropy. Get an Internship，https：//philanthropy. iupui. edu/academics/internships/index. html，2014－09－13/2020－05－14.

对基金会提供的10000美元赠款进行捐赠管理——制定任务说明、分析赠款建议、进行实地考察，形成赠款决策。① 无疑，基于实践活动的学习，对提升学生的实践能力和职业情感都具有重要作用。②

3. 职业发展：导师支持下的全时段（本科四年）伴随式职业规划与调校模式

深入了解慈善事业、形成对慈善事业的情感、科学规划职业发展、基于职业认知和职业需求不断完善自我，是礼来学院对学生的职业期许。为此，学院形成了以伴随式职业发展动态计划（Career and Leadership Preparedness，简称CLP）为核心的职业规划与调校模式，以及基于与已毕业慈善从业者的职业互动、基于课程和讲座的职业经验提升方式。CLP的设计体现了这一思想：随着学生课程学习与实践的深入，他们对职业的认知也不断深化——这是一个自我反思与调校的过程。在这一过程中，学生会不断调整职业规划，同时会根据未来职业需要，不断调整学习和实践的内容、节奏、深度与广度。第一年，职业初步规划。入学之初，学院就提供相关工具，帮助学生对自己的兴趣、职业等方面进行测试；通过与负责学生工作的教师（以及招生主管）面谈，形成初步的职业规划；要求学生参与专业组织活动、参加关于职业发展的讲座，以加深对职业的理解并获得相关经验。同时，建立关于职业规划及相关活动的电子档案，便于学生进行反思和调整。第二年，引导学生开展职业生涯研究，包括了解关于工作面试的信息、接触并了解慈善领域成功人士（案例）、进入慈善组织兼职、参加慈善活动和招聘会、参加职业发展讲座、在导师的指导下创建简历（不断更新简历）、参加学院工作坊。第三学年，将实习与职业发展结合起来。除了参加学院安排的制式实习（以获得学分）外，学生还要与学生事务管理者沟通，对自己能否按期毕业以及职业取向（目标职位、公司、区域）等做出说明。同时，就职业发展及相关问题与导师沟通。此外，学生还要继续参加慈善企业的活动以便建立关系网，参加学院举办的职业发展讲座并继续开展兼职活动。第四年，求职与调整阶段。学生在继续开展兼职实习以丰富工作经验的同时，在导师的帮助下

① Abby Rolland. Learning by Giving Students award Grant to Edna Martin Christian Center，https：//blog. philanthropy. iupui. edu/2018/01/09/learning-by-giving-students-award-grant-to-edna-martin-christian-center/，2018 - 01 - 09/2020 - 05 - 11.

② Hatcher，Julie A.，and Morgan L. Studer. "Service-learning and Philanthropy：Implications for Course Design." *Theory into Practice* 54. 1（2015）：11 - 19.

不断明确职业偏好——目标职位、组织和地域偏好，至少在毕业前六个月开始寻求全职工作。值得注意的是从入学到毕业，学生关于职业发展的材料都会进入其电子档案，供其反思。除了 CLP 职业规划与调校设计外，学院还设立了职业课程（1 学分），以及与毕业生结对机制——学院向在读学生提供毕业生信息，不仅展示其成功经验，还帮助学生与其结对，帮助其科学地进行职业规划。①

（三）培养成效和经验：礼来学院的启示

礼来学院作为世界一流的慈善研究中心，虽然开展本科生培养仅十余年，但“厚积薄发”的色彩十分明显：基于深厚的慈善研究（理论支撑）、实践经验（实践智慧）和多年研究生培养经验（直接经验），构建起科学的人才培养目标与体系；基于宽基础、广视野、厚素养与专能力的人才培养思想，形成了科学、动态的课程体系和实践体系；基于指向未来慈善的职业情怀，形成了结构化的实践活动与资源体系。也正是上述各方面的合力②，成就了礼来学院的辉煌。

1. 厚积薄发：礼来学院人才培养成效回顾

应该说，在培养本科生这一问题上，礼来学院之所以启动较晚，与其研究型定位有很大关系。当然，背后国际慈善业发展的法律与制度建设、慈善行业发展不明显，也是其迟迟未启动本科生培养的原因。但随着慈善事业受到后工业化国家的重视，慈善人才需求迅猛增加。③ 学院数十年的学科建设和研究积淀，以及研究生培养经验，恰恰是“厚积”的产物，在某种程度上，本科生培养只是“薄发”的结果。礼来学院的本科生受到各国慈善组织的欢迎，毕业生在筹款、慈善基金管理和慈善项目组织管理等领域中担任领导、管理工作，所涉领域包括宗教、教育、社会服务、健康、艺术和文化、

---

① Lilly Family School of Philanthropy. Where will You Go from Here?，https：//philanthropy. iupui. edu/academics/careers/index. html，2018－10－09/2020－05－30.

② Hatcher J A，Shaker G G，Freeman T M. Faculty Learning Communities：Taking Collective Action to Improve Teaching and Learning in Nonprofit and Philanthropic Studies，*The Journal of Nonprofit Education and Leadership*，2016，6（3）.

③ Stahl R M. Talent Philanthropy：Investing in Nonprofit People to Advance Nonprofit Performance，*The Foundation Review*，2013，5（3）.

动物与环境等。其中部分学生服务于发展中国家的慈善事业[①]，部分本科生已成为慈善组织的领袖，此外，还有部分本科生选择继续深造，进入高校成为慈善事业研究者。在慈善专业人才缺口大，尤其是专业型领导者缺乏的背景下，礼来学院的毕业生以其优异的表现，为各大慈善组织所青睐，其本科生培养经验，也受到各国高校重视。

2. 智慧滋养与实践浸润下的本科生培养：礼来学院的经验

总的来看，礼来学院本科生培养实践的成功经验主要包括以下三方面。

第一，基于对慈善事业和慈善人才发展的精深理解形成了独特的人才培养理念。礼来学院以研究立身，基于对慈善事业的研究和慈善活动的组织与参与，形成了对慈善事业精深的理解。慈善学科建设、慈善研究、慈善实践和慈善研究队伍（师资队伍）的建设，是其本科生培养的“智慧”之源。值得注意的是，为服务于其“研究性”学院建设定位，服务于引领世界慈善研究和慈善实践的发展目标，先于本科生培养而开展的研究生培养和短期培训，为后来的本科生培养提供了办学经验。实际上，学院始终将慈善智慧的汇聚和世界慈善实践的发展视为慈善发展之本，并将这一精神全面渗透在本科生培养中——培养能独立研究与思考并具有创新精神、引领和推动慈善事业发展的领导型慈善精英。概而言之，深厚的慈善研究积累（理论支撑）、慈善实践经验（实践智慧）和多年研究生培养经验（直接经验）支持，保证了本科生培养的科学性。

第二，在学校成熟的人才培养标准下，基于对慈善人才需求的理解，形成了科学的培养体系。虽然学院本身在本科生培养上并无充足经验，但其背后“大树”——老牌的世界一流大学印第安纳大学具有丰富的本科教育经验，并形成了完善的培养体系。在学校开发的本科生课程矩阵和标准指导下，学院结合慈善人才培养的要求和学院优势，形成了完善的课程、实践和职业发展体系：跨学科并凸显对人文素养、逻辑素养和专业素养关注的课程，夯实了知识基础；在慈善讲座、慈善活动中学习的课程化，将理论与实践对接，为能力、职业情怀的双发展提供支持；参与慈善研究和聆听行业顶尖人物讲座，为学生提供慈善智慧滋养，并为学生创新和领导能力发展提供支持；区域和全球实习（尤其是在慈善事业发达的欧洲），拓展了学生的慈

① Lilly Family School of Philanthropy. Where will You Go from Here?, https://philanthropy.iupui.edu/academics/careers/index.html, 2018-10-09/2020-05-30.

善视野并培养其慈善情怀；不间断的实践和实践研讨（讲座）、职业咨询顾问的支持、学长助长（分享成功），为学生奠定深厚的职业素养。实习过程中，“双导师”的引领、支持和服务，有效地支持了本科生能力的发展。此外，为培养研究意识，学院鼓励学生参与相关研究项目，并设立了瑞斯奖学金（RISE）等。

第三，实践资源体系支持：为学生的发展营造多维平台与广阔空间。学院极其看重与世界慈善组织和领导者、政府的合作和伙伴关系——这种关系能够为学生实习、实践活动提供平台支持和智慧支持（合作方实习导师）。因此，学院不遗余力地维护和拓展与世界慈善组织的合作关系，并积极参与各种慈善实践活动。①

五　公益慈善人才培养需关注的问题

高校人才培养须立足完善学科体系、培养体系和评价体系，唯有如此，才能久远。为何礼来学院先有培训，再有硕士、博士，最后才有本科，背后的思考值得关注。

慈善人才作为一个本科项目，需要学科的支持。学科与课程不同，而课程恰恰是礼来学院早期能够提供的——限于培训。其后，硕士项目是为了适应参训者和行业人才提升的要求而生的，这种项目在很大程度上也是“课程式”的。慎之又慎的则是博士培养（适应学院研究力量增加和其他相关高校人才需求），正是有了博士培养，礼来学院才在外界人才急需的背景下启动本科生项目。但就笔者目力所及，慈善的学科建设还未建成——系统化的、体系化的慈善学科还需进一步完善和发展。② 显然，礼来学院不断加大研究体系、实践体系和学科队伍建设，在某种程度上反映了学院领导人对于学科建设的追求。

科学系统的培养体系和评价体系，还远未建成。就笔者目力所及，礼来学院在培养体系的评估上，还未形成标准，更未建立监测体系和实证研究体系。比如，课程设计上大量的研究性和跨学科课程是否有效，如何优化等问

① 刘威：《从分立实践到嵌合共生——中国社会工作与慈善的理想关系模式建构》，《学习与探索》2018 年第 11 期。

② 清华大学慈善研究院：《清华大学慈善学科构想报告》，http：//iptu. tsinghua. edu. cn/column/kycg_ bg，最后访问日期：2020 年 6 月 2 日。

题，亟待破解。此外，对人才的评价体系也需要进一步科学化，即在长时段的实证研究基础上，形成科学的人才评价标准与体系，进而反推培养体系的优化和学科的发展创新。[①] 显然，上述问题，都是作为一个年轻的专业需要破解的。

大学公益慈善通识教育功能有待进一步拓展。当前，实践和探索通识教育已经成为我国高校共识和改革重点。通识教育是一种广泛的、非专业性、非功利性的，对学生基本知识、能力、态度、情感与价值观的教育，目的在于培养能主动参与社会生活、有社会责任感、全面发展的社会的人和合格的国家公民。而公益慈善教育本身具有深刻的道德教化性和鲜明的社会指向性，其核心是培养公益人格，关注人与人如何相处、沟通并形成友善的、真诚的、诚信的关系，有助于推动完整人格的培养。让非专业学生接触和了解公益慈善，培养公益心和社会责任感，播种公益的种子，这些学生将来走向各行各业的同时，公益的种子也将随之播散到各行各业，为社会创造更好的公益慈善环境。因此，无论从个体成长还是从社会发展而言，公益慈善教育都应该是大学通识教育不可缺少的部分。但目前，纵观各高校通识教育现状，涉及公益慈善方面的内容还比较薄弱。此外，公益慈善教育本身所具有的注重“知行合一”、强调跨学科等特点，也赋予了它独特的育人优势，将公益慈善纳入通识教育，将有助于进一步拓展与丰富通识教育的形式与内涵。如何构建公益慈善通识教育体系，从而促进理论知识与服务实践的有效融合，如何推动公益慈善通识教育与已有通识教育体系，例如双创教育、劳动教育等的融合，如何完善实践基地与师资支撑等问题都有待各高校的进一步探索。

① 吴建清:《慈善现代转型视角下的青年参与》,《中国青年研究》2015 年第 8 期。

后 记

2020年初新冠疫情的发生与蔓延引发了全球性的深度关注，过程中公益慈善行动的社会参与也成为一大亮点。在上海紫江公益基金会资助下，华东师范大学自2020年起，连续两年发布了“紫江公益慈善研究专项基金”研究项目，吸引了很多优秀的学者投入公益慈善事业的研究之中，并先后收到了60多个项目的申报书，经同行专家的匿名评审和学术委员会的会评，最终确定了12个资助项目。除了第一篇文章，本书其他篇章都是由“紫江公益慈善研究专项基金”资助的结项报告组成，内容涉及社区共同体建构、社会组织发展、公益慈善人才培养等方面。这些研究报告通过实地调研，从不同角度探讨了突发公共卫生事件下公益慈善力量的介入，充分彰显了公益助力美好生活的理念。

共同体是人类社会生活的基本形式，其中最为重要的三种实体性的共同体形式是社区共同体、职业共同体和社群共同体，其分别对应家庭和邻里生活、劳动就业与工作、社会与人际交往等人在一生成长中都需要参与的实践活动。基于此，我们把全书划分为两编。第一编以“社区共同体与公益慈善行动”为主题，从新冠疫情防控体系中发挥重要作用的“社区”切入，将“社区共同体”视为减灾抗灾和公益慈善行动的基本单元，对社区治理中存在的问题进行分析研究，通过借鉴国内外应对重大突发公共卫生事件的各种治理模式，探索了本土化的社区治理共同体。第二编以“社群共同体与公益服务实践”为主题，强调“社区”之外的社会组织等社群共同体的力量，这些社会组织的服务与传统意义上的“公益”紧密相连。通过对互助妈妈群、大学生志愿团体以及提供专业帮扶的公益基金会等社群共同体的调研，从社会支持的角度，这一编中的相关文章详细记录描述了社会公益组织守望相助、共同抗疫的经历，对诸多公益服务和志愿服务在疫情防控中发挥的作用进行了较为详细的经验调查和理论研究。同时，文章还围绕公益慈善人才培养、社会工作人才培养等内容进行了探索。

《公益与美好生活》是华东师范大学紫江公益慈善事业管理研究院两年来的研究成果汇编，研究者用自己的专业理论和独特视角深刻诠释了中国社会在应对突发公共卫生事件时的系列举措与反思，并从中凸显了公益慈善力量的重要性，为有效应对类似突发危机提供了借鉴意义。本书每一章的内容都相对独立，是作者独立承担并开展项目研究的学术结晶。全书写作的具体分工如下：第一篇：文军、吴越菲；第二篇：吴越菲、文军、王晓伟、柳家敏；第三篇：吴同；第四篇：罗峰；第五篇：张冉；第六篇：薛红；第七篇：王和、艾美伶；第八篇：何威；第九篇：张万朋；第十篇：王玉琼。

最后，再次感谢上海紫江公益基金会、华东师范大学教育发展基金会对本书研究和出版的大力支持，也感谢在本书内容出版前给予学术指导和项目评审的校内外专家的悉心指导和辛勤付出，尤其是吉林大学田毅鹏教授、上海大学张文宏教授、南京大学彭华民教授和华东理工大学何雪松教授等校外知名学者，他们对研究报告的质量提升提出了很多真知灼见。我们真诚地希望本书的出版能够为推动中国公益慈善事业的新发展作出一点应有的贡献。

文军

华东师范大学社会发展学院

华东师范大学紫江公益慈善事业管理研究院

2022 年 7 月 · 上海樱桃河畔

图书在版编目(CIP)数据

公益与美好生活：公益慈善行动下的共同体建构 / 文军主编. -- 北京：社会科学文献出版社，2022. 12

（城市社会与文化研究丛书）

ISBN 978 -7 -5228 -0669 -3

Ⅰ. ①公… Ⅱ. ①文… Ⅲ. ①志愿 - 社会服务 - 研究 - 中国②慈善事业 - 人才培养 - 研究 - 中国 Ⅳ. ①D699. 3②D632. 1

中国版本图书馆 CIP 数据核字（2022）第 166327 号

·城市社会与文化研究丛书·

公益与美好生活

——公益慈善行动下的共同体建构

主　　编 / 文　军

出 版 人 / 王利民
责任编辑 / 孙　瑜　佟英磊
责任印制 / 王京美

出　　版 / 社会科学文献出版社 · 群学出版分社（010）59366453
地址：北京市北三环中路甲 29 号院华龙大厦　邮编：100029
网址：www. ssap. com. cn
发　　行 / 社会科学文献出版社（010）59367028
印　　装 / 三河市尚艺印装有限公司

规　　格 / 开　本：787mm × 1092mm　1/16
印　张：23. 75　字　数：407 千字
版　　次 / 2022 年 12 月第 1 版　2022 年 12 月第 1 次印刷
书　　号 / ISBN 978 -7 -5228 -0669 -3
定　　价 / 158. 00 元

读者服务电话：4008918866